建筑设备租赁裁判大数据精解

主编◎李留义　郁志琴　王楠

JIAN ZHU SHE BEI ZU LIN
CAI PAN DA SHU JU
JING JIE

中国政法大学出版社

2019·北京

图书在版编目（ＣＩＰ）数据

建筑设备租赁裁判大数据精解/李留义，郁志琴，王楠主编. —北京：中国政法大学出版社，2019.12

　ISBN 978-7-5620-9430-2

　Ⅰ.①建… Ⅱ.①李… ②郁… ③王… Ⅲ.①建筑设备－租赁－合同法－审判－案例－中国 Ⅳ.①D923.65

　中国版本图书馆CIP数据核字(2019)第291653号

出　版　者　中国政法大学出版社

地　　　址　北京市海淀区西土城路25号

邮寄地址　　北京100088信箱8034分箱　邮编100088

网　　　址　http://www.cuplpress.com（网络实名：中国政法大学出版社）

电　　　话　010-58908285(总编室) 58908433（编辑部）58908334(邮购部)

承　　　印　北京中科印刷有限公司

开　　　本　720mm×960mm　1/16

印　　　张　25.5

字　　　数　480千字

版　　　次　2019年12月第1版

印　　　次　2019年12月第1次印刷

定　　　价　128.00元

编　委

主　编：李留义　郁志琴　王　楠
副主编：付汝彬　段小俊　刘　欣　王金鹤　张碧霞
　　　　冯　勇　刘焕廷　李婧琳　王亚敏　潘玉叶
编　委：付　强　王占兴　姜平有　杨聚强　郁　涛
　　　　祖争鸣　王　健　郁哲华　黄剑鸿　闫建伟
　　　　李建西　付景治　韩占平　薛利丹　贾英慧
　　　　位星星　张　猛　信文静　杨亚军　李　钊
　　　　李铁魁　张　培　崔胜涛　胡建宽　姜国政
　　　　沈亚韶　杨全兴　郑现军　闫志涛　刘占营
　　　　刘社强　刘学飞　赵　姜　李　卫　侯建华
　　　　吕旭航　张羽丰　李　冯　李　晴　朱超豪

序

近年来，城市化、现代化进程加速带动了基础设施建设大规模需求，也因此扩大了建筑机械租赁市场的内需。在重点发展部分产业、统筹区域协调发展、加快城乡建设大背景下，保障性住房等各种基础设施建设工程全面展开，为建筑机械租赁行业提供了巨大的内需市场。

但是，目前我国尚无一部系统成熟完备的租赁法规，而且亦没有一套专门针对建筑机械租赁行业标准化的格式合同文本，租赁合同当事人没有统一的行为规范，易造成租赁合同不严谨、双方责任不明确、权利义务条款缺乏准确性、严密性，在履行过程中常常引发纠纷。租赁合同当事人的合法权益因此得不到有效保障，建筑施工企业拖欠租赁企业的租赁款现象尤为严重。

本书作者长期从事建筑机械租赁法律实务，代理建筑机械设备租赁合同纠纷案件，成功处理过多起复杂疑难案件。其曾主持汇编的《建筑设备租赁经典案例解析》一书是我国目前建筑机械设备租赁行业第一部专业法律书籍，且作者根据国家法律法规规定，并结合自身多年来办理建筑设备租赁案件的经验及教训，起草的《建筑设备租赁合同》范本，用词严谨，条理清晰，并充分考虑到现实交易中的实际情况，明确了双方的责任、权利、义务，降低了合同履行过程中的风险，已在多个省市作为示范文本被广泛使用。

"徒善不足以为政，徒法不足以自行"，法律的核心在于实施，法律实施的生命在于法律的统一适用，同等情况同等对待是法治的重要原则。鉴于此，本书作者在汇编第一本书的经验上，重新开拓思路，利用当前大数据时代带来的信息共享的便利，通过中国裁判网大数据库，汇总 2013 年至 2019 年近七年来全国 31 个省、市、自治区高级人民法院以及最高人民法院审理的建筑设备租赁合同纠纷案件，精选四百多个案例，提炼出焦点问题，并对其不同判决结果及观点进行专业的法律评析。此书可提供给读者近几年来发生的全国各地的最新代表性案例，基本涵盖了建筑设备租赁案件中的常见问题，对建筑设备租赁行业业务具有很高的指导价值，且每个案例都用简洁明了的法言法语概括焦点问题，并在其后附相似裁判观点的判决书案号，让读者能够一目了然，迅速快捷地找到自己所要参考的案例，同时书中每个案件的焦点问题直接显现了全国各个高级人民法院及最高人民法院的判决观点，不仅对法官、律师等实务工作人员办案具有很高的参考及借鉴意义，也是建筑租赁行业人员学法用法、防范风险的极佳指导。

全国建筑机械租赁与安全管理理事会名誉会长

王上春

2019 年 12 月

目　录

第1篇　承租方否认印章真实性，
应否承担合同义务

（一）承租方以印章系他人私刻未
备案为由抗辩，但合同签订人系承租方工作人员或
项目负责人，承租方应承担合同义务

案例一

【案件基本信息】

1. 裁判书字号

最高人民法院（2018）最高法民申3089号民事裁定书

2. 当事人

原告（二审被上诉人、再审被申请人）：北京某租赁公司

被告（二审上诉人、再审申请人）：天津某建筑工程公司

被告：晏某某

【再审申请及理由】

再审申请人天津某建筑工程公司因与被申请人北京某租赁公司，一审被告晏某某建筑设备租赁合同纠纷一案，不服河北省高级人民法院（2017）冀民终738号民事判决，向最高人民法院申请再审。

天津某建筑工程公司申请再审称，本案应当依照《中华人民共和国民事诉讼法》第二百条第一项、第二项、第六项之规定再审。

事实和理由：一、涉诉天津某建筑工程公司金舍如意山水温泉小镇一期一标段项目专用章是晏某某私自非法刻制，未在公安机关备案，以该印章为名作出的行为应当无效。天津某建筑工程公司与晏某某既无劳动合同关系，

也没有雇佣关系，该公司也未委托晏某某从事民事活动，晏某某不能成为天津某建筑工程公司的委托代理人或表见代理人。对此，天津某建筑工程公司提供的《项目章使用记录》《2012 年 1－12 月份工资表》等新证据可以予以证明。二、天津某建筑工程公司不是涉诉租赁合同的当事人，也不是该合同的受益人，涉诉租赁合同不能约束该公司。本案中的租赁行为应由晏某某承担责任。

【再审裁判理由及结果】

最高人民法院经审查认为，因天津某建筑工程公司承包了涉诉金舍如意山水温泉小镇一期一标段项目，而北京某租赁公司向该工程项目提供了涉诉的租赁物资，所以应当认为天津某建筑工程公司从该项目中受益。秦皇岛经济技术开发区人民法院（2013）秦开民初字第 234 号租赁纠纷案件中，因天津某建筑工程公司认可晏某某在本案涉诉工程项目上可以代理该公司与他人签订租赁合同，而且涉诉工程工地公示牌上载明的材料员为晏某某，所以无论晏某某与天津某建筑工程公司是否存在劳动关系或雇佣关系，也无论上述印章是否系私刻，晏某某在涉诉工程项目上都具有代天津某建筑工程公司订立租赁合同的权利外观。晏某某订立的涉诉《租赁合同》可以约束天津某建筑工程公司。二审判决判令天津某建筑工程公司按照上述合同约定向北京某租赁公司支付款项，并无不妥。

综上，再审申请人天津某建筑工程公司的申请不符合《中华人民共和国民事诉讼法》第二百条第一项、第二项、第六项规定的情形。本院依照《中华人民共和国民事诉讼法》第二百零四条第一款，《最高人民法院关于适用〈中华人民共和国民事诉讼法〉的解释》第三百九十五条第二款规定，裁定如下：

驳回天津某建筑工程公司的再审申请。

案例二

【案件基本信息】

1. 裁判书字号

安徽省萧县人民法院（2014）萧民一初字第 02644 号民事判决书

安徽省宿州市中级人民法院（2015）宿中民二终字第 00046 号民事判

决书

安徽省高级人民法院（2015）皖民申字第 01123 号民事裁定书

2. 当事人

原告（二审上诉人）：陈某

被告（二审上诉人、再审申请人）：江苏某建设公司

被告（二审被上诉人、再审被申请人）：王某

【一审法院查明的事实】

安徽省萧县人民法院一审查明：2012 年 10 月，江苏某建设公司项目部经理薛某联系王某承建安徽某食品工业有限公司果糖厂部分项目建设（没有订立合同）。王某没有实际进行施工，而是于 2012 年 10 月 12 日将江苏某建设公司下属安徽某食品工业有限公司一期土建施工，以清包的形式发包给杨某某。杨某某所使用的钢管等均是从陈某处租赁。2013 年 3 月 2 日，陈某讨要租金未果，准备强行拆除钢管架子。江苏某建设公司项目部于 2013 年 3 月 3 日作出书面处理意见，明确三月份以前的租赁费由杨某某付清，继续租赁，租赁费由项目部（薛某、王某）从杨某某的工程款中扣除。该处理意见形成后，江苏某建设公司项目部支付陈某租赁费 18 万元。2013 年 3 月 4 日，江苏某建设公司项目部、王某根据江苏某建设公司项目部的处理意见，与陈某签订《料具租赁合同》，约定了租赁物的品名、数量、结算方式、租赁期限，如承租方不按合同付款，应以欠款额为基数，每天增付万分之一百的违约金。合同上加盖江苏某建设公司项目部公章，王某也在合同上签名。同日，王某对郑某所租赁陈某的钢模、钢管等予以接收认可。合同到期后，2013 年 6 月 4 日，王某出具一份欠条，载明：江苏某建设公司安徽某食品厂建设工程郑某施工队欠陈某钢管及扣件租金共计 80 000 元，截止日期到 2013 年 7 月 30 日。2013 年 7 月 29 日，王某向江苏某建设公司项目部提出一份请求意见，内容为：王某施工队所欠陈某钢管架租金费用 80 000 元、钢管约 30 000 米、扣件 18 000 只，按市场价值有实物返还实物，没有实物折价还钱；按当前市场价格（约 500 000 元）多退少补，暂算陈某押金，请求江苏某建设公司从施工队工程款中支付。2013 年 7 月 30 日，江苏某建设公司项目部负责人薛某签字：同意接收支付。2013 年 8 月 2 日，江苏某建设公司项目部为妥善处理好陈某租赁费及租赁物丢失问题，再次形成书面处理意见，强调由江苏某建设

公司项目部和由王某从工程款中扣除给陈某，同时明确该处理意见作出以前任何人员给陈某出具的一切手续都作废。2013年9月3日，安徽省萧县招商局在调解处理江苏某建设公司与安徽某食品厂项目部问题时，就陈某的钢管架丢失赔偿事宜，也作出了丢失钢管架赔偿应从实际责任方杨某某工程款中扣除的意见。

一审法院另查明：陈某租金从2013年3月4日至6月19日止共107天，钢管租金43 700.4元；扣件租金26 901.08元；2013年6月20日至2014年8月29日，计435天，下余钢管租金154 170.6元，扣件租金96 105元；合计租金320 877.48元，扣除江苏某建设公司已付200 000元，尚欠120 877.48元。丢失毁损的租赁物价值：钢管443 019元，扣件92 055元，合计535 074元。

【一审裁判理由及结果】

安徽省萧县人民法院认为：依法成立的合同具有法律约束力，当事人应当全面履行自己的义务。陈某与江苏某建设公司签订的租赁合同是双方在平等自愿基础上签订的，且不违反法律规定，应为有效。江苏某建设公司项目部在涉案租赁合同上加盖印章，王某在该合同上签字系受江苏某建设公司指派，江苏某建设公司应承担支付租金、返还租赁物的责任。陈某要求王某承担责任理由以及江苏某建设公司辩称其只应承担担保责任的意见，不予支持。江苏某建设公司项目部经理薛某对所欠租赁费用及丢失损毁的租赁物签字认可"同意接收支付"，薛某的上述行为是职务行为，该行为产生的后果应由江苏某建设公司承担。陈某要求江苏某建设公司偿付租金及赔偿损失的主张，证据充分，予以支持。江苏某建设公司应按照其项目部经理薛某核准认可的租赁费数额和丢失、毁损租赁物的数量及参照合同约定的租金价格及合同载明的租赁物单价予以核算。因合同约定的违约金的计算方法，明显过高，本案中陈某仅要求江苏某建设公司支付违约金50 000元，予以支持。依照《中华人民共和国合同法》第八条、第六十条、第一百零七条、第一百零九条、第一百一十四条、第二百一十二条、第二百二十二条、第二百三十五条，《中华人民共和国民事诉讼法》第六十四条之规定，判决如下：

一、江苏某建设公司于判决生效后十日内给付陈某租赁费120 877.48元；

二、江苏某建设公司于判决生效后十日内返还陈某租赁物钢管29 534.6米、扣件18 411只，如不能返还租赁物，应赔偿陈某租赁物损失535 074元；

三、江苏某建设公司于判决生效后十日内赔偿陈某违约金50 000元；

四、驳回陈某对王某的诉讼请求。

【二审上诉请求及理由】

被告江苏某建设公司不服安徽省萧县人民法院上述判决，向安徽省宿州市中级人民法院提起上诉称：王某不是其公司人员，其也未委托王某代表其公司接收租赁物，应由王某承担租赁合同约定的义务。

【二审裁判理由及结果】

安徽省宿州市中级人民法院认为：本案的争议焦点是王某与陈某签订的料具租赁合同是否是代表江苏某建设公司的职务行为。陈某与江苏某建设公司项目部签订的《料具租赁合同》，不违反法律法规的强制性规定，应为有效。案已查明，2013年3月3日，江苏某建设公司项目部出具的"关于杨某某使用钢管架的处理意见"明确表述：安徽某果糖厂主厂房大清包工杨某某的架子工郑某某租赁陈某钢管、所欠租金未还清；脚手架不能拆，确保3月5日主厂房上大板；项目部根据陈某的要求，由王某代杨某某转接郑某某租赁陈某钢管事宜，3月份以前的租金已结清，以后的租金由项目部和王某施工队负责直接从杨某某工程款中扣除；杨某某使用钢管到期返还时，所产生的一切费用由项目部负责从杨某某工程款中扣除。该份处理意见载明内容证明在2013年3月3日前王某并未租赁陈某的钢管等料具；亦反映项目部为确保主厂房上大板要求"由王某代杨某某转接郑某租赁陈某钢管事宜"。该处理意见实质是委托王某代江苏某建设公司项目部与陈某处理租赁钢管等料具事宜。王某也正是基于江苏某建设公司项目部的该处理意见，于意见形成的次日，即2013年3月4日代表江苏某建设公司项目部与陈某签订了《料具租赁合同》，且案涉合同上加盖了江苏某建设公司项目部印章。故王某与陈某签订《料具租赁合同》以及此后接收陈某钢管等料具的行为均系履行职务行为，因该租赁合同履行所产生的民事责任应由江苏某建设公司承担。故对江苏某建设公司此节上诉理由，与事实不符，二审法院不予支持。

综上，江苏某建设公司上诉理由不成立，一审判决事实清楚，适用法律及裁判结果正确。依照《中华人民共和国民事诉讼法》第一百七十条第一款第（一）项之规定，判决如下：

驳回上诉，维持原判。

【再审申请及理由】

江苏某建设公司不服安徽省宿州市中级人民法院上述判决，向安徽省高级人民法院申请再称：王某与案外人杨某某签订的大清包协议书及其承诺书，足以证明王某承包江苏某建设公司的工程后，又将劳务工程分包给杨某某，故王某不是江苏某建设公司的职工，而是施工责任方，案涉钢管租赁费系王某工程队所欠，王某同意将其在江苏某建设公司处的工程款债权转给陈某冲抵所欠钢管租赁费。一审判决认为王某不是江苏某建设公司的员工，其实施的行为系江苏某建设公司授意，但二审判决在无任何新的证据的情况下，又认定王某的行为系职务行为，相互矛盾，导致认定案件的主要事实缺乏证据证明。依据《中华人民共和国民事诉讼法》第二百条第（二）项之规定，申请再审本案。

【再审裁判理由及结果】

安徽省高级人民法院认为：案涉租赁合同虽为王某所签，但加盖有江苏某建设公司项目部印章，公司项目部经理薛某对所欠租赁费用及丢失损毁的租赁物签字认可"同意接收支付"，故原审判决认定江苏某建设公司与陈某之间形成租赁合同关系，并无不当。江苏某建设公司的再审申请不符合《中华人民共和国民事诉讼法》第二百条第（二）项规定的情形。依照《中华人民共和国民事诉讼法》第二百零四条第一款之规定，裁定如下：

驳回江苏某建设公司的再审申请。

【裁判要点】

承租方否认印章的真实性，但合同签订人系承租方工作人员，承租方应承担合同义务。

（二）承租方否认印章真实性，但该印章在涉案工程建设、监理及相关部门的资料上均有加盖，承租方应承担合同义务

【案件基本信息】

1. 裁判书字号

安徽省芜湖市中级人民法院（2013）芜中民二初字第00096号民事判决书

安徽省高级人民法院（2014）皖民二终字第 00461 号民事判决书

2. 当事人

原告（二审被上诉人）：芜湖市某租赁站

被告（二审上诉人）：江苏省某建筑公司

【一审法院查明的事实】

安徽省芜湖市中级人民法院查明：2010 年 12 月 28 日，芜湖市某租赁站（甲方）与江苏省某建筑公司巢湖某技术学院项目部（乙方）订立《租赁合同》，约定：乙方向甲方租赁钢管及配件，钢管暂定 50 万米，扣件 40 万只；租赁期限为 7 个月（2011 年元月至 2011 年 8 月）；租赁物归还时双方须清点核对租赁物数量、规格，归还的装车、运输费用由乙方承担；归还租赁物缺少的按市场价赔偿；乙方不按时交纳租金及材料费等每日按欠费的千分之一计算违约金。合同签订后，江苏省某建筑公司于 2011 年 1 月 6 日按合同约定向芜湖市某租赁站支付了 2000 元押金，芜湖市某租赁站收到押金后按合同约定分期分批共发出钢管 263 970.1 米、扣件 157 880 只、套管 4800 只。2012 年 8 月 1 日，经建设单位决定，对江苏省某建筑公司所承建工程进行外脚手架和内排架拆除，其中内排架由芜湖市某租赁站拆除，现场拆下的钢管、扣件由芜湖市某租赁站组织人员清理、搬运、装车、运回，所有拆下钢管、扣件数量由芜湖市某租赁站会同建设单位、含山县公证处进行清点。经各方清点，江苏省某建筑公司实际归还钢管 175 797.4 米、扣件 98 910 只、套管 3387 只，工地现场预留钢管 51 528.9 米、扣件 26 819 只，尚欠钢管 36 643.8 米、扣件 32 151 只、套管 1413 只未归还。芜湖市某租赁站在脚手架拆除清理搬运中产生各种费用计 15.72 万元。含山县公证处对上述事实进行了证据保全。截至目前，江苏省某建筑公司实际支付芜湖市某租赁站租金 26 万元，余款至今未付。芜湖市某租赁站经向江苏省某建筑公司催讨租赁费及未归还的租赁物损失未果后，向一审法院提起诉讼，请求判令江苏省某建筑公司：1. 支付租赁款 1 755 421.66 元；2. 赔偿缺失的钢管及配件损失 685 002.8 元；3. 支付逾期付款利息 479 053.73 元（截至 2012 年 8 月 31 日）；4. 支付钢管及配件拆除清理费、装车费、运输费 15.72 万元；5. 承担本案的全部诉讼费用。

另查明：芜湖市某租赁站曾于 2012 年 10 月 26 日就其与江苏省某建筑公司的租赁合同纠纷向一审法院起诉，后于 2012 年 12 月 27 日申请撤诉，该院裁定予以准许。芜湖市某租赁站于2013年1月10日就该纠纷另行提起本案诉讼。

【一审裁判理由及结果】

安徽省芜湖市中级人民法院认为：一、芜湖市某租赁站申请撤诉后以同一诉讼请求再次起诉，该院审查后予以受理，符合相关法律规定，芜湖市某租赁站的起诉不属于重复诉讼。二、芜湖市某租赁站与江苏省某建筑公司巢湖某技术学院项目部订立的《租赁合同》系双方的真实意思表示，且内容不违反法律的强制性规定，合法有效，对双方均具有约束力。因江苏省某建筑公司巢湖某技术学院项目部系江苏省某建筑公司的内设机构，不具备独立法人资格，故其订立合同的法律后果应由江苏省某建筑公司承担。江苏省某建筑公司辩称该租赁合同上的印章不真实，因其在诉讼中并未申请对该印章的真实性进行鉴定，且芜湖市某租赁站提交的银行汇票证明江苏省某建筑公司于2011年1月6日向该租赁站实际支付了2000元押金，综合考虑上述因素，对江苏省某建筑公司该项辩解意见不予采纳。案涉合同订立后，芜湖市某租赁站依约履行了提供租赁物的义务，江苏省某建筑公司未能按合同约定的期限支付租赁费、返还租赁物（钢管、套管及配件）构成违约，应承担违约责任。其应承担的违约责任具体包括：1. 支付剩余钢管及配件租赁费。租赁费算法：关于计算期间，芜湖市某租赁站仅要求江苏省某建筑公司承担2011年1月至2012年8月31日的租赁费，属于对其自身实体权利的处分，应予以支持；关于计算标准，依照合同约定。2. 支付钢管及配件缺失赔偿金。按现行市场价计算。3. 支付钢管及配件拆除、装车、运输等费用，根据含山县公证处采取证据保全的相关资料，上述费用合计15.72万元。4. 向芜湖市某租赁站支付逾期付款违约金。违约金算法：关于计算期间，芜湖市某租赁站主张计至2012年8月31日，应予以支持，从双方约定的付款截止日期至2012年8月31日，共计213天；关于计算标准，依据合同约定按每日欠费的千分之一计算。现芜湖市某租赁站仅主张479 053.73元，属于其对自身实体权利的处分，且对江苏省某建筑公司有利，该院予以支持。三、江苏省某建筑公司主张芜湖市某租赁站提供的钢管及配件存在质量问题，因其并未提供相关证据予以证明，且其也未在本案中提出反诉，一审法院对该辩解意见不予支持。综上，依照《中华人民共和国合同法》第六十条、第一百零七条和《最高人民法院关于适用〈中华人民共和国民事诉讼法〉若干问题的意见》第一百四十四条的规定，判决如下：

一、江苏省某建筑公司于判决生效之日起十日内支付芜湖市某租赁站租赁费 1 755 421.66 元、取回租赁钢管及配件产生的费用 15.72 万元并赔偿缺失的钢管及配件损失 679 293.3 元。

二、江苏省某建筑公司于判决生效之日起十日内支付芜湖市某租赁站逾期付款违约金 479 053.73 元。

三、驳回芜湖市某租赁站的其他诉讼请求。

【二审上诉请求及理由】

被告江苏省某建筑公司不服安徽省芜湖市中级人民法院上述判决，向安徽省高级人民法院提起上诉称：1. 其与芜湖市某租赁站之间不存在租赁合同关系，其承建的巢湖某职业学院工程项目所使用的钢管、扣件是案外人顾某某提供。涉案合同中加盖的"江苏省某建筑公司巢湖某技术学院项目部"（简称项目部）印章并非其所盖，其无需也无法申请对该印章的真实性进行鉴定，相反芜湖市某租赁站应对该印章的真实性负举证责任。2. 即便双方存在租赁合同关系，江苏省某建筑公司主张芜湖市某租赁站提供的钢管及扣件存在质量问题，原审以其未提供证据证明及未提起反诉为由，不予支持不当。3. 原审未能依职权追加案外人顾某某作为本案第三人参加诉讼，违反了诉讼程序。综上，请求二审法院依法改判，驳回芜湖市某租赁站在原审中对其的诉讼请求。

芜湖市某租赁站答辩称：1. 江苏省某建筑公司否认在涉案合同上加盖项目部印章与事实不符。涉案工程项目系江苏省某建筑公司承建，该公司在要求建设单位支付工程进度款的申请书、向工程监理单位的工作回复函及该项目部的会议纪要中均加盖了与涉案合同中相同的项目部印章。合同签订后，江苏省某建筑公司按照合同的约定向其交付了押金 2000 元，此后分别于 2011 年 6 月至 9 月 3 次支付租金计 26 万元。2. 江苏省某建筑公司在收到其提供的租赁物钢管及配件时并未提出质量异议，在安装使用近 2 年的时间内也未因租赁物的质量问题发生安全事故，江苏省某建筑公司在使用租赁物 2 年后才提出质量问题已超过异议期限，故其提供的钢管、扣件没有任何质量问题。3. 顾某某与本案无关，原审未追加顾某某为本案第三人参加诉讼并无不当。

综上，原审判决认定事实清楚，适用法律正确。江苏省某建筑公司的上诉理由均不能成立，请求二审法院驳回江苏省某建筑公司的上诉，维持原判。

【二审裁判理由及结果】

安徽省高级人民法院认为本案的争议焦点是：1. 江苏省某建筑公司与芜湖市某租赁站之间是否存在钢管及扣件租赁合同关系；2. 芜湖市某租赁站提供的钢管及扣件是否存在质量问题；3. 原审是否违反诉讼程序。

关于焦点一：巢湖某职业学院工程项目系江苏省某建筑公司承建，涉案租赁合同承租人栏中加盖有项目部印章，江苏省某建筑公司在要求建设单位支付工程进度款的申请书、向工程监理单位的工作回复函及该项目部的会议纪要中均加盖了与涉案合同中相同的项目部印章，故其不能否定在涉案合同中加盖项目部印章的真实性。合同签订后，江苏省某建筑公司不仅按照合同的约定向芜湖市某租赁站交付了租赁物押金2000元，而且分别于2011年6月至9月3次向芜湖市某租赁站支付租金26万元。据此，江苏省某建筑公司实际履行了合同的部分义务。江苏省某建筑公司辩称向芜湖市某租赁站支付租赁物押金2000元系他人借用其账户代为转付的理由，因未提供证据证明，不予采信。江苏省某建筑公司主张其与芜湖市某租赁站之间不存在租赁合同关系的上诉理由，因与事实不符，不能成立。原审认定江苏省某建筑公司与芜湖市某租赁站之间签订的租赁合同合法有效，双方之间存在租赁合同关系正确。

关于焦点二：双方当事人在涉案合同第四条约定，承租方应根据工程实际需要严格把关租赁物资的验收，发现质量问题当场拒收，否则以后出现质量问题出租方概不负责。据此，江苏省某建筑公司在接收芜湖市某租赁站提供租赁物时并未对租赁物提出质量异议，仅在使用租赁物2年后的本案诉讼中辩称芜湖市某租赁站提供的钢管及扣件存在质量问题，且未提供证据证明，亦与双方的约定不符，故二审法院不予采信。

关于焦点三：顾某某是以项目部的名义与芜湖市某租赁站签订涉案租赁合同，其既不是本案的共同被告，也非本案的第三人，原审未追加顾某某为本案当事人参加诉讼并无不当。江苏省某建筑公司以此为由认为原审违反诉讼程序，因与法律规定不符，亦不能成立。

综上，原审判决认定事实清楚，适用法律正确，程序合法，应予维持。

江苏省某建筑公司上诉理由均不成立，其上诉请求应予驳回。依照《中华人民共和国民事诉讼法》第一百七十条第一款第（一）项、第一百七十五条之规定，判决如下：

驳回上诉，维持原判。

【裁判要点】

承租方虽否认印章的真实性，但合同已实际履行，承租方应承担合同义务。

（三）承租方否认印章真实性，未实际使用涉案物资，且出租方知道实际使用人身份，不构成善意，由合同签订人承担合同义务

案例一

【案件基本信息】

1. 裁判书字号

吉林省吉林市船营区人民法院（2014）船民二初字第 664 号民事判决书

吉林省吉林市中级人民法院（2016）吉 02 民终 85 号民事判决书

吉林省高级人民法院（2017）吉民申 272 号民事裁定书

2. 当事人

原告（二审上诉人、再审申请人）：吉林市某机械公司

被告（二审被上诉人、再审被申请人）：吉林市某储运公司

被告（二审被上诉人、再审被申请人）：陈某某

原审第三人：于某某

原审第三人：王某某

【基本案情】

吉林市某机械公司在一审时诉称：吉林市某储运公司承揽了吉林某集团吉林分公司站台煤炭转运业务，因为没有足够的资金购买装载机，所以采取附条件租赁（购买）方式租赁我公司五台装载机投入该项业务的运营。我公司同意了吉林市某储运公司的要求。2010 年 8 月 17 日，吉林市某储运公司的委托代理人陈某某承诺提车后待吉林某集团支付运费后，及时支付设备租金。

我公司考虑到吉林某集团的实力，相信了陈某某的承诺，同时按照约定交付了三台装载机。设备租赁合同约定，租赁期为12个月，租赁设备总价款为996 954元。2010年8月19日，吉林市某储运公司补充签订了《设备租赁合同》及《补充合同》，同时支付了首付款104 610元。2010年10月25日，陈某某受吉林市某储运公司的委托在我公司要求再次以附条件租赁（购买）方式租赁了两台装载机。我公司同样签订了《设备租赁合同》及《补充合同》，并交付了两台装载机。设备租赁合同约定，租赁期为12个月，租赁设备总价款为685 596元，但是没有收到首付款。我公司依据双方签订的设备租赁合同，要求吉林市某储运公司支付租金，但是吉林市某储运公司以整个站台业务由陈某某全权负责及吉林某集团没有给付运费为由拒绝支付。为了保证我公司合法权益，我公司找到陈某某，要求陈某某代为吉林市某储运公司履行给付义务，可是陈某某也称由于吉林某集团没有给吉林市某储运公司款而无法给付此款，同时自愿补签设备租赁合同并表明自己愿意代为承担全部给付义务。2012年3月25日，在我公司多次催要下，陈某某承诺承担十五台装载机剩余的租赁款及违约责任的给付义务。2012年4月，陈某某在没有经过我公司同意的情况下，私自同案外人于某某、王某某达成转让我公司享有所有权的租赁设备的协议。2012年7月20日，我公司在知道转让事实后，明确表示对租赁设备享有所有权，并要求按照约定收回租赁设备。在陈某某和于某某、王某某的要求下，三方仅仅针对陈某某拖欠租赁费问题，达成由于某某、王某某附条件代为履行给付租金义务的补充协议，同时陈某某依然承担连带给付责任。于某某在我公司多次催要下，分别在2012年8月2日和2012年9月19日给付了20万元。随后，于某某拒绝履行补充协议。我公司多次与于某某联系，于某某拒接电话。2012年10月15日，我公司依据合同约定分别通知吉林市某储运公司和陈某某后，收回了租赁设备。请求法院依法判令：1. 吉林市某储运公司依据《设备租赁合同》（三台）约定给付拖欠的设备租赁款892 344元，同时保留向吉林市某储运公司主张从2010年8月20日起至2012年10月15日止因违约应支付的租赁费78万元的诉讼权利；2. 吉林市某储运公司依据《设备租赁合同》（两台）约定给付拖欠设备租赁款685 596元，同时保留向吉林市某储运公司主张从2011年10月26日起至2012年10月15日止因违约应支付的租赁费44万元的诉讼权利；3. 吉林市某储运公司给付资金占用费，自吉林市某储运公司拖欠之日起至实际给付之日止，标准为拖欠租金的日万分之四；4. 陈某某承担连带责任；5. 由吉林市某储运公司、陈某某共同承担本案的诉讼费用和由此支付的拖车费用等。

吉林市某储运公司在原审时辩称：1. 本案纠纷系因陈某某采用欺诈手段所致，事实是陈某某盗用我公司印章与吉林市某机械公司签订租赁合同。2. 本案的《设备租赁合同》相对人已经发生变更。我公司与吉林市某机械公司之间的租赁合同关系因吉林市某机械公司与陈某某及于某某之后签订《补充协议》而消灭。《补充协议》载明："鉴于乙方（陈某某）在 2012 年 4 月将某集团吉林钢铁有限责任公司站台业务及租赁甲方（吉林市某机械公司）的十五台装载机设备（原合同）转让给丙方（于某某、王某某）。"可见，吉林市某机械公司在该份《补充协议》中已确认陈某某系租赁合同的相对人，这是合同三方当事人签订《补充协议》的真实意思表示，即由陈某某取代了我公司的合同主体身份，并由本案第三人代陈某某履行合同义务。3. 即便《补充协议》最终因没有全部履行而失效，也不能推翻吉林市某机械公司已通过合同形式承认陈某某是《设备租赁合同》相对人的事实。《补充协议》约定的失效条款仅是针对协议的履行问题，并非否定合同当事人的身份。况且，吉林市某机械公司也是按该《补充协议》的约定，收取了于某某和王某某支付的 20 万元租赁费，并从于某某和王某某处取回了十五台设备。4. 从以下事实可以看出吉林市某机械公司明知陈某某是真正的合同当事人。吉林市某机械公司出租的十五台设备中，有十台是直接同陈某某之间形成的合同关系，本案中的五台设备虽以我公司名义租赁，但也是由陈某某直接经手。吉林市某机械公司的购车往来账和收款凭证体现的名头均是陈某某，而并非我公司。吉林市某机械公司自认多次找陈某某，并让陈某某个人承诺保证履行。吉林市某机械公司将五台设备交付给陈某某及其指定的人。《补充协议》也系吉林市某机械公司、陈某某及王某某、于某某之间签署，否认答辩人之行为，所以本案的合同关系事实十分明确。5. 本案合同性质名为租赁，实为买卖。2010 年 8 月 19 日和 2010 年 10 月 25 日分别签订的二份《设备租赁合同》，已被当日所签订的二份《补充合同》所替代。根据《补充合同》"租赁转为销售"的约定，本案合同性质应为分期付款买卖合同，否则之后所签订的《补充合同》就没有实际意义。既然吉林市某机械公司已收回全部设备，就没有理由再要求支付租赁费。6. 吉林市某机械公司主张的租赁费数额有误。陈某某证实已经支付设备款 1 225 548 元，《补充协议》签订后，吉林市某机械公司又收取了本案第三人 20 万元，已实际收取设备款 142 万元之多，而却只承认 104 610 元，显然隐瞒事实。7. 部分诉请没有法律依据。（1）违约金约定过高，本案合同约定按照日千分之五计算逾期违约金，超过法律规定的上限。（2）主张资金占用费无依据，且与本案无关联。（3）主张拖车费没有依据，本案的设备系在正常使用过程中的车辆，没有必要支出拖车费。综上理由，请依法驳回吉林市某机械公司对我公司的诉请。

王某某在原审中陈述称：本案不应该追加我为第三人。第一，根据合同相对性，我不是本案租赁合同的任何一方当事人。第二，根据法律关于合同效力的规定，虽然我和于某某与陈某某之间签订了转让协议，但债务的转让未经债权人同意，属于无效合同。第三，《补充协议》系附条件合同，于某某在支付 20 万元后拒绝履行补充协议，所以该协议已经失效。第四，我并未在《补充协议》中签字，所以该《补充协议》与我无关。综上，我不应成为本案第三人，也不应该承担任何责任。

陈某某及于某某在原审时未到庭参加诉讼，亦未提供书面意见。

【一审法院查明的事实】

吉林市船营区人民法院经审理查明：2010 年 8 月 19 日，陈某某以吉林市某储运公司的名义与吉林市某机械公司签订了《设备租赁合同》一份。合同约定：一、租赁物：吉林市某机械公司将三台厦工装载机（产品型号：XG955Ⅲ型）出租给吉林市某储运公司使用；二、租赁期限：12 个月，从 2010 年 8 月 19 日至 2011 年 8 月 19 日；三、设备交付使用方法：该三台设备总价为 996 954 元，吉林市某储运公司首付租金人民币 104 610 元，签订本合同后到吉林市某机械公司指定地点提取设备，剩余租金及利息共计 892 344 元。付款方式：2010 年 9 月 19 日至 2011 年 9 月 19 日每月等额付款 82 287 元；四、在合同期内，吉林市某储运公司需向吉林市某机械公司交保证金 95 100元，如在合同期内不能履行合同，保证金不予退还；五、该设备只能在吉林省内作业，未经吉林市某机械公司书面同意不得改变作业地点，吉林市某储运公司不得将该设备擅自转租、转移、隐匿、还债、变卖、抵押及担保，否则吉林市某机械公司有权将该装载机随时收回；六、设备维修由生产厂家按照保修卡的有关规定保修，吉林市某储运公司必须严格遵守厂家规定，在"三包"人员的指导下对产品正确使用、维护、保养。如发现该设备工作异常，吉林市某储运公司须及时通知吉林市某机械公司，不得违规调试，违规操作使用，否则一切后果由吉林市某储运公司承担，造成的一切损失由吉林市某储运公司负责赔偿；七、租赁期间，吉林市某储运公司虽未发生违约，但该设备发生毁坏、丢失等意外事故时，吉林市某储运公司仍应负赔偿责任；八、若该设备在吉林市某储运公司使用期间造成第三人的人身伤亡或财产损害，由吉林市某储运公司自行承担全部责任；九、吉林市某储运公司不得以该设备有质量问题、设备维修方面出现的各种情况为抗辩理由延付或拒付租金，并在违约时自愿无条件地接受依法强制执行约束；十、强制执行权的行使：吉林市某储运公司如在任一付款期限内违约，又未在该期限届满前向公证处提出确有理由的书面异议，视为吉林市某储运公司违约且自愿无条件放弃起诉权，届时吉林市某机械公司可直接向公证机关申请出具强制执行证明，并由人民法院对该设备或吉林市某储运公司的其他财产予以强制执行，执行标的为：原租赁物、应给付的租金、违约金，吉林市某储运公司同时承担清收中发生的交通费、误工费、诉讼费、执行费等一切费用；十一、违约责任：1. 租赁期间若吉林市某储运公司逾期付款，吉林市某机械公司有权随时解除合同，并将该设备收回；已交租金归吉林市某机械公司所有；拖欠的租金由吉林市某储运公司继续给付；2. 租期届满，若吉林市某储运公司一直违约并继续使用设备，吉林市某机械公司有权随时解除合同，已交租金归吉林市某机械公司所有，拖欠租金吉林市某储运公司继续给付；3. 租赁期间租金按本合同第三条计算。租赁期满若吉林市某储运公司一直违约，不将该设备送回，视为继续承租，租金每月为人民币 2 万元，且该装载机维修费由吉林市某储运公司承担；4. 以上租金每月结算一次，如吉林市某储运公司违约支付，逾期租金按日千分之五收取违约金。同日，双方又签订了《补充合同》，约定：一、《设备租赁合同》中的租赁物三台厦工装载机总价款为 996 954 元，吉林市某储运公司若在 2011 年 8 月 19 日前将租金全部交齐，租赁转为销售；二、该设备所有权取得的条件：租赁期满，吉林市某储运公司按规定日期履行合同，租金转为吉林市某机械公司销售给吉林市某储运公司该设备的销售价款，吉林市某机械公司给吉林市某储运公司出具发票、合格证，吉林市某储运公司取得该设备所有权，同时终止设备租赁合同；三、若吉林市某储运公司发生违约，此合同无效。上述合同签订后，吉林市某机械公司按设备租赁合同的约定交付了装载机三台，陈某某支付了人民币 104 610 元，此后未履行付款义务，截至 2011 年 8 月 19 日，尚欠租赁费 892 344 元。

2010 年 10 月 25 日，陈某某又以吉林市某储运公司的名义在吉林市某机械公司租赁了两台装载机，并签订了《设备租赁合同》，约定：一、租赁物：吉林市某机械公司将两台厦工装载机出租给吉林市某储运公司使用；二、租赁期限：12 个月，从 2010 年 10 月 25 日至 2011 年 10 月 25 日；三、该设备交付使用方法：该两台装载机总价为 65.4 万元（单台价款 32.7 万元），利息及手续费 31 596 元，两台合计金额 685 596 元，吉林市某储运公司首付租金 71 940 元（含保证金 65 400 元），签订本合同后到吉林市某机械公司指定地点提取设备，剩余租金及利息共计 613 656 元的付款方式：2010 年 11 月 25 日至 2011 年 10 月 25 日每月等额付款 56 588 元。设备租赁合同的其它条款与上述装载机设备租赁合同的约定相同。当日，双方又签订了《补充合同》，约定：一、《设备租赁合同》中的租赁物两台厦工装载机总价款为 685 596 元，吉林市某储运公司若在 2011 年 10 月 25 日前将租金全部交齐，租赁转为销售；二、该设备所有权取得的条件：租赁期满，吉林市某储运公司按规定日期履行合同，租金转为吉林市某机械公司销售给吉林市某储运公司该设备的销售价款，吉林市某机械公司给吉林市某储运公司出具发票、合格证，吉林市某储运公司取得该设备所有权，同时终止设备租赁合同；三、若吉林市某储运公司发生违约，此合同无效。合同签订后，吉林市某机械公司依据合同的约定向吉林市某储运公司交付了两台装载机。

2012 年 7 月 22 日，吉林市某机械公司、陈某某、于某某三方签订了《补充协议书》。协议约定：一、于某某自愿为陈某某承担 3 717 468 元租赁费；二、于某某保证在 2012 年度支付 1 517 468 元租赁费，具体支付明细如下：2012 年 8 月 3 日前支付给吉林市某机械公司 117 468 元；2012 年 9 月 3 日前支付给吉林市某机械公司 10 万元；2012 年 10 月 3 日前支付给吉林市某机械公司 10 万元；2012 年 11 月 3 日前支付给吉林市某机械公司 10 万元；2012 年 12 月 3 日前支付给吉林市某机械公司 110 万元；三、于某某保证在 2013 年 6 月 30 日前支付剩余的 220 万元租赁费，具体支付明细如下：2013 年 1 月 3 日前支付给吉林市某机械公司 36.6 万元；2013 年 2 月 3 日前支付给吉林市某机械公司 36.6 万元；2013 年 3 月 3 日前支付给吉林市某机械公司 36.6 万元；2013 年 4 月 3 日前支付给吉林市某机械公司 36.6 万元；2013 年 5 月 3 日前支付给吉林市某机械公司 36.6 万元；2013 年 6 月 3 日前支付给吉林市某机械公司 37 万元；四、补充协议的有效性：为了保证协议的履行，如果于某某不能履行上述给付义务一项，则该协议归于无效；五、如果出现于某某没有按此补充协议给付的事实，则吉林市某机械公司有权收回其所有的十五台装载机；于某某则无条件配合交付。如出现拒绝交付情况，视为继续租赁行为，租赁费标准执行原协议标准；六、于某某在协议履行过程中出现违约现象后，于某某支付的所有租赁费只能冲抵其使用过程中的租赁费；七、该协议是基于原合同的补充，所以该合同陈某某自愿为于某某承担补充合同的连带担保；八、于某某全面履行该协议后，则十五台租赁设备转为销售。补充协议签订后，于某某于 2012 年 8 月 2 日和 2012 年 9 月 19 日共给付了 20 万元。随后，第三人于某某拒绝履行补充协议。2012 年 10 月 15 日，吉林市某机械公司将租赁设备收回。2012 年 11 月 1 日，吉林市某机械公司提起诉讼。

另查，2012 年 4 月 28 日，陈某某与于某某、王某某就站台车队资产、债权、债务转让事宜签订了《协议书》一份。后王某某、于某某提起诉讼，请求撤销该协议书，吉林市龙潭区人民法院作出（2012）龙民二初字第 229 号民事判决，判决驳回了王某某、于某某的诉讼请求。王某某、于某某不服提起上诉。2014 年 1 月 6 日，吉林市中级人民法院作出（2013）吉中民三终字第 432 号民事判决，判决驳回上诉，维持原判。

【一审裁判理由及结果】

吉林市船营区人民法院认为：一、本案《设备租赁合同》以及《补充合同》的合同相对人是陈某某。理由：1. 虽然《设备租赁合同》以及《补充合同》上加盖了吉林市某储运公司公章及公司法定代表人名章，但陈某某陈述印章系其盗盖，陈某某冒用吉林市某储运公司的名义与吉林市某机械公司签订上述协议，并实际使用了协议所约定的设备，陈某某应承担合同义务。2. 陈某某加盖吉林市某储运公司公章及公司法定代表人名章的行为不构成表见代理。本案陈某某签署《设备租赁合同》以及《补充合同》时是以吉林市某储运公司委托代理人的身份，但陈某某并未向吉林市某机械公司出具吉林市某储运公司对陈某某作出委托授权的证明文书或陈某某系吉林市某储运公司工作人员的材料，《企业法人营业执照》、《组织机构代码证》及身份证复印件均没有证明陈某某具有上述身份的效力，故仅以《设备租赁合同》以及《补充合同》加盖公章及名章不足以认定吉林市某机械公司有理由相信订立合同的意思表示系吉林市某储运公司所为。3. 从合同的后续履行看，吉林市某机械公司明知诉争合同的相对人是陈某某而非吉林市某储运公司。吉林市某机械公司主张吉林市某储运公司已实际交付的"购车首付款"104 610 元，收据上写明交款人是"陈某某"，不是"吉林市某储运公司"。吉林市某机械公司又于2012 年7 月22 日与陈某某、于某某、王某某签订了《补充协议书》，该份协议书就本案讼争的五台租赁设备的租赁费的负担问题进行了约定，而该协议的签订吉林市某储运公司并未参与，陈某某是一方当事人，故可认定吉林市某机械公司明知租赁设备的使用人是陈某某。综上，陈某某与吉林市某机械公司签订的《设备租赁合同》以及《补充合同》内容不违反国家法律、法规的强制性规定，合同有效。

二、关于吉林市某储运公司提出的《设备租赁合同》已被《补充合同》所替代，名为租赁，实为买卖合同的抗辩主张不成立。《补充协议》是《设备租赁合同》的从合同，是对《设备租赁合同》的补充，《补充合同》亦是附条件合同，即在承租人付清租赁费时，租赁关系转为买卖合同关系，现条件仍未成就，即合同性质仍为租赁关系。

三、关于吉林市某储运公司主张的吉林市某机械公司诉请金额不符的抗辩主张。陈某某除以吉林市某储运公司名义与吉林市某机械公司签订本案诉争的两份设备租赁合同外，还以其本人名义与吉林市某机械公司签订设备租赁合同，对于陈某某所交款项应是哪笔租金，陈某某及吉林市某储运公司应负有举证责任。现陈某某及吉林市某储运公司均未举证证明自己的主张，吉林市某机械公司自认已收到租赁费为104 610 元，其余并非本案讼争设备的租金，故对吉林市某储运公司的该抗辩主张不予采纳。

四、关于吉林市某储运公司提出的吉林市某机械公司请求的违约金过高的抗辩主张，依据《中华人民共和国合同法》第一百一十三条的规定："当事人一方不履行合同义务或者履行合同义务不符合约定，给对方造成损失的，损失赔偿额应当相当于因违约所造成的损失，包括合同履行后可以获得的利益，但不得超过违反合同一方订立合同时预见到或者应当预见到的因违反合同可能造成的损失。"第一百一十四条第一款规定："当事人可以约定一方违约时应当根据违约情况向对方支付一定数额的违约金，也可以约定因违约产生的损失赔偿额的计算方法。"第二款规定："约定违约金低于造成的损失的，当事人可以请求人民法院或者仲裁机构予以增加；约定的违约金过分高于造成的损失的，当事人可以请求人民法院或者仲裁机构予以适当减少。"《设备租赁合同》约定：租金每月结算一次（如乙方吉林市某储运公司违约支付），逾期租金按日千分之五计算违约金，明显高于因吉林市某储运公司违约行为给吉林市某机械公司造成的实际损失，应予调整，现吉林市某机械公司主动降低违约金计算标准，不违反法律规定，应当予以支持。

五、关于吉林市某机械公司要求吉林市某储运公司支付拖车费 4000 元的诉讼请求。因拖车费已实际发生，且是因陈某某违约行为造成，吉林市某机械公司该项诉请有事实依据，应予以支持。

六、关于于某某、王某某是否承担责任。因于某某、王某某非本案租赁合同任何一方当事人，且转让协议已失效，故于某某、王某某不应承担法律责任。综上，吉林市某机械公司履行了提供租赁物的义务，有主张租金的权利，陈某某应按合同约定履行给付租金义务，但在合同履行过程中，陈某某只履行给付部分租金的义务，其拖欠租金之行为已构成违约，应承担违约责任。吉林市某机械公司诉讼请求合理部分，应予以支持。

吉林市船营区人民法院经该院审判委员会讨论决定，依据《中华人民共和国合同法》第一百零七条、第二百一十二条、第二百二十一条、第二百二十二条，《最高人民法院〈关于民事诉讼证据的若干规定〉》第二条，《中华人民共和国民事诉讼法》第一百四十四条之规定，作出判决如下：

一、陈某某于本判决生效后七日内给付吉林市某机械公司三台装载机的租赁费 892 344 元、两台装载机的租赁费 685 596 元，合计 1 577 940 元。

二、陈某某给付吉林市某机械公司逾期给付租赁费的违约金 892 344 元，自 2011 年 8 月 20 日起、685 596 元自 2011 年 10 月 26 日起，均给付至租赁费本金付清时止，按日万分之四标准计算，与前款同时履行。

三、陈某某于本判决生效之日起七日内给付吉林市某机械公司拖车费 4000 元。

四、驳回吉林市某机械公司对吉林市某储运公司的诉讼请求。

五、驳回吉林市某机械公司的其他诉讼请求。

六、于某某、王某某在本案中不负民事责任。

【二审上诉请求及理由】

吉林市某机械公司不服吉林市船营区人民法院判决，向吉林市中级人民法院提起上诉，请求撤销一审判决，改判支持其全部诉讼请求。其上诉理由为：一、原审判决采信证据不当，认定事实错误。1. 吉林市某储运公司在原审中提供了陈某某出具的情况说明，因该证据是复印件，且陈某某本人没有出庭，故原审判决据此认定陈某某采取盗盖吉林市某储运公司公章的方式冒用吉林市某储运公司名义签订租赁合同错误。2. 我公司在原审中提交了吉林市某储运公司的证照复印件，以及陈某某和吉林市某储运公司法定代表人王某某的身份证复印件，王某某在其本人身份证复印件上亲笔注明"只许购铲车用"，以上证据能够证明陈某某是吉林市某储运公司的代理人，吉林市某储运公司是租赁合同的相对人，原审判决对以上证据未予采信错误。二、原审判决适用法律错误。根据《中华人民共和国民法通则》第六十三条及《中华人民共和国合同法》第四十九条之规定，陈某某和吉林市某储运公司的行为足以让我公司相信陈某某有权代表吉林市某储运公司签订租赁合同，其二人应当共同承担连带给付责任。

被上诉人吉林市某储运公司辩称：原审判决认定事实清楚，适用法律正确，请求维持。具体理由如下：一、本案涉及的《设备租赁合同》和《补充合同》系陈某某盗用吉林市某储运公司印章所为，对此，有陈某某本人出具的证明材料及其出庭时的自认为证。二、陈某某的行为不构成表见代理。1. 2010 年 8 月 19 日的《设备租赁合同》和《补充合同》中，陈某某是在印章之上签的字，明显违背签字和盖章的正常顺序，并且在合同签署之前的 8 月 17 日就已经交付了设备，说明吉林市某机械公司明知陈某某是实际承租人，而非吉林市某储运公司的代理人。2. 吉林市某储运公司没有为陈某某出具授权委托书，指定其签订租赁合同，吉林市某机械公司提供的营业执照、机构代码证及身份证等证照复印件不能证明存在委托关系。三、吉林市某机械公司以自己的行为认可陈某某是合同相对人。1. 吉林市某机械公司出具的收据上注明交款人是陈某某，不是吉林市某储运公司；2. 三份交车单上的签收人是陈某某和韩某年，均与我公司无关，最重要的是 2010 年 8 月 17 日还没有签订合同，吉林市某机械公司竟然将设备交付给了陈某某，显然知道陈某某是合同相对人；3. 2012 年 7 月 22 日，吉林市某机械公司与陈某某和于某某达成补充协议，根据该协议能够确认吉林市某机械公司认可陈某某是十五台（包括本案讼争的五台）装载机的承租人，签订协议的目的是为了将陈某某拖欠的租金转由于某某负担，虽然该协议因于某某没有全部履行而归于无效，但是不能否定上述事实。

【二审法院查明的事实】

吉林市某机械公司在二审中提供以下证据：第一组证据，吉林市船营区人民法院（2012）船民二初字第 503 号民事判决书、吉林市中级人民法院（2014）吉中民三终字第 89 号民事判决书，证明：1. 陈某某拖欠吉林市某机械公司 114 余万元租金，其没有偿还能力，三方签订的债务转移协议因于某某未履行而无效；2. 吉林市龙潭区人民法院（2012）龙民二初字第 229 号民事判决认定的事实与本案无关，在本案中不应作为证据采信；3. 陈某某租赁的七台设备的所有权人是吉林市某机械公司，陈某某私自将七台设备转让是非法的，吉林市某机械公司于 2012 年 10 月 15 日将上述七台设备收回。第二组证据，吉林市船营区人民法院（2012）船民二初字第 504 号民事判决书、吉林市中级人民法院（2014）吉中民三终字第 90 号民事判决书、吉林省高级人民法院（2015）吉民申字第 76 号民事裁定书，证明：三方于 2012 年 7 月 22 日签订的协议中约定的十五台装载机中有三台是王某某承租的，所有权人是吉林市某机械公司，陈某某无权处置。

吉林市某储运公司对上述证据的质证意见为：对第一组证据，与本案审理的焦点问题没有关联性，不应采信；对第二组证据，恰恰能够证明吉林市某机械公司与陈某某之间存在多个与本案相同的合同关系，与吉林市某机械公司提出的陈某某构成表见代理的观点产生了冲突。

王某某对上述证据没有异议，认为与其无关。

经吉林市某机械公司申请，吉林市中级人民法院委托吉林某司法鉴定中心对王某某和陈某某身份证复印件上"只许购铲车用"字迹是否为王某某本人书写进行了鉴定，鉴定意见为：字迹进行比对检验鉴定不是同一人书写。

吉林市某机械公司对鉴定意见书的质证意见为：对真实性和合法性没有

异议，但是对鉴定结论有异议。王某某在鉴定中心书写过程中未能按照平时的书写习惯书写，而是一笔一画非常缓慢地书写，王某某书写的字迹与其在吉林市某储运公司工商档案资料上留存的签字均不符。王某某的身份证复印件是其本人提供给吉林市某机械公司的，既然鉴定机构认为上面的字迹不是王某某所签，则应当由吉林市某储运公司说明真正的书写人是谁，否则应当承担不利后果。

吉林市某储运公司和王某某对鉴定意见书均无异议。

吉林市中级人民法院对以上二审中的证据分析评判如下：吉林市某机械公司提供的两组证据虽为人民法院生效裁判文书，但与本案不具有关联性，故不予采信。各方当事人对吉林某司法鉴定中心出具的鉴定意见书的真实性及合法性均无异议，故予以采信。

经吉林市中级人民法院审理查明以下事实：王某某和陈某某身份证复印件上"只许购铲车用"字迹不是王某某书写。其他事实与一审判决认定的事实相同。

【二审裁判理由及结果】

吉林市中级人民法院认为：本案的焦点问题是陈某某的行为是否构成表见代理，吉林市某储运公司应否承担给付租金的责任。根据《中华人民共和国合同法》第四十九条之规定，构成表见代理的一个基本要件是相对人主观上为善意且无过失。本案中，陈某某以自己名义先后从吉林市某机械公司租赁了七台设备，时间跨越了本案讼争的两份合同的订立时间，故吉林市某机械公司知道或者应当知道陈某某的真实身份。从吉林市某机械公司将首付款收据开给陈某某本人以及在签订第一份合同的前两天就开始向陈某某交付设备的行为可以证明此点，尤其是在吉林市某机械公司与陈某某及于某某于2012年7月22日签订的《补充协议》中明确约定于某某替陈某某承担拖欠吉林市某机械公司的十五台装载机的租金370余万元，可以进一步证明吉林市某机械公司清楚地知道陈某某是本案讼争五台设备的真正承租人和使用人。因此，虽然陈某某向吉林市某机械公司提供了盖有吉林市某储运公司公章和法定代表人名章的《设备租赁合同》和《补充合同》及吉林市某储运公司的相关证照复印件，但因吉林市某机械公司主观上不构成善意，故其提出的陈某某的行为构成表见代理的主张不能成立，原审法院判决吉林市某储运公司不承担给付义务正确。

综上，原审判决认定事实清楚，适用法律正确。依照《中华人民共和国民事诉讼法》第一百四十四条、第一百七十条第一款第（一）项之规定，吉林市中级人民法院判决如下：

驳回上诉，维持原判。

【再审申请及理由】

吉林市某机械公司申请再审称，1. 一、二审判决认定事实中的租赁主体错误。认定陈某某是租赁主体没有事实和证据，陈某某自称盗窃公章签订合同没有事实及法律依据，陈某某的行为构成表见代理，吉林市某机械公司收回租赁设备取得了王某某的同意，吉林市某储运公司的行为属恶意逃避债务。2. 一、二审判决认定证据程序违法。陈某某没有出庭作证，二审拒绝吉林市某机械公司的鉴定申请，导致事实不清。再审请求撤销一、二审判决，依法再审或发回重审。

【再审裁判理由及结果】

吉林市高级人民法院认为，一、二审判决认定陈某某以自己名义先后从吉林市某机械公司租赁了七台设备，时间跨越了本案讼争的两份合同的订立时间，故吉林市某机械公司知道或者应当知道陈某某的真实身份。从吉林市某机械公司将首付款收据开给陈某某本人以及在签订第一份合同的前两天就开始向陈某某交付设备的行为可以证明此点，尤其是在吉林市某机械公司与陈某某及于某某于2012年7月22日签订的《补充协议》中明确约定于某某替陈某某承担拖欠吉林市某机械公司的十五台装载机的租金370余万元，可以进一步证明吉林市某机械公司清楚地知道陈某某是本案讼争五台设备的真正承租人和使用人。因此，虽然陈某某向吉林市某机械公司提供了盖有吉林市某储运公司公章和法定代表人名章的《设备租赁合同》和《补充合同》及吉林市某储运公司的相关证照复印件，但因吉林市某机械公司主观上不构成善意，故其提出的陈某某的行为构成表见代理的主张不能成立的观点正确，符合本案事实，适用法律正确，予以确认。陈某某是本案当事人，其是否出庭不影响对案件事实的认定，吉林市某机械公司二审中申请鉴定不符合法律规定，吉林市某机械公司的再审理由不符合《中华人民共和国民事诉讼法》第二百条规定情形，不予支持。

依照《中华人民共和国民事诉讼法》第二百零四条第一款,《最高人民法院关于适用〈中华人民共和国民事诉讼法〉的解释》第三百九十五条第二款规定,裁定如下:

驳回吉林市某机械公司的再审申请。

案例二

【案件基本信息】

1. 裁判书字号

江苏省南京市浦口区人民法院(2015)浦商初字第624号民事判决书

江苏省南京市中级人民法院(2016)苏01民终7790号民事判决书

江苏省高级人民法院(2018)苏民再41号民事判决书

2. 当事人

原告(二审被上诉人、再审被申请人):南京市某租赁部

被告(二审上诉人、再审申请人):安徽某建设公司

【基本案情】

南京市某租赁部向南京市浦口区人民法院起诉请求:1. 安徽某建设公司给付租金及费用469 665元(自2014年5月24日至2015年10月31日止)和所欠租金20%的违约金93 933元,合计563 598元;2. 本案诉讼费和保全费用由安徽某建设公司承担。事实与理由:2014年5月23日,南京市某租赁部与安徽某建设公司签订钢管扣件租赁合同一份,约定南京市某租赁部向安徽某建设公司的全椒县某花园项目出租钢管、扣件等物品,合同生效后,南京市某租赁部履行了相应义务,但安徽某建设公司未按合同约定给付租金。故诉至法院,请求判如所请。

南京市某租赁部为支持其诉请提供了以下证据:1. 2014年5月23日双方签订的钢管扣件租赁合同一份(原件);2. 南京市某租赁部钢管扣件租金出库单、入库单及租金结算表一份(原件);3. 安徽某建设公司的胸牌一张(复印件),载明:姓名:陈某某;职务:现场总负责人;单位:某集团,加盖"安徽某建设公司某项目部"印章和安徽某建设公司公章;4. 2014年5月10日安徽某建设公司某花园项目部与滁州市某架业有限公司签订的脚手架工程承包合同书一份(原件),加盖安徽某建设公司某项目部印章,由张某某、

陈某某、荆某某签字，乙方加盖江苏某公路公司合同专用章，经办人周某华，并载明甲方委托张某某负责实施监督，证明张某某、陈某某与案涉租赁合同经办人张某某、陈某某是一致的，说明该二人系安徽某建设公司工作人员或合同经办人。

安徽某建设公司为支持其抗辩意见提供了以下证据：1. 2015 年 11 月 30 日由周某华出具的承诺书（原件），内容为：因我与南京市某租赁部租赁钢管到某花园贵安项目部宋某某工地别墅，在没了解的情况下张某某拿出安徽某建设公司项目部章加盖，至此起诉事情发生；特承诺：（1）此事和安徽某建设公司无关；（2）承诺在五个工作日内解封安徽某建设公司账户，清除对安徽某建设公司的影响；证明涉案钢管扣件的承租人是周某华，而周某华本人在签订合同时，加盖了虚假公章，南京市某租赁部的钢管扣件是租赁给周某华，工地为安徽省某建筑安装有限公司某花园项目宋某某工地，至今尚在使用，与安徽某建设公司无关；2. 鉴定报告及鉴定费发票各一份（原件），证明案涉租赁合同上加盖的公章非安徽某建设公司公章；3. 2013 年 11 月 29 日安徽某建设公司与全椒某房地产有限公司签订的总承包施工合同（复印件），证明安徽某建设公司施工某花园住宅楼 77# - 97# 和商住楼 22#、23#；4. 2014 年 1 月 14 日周某明与安徽某钢架结构工程有限公司签订的外脚手架工程承包合同复印件（未加盖安徽某建设公司公章），证明安徽某建设公司施工项目负责人是周某明，非周某华；5. 全椒某房地产有限公司报建材料及三张照片复印件，显示工地门头公示牌"全椒某花园 4#、7#、8#、45# - 50#、54# - 59#、63# - 68#、72# - 76# 楼工程由安徽省某建筑安装有限公司承建"。

【一审法院查明的事实】

南京市浦口区人民法院经审理查明：2014 年 5 月 23 日，南京市某租赁部（作为出租方）与安徽某建设公司（作为承租方）签订钢管扣件租赁合同，双方约定：安徽某建设公司向南京市某租赁部租赁钢管扣件，用于安徽某建设公司承建的全椒县某花园项目工程，租赁期限自 2014 年 5 月 23 日至 2015 年 6 月 1 日止，合同到期承租方既不返还租赁物又不续订合同，视为租期顺延，出租方有权收取两倍租金；租赁物资归还后，承租方需在三日内派代表来核对账目，结清余款，否则以出租方结算为准；承租方对其租赁物在租赁期间产生的租金及其它费用按每月付 70%，其余 30% 在主体封顶一个月内付清所有款项，如承租方不能按此约定付清对其产生的费用，未经出租方同意逾期支付的，承租方同意按欠款总额的25%支付违约金；承租方委派周某华、袁某某负责物资提取和归还，该合同由南京市某租赁部签字、盖章，安徽某建设公司的周某华、张某某、陈某某签字，并加盖安徽某建设公司公章及其某花园项目部印章。合同签订后，南京市某租赁部自2014年5月至2015年3月陆续向安徽某建设公司提供租赁物；自2015年2月至同年10月，安徽某建设公司陆续归还南京市某租赁部的租赁物。截至2015年10月31日，安徽某建设公司尚欠南京市某租赁部租金452 381.82元，其他费用17 283元（其中上力费15 078元、扣件清理费1473元、少螺杆赔偿732元），两项合计469 664.82元。

一审中，安徽某建设公司申请对案涉租赁合同、胸牌上加盖安徽某建设公司印章申请鉴定。2016年3月3日，一审法院委托南京某司法鉴定中心进行鉴定。同年4月13日，该中心作出鉴定意见书，鉴定意见为2014年5月23日签订的钢管扣件租赁合同上的"安徽某建设公司"与样本印章印文不是同一枚印章盖印形成；胸牌上的"安徽某建设公司"与样本印章印文不是同一枚印章盖印形成；鉴定费为5360元。

周某华在接受一审法院询问时陈述：安徽某建设公司承建的某花园项目由我承包脚手架工程，合同是由张某某代表安徽某建设公司与我签订的，并由其对工程实施监督，我承包外脚手架工程所用的租赁物是从南京市某租赁部租来的。2015年11月30日，因安徽某建设公司把我带到刑警队，要告我私刻假章，我没有办法才按照安徽某建设公司的意思书写了承诺书内容。安徽某建设公司某花园项目部章不是我私刻的，是张某某带我到某花园项目部签订的合同，几天后才将加盖某花园项目部印章的合同给我。安徽某建设公司与南京市某租赁部于2014年5月23日签订的钢管扣件租赁合同，张某某要求我作为实际承租人及合同指定的提货人在该合同签字；由张某某在合同上加盖了某花园项目部章，南京市某租赁部也加盖了公章，因南京市某租赁部要求张某某加盖安徽某建设公司公章，十几天后，张某某把盖好安徽某建设公司公章的合同交给了南京市某租赁部。我搭建脚手架到了后期，发现工地的门头更换成安徽省某建筑安装有限公司，但是安徽省某建筑安装有限公司没有与我重新签订外脚手架工程合同，安徽某建设公司也没有与我终止承包合同，我现在已无法联系到张某某。

【一审裁判理由及结果】

南京市浦口区人民法院认为，本案争议焦点：案涉租赁合同和工作人员胸牌上加盖的安徽某建设公司公章与其样本印章不一致，安徽某建设公司是否需要承担涉案合同项下的责任？首先，南京市某租赁部在与安徽某建设公司签订该合同时，其已查看安徽某建设公司人员的胸牌，在安徽某建设公司加盖"某花园项目部"印章的同时，南京市某租赁部还要求再加盖安徽某建设公司的公章，虽然加盖在合同上的安徽某建设公司公章与其留存样本印章不一致，但系安徽某建设公司工作人员加盖的，南京市某租赁部在其能力范围内已尽到注意义务。其次，安徽某建设公司确实承建全椒县某花园项目工程，尽管其否认刻制"某花园项目部"印章，但该枚印章既用在其与某公司签订的脚手架工程承包合同上，又用在安徽某建设公司工作人员的胸牌上，因此该枚印章用于南京市某租赁部与安徽某建设公司的钢管扣件租赁合同时，南京市某租赁部有理由相信该枚印章为安徽某建设公司所有。综上，南京市某租赁部与安徽某建设公司签订的钢管扣件租赁合同，系双方当事人真实意思表示，合法有效，安徽某建设公司应承担该合同项下的付款义务。南京市某租赁部已按约履行出租租赁物的义务，安徽某建设公司未能按约履行按期支付租金及其他费用的义务，应承担相应的违约责任。南京市某租赁部主张给付租金及费用 469 665 元和违约金，符合合同约定，且不违反法律规定，予以支持。安徽某建设公司辩称张某某、陈某某不是其工作人员，但未能提供其承建涉案工程的人员名单，应当承担举证不能的责任。安徽某建设公司的其他辩称意见，亦因证据不足，不予采纳。鉴于安徽某建设公司申请鉴定结果与南京市某租赁部提供的证据印章不一致，该项鉴定费用应由南京市某租赁部承担。据此，一审法院判决如下：

安徽某建设公司于判决发生法律效力之日起五日内给付南京市某租赁部租金及费用 469 665 元，并支付违约金 93 933 元（按所欠租金 20% 计算），合计 563 598 元。

【二审上诉请求及理由】

安徽某建设公司不服一审判决，上诉至南京市中级人民法院，请求：撤销一审判决，依法改判驳回南京市某租赁部的一审诉讼请求，一、二审诉讼费用由南京市某租赁部负担。事实与理由：一、双方从未签订过钢管扣件租赁合同。案涉租赁合同上加盖的安徽某建设公司公章，以及现场工作人员胸牌上的公章已经过鉴定，均非安徽某建设公司的公章，项目部印章也非安徽某建设公司刻制，但一审法院无视该事实，仍依据虚假的印章认定安徽某建设公司与南京市某租赁部存在钢管扣件租赁合同关系，是认定事实错误。二、案涉脚手架并未使用在安徽某建设公司的施工工地，而是使用在安徽省某建筑安装有限公司的工地上。安徽某建设公司施工的工程是某花园住宅楼77#-97#以及商住楼22#、23#，工程负责人周某明；安徽省某建筑安装有限公司施工的工程是45#-50#、54#-59#、63#-68#、72#-76#，工程负责人是宋某某。周某华是从宋某某处承包的脚手架，与安徽某建设公司无关联。三、张某某、陈某某、荆某某并非安徽某建设公司工作人员，安徽某建设公司也从未委托他们从事过任何工程事务，陈某某胸牌上的安徽某建设公司公章已被鉴定为虚假。一审判决认为上述人员是安徽某建设公司的工作人员，缺乏事实依据。四、周某华已出具《承诺书》，证明案涉租赁物与安徽某建设公司无关，但一审法院在庭审结束后又向周某华制作询问笔录，该调查证据程序不合法，内容不真实，而且书面送达安徽某建设公司质证，也不符合民事诉讼证据规则的要求。

【二审法院查明的事实】

二审中，南京市某租赁部提供合同签订时的照片3张，证明张某某在合同上签字时的情景和案涉工地门头公示牌"全椒某花园二期由安徽某建设公司承建"。安徽某建设公司质证认为：工地门头公示牌是安徽某建设公司的工地，但不知何时拍摄，也不认识张某某，3张照片与本案无关。

安徽某建设公司提供合肥市公安局瑶海分局于2016年11月22日出具的立案告知书，载明：周某华、张某某、陈某某等人伪造公司印章一案（合公瑶〔刑大〕受案字〔2016〕17481号），经审查，决定立案。南京市某租赁部认为与本案无关联。南京市中级人民法院认为，公安机关决定对周某华等人伪造公司印章进行立案，虽然涉嫌伪造公司印章的行为与本案以该印章对外签订商事合同产生的纠纷有牵连，但并非同一事实。根据最高人民法院《关于在审理经济纠纷案件中涉及经济犯罪嫌疑若干问题的规定》第十条的规定："人民法院在审理经济纠纷案件中，发现与本案有牵连，但与本案不是同一法律关系的经济犯罪嫌疑线索、材料，应将犯罪嫌疑线索、材料移送有关公安机关或检察机关查处，经济纠纷案件继续审理。"该证据不能证明本案与刑事案件系同一事实，故本案应继续审理。

南京市中级人民法院经审理查明，一审判决查明的事实属实，予以确认。

另查明，安徽某建设公司对一审法院《询问笔录》的质证意见为：周某华未到庭接受当事人质询，该证据取得程序不合法，内容不真实，且与本案无关联。

二审中，安徽某建设公司陈述：案涉工程项目系某房地产开发有限公司开发，因没有资金，才直接选定安徽某建设公司承包，安徽某建设公司是承包人，承包人就安徽某建设公司一个，具体施工的有两个：安徽某建设公司和安徽省某建筑安装有限公司，安徽某建设公司的施工工地是77#－97#住宅楼和22#、23#商铺楼，安徽省某建筑安装有限公司的施工工地是45#－50#、54#－59#、63#－68#、72#－76#。

【二审裁判理由及结果】

南京市中级人民法院认为，本案争议焦点为：周某华等人以安徽某建设公司名义与南京市某租赁部签订案涉租赁合同是否属于职务行为或构成表见代理。

周某华等人以安徽某建设公司名义与南京市某租赁部签订案涉租赁合同，虽然加盖了安徽某建设公司公章和项目部章，但安徽某建设公司对印章的真实性并不认可，经司法鉴定与安徽某建设公司工商留存的印章不符，且安徽某建设公司已报案，公安机关也决定对周某华等人伪造公司印章一案立案。故周某华等人的行为不属于职务行为。

关于是否构成表见代理的问题。《中华人民共和国合同法》第四十九条规定："行为人没有代理权、超越代理权或者代理权终止后以被代理人名义订立合同，相对人有理由相信行为人有代理权的，该代理行为有效。"表见代理应具备三个要件：第一，行为人以被代理人名义订立合同；第二，行为人无代理权但有代理权表象；第三，相对人相信行为人有代理权出于善意无过失。本案中，首先，周某华等人是以安徽某建设公司的名义与南京市某租赁部签订案涉租赁合同，符合第一个要件；其次，案涉租赁合同签订时周某华等人具有多种代理权表象，包括安徽某建设公司公章印文、安徽某建设公司"某花园项目部"印章、安徽某建设公司工作人员胸牌、工地门头公示牌等，安徽某建设公司作为案涉工程的总承包方，与上述代理权表象具有直接联系且在其风险控制能力范围内；最后，南京市某租赁部在签订案涉租赁合同时，通过安徽某建设公司现场总负责人陈某某的胸牌（加盖了安徽某建设公司公章和项目部印章）、案涉工地门头公示牌、周某华承包案涉工地脚手架合同等来核实、验证合同经办人的身份、职责及项目工地，周某华等人在租赁合同上加盖安徽某建设公司公章更强化了南京市某租赁部的信赖合理性，故南京市某租赁部在签订合同时已尽到了一般商事主体应尽的谨慎的注意义务，应当认定为善意无过失。据此，周某华等人以安徽某建设公司的名义与南京市某租赁部签订的案涉租赁合同构成表见代理，相应的法律后果应由安徽某建设公司承担。

综上，一审判决认定事实清楚，适用法律正确，实体处理并无不当，二审法院予以维持。据此，依据《中华人民共和国民事诉讼法》第一百七十条第一款第（一）项的规定，南京市中级人民法院判决如下：

驳回上诉，维持原判。

【再审申请及理由】

安徽某建设公司申请再审称，1. 请求撤销一、二审判决，依法改判驳回南京市某租赁部的全部诉讼请求。2. 请求判令由南京市某租赁部承担本案全部诉讼费用。事实和理由：一、安徽某建设公司不应承担南京市某租赁部的钢管、扣件租赁费的给付责任。安徽某建设公司承包施工的工程是某花园77#-97#住宅楼和22#、23#商铺楼，施工负责人是周某明，脚手架工程由安徽某钢架结构工程有限公司施工。涉案工程发生在安徽省某建筑安装有限公司承包的施工工地上，该工地的承包人是宋某某，周某华是从宋某某处承包的脚手架工程，与安徽某建设公司无关。一、二审未查明钢管、扣件的具体使用情况。二、安徽某建设公司与南京市某租赁部不存在租赁关系，南京市某租赁部提供的所有证据上加盖的安徽某建设公司公章均是伪造。周某华等人伪造公章的行为已被刑事立案，对其租赁钢管、扣件的行为也应由其自行承担法律责任。三、周某华等人的行为不符合表见代理的构成要件，且已触犯刑法规定，不能认定为表见代理。四、南京市某租赁部与周某华等人恶意串通，在周某华不具备给付能力的情况下，南京市某租赁部企图从安徽某建设公司非法获取租赁费和违约金。

南京市某租赁部提交意见称，1. 南京市某租赁部在签订合同时已尽注意义务。安徽某建设公司系涉案工程项目的唯一承包人。双方签订的租赁合同合法有效，安徽某建设公司应承担付款义务。2. 安徽某建设公司认为本案合同上的公章系伪造无法律依据。3. 周某华等人的行为构成表见代理。综上，一、二审判决认定事实清楚、适用法律正确，请求依法驳回安徽某建设公司的再审申请。

本案申请再审阶段，为证明其主张，安徽某建设公司提交以下新证据：

1. 安徽某钢架结构工程有限公司材料收发单一组，证明安徽某建设公司承建的工程所使用的脚手架均由安徽某钢架结构工程有限公司提供，与南京市某租赁部无关。

南京市某租赁部质证认为：对该组证据的真实性不认可。一审法院曾要求申请人提供使用安徽某钢架结构工程有限公司脚手架的证据，申请人拒不提供，应承担不利的法律后果。

2. 2017 年 6 月 22 日全椒县公安局对周某华的询问笔录一份，证明周某华从南京市某租赁部租赁的钢管、扣件均用在安徽省某建筑安装有限公司工地上。周某华从未承包过安徽某建设公司的任何工程。张某某加盖的安徽某建设公司的公章是周某华花钱找张某某盖的。周某华后期明知张某某非安徽某建设公司的员工而继续以安徽某建设公司的名义承租材料。方某某明知工地门头是安徽某建筑安装有限公司而非安徽某建设公司。一审法院询问周某华之前，方某某曾找到周某华。一审法院询问周某华时，方某某在场。

南京市某租赁部质证认为：对该证据的真实性认可，关联性不予认可。本案在一、二审时法院已经讲明该刑事案件与本案非基于同一事实。被申请人确实是与申请人签订了合同，至于周某华到底知不知道公章的真伪与被申请人无关，被申请人所有的钢管均用于申请人的工地，由申请人接收。被申请人负责人并不知道工地上的门头是安徽省某建筑安装有限公司，被申请人负责人在签订合同时，工地的门头是申请人的公司，门头的照片一、二审时已提交。一审法院对周某华所做的笔录合法，没有违反程序性的要求。

3. 2017 年 6 月 22 日全椒县公安局刑侦大队辨认笔录一份，证明经周某华现场辨认，其从南京市某租赁部租赁的钢管、扣件目前仍在安徽省某建筑安装有限公司的工地上使用。

南京市某租赁部质证认为：对辨认笔录形式上的真实性认可，但不能证明本案中相关的钢管未用于申请人的工地，因为申请人与被申请人签订合同时所述及从门头显示某花园是由申请人总承包，该点申请人在一、二审中也做了明确表示。被申请人根据合同的约定将钢管交付至某花园项目工地，至于如何使用是申请人的权利，被申请人没有义务对申请人如何使用钢管进行监督。

4. 2017年6月19日全椒某房地产有限公司说明一份，证明涉案工程的施工单位除了安徽某建设公司外还有安徽省某建筑安装有限公司，并明确了安徽某建设公司具体承建的楼幢。

南京市某租赁部质证认为：该份证据申请人应该在一、二审提供，且有能力提供。申请再审阶段提交该份证据，不属于新证据，不应采纳。被申请人作为出租钢管的租赁户，在与申请人签订合同时秉持谨慎善意的态度，对申请人的承包权利进行了核实，并且当时工程项目的门头确实是申请人公司。从周某华2017年6月22日所做的询问笔录中可以看出，申请人与被申请人在某花园项目工地内签订合同，而且周某华也明确当时的门头是申请人公司。

5. 2017年6月21日全椒县公安局对刘某某（安徽省某建筑安装有限公司副总经理）、冯某（挂靠安徽省某建筑安装有限公司承包工程）的询问笔录各一份，证明周某华是为安徽省某建筑安装有限公司做脚手架工程，与安徽某建设公司无关。两份笔录中的陈述与周某华的笔录可以相互印证。冯某作为接手宋某某工地的人，对周某华是否接了安徽某建设公司的脚手架工程是很清楚的。

南京市某租赁部质证认为：真实性无异议，对其证明目的不予认可。南京市某租赁部是从标有安徽某建设公司的门头进去，将钢管、扣件运至工地。从冯某的笔录可以看出当时有安徽省某建筑安装有限公司和安徽某建设公司两家公司在承建涉案工程，租赁合同上也加盖了安徽某建设公司的公章。至于周某华是否为安徽某建设公司工作，不能仅信冯某一面之词。刘某某也未否认周某华为安徽某建设公司做脚手架工程。

再审庭审中，南京市某租赁部强调安徽某建设公司存在多枚公章，并出示了其调取的安徽湖滨建设集团某建筑安装有限公司（安徽某建设公司设立）

的工商内档，认为内档中加盖的安徽某建设公司的章印不一致。安徽某建设公司质证认为两枚章印看上去并无差别。

【再审裁判理由及结果】

江苏省高级人民法院认为，本案争议焦点为：周某华等人以安徽某建设公司名义与南京市某租赁部签订涉案租赁合同是否构成表见代理，安徽某建设公司是否应当给付相应租金。

构成表见代理需无权代理人具有代理权表象且善意相对人尽到合理注意义务。建筑行业存在大量以单位部门、项目经理乃至个人名义签订或实际履行合同的情形，进而因合同主体和效力认定问题引发表见代理纠纷，因此，对于表见代理的认定应持审慎态度。本案中，作为与南京市某租赁部直接联系的周某华，并无充分的代表安徽某建设公司的表象。南京市某租赁部在签订涉案租赁合同时，对张某某、陈某某和周某华的身份并未充分核实，仅依据陈某某的胸牌就认为其三人拥有代表安徽某建设公司对外签订合同的权力。在产生怀疑后，南京市某租赁部也未对合同上加盖的安徽某建设公司的公章的真实性进一步明确核实，且经一审委托鉴定，涉案租赁合同及陈某某胸牌上加盖的安徽某建设公司的公章系伪造。在合同履行过程中，南京市某租赁部将材料运至工地时亦未对安徽某建设公司承接工程的情况加以确认。作为专门从事钢管、扣件出租业务的材料商，南京市某租赁部熟知建筑行业的规则、交易习惯及潜在风险，而其从订约到履约，并未尽到谨慎注意义务，存在一定的过错。故本案中周某华等人的行为不具备构成表见代理的基本要件，不应承担相应的租金给付责任。

另外，南京市某租赁部对其提供的钢管、扣件实际用于安徽某建设公司承建的楼幢亦无明确证据加以证明，且根据全椒县公安局的辨认笔录和周某华、冯某、刘某某等人的陈述，南京市某租赁部的钢管、扣件系用于安徽省某建筑安装有限公司承建的楼幢。故由安徽某建设公司承担涉案钢管、扣件的租赁费用亦无合理理由。

综上，安徽某建设公司申请再审的理由成立，一、二审判决适用法律错误，应予纠正。依照《中华人民共和国民事诉讼法》第二百零七条第一款、第一百七十条第一款第二项规定，判决如下：

一、撤销江苏省南京市浦口区人民法院（2015）浦商初字第 624 号民事判决。

二、撤销江苏省南京市中级人民法院（2016）苏 01 民终 7790 号民事判决。

三、驳回南京市某租赁部的诉讼请求。

【裁判要点】

个人以公司名义签订租赁合同，虽然加盖有公司公章，但公司否认该印章加盖的真实性，且公司也并未实际使用涉案物资，不构成表见代理，由合同签订人承担合同义务。

（四）合同上加盖项目资料专用章，公司应承担合同义务

【案件基本信息】

1. 裁判书字号

河南省平顶山市新华区人民法院（2015）新民初字第 1932 号民事判决书

河南省平顶山市中级人民法院（2016）豫 04 民终 3233 号民事判决书

河南省高级人民法院（2018）豫民申 3045 号民事判决书

2. 当事人

原告（二审被上诉人、再审被申请人）：平顶山市某租赁站

被告（二审上诉人、再审申请人）：河南某建设工程公司

被告（二审被上诉人、再审被申请人）：陈某某

被告（二审被上诉人、再审被申请人）：杨某某

第三人（二审被上诉人、再审被申请人）：平顶山市某开发公司

【一审法院查明的事实】

平顶山市新华区人民法院一审查明：2014 年 4 月 6 日，出租方平顶山市某租赁站与承租方陈某某、担保方杨某某签订了《建筑施工物资租赁合同》一份，主要内容：租赁物资的名称、规格、单位、数量、日租金、价值（丢失赔偿标准）。租赁期限为 2014 年 4 月 6 日至 2015 年 1 月 31 日。春节优惠一个月，其他按照实际天数计算租金。合同到期后，如未另立合同又未归还，视为合同延续。承租方委托提货人王某某、陈某某。担保方为承租方提供连

带责任保证，合同引起民事诉讼，由出租方所在地人民法院管辖。该合同承租方由平顶山市某租赁站盖章并由经营者董某某签名，承租方陈某某、担保人由杨某某签字，在承租方处加盖河南某建设工程公司资料专用章，及河南某建设工程公司技术资料专用章。合同签订后，平顶山市某租赁站向"鲁山县绿地国际花都"项目 2 号工地出租钢管等物资。自 2014 年 5 月起，承租方经办人王某某、审核董某某、承租方负责人陈某某三人对每月的租金进行结算，三人共同在每月计算的《向辉建筑设备租赁站租金结算清单》上签字确认，该清单确定的租金金额分别为：2014 年 5 月为 18 310.4 元、6 月为 30 453.06 元、7 月为 32 658.46 元、8 月为 36 118.64 元、9 月为 38 714.76 元、10 月为 41 009.71 元、11 月为 43 830.20 元、12 月为 47 335.19 元。该 2014 年 12 月 31 日结算清单显示在租扣件 76 050 个、钢管在租 125 985.2 米、短管（套筒）在租 2877 条、顶托（顶丝）在租 1750 套。在上述结算清单中，还约定物资丢失赔偿为钢管每米 15 元、扣件每个 5 元、顶丝每根 10 元、套筒每根 8 元。2015 年 1 月 31 日，董某某、王某某在 2015 年 1 月的租金结算清单签字，该 1 月份的结算清单显示租赁费用 47 335.19 元，在租扣件 76 050 个、钢管在租 125 985.2 米、短管（套筒）在租 2877 条、顶托（顶丝）在租 1750 套。自 2015 年 2 月，承租方未再与董某某就每月结算清单进行确认签字，亦未偿还租赁物及支付租金。自租赁关系成立以来，陈某某仅支付租赁费 50 000 元，因下余租赁费用未支付，董某某诉至法院，引起该诉。

另查明，"鲁山县绿地国际花都"项目 2 号工地实际承包人系杨某某，杨某某与第三人平顶山市某开发公司签订《建设工程施工合同》补充协议时以河南某建设工程公司授权委托人签署，并加盖该公司印章。支付工程款时平顶山市某开发公司向杨某某进行支付，但平顶山市某开发公司并未举证相关授权杨某某的委托手续。河南某建设工程公司庭审中对《建设工程施工合同》补充协议中该公司的印章提出异议，要求鉴定该公章真伪并提供林州市公安局刻制印章证明。通过比对，《建设工程施工合同》补充协议印章与林州市公安局备案印章外形并不一致。平顶山市某租赁站认为公章不一致不能代表租赁合同加盖的不是河南某建设工程公司公司授权的资料专用章，从法院调取的鲁山县建筑工程质量监督站留存的《塔式起重机安装前检查报告》、施工组织设计审批表、质量监督整改通知单、回复单及鲁山县住建局调取的行动检查整改通知书均显示"鲁山县绿地国际花都"项目2号工地建设项目单位为河南某建设工程公司，租赁的建筑设备系使用在河南某建设工程公司承建的工地上，该工地树立的大型承建牌也是标明河南某建设工程公司工地。庭审中，一审法院向鲁山县住建局、鲁山县建筑工程质量监督站、鲁山县安监站、鲁山县新型社区办公室调取相关建筑合同审批手续，该工程因系鲁山县政府确定的重点工程，建设中存在先建后完善手续情形，未进行招投标相关程序，该项目至今未向相关行政单位备案施工合同、监理合同、安全手续，但上述行政部门根据相关资料认定该项目建设单位为河南某建设工程公司，如鲁山县住建局下发的《行动检查整改通知书》，施工单位河南某建设工程公司和鲁山县建筑工程质量监督站下发的《质量监督整改通知单》、《河南省建设工程质量整改通知书》施工单位（责任单位）为河南某建设工程公司。

再查明，"鲁山县绿地国际花都"项目C2地块的1#、7#、8#楼系河南某建设工程公司承建，上述三栋楼亦无建筑合同备案或监理合同备案等建设手续。

【一审裁判理由及结果】

平顶山市新华区人民法院认为，依法成立的合同受法律保护，当事人应依约履行合同义务。陈某某与平顶山市某租赁站于2014年4月6日签订的建筑物资租赁合同，杨某某以担保人签名，该租赁合同系三方真实意思表示，为有效合同。陈某某、杨某某未按合同约定支付租赁费，已构成违约，依据双方签订的合同约定，平顶山市某租赁站要求解除合同的诉讼请求，予以支持。平顶山市某租赁站与承租方授权委托人王某某、负责人陈某某三方已于2014年5月至2015年1月每月均对在租物资和租赁费进行结算，陈某某当庭对该结算事实认可，2014年4月6日至2015年1月结算清单的租赁费用共计335 765.61元。因自2015年1月至8月，在租物资未偿还，在租数目未变动，虽双方未签字结算，应按2015年1月租赁费用47 335.19元/月计算每月租金至起诉前，双方约定春节扣除一个月，根据每月天数，2015年3月（31天）租赁费为47 335.19元、4月（30天）为45 808.25元、5月为47 335.19元、6月为45 808.25元、7月为47 335.19元、8月为47 335.19元，9月1至21号为32 065.77元，上述2014年4月6日至2015年9月21日租赁费用为共计为648 788.64元，减去陈某某已支付的50 000元，下余598 788.64元，故对平顶山市某租赁站要求支付自2014年4月6日至2015年9月21日结算的租赁费 598 788.64 元的诉讼请求，予以支持。因结算后陈某某未归还租赁物，陈某某应自 2015 年 9 月 21 日起至该判决生效之日，按照合同约定的价格，支付未偿还的租赁物即钢管 125 985.2 米、扣件 76 050 个、短管（套筒）2877条、顶托（顶丝）1750 套的租赁费；陈某某因没有按时支付租赁费造成违约，双方租赁合同约定违约金计算为租金的日千分之四计算支付违约金220 097.1 元过高，依据《最高人民法院关于适用〈中华人民共和国合同法〉若干问题的解释（二）》第二十九条第二款"当事人约定的违约金超过造成损失的百分之三十的，一般可以认定为合同法第一百一十四条第二款规定的过分高于造成的损失"，一审法院酌定 179 637 元（598 788.64 元 × 30%）。平顶山市某租赁站与陈某某之间的建筑物资租赁合同解除的同时，陈某某应当向平顶山市某租赁站归还钢管 125 985.2 米、扣件 76 050 个、短管（套筒）2877 条、顶托（顶丝）1750 套，如不能返还应按照结算清单约定的租赁物资的价格即钢管每米 15 元、扣件每个 5 元、顶丝每根 10 元、套筒每根 8 元予以赔偿。对平顶山市某租赁站要求按合同约定支付结算后至实际偿还之日的租赁费诉讼请求，因双方判决生效之日解除了合同，故仅支持按合同约定自结算日至判决生效之日的租赁费用；杨某某作为担保人应对上述债务承担连带清偿责任。虽河南某建设工程公司辩称该公司未承建"鲁山县绿地国际花都"项目 D2 地块 2#楼，该建筑合同中上加盖的印章与该公司公安备案不一致，但上述印章不一致并不能证明该公司仅使用过其所备案的一枚印章。由于 2#楼在鲁山相关行政机关存档材料中均显示施工单位（责任单位）为河南某建设工程公司，该项目也已建成 22 层，该工地竖立的建筑施工现场标志牌也明确显示河南某建设工程公司，结合河南某建设工程公司在"鲁山县绿地国际花都"项目也有在建工程，其对"鲁山县绿地国际花都"项目的建设环境应熟悉了解，对 2#楼建设过程中对外使用该公司的名义进行挂靠应及时向开发商、承建商、相关建设主管部门提出异议、制止，该公司未提异议、制止，系对2#楼冒用其名义施工的放任，该楼建设中对外公示承建商和向鲁山县相关行政机关报备安检、质量整改等材料的一系列行为给第三方合理信赖认为 2#楼由河南某建设工程公司建设，即使如该公司辩称杨某某冒用其公司资质，也与该公司管理混乱有直接关系，河南某建设工程公司应承担与其过错相适应的补充赔偿责任，故平顶山市某租赁站的损失杨某某、陈某某财产不足以承担时，应由河南某建设工程公司承担支付责任。杨某某经合法传唤无正当理由拒不到庭应诉、答辩、举证、质证，视为放弃自己的诉讼抗辩权，其法律责任后果自负。依照《中华人民共和国民法通则》第一百零六条第二款，《中华人民共和国合同法》第八条、第六十条、第九十四条第四项、第二百一十二条、第二百二十六条，《中华人民共和国担保法》第十八条，《最高人民法院关于适用〈中华人民共和国合同法〉若干问题的解释（二）》第二十九条第二款，《中华人民共和国民事诉讼法》第六十四条第一款、第一百四十四条、第一百五十三条之规定，判决如下：

一、解除 2014 年 4 月 6 日平顶山市某租赁站与杨某某、陈某某签订的《建筑施工物资租赁合同》。

二、陈某某于本判决生效后十日内向平顶山市某租赁站支付 2014 年 4 月 6 日至 2015 年 9 月 21 日的租赁费 598 788.64 元、违约金 179 637 元，共计 778 425.64 元。

三、陈某某支付平顶山市某租赁站租赁的钢管 125 985.2 米、扣件 76 050 个、套筒 2877 条、顶丝 1750 套，按照钢管 0.008 元/米/日、扣件 0.005 元/个/日、顶丝 0.03 元/条/日，套筒 0.03 元/根/日的价格计算自 2015 年 9 月 21 日至本判决生效之日的租金。

四、陈某某于本判决生效后十日内向平顶山某租赁站归还租赁 125 985.2 米、扣件 76 050 个、套筒 2877 条、顶丝 1750 套，如不能返还，陈某某应按照丢失钢管每米 15 元、扣件每个 5 元、顶丝每根 10 元、套筒每根 8 元的标准进行赔偿。

五、杨某某对本判决上述第二项至第四项事项承担连带清偿责任。

六、河南某建设工程公司在杨某某、陈某某对上述应付的工程款支付不能的情况下承担补充清偿责任。

七、驳回平顶山市某租赁站其他诉讼请求。

【二审上诉请求及理由】

河南某建设工程公司不服一审判决，向平顶山市中级人民法院提起上诉，请求：撤销一审判决第六项，即"河南某建设工程公司在杨某某、陈某某对上述应付的款项支付不能的情况下承担补充赔偿责任"，依法改判河南某建设工程公司不承担任何责任。事实和理由：一、一审判决让河南某建设工程公司来证明公司还有其他印章明显错误，这属于违法强加给河南某建设工程公司的举证责任；二、一审判决认定冒用资质这一事实，但却让河南某建设工程公司承担补充赔偿责任明显错误；三、杨某某、陈某某与平顶山市某租赁站签订租赁合同加盖的河南某建设工程公司印章两次都是虚假的，平顶山市某租赁站对其损失应自行承担责任。

平顶山市某租赁站辩称，一审认定事实清楚，适用法律正确，请求二审维持原判。2014 年 4 月份，陈某某以河南某建设工程公司的名义与平顶山市某租赁站签订了"建筑施工物资租赁合同"，杨某某作为担保人在租赁合同上签字，河南某建设工程公司在租赁合同加盖了该公司的资料专用章。且施工地竖立的施工标志牌也明确显示建筑商为河南某建设工程公司，鲁山县建设局、质监站、安监站均认定该项目建设单位是河南某建设工程公司，上述证明，河南某建设工程公司在租赁合同上加盖技术资料专用章的行为在法律上属于表见代理，平顶山市某租赁站没有过错，原审判决河南某建设工程公司承担补充赔偿责任完全正确。

陈某某辩称：陈某某与平顶山市某租赁站签订租赁合同是真实有效的，在合同上加盖有河南某建设工程公司的技术资料专用章。

杨某某辩称：杨某某是 2# 楼的承包人，并将该栋楼劳务包给陈某某，陈某某租赁平顶山市某租赁站的建筑配件，杨某某作为担保人在租赁合同上签字。河南某建设工程公司在租赁合同上加盖技术资料专用章是经王某某同意在平顶山市某开发公司售楼部门前盖的章。

平顶山市某开发公司辩称，涉案纠纷与平顶山市某开发公司无关，请求法院维持原判。

【二审裁判理由及结果】

平顶山市中级人民法院认为，依法成立的合同受法律保护，当事人应依约履行合同义务。陈某某与平顶山市某租赁站于 2014 年 4 月 6 日签订的建筑物资租赁合同，杨某某以担保人身份在合同上签名，该租赁合同系当事人真实意思表示，为有效合同，应受法律保护。该合同履行后，陈某某、杨某某未按合同约定支付租赁费，已构成违约，应该承担民事法律责任。在本案中，虽然河南某建设工程公司辩称该公司未承建"鲁山县绿地国际花都"项目 D2 地块 2# 楼，该建筑合同中上加盖的印章与该公司公安备案不一致，但上述印章不一致并不能证明该公司仅使用过其所备案的一枚印章。由于2#楼在鲁山相关行政机关存档材料中均显示施工单位（责任单位）为河南某建设工程公司，该项目也已建成22层，该工地竖立的建筑施工现场标志牌也明确显示河南某建设工程公司，结合河南某建设工程公司在"鲁山县绿地国际花都"项目也有在建工程，其对"鲁山县绿地国际花都"项目的建设环境应熟悉了解，对2#楼建设过程中对外使用该公司的名义进行挂靠应及时向开发商、承建商、相关建设主管部门提出异议、制止，该公司未提异议、制止，系对2#楼冒用其名义施工的放任，该楼建设中对外公示承建商和向鲁山县相关行政机关报备安检、质量整改等材料的一系列行为给第三方合理信赖认为2#楼由河南某建设工程公司建设，即使如该公司辩称杨某某冒用其公司资质，也与该公司管理混乱有直接关系，河南某建设工程公司应承担与其过错相适应的补充赔偿责任，故平顶山市某租赁站的损失杨某某、陈某某财产不足以承担时，应由河南某建设工程公司承担支付责任。上诉人河南某建设工程公司上诉理由证据不足，不予支持。一审判决认定事实清楚，适用法律正确，应予维持。依照《中华人民共和国民事诉讼法》第一百七十条第一款第一项规定，判决如下：

驳回上诉，维持原判。

【再审申请及理由】

河南某建设工程公司向河南省高级人民法院申请再审称：1. 一、二审判决认定鲁山县绿地国际花都项目2号楼的施工单位系河南某建设工程公司，缺乏证据证明。2. 在陈某某与董某某签订租赁合同及合同履行过程中，河南某建设工程公司不知情，也不存在过错，一、二审判决适用过错责任原则，明显错误。3. 即使按照一、二审判决认定的过错责任原则，本案董某某应该知道资料专用章不能对外签订合同却签订了合同，平顶山市某开发公司将工程承包给杨某某个人，鲁山县人民政府违法不进行招标，均存在重大过错，不应由河南某建设工程公司独自承担责任。4. 杨某某、陈某某曾表示租赁的建筑配件还用到了绿地国际花都项目8号、10号工地，这两个工地系河南某建设工程有限公司承建，二审法院没有查清该事实。综上，原判决认定的基本事实缺乏证据证明，适用法律确有错误，请求依法予以再审。

平顶山市某租赁站提交意见称：1. 一、二审判决认定鲁山县绿地国际花都项目2号楼的施工单位系河南某建设工程公司是有充分证据证明的。2号楼的施工现场有非常醒目的施工单位是河南某建设工程公司的标志牌，而且备案资料显示2号楼建筑商是河南某建设工程公司，平顶山市某开发公司认可2号楼的建设单位是河南某建设工程公司以及拨付工程款账款明细账等证据，均能证明河南某建设工程公司是2号楼的施工单位。2. 河南某建设工程公司辩称杨某某冒用其资质，该辩解不真实，即使如河南某建设工程公司辩解的杨某某冒用其资质，私刻公章，也说明河南某建设工程公司管理严重混乱，在与平顶山市某租赁站签订合同过程中存在明显过错，依法应该承担民事责任，一、二审判决适用法律完全正确。3. 平顶山市某租赁站没有任何过错，签订合同前经过充分了解，有充足理由相信施工单位是河南某建设工程公司。平顶山市某开发公司也没有过错，鲁山县绿地国际花都项目C2地块1号楼是河南某建设工程公司承建的，提供的有相关手续，在本案2号楼施工时杨某某也向平顶山市某开发公司提供了河南某建设工程公司的相关手续，平顶山市某开发公司有充足理由相信施工方提供的手续是真实的，且此后两年内，河南某建设工程公司也没有提出任何异议。鲁山县人民政府更没有过错，是否存在未批先建、是否进行招投标是行政管理事项，与本案不是同一个法律关系。4. 与平顶山市某租赁站签订租赁合同的是陈某某、河南某建设工程公司和杨某某，合同签订后承租人使用平顶山市某租赁站的物资用于工程施工，至于承租方将租赁物是否用于合同约定的工地，出租方根本无法控制。综上，河南某建设工程公司的再审申请没有任何事实和法律根据，请求驳回河南某建设工程公司的再审申请。

陈某某提交意见称，其租钢管就是为了建设鲁山县绿地国际花都项目2号楼，和董某某签订的租赁合同，杨某某作为担保人签字，后来董某某又让其和杨某某加盖公章，就加盖了河南某建设工程公司的材料章。在2号楼施工期间，同样工地的8、10号楼也是其做的大清包，确实用部分钢管用在了8、10号楼。其在项目垫资600多万，还没拿到钱，所以没钱付给平顶山市某租赁站。河南某建设工程公司已经起诉其和杨某某追偿，双方已经调解结案。综上，请求法院驳回河南某建设工程公司再审申请。

【再审裁判理由及结果】

河南省高级人民法院经审查认为，河南某建设工程公司称该公司未承建鲁山县绿地国际花都项目 2 号楼，但该 2 号楼在鲁山相关行政机关存档材料中均显示施工单位为河南某建设工程公司，该工地竖立的建筑施工现场标志牌也明确显示河南某建设工程公司，结合河南某建设工程公司在鲁山县绿地国际花都项目也有在建工程，其对鲁山县绿地国际花都项目的建设环境应熟悉了解，对 2 号楼建设过程中对外使用该公司的名义进行挂靠应及时向开发商、相关建设主管部门提出异议、制止，该公司未提异议、制止，系对 2 号楼冒用其名义施工的放任，该楼建设中对外公示承建商和向鲁山县相关行政机关报备安检、质量整改等材料的一系列行为给第三方合理信赖认为 2 号楼由河南某建设工程公司建设，即使如该公司辩称杨某某冒用其公司资质，也与该公司管理混乱有直接关系，河南某建设工程公司应承担与其过错相适应的补充赔偿责任。故一、二审判决并无不当，且本案执结之后，河南某建设工程公司已向杨某某、陈某某行使追偿权，并已调解结案。综上，河南某建设工程公司申请再审的事由不能成立，不予支持。

依照《中华人民共和国民事诉讼法》第二百零四条第一款，《最高人民法院关于适用〈中华人民共和国民事诉讼法〉的解释》第三百九十五条第二款规定，裁定如下：

驳回河南某建设工程公司的再审申请。

【裁判要点】

签订合同时加盖公司的项目资料专用章，该合同有效，公司应承担合同义务。

【裁判解析】

表见代理，是指行为人事实上并没有代理权，但相对人有足够的理由认为行为人有代理权，从而与其进行法律行为，其行为的法律后果由被代理人承担的代理。表见代理是广义无权代理的一种，但是为了保护善意第三人的信赖利益与交易的安全，法律强制被代理人承担其法律后果。表见代理制度是基于被代理人的过失或被代理人与无权代理人之间存在特殊关系，使相对人有理由相信无权代理人享有代理权而与之为民事法律行为，代理行为的后果由被代理人承担的一种特殊的无权代理

《中华人民共和国合同法》第四十九条规定："行为人没有代理权、超越代理权或者代理权终止后以被代理人名义订立合同，相对人有理由相信行为

人有代理权的，该代理行为有效。"其意义在于维护代理制度的诚信基础，保护善意第三人的合法权益。

表见代理应具备以下构成条件：

1. 须行为人无代理权。

无代理权是指实施代理行为时无代理权或者对于所实施的代理行为无代理权。若代理人拥有代理权，则属于有代理权，不发生表见代理的问题。

2. 须有使相对人相信行为人具有代理权的事实或理由。

这一客观要件以行为人与被代理人之间存在事实上或者法律上的联系为基础，这种联系是否存在或者是否足以使相对人相信行为人有代理权，依一般交易情况而定。通常情况下，行为人持有被代理人发出的证明文件，如被代理人的介绍信、盖有合同专用章或者盖有公章的空白合同书，或者有被代理人向相对人所作法人授予代理权的通知或者公告，这些证明文件构成认定表见代理的客观依据。对上述客观依据，依《中华人民共和国合同法》第四十九条的规定，相对人负有举证责任。若盗用他人的介绍信、合同专用章或者盖有公章的空白合同书签订合同的，被代理人负举证责任，如不能举证则构成表见代理。

3. 须相对人为善意且无过失。

这是表见代理成立的主观要件，即相对人不知行为人所为的行为系无权代理行为。如果相对人明知他人为无权代理，仍与其实施民事行为，则不构成表见代理。

4. 须行为人与相对人之间的民事行为具备民事行为的有效要件。

行为人与相对人之间的民事行为不得违反法律或者社会公共利益等。如果不具备该有效要件，则不成立表见代理。

在构成表见代理的情况中，相对人相信行为人具有代理权，往往与本人具有过失有关，但表见代理的成立不以本人主观上有过失为必要要件，即使本人没有过失，只要客观上有使相对人相信行为人有代理权的依据，即可构成表见代理。

承租方否认印章的真实性，能否构成表见代理，承租方应否承担合同义务，应区分不同的情况：

1. 承租方否认印章的真实性，但合同签订人系承租方工作人员，构成表见代理，承租方应承担合同义务。

本章节观点一中，虽然两个案例公司均否认了印章的真实性，均认为公章系合同签订人员私刻，但涉案租赁合同上加盖了公司印章或公司项目部印章，合同签订人员又在该涉案合同上签字，无论签订人员与公司存在劳动关系或雇佣关系与否，也无论上述印章系私刻与否，何况案例中的合同签订人员是公司的员工，足以认定其在涉诉工程项目上都具有代公司订立租赁合同的权力外观，签订人员的上述行为构成表见代理，该行为产生的后果应由公司承担。公司应当承担支付租金、返还租赁物等责任。

2. 承租方否认印章的真实性，但合同已实际履行，承租方应承担合同义务。

本章节观点二中，案涉租赁合同上加盖有公司项目部印章，工程系该公司承建，该公司在该工程项目的其他业务往来中多次使用该项目部章，故其不能否定在涉案合同中加盖项目部印章的真实性。合同签订后，公司不仅按照合同的约定向租赁站交付了租赁物押金，而且分多次向租赁站支付租金。据此，该公司实际履行了合同的部分义务。因此该公司与租赁站之间存在租赁合同关系，应当履行合同义务，承担违约责任。

3. 承租方否认印章的真实性，且未实际使用涉案物资，不构成表见代理，由合同签订人承担合同义务。

本章节观点三的案例一中，合同签订人以自己名义租赁设备，虽然加盖了公司公章，但公司否认该印章的真实性。合同签订人虽然提供了盖有公司公章和法定代表人名章的合同以及公司的相关证照复印件，但合同相对人将付款收据开给的是合同签订人而不是公司，而且在合同签订之前就已将设备交付给合同签订人，因此合同相对人知道或应当知道合同签订人的真实身份，主观上不构成善意，且公司也并未实际使用物资，所以不构成表见代理。案例二中，出租方在签订涉案租赁合同时，对合同签订人的身份并未充分核实，仅依据胸牌就认为其三人拥有代表公司对外签订合同的权力。在产生怀疑后，也未对合同上加盖的公章的真实性进一步明确核实，在合同履行过程中，将材料运至工地时亦未对公司承接工程的情况加以确认。作为专门从事钢管、扣件出租业务的材料商，出租方应熟知建筑行业的规则、交易习惯及潜在风险，而其从订约到履约，并未尽到谨慎注意义务，存在一定的过错。因此并未尽到合理的注意义务，也不构成表见代理。

4. 项目资料专用章签订合同的效力

租赁合同中承租方处即便加盖的是公司资料专用章，但涉案项目由公司承建，出租方有理由相信签订合同的个人有权代表公司签署相关合同，该相关行为属于职务行为，其产生的法律责任应由公司承担。首先，签订租赁合同时加盖的技术资料专用章，为公司的真实印章，且合同已经履行或部分履行，则可被认定为是公司对履行行为的认可，是对没有对外效力的印章的一种追认，构成表见代理，公司应当承担履行该合同的责任；其次，涉案项目由公司承建，其对项目的建设环境应熟悉了解，对项目建设过程中对项目资料专用章的使用应当知情了解，对于他人对外使用该公司的名义签字并使用项目资料专用章进行相关业务的交接及合同的签订，应及时向开发商、相关建设主管部门提出异议、制止，该公司未提异议、制止，系对他人用其项目负责人的名义办理涉案工程相关业务的默认或放任；最后，作为管理公司印章的工作人员，知道印章对外代表着公司的重要性，如若没有经过公司负责人的准许，不会随便在一份经济合同上加盖印章，即使印章上注明了使用限制，那也是公司对印章用途的内部规定，不能以此对抗毫不知情且具有合理信赖的第三人。

附例

观点一　附例

最高人民法院（2018）最高法民申 3089 号

安徽省高级人民法（2015）皖民申字第 01123 号

北京市高级人民法院（2014）高民申字第 02632 号

贵州省高级人民法院（2017）黔民申 3059 号

贵州省高级人民法院（2016）黔民申 1332 号

河北省高级人民法院（2014）冀民申字第 107 号

湖南省高级人民法院（2017）湘民申 3337 号

湖南省高级人民法院（2017）湘民申 4061 号

辽宁省高级人民法院（2018）辽民申 4435 号

辽宁省高级人民法院（2015）辽审三民申字第 00281 号

内蒙古自治区高级人民法院（2014）内民申字第 906 号

上海市高级人民法院（2017）沪民申 624 号

上海市高级人民法院（2017）沪民申 160 号

云南省高级人民法院（2017）云民申 37 号

重庆市高级人民法院（2018）渝民申 2290 号

重庆市高级人民法院（2018）渝民申 285 号

山东省高级人民法院（2018）鲁民申 3581 号

山东省高级人民法院（2017）鲁民申 33 号

安徽省高级人民法院（2018）皖民终 252 号

安徽省高级人民法院（2016）皖民终 841 号

广东省高级人民法院（2016）粤民申 6101 号

广东省高级人民法院（2014）粤民申 547 号

广东省高级人民法院（2017）粤民申 10468 号

河南省高级人民法院（2017）豫民申 290 号

河南省高级人民法院（2017）豫民申 3820 号

宁夏回族自治区高级人民法院（2018）宁民申 65 号

山西省高级人民法院（2015）晋民申字第 228 号

江苏省高级人民法院（2017）苏民再 248 号

江苏省高级人民法院（2017）苏民申第 1763 号

江苏省高级人民法院（2016）苏民申第 4073 号

浙江省高级人民法院（2017）浙民申 2096 号

新疆维吾尔自治区高级人民法院（2018）新民申 862 号

新疆维吾尔自治区高级人民法院（2018）新民申 949 号

新疆维吾尔自治区高级人民法院（2013）新民一提字第 00099 号

上海市高级人民法院（2015）沪高民二（商）申字第 347 号

浙江省高级人民法院（2016）浙民申 1139 号

安徽省高级人民法院（2017）皖民申 1114 号

北京市高级人民法院（2014）高民申字第 02509 号

北京市高级人民法院（2014）高民申字第 00794 号

北京市高级人民法院（2014）高民申字第 1732 号

重庆市高级人民法院（2014）渝高法民申字第 00530 号

山东省高级人民法院（2018）鲁民申 4118 号

山东省高级人民法院（2018）鲁民申 3758 号

安徽省高级人民法院（2015）皖民申字第 00932 号

广东省高级人民法院（2016）粤民申 2163 号

广东省高级人民法院（2014）粤高法民二申字第 1087 号

河南省高级人民法院（2015）豫法立二民申字第 01240 号

四川省高级人民法院（2017）川民申 3681 号

北京市高级人民法院（2016）京民申 121 号

北京市高级人民法院（2016）京民申 1035 号

湖南省高级人民法院（2016）湘民申 946 号

湖南省高级人民法院（2017）湘民申 3582 号

观点二　附例

安徽省高级人民法院（2014）皖民二终字第 00461 号

贵州省高级人民法院（2018）黔民申 667 号

云南省高级人民法院（2018）云民申 113 号

云南省高级人民法院（2017）云民申 699 号

云南省高级人民法院（2017）云民申 698 号

江西省高级人民法院（2017）赣民申 283 号

观点三　附例

江苏省高级人民法院（2018）苏民再 41 号

吉林省高级人民法院（2017）吉民申 272 号

云南省高级人民法院（2016）云民再 35 号

河南省高级人民法院（2016）豫民再 150 号

河南省高级人民法院（2017）豫民申 3635 号

黑龙江省高级人民法院（2015）黑高民申二字第 839 号

浙江省高级人民法院（2014）浙民申字第 224 号

四川省高级人民法院（2018）川民再 1701 号

湖南省高级人民法院（2016）湘民申 377 号

湖南省高级人民法院（2016）湘民申 624 号

第2篇　公安机关以涉案合同印章虚假立案，并不当然导致合同案件中止审理

案例一

【案件基本信息】

1. 裁判书字号

新疆维吾尔自治区乌鲁木齐市中级人民法院（2014）乌中民二初字第24号民事判决书

新疆维吾尔自治区高级人民法院（2014）新民二终字第164号民事判决书

最高人民法院（2016）最高法民申451号民事裁定书

2. 当事人

原告（二审被上诉人、再审被申请人）：李某某

被告（二审上诉人、再审申请人）：某建设公司

【一审法院查明的事实】

2011年5月3日，乌鲁木齐市某建筑设备租赁站（甲方）与某建设公司（乙方）签订一份《建筑设备租赁合同》，双方约定甲方向乙方施工工程新疆绿城百合公寓二期提供钢管0.02元/米/天，扣件0.015元/天/套，钢架板0.30元/天/块，可调丝杆0.06元/天/根，赔偿费均按市场价计算。合同授权顾某某为提货人。乙方对甲方租赁材料、数量、规格、质量、型号，由提货人验收核对后签字生效。租赁设备材料数量以甲方开出的提、收货单为依据（即提货单和收货单与签订的合同具有同等法律效力）。乙方预交甲方押金3万元整，所交押金不能代替租金，但材料退回后，可做最后一个月的租金，多退少补。租赁材料退还完、租赁费按合同支付完后，合同自动终止。如不按时结算，日租金在合同所定单价基础上另加一分计算。乙方并承担所欠租

费 20% 滞纳金。该合同乙方落款经办人签名为来某，并加盖某建设公司（3）号印章。2012 年 3 月，某建设公司出具委托书，载明："乌鲁木齐市某建筑设备租赁站：特委托童某某为我公司收料员，她经贵公司签收任何单据跟合同一样有效。特立此委托书"。该委托书落款处加盖某建设公司（3）号印章及某建设公司绿城百合公寓二期项目部印章。2012 年 6 月 1 日，某建设公司绿城百合公寓项目部来某出具付款承诺书，载明："某建设公司绿城百合公寓项目部欠付乌市新市区某建筑设备租赁站李某某建筑设备租赁费，承诺在 2012 年 6 月付款 40 万元、2012 年 7 月付款 40 万元、2012 年 8 月付款 60 万元、2012 年 9 月付款 60 万元、2012 年 10 月付款 50 万元、2012 年 11 月付款 50 万元，以上合计 2012 年付款 300 万元整，剩余租赁欠款 2013 年工程开工后再结算支付给李某某。如任何一方上述承诺付款没有近期支付，我方自愿承担与乌市新市区某建筑设备租赁站所签租赁合同上注明的违约责任，并同意租赁站李某某向新市区法院诉讼解决。"该承诺书落款处有来某签字并加盖某建设公司（3）号印章及某建设公司绿城百合公寓二期项目部印章。2013 年 1 月 21 日，某建设公司来某出具欠据一张，载明："根据乌鲁木齐市新市区某建筑设备租赁站和某建设公司双方签订设备租赁合同履行：2011 年 5 月 5 日至 2011 年 11 月 15 日租费 1 744 154.22 元；2012 年 3 月 15 日至 2012 年 11 月 15 日租费 2 513 074.38 元；设备材料维修赔偿：扣件 85 736 套 × 5.7 元计 488 695.2 元，钢管 18 吨 × 4000 元计 72 000 元，顶托 1178 根 × 20 元计 23 560 元，维修计 84 196 元、材料计 78 000 元"。李某某在该欠据中备注："1.2013 年 1 月 21 日以前支付租赁费没有在上款中扣除；2. 材料设备还完租赁费终止。"2013 年 6 月 30 日，李某某与来某签订承诺书，载明："2011 年某建设公司在新疆乌鲁木齐市红光山绿城项目建筑中某建设公司租用李某某设备材料，产生的租赁费按签订合同一直未结清，经双方会谈，某建设公司同意本次支付李某某 60 万元，剩余租赁款在 2013 年 10 月 31 日前由某建设公司一次性结清。双方遵守承诺，如某建设公司不按时支付剩余租赁费，李某某有权按双方 2011 年签订的租赁合同执行。"

一审法院另查明：1. 李某某主张其于 2011 年 5 月 3 日至 2012 年 6 月 24 日向某建设公司提供钢管 495 526.2 米、扣件 324 290 套、顶托 21 073 根，其中，某建设公司于 2012 年 5 月 1 日至 2012 年 6 月 24 日提走钢管 38 034 米，扣件 33 340 套，顶托 994 根。某建设公司向其退还钢管 490 167.3 米，扣件 238 280 套，顶托 19 901 根，未退还的钢管 5358.9 米、扣件 86 010 套、顶托 1172 根。某建设公司认为截至 2012 年 4 月 30 日，李某某向其公司提供钢管 457 492.2 米、扣件 290 350 套、顶托 20 079 根。自 2012 年 4 月 2 日起，退还钢管 490 167.3 米、扣件 237 093 套、顶托 19 901 根，实际其公司尚欠扣件 53 257 套、顶托 178 根。2. 李某某主张的租赁费 6 060 306 元系上浮 0.01 元后计算得来，合计租赁费 7 420 305.99 元，扣除已付款 1 360 000 元，尚欠租赁费 6 060 305.98 元。

【一审裁判理由及结果】

一审法院认为：一、关于租赁费。李某某与某建设公司签订的《建筑设备租赁合同》系双方当事人真实意思表示，合法有效。合同签订后，某建设公司已实际租赁并在其公司承建的工程中使用了该建筑设备，其应当向李某某支付租赁费。李某某提交《建筑设备租赁合同》《付款承诺书》《欠据》《承诺书》《委托书》，证实来某作为某建设公司绿城百合公寓项目部的负责人，双方已实际履行租赁合同，且某建设公司尚欠其租赁费。某建设公司认为合同中加盖的（3）号印章并非其公司印章，对《付款承诺书》《欠据》《承诺书》《委托书》均不认可，但认可来某系其公司承建的绿城百合公寓项目部负责人。一审法院认为，来某作为项目部负责人，其行为属于职务行为，某建设公司虽不认可（3）号印章，但未提交确凿有效的反驳证据予以证实，故对其辩解理由，一审法院不予采纳。从某建设公司提交的《百合公寓解除合同协议书》可反映出，某建设公司使用的绿城百合公寓二期项目部印章，与《付款承诺书》《欠据》《承诺书》中加盖的项目部印章一致，故原审对上述书证的证明力予以确认。某建设公司与李某某实际履行租赁合同及某建设公司委托童某某作为收料员收取租赁物。李某某与某建设公司在原审限定的时间内未进行对账，故一审以李某某提交的发货清单、退货清单，以及某建设公司提交的退货清单、来某出具的欠据，一并综合认定李某某及某建设公司的提货、退货数量。从李某某提交的发货清单及某建设公司提交的退货清单可反映出，双方存在争议的租赁物数量系 2012 年 5 月 1 日至 6 月 24 日期间发生的提货数量。根据双方合同约定，租赁设备材料数量以甲方（李某某）开出的提、收货单为依据，且李某某向一审提交的该段时间的发货清单有某建设公司童某某的签字，可证实某建设公司继续提货的事实。某建设公司虽辩称其公司于 2012 年 4 月 8 日已从百合公寓二期项目退场，其公司不存在之后仍租用李某某设备的事实，但某建设公司并未提交其公司告知李某某退场的证据，故对其辩解不予采信。一审以李某某提交的发货清单载明的数量确定本案租赁物提货数量，即李某某向某建设公司提供钢管 495 526.2 米、扣件 324 290 套、顶托 21 073 根。《建筑设备租赁合同》第七条虽约定："如不按照结算，日租金在合同所定单价基础上另加一分计算，某建设公司并承担所欠租费 20% 的滞纳金"，但"日租金在合同所定单价基础上另加一分计算"的前提条件应当是不按照结算，该条款应当视为逾期结算的违约条款，而不能视为欠付租金的依据。因此，对欠付租金以实际发生数量为准。李某某认可某建设公司租赁建筑设备材料实际产生租赁费 4 848 340.4 元，其中包括 2012 年 3 月 1 日至 2012 年 3 月 14 日的租赁费 212 327.01 元、2013 年 3 月 1 日至 2013 年 3 月 14 日的租赁费 21 620.22 元、2013 年 11 月 16 日至 2013 年 11 月 30 日的租赁费 21 620.22 元。鉴于新疆地域的天气情况，建筑行业一般惯例冬休期为上一年度的 11 月 16 日开始至次年 3 月 14 日止，李某某虽主张多计算半个月的租金，是根据某建设公司实际开工时间计算的，但李某某并未提交某建设公司具体开工时间的相关证据，故原审扣除此段时间产生的租赁费用，实际产生租赁费为 4 592 772.95 元（4 848 340.4 元 − 212 327.01 元 − 21 620.22 元 − 21 620.22 元）。另，合同约定李某某已收取某建设公司押金 3 万元，应从欠付租赁费中扣除，某建设公司尚欠李某某租赁费为 3 202 772.95 元。

二、关于违约金。李某某主张的违约金是以欠付租赁费 6 060 306 元的 20% 计算产生的，某建设公司认为该违约金过高，要求调整。一审认为，根据最高人民法院《关于适用〈中华人民共和国合同法〉若干问题的解释（二）》第二十九条之规定，李某某并未提交造成实际损失的证据，其主张的违约金明显过高，原审法院以欠付租赁费 3 202 772.95 元，参照银行贷款利率 6.15% 并上浮 30%，自 2011 年 5 月 5 日起至 2014 年 1 月 15 日起诉之日止计 32.5 个月，计算违约金数额为 693 500 元。

三、关于未归还的租赁设备。李某某主张某建设公司返还价值 746 451 元的设备，如不能返还予以赔偿，某建设公司对此不认可，认为已归还所有设备。一审认为，由于李某某自认的退货数量与某建设公司认可的退货数量及来某欠据中载明的退货数量均不一致，但李某某认可来某出具的欠据中载明的未归还设备数量及价格，即未退还的钢管 18 吨、扣件 85 736 套、顶托 1178 根，原审以此确定未归还设备的数量及价格。来某出具的欠据中虽载明"维修 84 196 元、78 000 元"，但李某某对此未提供证据证实，故不予支持。某建设公司应返还李某某价值 584 255.20 元的设备材料，即钢管 18 吨、扣件 85 736 套、顶托 1178 根，如不能返还则予以赔偿。

综上，依照《中华人民共和国合同法》第一百零七条、第一百零九条、第一百一十四条、第二百二十二条，最高人民法院《关于适用〈中华人民共和国合同法〉若干问题的解释（二）》第二十九条之规定，判决如下：

一、某建设公司给付李某某租赁费 3 202 772.95 元；

二、某建设公司偿付李某某违约金 693 500 元；

三、某建设公司返还李某某价值 584 255.20 元的设备材料，即钢管 18 吨、扣件 85 736 套、顶托 1178 根，如不能返还则按钢管每吨 4000 元、扣件每套 5.7 元、顶托每根 20 元予以赔偿；

四、驳回李某某其他诉讼请求。

【二审上诉请求及理由】

某建设公司不服一审判决，向新疆维吾尔自治区高级人民法院上诉：

1. 原审认定租赁费 4 592 772.95 元与客观事实不符，实际租赁费应为 2 421 066.15 元。原审对绿城百合公寓项目终止后依然计算租赁费有误。2012 年 4 月 8 日，经我方与绿城公司协商，双方终止了总包施工关系，我方撤出施工现场，因此我方再无继续使用租赁物的必要性。同时我方已将撤场的事实告知了包括李某某在内的所有关联方，李某某收到我方通知后，也于 4 月开始将租赁物撤出施工现场，因此原审将租赁费计算到 2013 年 11 月 15 日有误。实际租赁费 2 421 066.15 元是经我方与李某某结算确认的，应以此为准。

2. 我方不存在违约行为。李某某提交的《建筑设备租赁合同》是无效合同，该合同上落款印章并不是我公司印章，我公司在百合公寓项目中均未对外使用过该（3）号印章，且李某某不具备从事建筑设备租赁必备的相应资质，其所签订的合同亦应无效。我方与李某某仅存在事实上的租赁关系，李某某主张违约金无法律依据。

3. 原审判令我方返还价值 584 255.20 元的设备材料无事实和法律依据。

租赁设备的缺失责任应由李某某承担，与我方无关。根据交易惯例，承租方在设备使用完毕后，设备归还均是由出租方履行，2012 年 4 月之后租赁物的缺失与我方无关。根据送货单的实际送货数量统计，截至 2012 年 4 月 30 日我方终止施工前，李某某实际提供钢管 457 492.2 米，扣件 290 350 套，顶托 178 根未取回，原审认定尚有钢管 5358.9 米、扣件 86 010 套、顶托 1172 根未取回与事实不符。原审认定的设备折算金额也与实际价值不符，上述设备的价值应以建筑市场的信息价为准，钢管为每吨 3000 元、扣件为每套 3 元、顶托为每根 6 元。综上，请求二审撤销原判，改判我方向李某某支付租赁费 1 058 066.15 元，一、二审案件受理费由李某某负担。

【二审法院查明的事实】

二审法院另查明：2014 年 11 月 4 日，杭州市公安局萧山区分局向某建设公司发出《立案告知书》，对来某涉嫌合同诈骗一案立案侦查。

【二审裁判理由及结果】

二审法院认为：一、关于合同效力。某建设公司提出《建筑设备租赁合同》上加盖的某建设公司（3）号公章系来某伪造，杭州市公安局萧山区分局已对来某涉嫌合同诈骗一案立案侦查，故李某某与来某签订的《建筑设备租赁合同》无效。但截至本案审理终结，某建设公司仅向本院提交了杭州市公安局萧山区分局于 2014 年 11 月 4 日的《立案告知书》，未能提交该（3）号公章系伪造的证据，亦未提供有关机关认定来某伪造某建设公司（3）号公章实施犯罪行为的证据，以及该刑事案件与本案租赁合同纠纷具有关联性的相关材料。李某某提交了从乌鲁木齐市城乡建设档案馆调取的绿城百合公寓小区二期工程施工合同、竣工验收报告、竣工验收备案表、竣工报告，上述文件中均加盖了某建设公司（3）号公章，证实某建设公司不仅在与李某某签订的合同中使用了该枚公章，还在与建设方签订施工合同、通知停工、办理竣工备案手续时使用了该枚公章。因此，即使涉案的某建设公司（3）号公章不是某建设公司在工商部门备案的公章，但对外仍具有代表某建设公司的效力。且涉案租赁合同还加盖了某建设公司认可的项目部印章，故本院对某建设公司提出来某伪造（3）号印章致租赁合同无效的上诉请求，因证据不足不予支持。某建设公司上诉称本案应中止审理，待刑事案件审理完毕再继续审理的理由亦不能成立，不予支持。

二、关于租赁费数额。某建设公司认可来某系其绿城百合公寓项目的负责人，亦认可李某某租赁的部分材料设备用于某建设公司绿城百合公寓项目中，但对设备材料的数量和租赁费数额不予认可，认为双方未予结算。经本院组织某建设公司与李某某对实际发生的租赁费予以核对，某建设公司对2011年5月5日至2011年11月15日的租赁费174 4154.22元、2011年3月16日至2012年4月30日之间的租赁费676 911.93元（两项合计2421 066.15元）予以认可，对2012年4月30日之后产生的租赁费不予认可。为此，某建设公司提交了2012年4月8日的《解除合同协议书》，认为绿城百合公寓建设施工合同解除后某建设公司已于2012年4月30日撤场完毕，故对此后发生的租赁费不予认可。由于某建设公司未能举证证明其在解除建设工程施工合同后即解除了其与李某某签订的租赁合同，亦未证明某建设公司已通知李某某自行拉回租赁物或某建设公司在2012年4月30日前归还全部租赁物的事实，故对某建设公司要求租赁费计算至2012年4月30日撤场为止的主张不予支持。根据来某于2013年1月21日向李某某出具的《欠据》显示，自2011年5月5日至2011年11月15日产生租赁费1744 154.22元，自2012年3月15日至2012年11月15日产生租赁费2 531 074.38元，合计4 275 228.6元；双方并在此《欠据》中确认设备材料赔偿款：扣件488 695.2元、钢管72 000元、顶托23 560元（合计584 255.20元），维修款84 196元，材料款78 000元。该《欠据》系双方对2013年1月21日以前发生的租赁费数额及丢失、损坏的设备赔偿款共同确认的一份书面结算文件，对双方均有约束力。根据李某某向本院提交的发货清单和退货清单证实，双方之间租赁设备、归还租赁物的行为均发生在2013年1月21日之前，此后双方再未租赁新的设备，亦未形成新的结算。因此，2013年1月21日欠据中已经明确了双方之间发生的租赁费数额，对丢失、损坏设备的数量和价值也作出了确认，故某建设公司应于债务数额明确后向李某某支付拖欠的租赁费并赔偿丢失设备的赔偿款，如未及时偿还债务并赔偿损失，应承担相应的违约责任。李某某对未归还的设备在主张了赔偿款的同时继续计算租赁费的主张，与双方《欠据》中确认债务和赔偿款的意思表示不符，对2013年1月21日之后的租赁费不予支持。综上，某建设公司欠付的租赁费应为：1 744 154.22元 + 2 531 074.38元 − 1 360 000元已付款 − 30 000元押金 = 2 885 228.6元。

三、关于返还相关设备材料。李某某与某建设公司项目经理来某在 2013 年 1 月 21 日的《欠据》中对丢失、损坏的设备材料数量及价值已进行了确认，某建设公司应向李某某予以返还，如不能返还，则应按照双方确认的数额予以赔偿。某建设公司提出上述设备材料数量与实际未归还的数量不一致，但未提交相应的证据，不予支持。某建设公司认为上述设备赔偿款的价格计算与市场信息价不符的上诉理由，因与双方在欠据中确认的赔偿额不符，亦不予支持。原审依据《欠据》确认返还设备价值 584 255.20 元并无不当，予以维持。

四、违约责任。双方在 2013 年 1 月 21 日经核对租赁费和丢失、损坏的设备后形成书面《欠据》，确认了某建设公司截至 2013 年 1 月 21 日所欠的租赁费及丢失设备的赔偿款，双方的债权债务关系和债务数额此时已明确。某建设公司应于债务明确之日起及时支付相应款项，其未按时付款则应承担违约责任。原审从 2011 年 5 月 5 日双方签订合同时即起算违约责任，此时合同尚未履行，债务未发生，故从此时起算违约金无事实和法律依据，予以纠正。参照人民银行同期贷款利率 6.15% 上浮 30% 为计算标准，自 2013 年 1 月 22 日起计算至 2014 年 1 月 15 日李某某起诉之日的违约金为：（2 885 228.6 元 + 584 255.20 元）×6.15% ÷365 ×358 ×130% = 272 066 元。

综上，某建设公司应向李某某支付租赁费 2 885 228.6 元和违约金 272 066 元，返还价值 584 255.20 元的设备材料，如不能返还则予以赔偿。依照《中华人民共和国民事诉讼法》第一百七十条第一款第（二）项之规定，判决如下：

一、维持乌鲁木齐市中级人民法院（2014）乌中民二初字第 24 号民事判决第三、四项，即：某建设公司返还李某某价值 584 255.20 元的设备材料，即钢管 18 吨、扣件 85 736 套、顶托 1178 根，如不能返还则按钢管每吨 4000 元、扣件每套 5.7 元、顶托每根 20 元予以赔偿；

二、变更乌鲁木齐市中级人民法院（2014）乌中民二初字第 24 号民事判决第一项为：某建设公司给付李某某租赁费 2 885 228.6 元；

三、变更乌鲁木齐市中级人民法院（2014）乌中民二初字第 24 号民事判决第二项为：某建设公司给付李某某违约金 272 066 元；

四、驳回李某某其他诉讼请求。

【再审请求及理由】

某建设公司不服新疆维吾尔自治区高级人民法院（2014）新民二终字第164号民事判决，向中华人民共和国最高人民法院申请再审称：1.《建筑设备租赁合同》上的某建设公司（3）号印章是来某伪造的，该合同属无效合同，且公安机关已立案侦查，本案在程序上应按"先刑后民"的原则中止审理。2. 2012年4月8日，某建设公司已与项目开发商绿城公司终止了总承包施工关系，并撤出了施工现场，二审法院仍将租赁费计费时间计至2013年1月21日无事实依据。某建设公司已将终止施工关系撤场的事实告知包括李某某在内的所有关联方。从某建设公司及李某某提交的退货单可以看出，2012年4月某建设公司已开始退货，最后的退货时间为10月2日。本案应以2012年4月30日前发生的租赁费2 421 066.15元为准，扣除某建设公司已实际支付的款项，判令某建设公司再付租赁费1 058 066.15元。3.《建筑设备租赁合同》无效，二审法院判决某建设公司承担272 066元违约金于法无据。虽然某建设公司向二审法院提交的《立案告知书》不是刑事案件的审理结果，但至少说明《建筑设备租赁合同》效力有待确认。某建设公司依据《中华人民共和国民事诉讼法》第二百条第二项、第六项之规定申请再审，请求：1. 改判二审判决第二项为由某建设公司向李某某支付租赁费1 058 066.15元；2. 撤销二审判决第三项；3. 由李某某承担一、二审案件受理费。

【再审裁判理由及结果】

再审法院认为：一、某建设公司未提供充分证据证明《建筑设备租赁合同》上加盖的某建设公司（3）号印章系伪造，二审法院结合案涉租赁合同还加盖了某建设公司认可的项目部印章，以及某建设公司在与建设方签订施工合同、通知停工、办理竣工备案手续时亦使用了（3）号印章等事实，认定某建设公司关于来某伪造（3）号印章致租赁合同无效的主张证据不足而不予支持，并无不妥。某建设公司未证明相关刑事案件与本案有直接关联，二审法院认定某建设公司要求本案中止审理的主张不能成立，亦无不当。

二、某建设公司未提供证据证明其于2012年4月30日前解除了案涉租赁合同，或已通知李某某自行拉回租赁物，或向李某某归还了案涉全部租赁物，而某建设公司案涉项目部负责人来某于2013年1月21日向李某某出具的《欠据》则对2013年1月21日前发生的租赁费数额及丢失、损坏的设备赔偿款作出了书面确认。二审法院认定该《欠据》属于双方间对 2013 年 1 月 21 日前发生的租赁费、赔偿款的结算文件，并结合李某某提交的发货、退货清单证实双方间租赁和归还设备的行为均发生在 2013 年 1 月 21 日前、此后双方未再租赁新的设备、未形成新的结算等事实，依据该《欠据》载明的金额，扣除某建设公司已向李某某支付的款项及押金，判令某建设公司仍需向李某某支付租赁费 2 885 228.6 元，并无不当。

三、《建筑设备租赁合同》系双方当事人的真实意思表示，某建设公司未提供充分证据否定该合同的效力。李某某依据该合同关于某建设公司不按时结算租赁费，则需承担所欠租费 20% 滞纳金的约定，主张某建设公司承担违约金。某建设公司主张违约金过高，要求调整。二审法院以中国人民银行同期贷款利率上浮 30% 为标准，判令某建设公司承担相应的违约金，符合《中华人民共和国合同法》第一百零七条、第一百一十四条和最高人民法院《关于适用〈中华人民共和国合同法〉若干问题的解释（二）》第二十九条之规定，于法有据，并无不妥。综上，某建设公司的再审申请不符合《中华人民共和国民事诉讼法》第二百条第二项、第六项规定的情形。本院依照《中华人民共和国民事诉讼法》第二百零四条第一款之规定，裁定如下：

驳回某建设公司的再审申请。

案例二

【案件基本信息】

1. 裁判书字号

北京市丰台区人民法院（2013）丰民初字第 09927 号民事判决书

北京市第二中级人民法院（2014）二中民终字第 02863 号民事判决书

北京市高级人民法院（2015）高民申字第 00576 号民事裁定书

2. 当事人

原告（二审被上诉人、再审被申请人）：姜某某

被告（二审上诉人、再审被申请人）：某二建公司

被告（二审上诉人、再审申请人）：某建设工程公司

【基本案情】

2013 年 5 月，姜某某起诉至北京市丰台区人民法院称：某建设工程公司

于2011年3月28日在河北省廊坊市香城丽景项目施工中，因工程需要租用我个人经营的献县某建筑器材厂的钢管、碗扣、卡件等器材，合同约定付款方式为某建设工程公司于下月25日前向我交纳上月租金，逾期未交，每拖欠1天按全月租金合计金额加收1%的违约金。某建设工程公司于2011年7月无故撤场，由某二建公司接管继续施工。至今，某建设工程公司及某二建公司已欠我租金、维修费、运费及丢失器材赔偿费共计1 163 884.20元。某建设工程公司、某二建公司为了自己谋取利益，将资金挪用于其他项目，分文未向我支付。现我起诉要求某建设工程公司和某二建公司立即向我支付所欠租金575 331.35元、退回器材损坏维修赔偿费78 305.15元、运费26 780元及丢失器材赔偿金483 467.75元。

【一审裁判理由及结果】

北京市丰台区人民法院经审理认为：当事人对自己的主张负有举证义务。依法成立的合同对当事人具有法律约束力。当事人应当依照约定全面履行自己的义务，不得擅自变更或者解除合同。本案合同当事人签订的合同，合法有效，各方均应依约履行。本案争议焦点问题之一：某建设工程公司与献县某建筑器材厂签订的《财产租赁合同》是否有效？根据已查明的事实，韩某某为某建设工程公司任命之施工队长，负责涉案工程的施工管理以及施工款项的收回。其就授权管理之涉案工程与姜某某签署上述合同，且租赁器材已实际用于涉案工程，无论有无某建设工程公司盖章，亦不论章之真伪，均属于职务行为，法律后果均归于某建设工程公司。故，《财产租赁合同》有效。焦点问题之二：某二建公司应否对租金承担清偿责任？姜某某与某建设工程公司签订的《财产租赁合同》中指定的收货人陈某，系某二建公司工作人员，代表某建设工程公司签字确认租金结算表的亦为陈某；某二建公司尚未对某建设工程公司所承包的涉案工程7#、8#楼进行支付和结算；某建设工程公司未能实际控制此工程的施工，其现场管理人韩某某现去向不明；在涉案工程接近封顶时，韩某某去向不明后，某二建公司负责人王某接管工程；某建设工程公司和某二建公司对于施工现场管理混乱，某二建公司工作人员参与某建设工程公司的经营管理。故，无论是从实际经营还是实际收益角度，某二建公司均应对某建设工程公司向姜某某的还款承担连带责任。焦点问题之三：姜某某对某二建公司之起诉是否超出诉讼时效？向人民法院请求保护追索租金权利的诉讼时效期间为 1 年。姜某某起诉主张之租金截止至双方签字确认债权总额之日即 2013 年 5 月 31 日，计算其诉讼时效应自合同约定之下月 25 日即 2013 年 6 月 25 日始。故姜某某对某二建公司之起诉未超出诉讼时效。焦点问题之四：本案是否涉嫌经济犯罪？某建设工程公司虽主张本案涉嫌经济犯罪，但未能就此提交足够证据。对该主张，法院不能认定。姜某某之诉讼请求事实清楚，证据充分，法院予以支持。某建设工程公司之抗辩无事实依据，法院不予采信；某二建公司之抗辩证据不足，法院不予采信。据此，一审法院于 2013 年 12 月判决如下：

一、某建设工程公司于判决生效之日起七日内给付姜某某租金、维修赔偿费、运费、丢失赔偿费共计 1 163 884.20 元；

二、某二建公司就某建设工程公司前款给付义务对姜某某承担连带责任。未按判决指定的期间履行给付金钱义务，应当依照《中华人民共和国民事诉讼法》第二百五十三条之规定，加倍支付迟延履行期间的债务利息。

【二审法院查明的事实】

北京市第二中级人民法院经审理查明：姜某某系献县某建筑器材厂业主，该厂性质为个人经营。香城丽景项目一期 1 标段系某二建公司承包的工程，后某二建公司又将该工程转包给某建设工程公司。

2011 年 3 月 28 日，献县某建筑器材厂（出租方，甲方）与某建设工程公司（承租方，乙方）签订《财产租赁合同》，合同分两页，首页主要内容为：甲方租给乙方下列财产：钢管，0.013 元每米；碗扣架，0.025 元每米；扣件（48-1 型），0.009 元每个；木架板（4 米），0.20 元每块；U 托，0.03 元每个；山型卡，0.006 元每个；U 型卡，0.06 元每个；乙方同意按合同规定的日租金执行，并在下月 25 日前向甲方交纳上月租费，乙方不得拖欠，逾期未交，每拖欠 1 天按全月租金合计金额加收 1% 违约金；租用期间所租用的财产由乙方负责维修保养，退还时如发现有损失、丢失，按合同附件（退租验收标准赔偿及收费规定）收取修理费用赔偿费；乙方租用财产的名称规格数量，租期以甲方仓库办理的经乙方经办人签字的领料单和有甲方经办人签字的退料单作为租用财产和结算租费的凭证；乙方用完后负责送回甲方货场（北京仓库）；租赁财产数量以双方签字的领料单为准，陈某系乙方指定工地现场收料经办人之一；同时，合同租期一项空白，双方约定本合同自双方签字或盖章之日生效,工程验收完工,退完财产结清租费为止。梁某某、韩某某分别作为出租方、承租方的委托代理人在上述合同上签字,并分别加盖了献县某建筑器材厂和某建设工程公司的合同专用章。合同第2页系《退租验收标准赔偿及收费规定》,主要内容为扣件、上下油托、钢管、木脚手板碗扣架子等建筑器材赔偿标准。两页合同骑缝处加盖了献县某建筑器材厂的合同专用章。

2013年5月31日,梁某某、陈某共同签字确认香城丽景项目租赁建筑器材的《租金明细表》,载明:退回货物损坏维修赔偿费计78 305.15元,运费计26 780元,丢失货物赔偿计483 467.75元,5月31日止租金累计575 331.35元,以上各项费用合计1 163 884.20元。

另查:姜某某曾于2012年就本案涉及的钢管和扣件等租赁问题向北京市丰台区人民法院起诉,要求某建设工程公司支付所欠租金、运费、货物维修及赔偿费。该院于2012年10月以该案不属于民事纠纷且涉嫌经济犯罪为由,裁定驳回姜某某起诉。

又查:案外人北京某商贸中心作为原告,就本案香城丽景项目工程使用的木材,向天津市北辰区人民法院起诉某建设工程公司和某二建公司买卖合同纠纷案。该案经天津市第一中级人民法院作出终审判决。该生效民事判决认定:某二建公司承包了香城丽景项目一期1标段,并转包给某建设工程公司;某建设工程公司任命韩某某为施工队长,负责涉案工程的施工管理以及施工款项的收回;在涉案工程接近封顶时,韩某某去向不明,某二建公司负责人王某接管工程;陈某系某二建公司在香河县建筑工程质量监督站备案的涉案工程工作人员;韩某某带走施工资料,导致某建设工程公司无法向某二建公司主张相关的合同权利,某二建公司尚未对某建设工程公司所承包的涉案工程7#、8#楼进行支付和结算;某建设工程公司有多枚公章。某二建公司曾就该案向天津市高级人民法院申请再审,被驳回。

北京市第二中级人民法院审理中,某建设工程公司与某二建公司一致确认涉案香城丽景项目7#、8#楼属于香城丽景项目,系某二建公司从案外人处承包后转包给某建设工程公司的,且双方并未就该工程进行结算;韩某某走后由王某接替,带领班组工人将涉案工程完成。某二建公司否认王某系其员工,主张王某系韩某某的人,但未能就此提供证据。姜某某明确梁某某系其员工。

上述事实，有各方当事人陈述、营业执照、《财产租赁合同》《租金明细表》、天津市北辰区人民法院（2012）辰民初字第 4067 号民事判决书、天津市第一中级人民法院（2013）一中民三终字第 188 号民事判决书等证明材料在案佐证。

【二审裁判理由及结果】

二审法院认为：献县某建筑器材厂系个体性质，姜某某作为业主，系本案的适格主体。本案系姜某某持其与某建设工程公司（韩某某作为代理人）签订的《财产租赁合同》、其与陈某共同确认的《租金明细表》及天津市第一中级人民法院（2013）一中民三终字第 188 号民事判决书等书证，提起诉讼，要求某建设工程公司及某二建公司连带给付所欠租金、运费、维修费及丢失器材赔偿费。某建设工程公司否认韩某某系其委托代理人，主张《财产租赁合同》上加盖的"某建设工程公司合同专用章"系伪造且陈某不是涉案工程现场收料员，某二建公司否认陈某和王某系其员工，但某建设工程公司及某二建公司均未能就其所述提供详实的证据。而已经发生法律效力的天津市第一中级人民法院（2013）一中民三终字第 188 号民事判决书，涉及的工程与本案系同一项目，所诉被告与本案相同，该判决书认定：某建设工程公司任命韩某某为施工队长，负责涉案工程的施工管理以及施工款项的收回；韩某某作为某建设工程公司任命的施工队长，就该公司授权其管理的涉案工程与姜某某签订《财产租赁合同》，租赁建筑用器材，系履行职务行为，且所租器材已实际用于某建设工程公司承包的涉案工程，故某建设工程公司对此应承担法律责任。故二审法院认为，某建设工程公司应当在本案中承担相应责任。

至于某二建公司是否应承担连带责任的问题。某二建公司作为发包人没有认真对涉案工地进行监管，某建设工程公司作为承包人也没能实际控制并认真完成施工，以致涉案工程尚未完工就出现混乱局面，对此，双方均有过错，二审法院对其提出批评。因上述生效判决已认定在涉案工程接近封顶时，韩某某去向不明，某二建公司负责人王某接管工程。某二建公司虽对此予以否认，但未能提供证据，二审法院对其所述不予采信。且现在实际上已不能区分某建设工程公司与某二建公司各自使用所租器材的规格、数量及时间。因此，应认定涉案工程后期由某二建公司实际组织完成，某二建公司也是涉案建筑器材的实际受益人，对欠付租金、运费、维修及丢失赔偿费应当承担相应责任。故原审判决确定某二建公司与某建设工程公司就姜某某所诉各项费用承担连带给付责任，是适当的。

关于姜某某主张的各项费用合理性问题。上述生效判决已认定：陈某系某二建公司在香河县建筑工程质量监督站备案的涉案工程工作人员；同时，陈某在姜某某与某建设工程公司签订的《财产租赁合同》首页中被明确为某建设工程公司指定的工地现场收料员之一，其了解现场情况，也有权代表某建设工程公司或某二建公司签字确认《租金结算表》。故姜某某主张的各项费用，依据充足，应得到支持。

至于时效问题。因《财产租赁合同》没有约定租期及租金支付方式，仅约定"本合同自双方签字或盖章之日生效，工程验收完工，退完财产结清租费为止"，某建设工程公司和某二建公司并未告知姜某某涉案工程完成验收时间，也没有退还租赁物，直至姜某某提起本次诉讼前，双方也未就相关费用进行核算，现某二建公司主张姜某某的起诉超过诉讼时效期间，缺乏事实及法律依据，二审法院难以采信。

另，就某建设工程公司所述本案涉嫌经济犯罪的问题，虽其与姜某某的前次诉讼被法院以此为由驳回，但时隔已1年有余，某建设工程公司仍未提供证据证实公安机关已经就此立案；且现已经有生效判决就涉案工程所涉其他民事纠纷作出处理，从保护公民合法权益的角度出发，原审法院对本案作出实体处理并无不当。

综上，某建设工程公司及某二建公司的上诉理由缺乏证据支持，二审法院不予采信，对其上诉请求，二审法院实难支持。原审判决结果并无明显不当，二审法院予以维持。依照《中华人民共和国民事诉讼法》第一百七十条第一款第（一）项之规定，二审法院判决如下：

驳回上诉，维持原判。

【再审申请及理由】

某建设工程公司不服北京市第二中级人民法院（2014）二中民终字第02863号民事判决，向北京市高级人民法院申请再审称：本案应先刑后民，因2012年10月10日丰台区法院生效判决认定本案涉嫌经济犯罪。某建设工程公司与被申请人姜某某所签订的《财产租赁合同》中的某建设工程公司印章是伪造的，合同中陈某的签名是姜某某代签的，其他材料中陈某的签名不能证明是陈某本人签的，证明这个材料是伪造的。一、二审期间姜某某提供的相关票据是伪造的。本案不应参照（2012）辰民初字第 4067 号民事判决书，该判决错误。（2014）二中民终字第 02863 号判决书中认定事实依据的主要证据是伪造的。故请求本院：1. 撤销北京市第二中级人民法院作出的（2014）二中民终字第 02863 号判决。2. 指令北京市第二中级人民法院再审本案。3. 一审、二审以及再审的诉讼费用由被申请人姜某某承担。

再审申请人某建设工程公司在再审中提供了项城市公安局关于韩某某涉嫌伪造企事业单位印章案立案决定书，以证明本案中的韩某某涉嫌经济犯罪，要求法院中止执行。

【再审裁判理由及结果】

北京市高级人民法院认为：韩某某作为再审申请人某建设工程公司的施工队长、负责涉案工程的施工管理以及施工款项的收回，该事实已经由生效的天津市第一中级人民法院（2013）一中民终字第 188 号民事判决予以认定，且涉及的项目与本案系同一项目，韩某某作为某建设工程公司的施工队长与姜某某签订《财产租赁合同》系其职务行为，且所租用器材已实际用于本案涉案工程，某建设工程公司在再审中提供的项城市公安局关于韩某某涉嫌伪造企事业单位印章案立案决定书，并不足以推翻原生效判决，否定本案中献县某建筑器材厂与某建设工程公司签订的《财产租赁合同》系有效合同的认定，因而并不适用先刑后民原则，不能作为要求原审法院中止执行的理由。再审申请人某建设工程公司主张本案陈某的签名，一、二审期间姜某某提供的相关票据系伪造，未能提供充分证据加以证明，再审法院不予支持。再审申请人某建设工程公司主张天津市北辰区人民法院（2012）辰民初字第 4067 号民事判决错误，应通过其他诉讼途径解决，本案不予处理。某建设工程公司以（2014）二中民终字第 02863 号判决书中认定事实依据的主要证据是伪造的为由申请再审，缺乏事实和法律依据，再审法院不予支持。

综上，再审申请人某建设工程公司的再审申请不符合《中华人民共和国民事诉讼法》第二百条规定的情形。依照《中华人民共和国民事诉讼法》第二百零四条第一款之规定，裁定如下：

驳回某建设工程公司的再审申请。

【裁判要点】

从其他方面能够证明曾经使用过公章，刑事审理不影响民事审理。

【裁判解析】

近年来，在金融领域及民商事领域中，"虚假印章"问题非常突出，由此引发的重大诉讼层出不穷。"虚假印章"的认定，加盖"虚假印章"的合同效力及责任承担，涉及"民刑交叉"时如何处置等问题成为相关案件的重要争议焦点。

（一）关于"虚假印章"的认定

从法律规范角度讲，并没有"虚假印章"的概念，"虚假印章"的认定，往往从与备案印章、曾经使用印章是否一致，是否被他人冒用、私刻、伪造角度来认定的。

1. 印章一经备案，即具有公示效力，不存在"虚假印章"的问题。

企业刻制公章时，需要在公安备案公章，办理工商登记手续时，需要在工商备案公章，备案印章具备公示效力，当事人有充分理由相信工商备案材料中印章的真实性。

2. 印章曾被使用，或正在使用，即视为该印章能够代表所属单位的真实意思表示，则该印章也不存在"虚假印章"的问题。

实践中，同一单位使用多枚印章的情况较为普遍，只要能证明印章曾被使用（承认其效力），或正在使用，公司就不能对同一印章的效力在不同的交易或诉讼中做不同选择。即公司对外使用的公章只要在某一交易或诉讼中承认其效力，则不论该公章是否经公司授权、是否系他人私刻甚至伪造、是否进行工商备案，均不得在另一交易或诉讼中否定其效力。反之，印章确被证明被他人私刻、伪造、冒用的，且排除经备案、曾使用或知晓等情形的，将被认定为"虚假印章"。

（二）"虚假印章"案件中的"民刑交叉"处置问题

"虚假印章"相关案件中，似乎"先刑后民"已经成为大家所接受的审理习惯，但民刑交叉处置思路应取决于案件事实本身。"先刑后民"并不是必然的审理程序。

《关于在审理经济纠纷案件中涉及经济犯罪嫌疑若干问题的规定》第一条规定："同一公民、法人或者其他经济组织因不同的法律事实，分别涉及经济纠纷和经济犯罪嫌疑的，经济纠纷案件和经济犯罪嫌疑案件应当分开审理。"第十条规定："人民法院在审理经济纠纷案件中，发现与本案有牵连，但与本案不是同一法律关系的经济犯罪嫌疑线索、材料，应将犯罪嫌疑线索、材料移送有关公安机关或检察机关查处，经济纠纷案件继续审理。"第十二条规定："……；如认为确属经济纠纷案件的，应当依法继续审理，并将结果函告有关公安机关或检察机关。"如上规定，赋予了法院主动审查的权力，区分商事案件法律事实与刑事诉讼所涉法律事实是否相同而采取不同的处理方式。

案例一中，承租方虽以案涉公章系伪造向公安机关报案，但其并没有充分的证据证明租赁合同上加盖的公章系伪造，且案涉租赁合同上还加盖了公司项目部印章，以及承租方与建设方签订的施工合同、通知停工、办理竣工备案手续时均使用了案涉公章，据此，最高人民法院认定使用该公章签订的合同应认定为承租方的行为，另伪造印章罪的判决结果对承租方是否承担租赁合同责任不存在直接关联性，即伪造公章的行为是否涉嫌刑事犯罪不影响本案的审理，因此无需中止审理。

案例二中，工程承包方（承租方）否认是其公司员工与出租方签订的租赁合同，主张案涉租赁合同上加盖的合同专用章系伪造，且已向公安机关报案，提供了市公安局关于其员工涉嫌伪造企事业单位印章案立案决定书，用以证明其员工涉嫌经济犯罪，但上述证据并不足以推翻原生效判决，否定本案中租赁双方签订的《财产租赁合同》系有效合同的认定，因而并不适用"先刑后民"原则，不能作为要求法院中止审理的理由。又因另案（与该案涉及项目是同一项目）的生效法律文书已认定：签订案涉租赁合同的人员是工程承包方任命的施工队长，所以该员工就该公司授权其管理的涉案工程与出租方签订租赁合同，租赁建筑用器材，系履行职务行为，且所租器材已实际用于案涉工程，故工程承包方应承担本案法律责任。

"虚假印章"案件中，仍应以民事审理中确认的事实，即是否构成职务行为、表见代表、表见代理，是否存在过错等认定合同效力及责任承担。

附例

贵州省高级人民法院（2018）黔民申 1506 号

内蒙古高级人民法院（2017）内民申 835 号

重庆市高级人民法院（2016）渝民申 275 号

广东省高级人民法院（2014）粤民申 1088 号

湖北省高级人民法院（2014）鄂民申字第 00545 号

湖北省高级人民法院（2016）鄂民申 2818 号

湖北省高级人民法院（2017）鄂民再 74 号

山西省高级人民法院（2017）晋民申 900 号

江苏省高级人民法院（2017）苏民申 1149 号

四川省高级人民法院（2018）川民申 1093 号

四川省高级人民法院（2018）川民申 1093 号

第 3 篇　挂靠责任的承担

（一）被挂靠单位同意他人挂靠，
应承担连带责任

案例一

【案件基本信息】

1. 裁判书字号

河北省沧州市中级人民法院（2013）沧民初字第 79 号民事判决书

河北省高级人民法院（2015）冀民一终字第 38 号民事判决书

最高人民法院（2015）民申字第 3402 号民事裁定书

2. 当事人

原告（二审被上诉人、再审被申请人）：白某某

被告（二审上诉人、再审申请人）：湛江某建筑公司

【一审法院查明的事实】

河北省沧州市中级人民法院一审查明：湛江某建筑公司承接了内蒙古某有限公司阿盟乌斯太福利区公寓楼工程之后，成立了湛江某建筑公司内蒙古分公司乌斯太项目部，梁某某系该项目部施工人员，是乌斯太福利区 1#、2# 社公寓楼工程的施工负责人。之后，梁某某又以湛江某建筑公司的名义开始承建 600MW 太阳能电池生产线工程。2010 年 11 月 16 日，梁某某以湛江某建筑公司的名义与献县某建材租赁站的白某某签订《租赁合同》一份，梁某某在租赁合同上加盖了湛江某建筑公司的印章和 600MW 项目部的印章，梁某朋、赵某某、花某均作为经办人在合同上签字确认。2012 年因合同履行过程

中发生纠纷，白某某将湛江某建筑公司诉至河北省献县人民法院，献县法院于 2012 年 4 月 17 日作出（2012）献民初字第 1226 号民事判决，认定白某某与湛江某建筑公司之间的租赁合同合法有效，判决解除双方之间签订的租赁合同关系，湛江某建筑公司向白某某支付租金和违约金。判后，湛江某建筑公司不服，向原审法院提起上诉。原审法院于 2012 年 7 月 27 日作出（2012）沧民终字第 1685 号民事判决，维持了（2012）献民初字第 1226 号民事判决。二审判决生效后，湛江某建筑公司向河北省高级人民法院提起再审，2014 年 2 月 27 日，河北省高级人民法院驳回了湛江某建筑公司的再审申请。2013 年 4 月 27 日，白某某再次诉至原审法院，请求判令湛江某建筑公司：1. 赔偿租金损失 3 014 558.59 元；2. 退还租赁物或支付价款 4 625 559 元，赔偿未退清租赁物前的损失，损失标准依合同约定计算；3. 租赁物损坏赔偿费 402 923.6 元；4. 租赁物维修费 135 800.5 元；5. 违约金 40 万元；6. 诉讼费由被告负担。

在 2010 年 11 月 16 日双方签订的租赁合同中约定了租赁物的租金标准、租赁费的支付时间、违约条款、损坏赔偿以及维修的标准等条款，合同签订后原告为被告提供了租赁物，用于被告施工工地。从 2011 年 11 月 30 日至 2013 年 3 月 31 日，按合同约定租金标准计算共产生租金 2 431 923.51 元，扣除四个月的报停期计租费 587 696.64 元，尚欠租金共计 1 844 226.87 元。2013 年 4 月 1 日之后每日产生租金 4920.36 元。未退还给原告的租赁物有：钢管 3 977 550 元；扣件 541 584 元；顶托 78 925 元；山型卡 3200 元；步步紧 24 300 元，以上未退租赁物金额共计 4 625 559 元。维修、缺损租赁物的赔偿标准，钢管重弯曲 333 050 元；钢管弯曲 25 852.5 元；钢管未清灰 50 988 元；扣件销钉丢失 50 105.6 元；扣件未清理、未护油 47 554 元；顶托螺纹损坏 19 768 元；顶托未护油 11 406 元；以上赔偿维修、缺损租赁物共计 538 724.1 元。湛江某建筑公司申请对本案合同上加盖的"湛江市某建筑工程公司"公章的真伪进行鉴定，但未能在规定的期限内提供可以作为鉴定比对样本的检材。

另查明，在献县法院（2012）献民初字 1226 号案件第一次开庭时被告对原告提供的 47 张发料单和 32 张退货单都认可，提货和退货的数量均无异议。在（2012）沧民终字第 1685 号案件庭审和本案庭审中，湛江某建筑公司委托代理人根本否认 600MW 太阳能生产线工程是其承建，并声称一审原代理人闫某某是按照梁某某的意见作出的陈述，其陈述内容不真实，但是没能就此提供证据证明。（2012）沧民终字第 1685 号民事判决（已生效），认定了湛江某建筑公司承建 600MW 太阳能生产线工程的事实，以及梁某某、梁某朋等人为 600MW 项目部的负责人和施工人员的情况。

【一审裁判理由及结果】

河北省沧州市中级人民法院认为，本案争议焦点有：1. 原告主张损失返还租赁物赔偿损坏的租赁物维修费、违约金的事实及法律依据；2. 本案是否适用一事不再理的原则。

关于原告主张租金损失、返还租赁物、赔偿损坏的租赁物维修费、违约金的事实及法律依据，根据已经生效的白某某与湛江某建筑公司租赁合同纠纷案件中认定了 600MW 太阳能生产线工程为湛江某建筑公司承建，在献县法院（2012）献民初字 1226 号案件庭审中，湛江某建筑公司委托代理人闫某某曾承认该工程为湛江某建筑公司承建，根据《最高人民法院关于民事诉讼证据的若干规定》第九条第一款第四项的规定："下列事实，当事人无需举证证明：（四）已为人民法院发生法律效力的裁判所确认的事实"，第八条第三款的规定："当事人委托代理人参加诉讼的，代理人的承认视为当事人的承认……"，能够认定 600MW 太阳能生产线工程为被告湛江某建筑公司所承建。本案中，湛江某建筑公司根本否认 600MW 太阳能生产线工程为其所承建，有违诚实信用原则，原审法院不予采信。

湛江某建筑公司主张梁某某私刻 600MW 太阳能生产线工程项目部的印章，为此在庭审中提交了公安机关的立案材料和对梁某某的询问笔录，但是该立案材料及笔录不能确定梁某某私刻公章的事实。湛江某建筑公司否认合同中加盖印章的真实性，并提出申请鉴定，但其未在规定的期限内提供比对印章的检材，应视为放弃鉴定。因此，湛江某建筑公司的该项主张缺乏事实依据，原审法院不予支持。

根据（2012）沧民终字第 1685 号判决书所认定的事实，梁某某、梁某朋等人为 600MW 项目部的负责人和施工人员，其代表项目部与原告白某某签订并履行租赁合同的行为系职务行为，由此产生法律后果理应由湛江某建筑公司承担。

关于本案是否适用一事不再理的原则，在生效的（2012）献民初字第 1226 号民事判决中，判决支付的租金至 2011 年 10 月 31 日，但对租赁物是否退还未作处理。而本案中原告起诉的是 2011 年 11 月 30 日至 2013 年 3 月 31 日的租金损失、退还租赁物、租赁物损坏赔偿等费用，（2012）献民初字第 1226 号民事判决生效后，被告湛江某建筑公司未及时退还租赁物，且租赁物一直由被告湛江某建筑公司占有和使用，原告对此拥有诉权主张权利，故不适用一事不再理原则。

关于原告的诉讼请求中要求支付租金损失和违约金 40 万元的主张，在生效的（2012）献民初字第 1226 号民事判决中，判决解除双方之间签订的租赁合同关系，但判决租金给付至 2011 年 10 月 31 日，之后被告未及时返还租赁物，且租赁物由其占有和使用，故原告主张支付租金损失，应予支持。原告主张的违约金因在（2012）献民初字第 1226 号民事判决中予以支持，故本案对原告主张的违约金不予支持。原告要求退还租赁物或支付价款、租赁物损坏赔偿的主张，根据《合同法》的相关规定，租赁合同解除，被告应当返还租赁物或支付相应的价款，赔偿损坏的租赁物，故对原告的该项主张予以支持。虽然合同中第一条约定如拖欠租金冬季不报停租费，但考虑到北方施工报停的实际情况，原审法院酌定每年扣除两个月的报停期。综上，本案事实清楚，证据充分，根据《最高人民法院关于民事诉讼证据的若干规定》第九条、《中华人民共和国合同法》第六十条、九十七条、一百零七条、一百一十四条、二百二十二条、二百三十五条、二百三十六条之规定，河北省沧州市中级人民法院作出如下判决：

一、被告湛江某建筑公司给付原告白某某 2011 年 11 月 30 日至 2013 年 3 月 31 日的租金损失 1 844 226.87 元。2013 年 4 月 1 日之后每日产生租金损失 4920.36 元，计算至给付之日止。

二、被告湛江某建筑公司赔偿原告白某某租赁物维修、缺损费，共计 538 724.1 元。

三、被告湛江某建筑公司退还原告白某某租赁物钢管 159 102 米、扣件 67 698 套、顶托 2255 套、山型卡 2000 个、步步紧 4050 套。如不能退还，折价赔偿 4 625 559 元。

四、驳回原告白某某的其他诉讼请求。

【二审上诉请求及理由】

上诉人湛江某建筑公司不服一审判决，向河北省高级人民法院提出上诉，请求二审法院撤销一审判决并依法改判，本案一、二审诉讼费用均由被上诉人白某某负担。主要事实和理由：一、一审判决认定事实错误。首先，梁某某与被上诉人白某某签订租赁合同时没有出具任何上诉人对其授权的文书，被上诉人也没有向法庭出示相关授权文书，本案没有直接证据证明 600MW 太阳能电池生产线是上诉人承建及梁某某为上诉人的工作人员、其与被上诉人签订租赁合同的行为为职务行为。其次，根据上诉人提供的梁某某亲笔签名的《证明》《承诺书》及内蒙古自治区阿拉善盟公安局对梁某某的《询问笔录》足以证明梁某某私刻上诉人公章和项目部章与被上诉人签订租赁合同、上诉人对此不知情的基本事实。再次，上诉人认可梁某某挂靠承建了乌斯太公寓楼工程，而本案项目地在鄂尔多斯市，两者是在不同地点完全不同的工程，本案没有证据证明上诉人对梁某某针对本案工程给过其任何授权或上诉人对梁某某承建该工程是明知并默许的。而对于梁某某的行为，上诉人已举报到公安机关，公安机关也予以刑事立案，并对犯罪嫌疑人梁某某采取了刑事强制措施，根据我国"先刑后民"的审判原则，本案应中止审理。二、一审判决适用法律错误。一审判决按照《租赁合同》中双方约定的标准计算上诉人赔偿被上诉人租金损失、租赁物维修、缺损费和计算租赁物的价值是适用法律错误。本案所涉《租赁合同》已经被法院生效判决解除，根据合同法的相关规定，合同解除后，双方权利义务终止，没有履行的不再履行。一审判决适用已经被解除、不再履行的《租赁合同》为标准计算租金和损失赔偿数额没有法律依据，是适用法律错误。

被上诉人白某某答辩认为，一审判决认定事实清楚、适用法律正确，应予维持，主要事实和理由：2010 年 11 月 16 日双方签订的租赁合同历经 2012 年献县人民法院一审、沧州中院二审，2013 年河北高院再审以及本案沧州中院一审均对合同合法性作出认定，被答辩人湛江某建筑公司收到答辩人租赁物并使用租赁物的事实无争议，其对答辩人提供的 47 张发料单、32 张退货验收单真实性无异议，租赁合同上加盖的印章在施工工程中一直使用。

【二审裁判理由及结果】

河北省高级人民法院认为，本案争议的焦点有两个：一是双方是否存在租赁合同关系；二是如存在租赁合同关系，一审判决认定的租金及租金损失、维修费、缺损费、尚未退还租赁物的数量或折价是否正确。

关于双方是否存在租赁合同关系。《最高人民法院关于适用〈中华人民共和国民事诉讼法〉的解释》第九十三条第五项规定：已为人民法院发生法律效力的裁判所确认的事实，当事人无须举证证明。具体到本案，已生效的（2012）沧民终字第 1685 号民事判决和本院（2013）冀民申字第 2830 号民事裁定书均已认定双方存在租赁合同关系，上诉人湛江某建筑公司提出的双方不存在租赁合同关系的观点在上述诉讼中未得到支持。此次诉讼中其新增加的证据只有一份阿拉善盟公安局对梁某某的询问笔录（复印件），未加盖公安机关的印章。因该份笔录系复印件，真实性无法核实，且该份笔录不足以推翻生效判决认定的事实，故其上诉主张不能成立。

关于一审判决认定的租金及租金损失、维修费、缺损费、尚未退还租赁物的数量或折价是否正确。首先，被上诉人白某某提供了租赁合同、47 张发料单和 32 张退货单用以证明尚未退还租赁物的数量或折价，上诉人湛江某建筑公司委托代理人闫某某在上次诉讼一审中对上述证据真实性予以了认可，虽之后诉讼中对此予以否认，但未能提供相反证据予以反驳，故一审法院据此认定尚未退还租赁物的数额及折价并无不当，二审法院予以确认；其次，虽双方签订的租赁合同对租赁物的损坏赔偿或维修标准进行了约定，但该合同文本为被上诉人白某某提供的格式合同，关于未清灰、未上油等维修赔偿费用的约定不尽合理或标准较高，对《退伙验收单》记载的缺、废、损情况的记载真实性也无法准确核实，二审法院酌情支持被上诉人白某某主张数额的一半，即 269 362.05 元；再次，关于租金及租金损失，因（2012）沧民终字第 1685 号民事判决已判决解除双方的租赁合同，并已支持 157 万余元租金和违约金，考虑本案实际情况，二审法院对被上诉人白某某在合同解除后再次起诉主张租金和租金损失不予支持。

综上，一审判决认定事实清楚，但适用法律不当，上诉人湛江某建筑公司的部分上诉理由成立。依照《中华人民共和国民事诉讼法》第一百七十条第一款第（二）项之规定，河北省高级人民法院作出如下判决：

一、撤销沧州市中级人民法院（2013）沧民初字第 79 号民事判决第一项、第二项，维持第三项、第四项；

二、湛江某建筑公司赔偿白某某租赁物维修、缺损费 269 362.05 元。

【再审申请及理由】

湛江某建筑公司申请再审的理由为：一、本案有新的证据，足以推翻原判决、裁定。再审申请人从阿拉善盟公安局处调取了梁某某的询问笔录原件作为新证据提交，询问笔录中梁某某对私刻公章及使用该私刻的公章与再审被申请人签订涉案《租赁合同》的事实供认不讳，足以推翻原审判决所认定的租赁合同法律关系真实有效的事实。二、本案原判决的主要事实缺乏证据证明，适用法律错误。1. 原判决过分依赖以往民事判决书所认定的事实，错误认定再审申请人与被申请人之间存在租赁关系。再审申请人所提交的证据已经证明梁某某冒用再审申请人名义订立《租赁合同》，该《租赁合同》并非再审申请人的真实意思表示，原审法院依法应当重新就《租赁合同》的法律效力进行审查及认定。另一方面，原判决认为（2012）沧民终字第 1685 号民事判决书认定了 600MW 工程是由再审申请人承建以及梁某某、梁某朋等人为 600MW 项目部负责人和实际施工人员的情况。实际上，该判决只是认定了《租赁合同》有效，并未对 600MW 工程的承建主体作出认定，其本身也不足以成为原判决用以认定本案事实的依据。2. 梁某某从未就 600MW 工程得到过再审申请人的任何合法授权，梁某某的行为不应对再审申请人产生任何代理法律后果，原判决将梁某某对外所签订书面协议的法律后果归于再审申请人错误。首先，所谓的 600MW 工程，实际上是梁某某利用再审申请人的名义，私刻再审申请人的公章擅自对外承接的业务，再审申请人对此并不知情，更不可能就此向梁某某出具相应的授权委托书，事后也没有进行追认。其次，再审申请人仅就乌斯太工程向梁某某出具了加盖公章的授权委托书及承包合同，授权委托书的授权明确，权限清楚，在地理上两个项目工程也相距甚远，根本不存在足以造成被申请人误解梁某某具有 600MW 工程权限的可能。最后，被申请人在所有庭审当中均未向人民法院提供梁某某向其出示的授权委托书，被申请人本身存在疏忽大意的严重过错。被申请人疏于注意与梁某某签订了《租赁合同》，其法律后果不能归结于再审申请人。退一步讲，即使梁某某的行为符合表见代理的构成要件，因不符合民事法律行为的实质要件，属于无效的民事法律行为，也不能构成表见代理，《租赁合同》也应当为无效。三、因本案涉及经济犯罪嫌疑，依法应当中止审理或裁定驳回起诉，但原判决却任意裁判，违反民事诉讼的公正程序，应当依法予以纠正。综上，湛江某建筑公司依据《中华人民共和国民事诉讼法》第二百条第一、二、六项之规定，请求本院依法撤销一、二审判决，改判驳回被申请人白某某的诉讼请求，诉讼费用由白某某承担。

【被申请人答辩意见】

被申请人白某某答辩称：1. 原一、二审认定事实清楚，审判程序合法，判决正确，应驳回湛江某建筑公司的再审申请。自 2009 年梁某某就代表湛江某建筑公司进行经营活动，直到 2012 年 2 月梁某某退出鄂尔多斯和乌斯太两个项目，湛江某建筑公司把两个项目授权他人接管，鄂尔多斯项目就是湛江某建筑公司的 600MW 工程。由于湛江某建筑公司拖欠白某某租金，2012 年 2 月 14 日白某某对湛江某建筑公司提起诉讼，庭审中湛江某建筑公司对白某某起诉的租赁关系认可，对收料单、退料单的真实性、合法性无异议。二审中湛江某建筑公司提供了三张租费清单，证明欠白某某租金 1 183 181 元。2. 湛江某建筑公司以梁某某私刻印章为由，否定与白某某之间的租赁关系，但湛江某建筑公司并不申请鉴定。这说明，湛江某建筑公司对其合同中的印章是默认的。梁某某在询问笔录中的陈述证明，他让人刻章的目的是为湛江某建筑公司的经营活动，湛江某建筑公司对梁某某的经营行为应承担民事责任。至于梁某某及其刻章的人员是否构成伪造印章罪，对租赁法律关系的成立没有影响。综上所述，再审申请人申请再审的理由没有法律根据，请求不能成立，应予驳回。

【再审裁判理由及结果】

最高人民法院认为，本案再审审查的焦点问题是梁某某以湛江某建筑公司名义与白某某所签订的《租赁合同》对湛江某建筑公司是否具有约束力，湛江某建筑公司是否应承担由此产生的法律责任。

根据查明的事实，梁某某与湛江某建筑公司自 2009 年至 2012 年存在挂靠关系，期间梁某某曾以湛江某建筑公司名义承接了乌斯太工程，湛江某建筑公司为此向梁某某出具了授权委托书。此外，梁某某还以湛江某建筑公司的名义承建了 600MW 工程。湛江某建筑公司主张梁某某承接 600MW 工程并未经其授权，属梁某某擅自以其名义所为。但在 2012 年梁某某退出 600MW 工程时，湛江某建筑公司却将该项目授权给了他人接管。由此证明，即使梁某某以湛江某建筑公司名义承建 600MW 工程属于无权代理，湛江某建筑公司事后亦予以追认并对该项目实际行使了管理权，故梁某某与湛江某建筑公司对于 600MW 工程仍构成挂靠关系。案涉《租赁合同》是 2010 年 11 月 16 日梁某某为 600MW 工程施工而以湛江某建筑公司名义与献县某建材租赁站的白某某所签订，合同内容并不违反法律、行政法规的强制性规定。湛江某建筑公司主张《租赁合同》上湛江某建筑公司及 600MW 项目部的印章均系梁某某私刻，不代表其真实意思表示，合同应无效。但因梁某某与湛江某建筑公司之间存在挂靠关系，足以使白某某有理由相信印章的真实性以及梁某某得到了湛江某建筑公司的授权，故梁某某的行为构成表见代理，其行为后果应由湛江某建筑公司承担。湛江某建筑公司主张租赁合同无效、其不应承担相应法律后果无法律依据，再审法院不予支持。梁某某的询问笔录不属于新证据，亦不足以推翻原审判决。梁某某私刻印章涉嫌犯罪与本案租赁合同纠纷不属于同一法律关系，本案审理也不以刑事案件的结果为依据，因而本案无需中止审理或驳回起诉。

综上，最高人民法院认为，湛江某建筑公司的再审申请不符合《中华人民共和国民事诉讼法》第二百条第一、二、六项之规定。本院依照《中华人民共和国民事诉讼法》第二百零四条第一款之规定，裁定如下：

驳回湛江某建筑公司的再审申请。

案例二

【案件基本信息】

1. 裁判书字号

陕西省西安市中级人民法院（2015）西中民一初字第 00043 号民事判决书

陕西省高级人民法院（2016）陕民终 273 号民事判决书

2. 当事人

原告（二审被上诉人）：西安市某物资租赁站

被告（二审上诉人）：某建设公司

【一审法院查明的事实】

西安市中级人民法院查明：2008 年 5 月 25 日，某建设公司与其第七项目部的赵某某签订《工程承包合同》，该合同注明为内部责任制承包。某建设公司将其西安中新·浐灞半岛 A10 地块第一期 4#、5#、9#、10#住宅楼及 1#地下车库 26 轴－27 轴工程承包给第七项目部赵某某。

2008 年 7 月 25 日,西安市未央区某设备租赁站与某建设公司西安项目部签订《建筑设备租赁合同》约定:由西安市未央区某设备租赁站向某建设公司第七项目部(西安浐灞中新半岛工地)提供钢管、扣件等租赁物,并对租赁价格、租金支付方式等作了约定。该合同第六条约定:"依据双方签字、发凭证日期、数量,每月结算至月底,某建设公司西安项目部在下月二十日之前现金或支票结付上月租赁费。超过约定的付款日期,租赁物没有归还,每超过 1 个月,每日每米钢管、每套扣件在原租金单价基础上增加壹厘租金。超过约定付款日期,租赁货物已全部归还,每超过 1 日某建设公司西安项目部向西安市未央区某设备租赁站支付欠款总额的 5‰的违约金。"西安市未央区某设备租赁站与某建设公司西安项目部在该合同上盖章,双方代表杜某某、赵某某在该合同上签字。《建筑设备租赁合同》所涉租赁物均用于某建设公司浐灞半岛项目。

2012 年 1 月 31 日,西安市未央区某设备租赁站与西安市某物资租赁站签订《协议书》,该协议第三条约定:"从 2012 年 1 月 31 日起,某建设公司第七项目部 A4#工地所有的钢管、扣件、租赁费、债权及诉讼等由西安市某物资租赁站结算办理。"第六条约定:"西安市某物资租赁站上述债权如需诉讼,西安市未央区某设备租赁站需完全配合出具手续,诉讼后执行回来款项全部归西安市某物资租赁站所有。"西安市某物资租赁站受让了西安市未央区某设备租赁站与某建设公司所签《建筑设备租赁合同》项下的债权后,多次向某建设公司主张租金、赔偿款等费用无果,遂向法院提起诉讼,请求判令某建设公司清偿租金 2 585 327 元、扣件赔偿款 396 705 元以及违约金 2 783 240 元,三项合计 5 765 272 元,并请求某建设公司承担本案诉讼费。

被告某建设公司辩称:其将涉案工程承包给赵某某施工。赵某某作为实际施工人,西安市某物资租赁站应向赵某某主张权利,且西安市某物资租赁站主张的违约金明显过高,有失公平。请求在查明事实的基础上,依法公正裁决。

庭审中,西安市某物资租赁站提供了其与某建设公司 2013 年 3 月 8 日签订的《物资租用结算单》、2013 年 4 月 10 日其与某建设公司签订的《物资租用结算单》及《结算对账单》，证明某建设公司与其就租赁物的租金等进行了结算。截至2013年4月9日，某建设公司下欠其租金共计2 585 327元。同时，西安市某物资租赁站提供2013年4月10日其与某建设公司所签《协议书》，证明双方对某建设公司丢失的租赁物达成了赔偿协议。某建设公司丢失租赁物十字扣件54 526套、转向接头扣件26 932套，某建设公司应赔偿西安市某物资租赁站396 705元。经质证，某建设公司认为《物资租用结算单》与《结算对账单》中租用方签字人员骆某某、《协议书》中承租方签字人员卢某某非其工作人员，不予认可。某建设公司提供其与第七项目部赵某某签订的《工程承包合同》（内部责任制承包），证明其将涉案工程承包给赵某某，赵某某承租了涉案租赁物，并非其授权。经质证，西安市某物资租赁站认为，某建设公司将部分工程发包给赵某某为内部分包，赵某某作为某建设公司项目部负责人租赁其物品，某建设公司应承担相应责任。西安市某物资租赁站租金2 585 327元、扣件赔偿款396 705元，违约金2 783 240元，三项合计5 765 272元，请求判令某建设公司支付上述款项，并承担本案诉讼费。某建设公司辩称：其将涉案工程承包给赵某某施工，西安市某物资租赁站应向赵某某主张权利。且西安市某物资租赁站主张的违约金明显过高，请求在查明事实的基础上，依法公正裁决。

上述事实有《工程承包合同》《建筑设备租赁合同》《协议书》《物资租用结算单》《结算对账单》及庭审笔录等在卷佐证。

【一审裁判理由及结果】

西安市中级人民法院认为：《建筑工程施工转包违法分包等违法行为认定查处管理办法（试行）》第十条规定："本办法所称挂靠，是指单位或个人以其他有资质的施工单位的名义，承揽工程的行为。前款所称承揽工程，包括参与投标、订立合同、办理有关施工手续、从事施工等活动。"该管理办法第十一条规定："存在下列情形之一的，属于挂靠：（一）没有资质的单位或个人借用其他施工单位的资质承揽工程的。"《中华人民共和国建筑法》第二十六条规定，"承包建筑工程的单位应当持有依法取得的资质证书，并在其资质等级许可的业务范围内承揽工程。禁止建筑施工企业超越本企业资质等级许可的业务范围或者以任何形式用其他建筑施工企业的名义承揽工程。禁止建筑施工企业以任何形式允许其他单位或者个人使用本企业的资质证书、营业执照，以本企业的名义承揽工程。"本案中，某建设公司与赵某某签订《工程承包合同》（内部责任制承包），某建设公司将其西安中新·浐灞半岛 A10 地块第一期 4#、5#、9#、10#住宅楼及 1#地下车库 26 轴 -27 轴工程承包给第七项目部赵某某个人，赵某某作为涉案项目的实际承包人，其承包涉案建筑工程未依法取得资质证书，根据上述法律规定，某建设公司与赵某某之间应属挂靠关系，某建设公司对出借资质给赵某某的行为应承担责任。赵某某作为某建设公司西安项目部的代表与西安市未央区某设备租赁站签订《建筑设备租赁合同》并加盖某建设公司西安项目部印章，从该合同内容看，不违反法律、行政法规的强制性规定，且《建筑设备租赁合同》所涉租赁物均用于某建设公司浐灞半岛项目工地，故《建筑设备租赁合同》应认定为有效合同。鉴于某建设公司西安项目部非独立法人单位，故某建设公司应按照《建筑设备租赁合同》约定承担相应责任。

关于西安市某物资租赁站的主体资格问题。西安市未央区某设备租赁站与西安市某物资租赁站签订《协议书》约定，西安市未央区某设备租赁站将其与某建设公司西安项目部所签《建筑设备租赁合同》项下的权利转让给西安市某物资租赁站，根据《中华人民共和国合同法》第七十九条"债权人可以将合同的权利全部或者部分转让给第三人"的规定，该债权转让合法，西安市某物资租赁站应为本案的适格主体。西安市某物资租赁站依据《建筑设备租赁合同》《物资租赁结算单》《结算对账单》、丢失物资赔偿《协议书》，主张某建设公司支付租金 2 585 327 元、租赁物赔偿款 396 705 元，事实清楚，于法有据，依法予以支持。某建设公司作为涉案工程总承包方应对涉案工程项目进行管理，某建设公司辩称涉案租赁物的承租方为赵某某，其与西安市某物资租赁站无租赁合同关系，不应承担责任的理由不能成立。某建设公司拖欠西安市某物资租赁站租金及丢失物资赔偿款的行为构成违约，西安市某物资租赁站主张某建设公司承担违约责任，符合合同约定与法律规定。某建设公司辩称，西安市某物资租赁站主张的违约金计算方式无约定，明显过高，因《建筑设备租赁合同》约定，"超过约定付款日期，租赁货物已全部归还，每超过 1 日某建设公司西安项目部向西安市未央区某设备租赁站支付欠款总额的 5‰的违约金"，西安市某物资租赁站主张由某建设公司按中国人民银行同期贷款利率四倍计算支付违约金，其已对《建筑设备租赁合同》约定的违约金计算标准予以降低，该主张系西安市某物资租赁站对其权利的处分，且降低后的违约金支付标准并不违反相关法律规定，予以支持。违约金的具体支付方式为：以 2 982 032 元为基数，按照中国人民银行同期同类贷款利率的四倍，从 2013 年 5 月 9 日计算至判决生效之日止，由某建设公司支付西安市某物资租赁站。

综上，西安市中级人民法院依照《中华人民共和国建筑法》第二十六条，《中华人民共和国合同法》第六十条、第七十九条、第一百零七条之规定，作出如下判决：

一、本判决生效之日起 30 日内，被告某建设公司支付原告西安市某物资租赁站租金 2 585 327 元、租赁物赔偿款 396 705 元，共计 2 982 032 元。

二、从本判决生效之日起 30 日内，由被告某建设公司以 2 982 032 元为基数，按照中国人民银行同期同类贷款利率的四倍，从 2013 年 5 月 9 日起计算至本判决生效之日止，向原告西安市某物资租赁站支付违约金。

三、驳回原告西安市某物资租赁站其余诉讼请求。

【二审上诉请求及理由】

某建设公司不服西安市中级人民法院上述民事判决，向陕西省高级人民法院上诉称：原审判决认定某建设公司与西安市某物资租赁站租赁关系及欠款事实错误，应予撤销，其理由如下：1. 某建设公司与赵某某非挂靠关系，属非法分包关系。赵某某作为实际施工人对其签订的合同应承担责任。2.《建筑设备租赁合同》加盖的某建设公司西安项目部的印章非某建设公司所有，某建设公司无须承担责任。3.《物资租赁结算单》《结算对账单》、丢失物资赔偿《协议书》不是某建设公司签署的，签字人卢某某、骆某某、黄某某、赵某某非某建设公司的员工，其行为也未经某建设公司追认，属无权代理，应由行为人承担责任。原审判决某建设公司承担责任错误。4. 本案应追加赵某某为被告，原审未追加，请二审法院予以考虑。综上，某建设公司认为原审判决认定事实错误，请二审查明事实，依法撤销原审判决，驳回西安市某物资租赁站的诉讼请求。一、二审案件受理费由西安市某物资租赁站承担。

被上诉人西安市某物资租赁站口头答辩称：即使非法分包，也应由某建设公司承担责任。租赁合同上的印章是某建设公司西安项目部加盖的，且某建设公司的项目使用西安市某物资租赁站的租赁物，结算单上有项目部人员的签字。原审判决认定事实清楚，判决正确。请求依法维持原判，驳回某建设公司的上诉请求。

【二审法院查明的事实】

陕西省高级人民法院查明的事实除与原审查明的事实一致外，二审法院另查明：2013 年 9 月 26 日，西安市某物资租赁站的业主杜某某作为原告将某建设公司诉至西安市中级人民法院，某建设公司及杜某某向该院申请追加赵某某为本案的被告，该院依法将赵某某追加为本案的被告。2014 年 9 月 15 日，西安市中级人民法院作出（2013）西中民一初字第 00038 号民事判决，判决某建设公司支付杜某某租金 2 585 327 元、租赁物赔偿款 396 705 元及违约金 238 562.56 元。宣判后，杜某某与某建设公司均不服，向本院提起上诉，本院作出（2015）陕民一终字第 00064 号民事裁定，以原审法院程序违法为由将本案发回重审。西安市中级人民法院重审期间，根据最高人民法院《关于适用〈中华人民共和国民事诉讼法〉的解释》第五十九条的规定，即"有字号的，以营业执照上登记的字号为当事人"，将原告杜某某变更为西安市某物资租赁站。某建设公司仍要求追加赵某某为本案被告，但原告西安市某物资租赁站不要求追加，原审法院未追加赵某某为本案被告。

【二审裁判理由及结果】

陕西省高级人民法院认为：西安市未央区某设备租赁站与某建设公司西安项目部签订的《建筑设备租赁合同》，以及西安市未央区某设备租赁站与西安市某物资租赁站签订的合同权利转让《协议书》系双方当事人的真实意思表示，内容不违反法律、行政法规禁止性规定，应为有效，依法应受保护。本案争议的焦点是：1. 某建设公司应否对其西安项目部与西安市未央区某设备租赁站签订的设备租赁合同承担民事责任；2. 应否追加某建设公司西安项目部的代表人赵某某为本案的被告。

关于某建设公司应否对其西安项目部与西安市未央区某设备租赁站签订的设备租赁合同承担民事责任的问题。

第一，西安项目部系某建设公司设立的内部机构，其不具备法人资格。根据《中华人民共和国民法通则》第四十三条的规定："企业法人对它的法定代表人和其他工作人员的经营行为，承担民事责任。"故西安项目部的行为代表某建设公司，某建设公司应对西安项目部与西安市未央区某设备租赁站签订租赁合同的行为承担民事责任。

第二，西安市未央区某设备租赁站与西安市某物资租赁站签订《协议书》，将其与某建设公司西安项目部设立的合同权利转让给了西安市某物资租赁站，符合《中华人民共和国合同法》第七十九条"债权人可以将合同的权利全部或者部分转让给第三人"的规定，该协议应受法律保护，故西安市某物资租赁站对某建设公司依法享有合同权利。

第三，根据本案查明的事实，某建设公司与赵某某签订《工程承包合同》，某建设公司将其承包的西安中新浐灞半岛 A10 地块第一期 4#、5#、9#、10#住宅楼及 1#地下车库 26 轴－27 轴的工程分包给其第七项目部的赵某某，合同注明内部责任制承包。西安市未央区某设备租赁站根据其与某建设公司西安项目部签订的《建筑设备租赁合同》，将租赁物提供某建设公司第七项目部使用。西安市某物资租赁站在受让西安市未央区某设备租赁站的合同权利后，就租赁费等与某建设公司第七项目部进行了结算，西安市某物资租赁站持有某建设公司第七项目部工作人员签字确认的《物资租用结算单》《结算对账单》及与某建设公司第七项目部经理卢某某签订的租赁物丢失赔偿《协议书》，证明某建设公司第七项目部欠西安市某物资租赁站租金 2 585 327 元、租赁物赔偿款 396 705 元。因某建设公司与其第七项目部的赵某某系内部责任制承包，且某建设公司为涉案租赁物的实际受益人，某建设公司依法应对第七项目部所欠西安市某物资租赁站的上述租金、租赁物赔偿款及违约金承担清偿责任。某建设公司关于《物资租赁结算单》《结算对账单》、丢失物资赔偿《协议书》不是某建设公司签署的，签字人卢某某、骆某某、黄某某、赵某某非某建设公司的员工，某建设公司不应承担责任的上诉理由不能成立。

关于应否追加某建设公司西安项目部的代表人赵某某为本案被告的问题。赵某某非租赁合同的主体，其仅代表某建设公司西安项目部签订了租赁合同，故租赁合同的主体是某建设公司西安项目部与西安市未央区某设备租赁站，非赵某某个人。且某建设公司与其第七项目部的赵某某系内部责任制承包，对外赵某某代表某建设公司，某建设公司依法应对赵某某的经营行为承担民事责任。故原审法院未追加赵某某为本案被告并无不当。

综上，原审判决认定事实清楚，适用法律正确，审判程序合法。陕西省高级人民法院依照《中华人民共和国民事诉讼法》第一百七十条之规定，判决如下：

驳回上诉，维持原判。

【裁判要点】

挂靠方以被挂靠方名义签订合同，被挂靠方为实际受益人，被挂靠方与挂靠方对合同项下的义务承担连带清偿责任。

（二）出租方明知承租方系挂靠资质，而仍与其签订合同，不属于善意，不构成表见代理，被挂靠方不承担责任

【案件基本信息】

1. 裁判书字号

江苏省徐州市云龙区人民法院（2016）苏 0303 民初 1208 号民事判决书

江苏省徐州市中级人民法院（2016）苏 03 民终 2998 号民事判决书

江苏省高级人民法院（2017）苏民申 3452 号民事裁定书

2. 当事人

原告（二审上诉人、再审申请人）：徐州某租赁站

被告（二审被上诉人、再审被申请人）：江苏某建设公司

【一审法院查明的事实】

徐州某租赁站向徐州市云龙区人民法院起诉请求：判令江苏某建设公司支付租金 20 000 元、利息 7200 元（从 2009 年 10 月 31 日至 2015 年 10 月 31 日按照年利息百分之六计算六年），一审案件受理费由江苏某建设公司承担。

徐州市云龙区人民法院认定事实：中矿华能新厂区工程由许某某借用江苏某建设公司的资质中标并组织施工。以徐州某租赁站为出租方与以江苏某建设公司为承租方于 2008 年 8 月 11 日在两山口签订《租赁合同》一份，合同约定：以实际提货数量按日历天数计算租金；租赁物使用大约期限：自 2008 年 8 月 11 日起至 2008 年 9 月 30 日；交付与退货验收地点为出租方仓库；租金每月结算一次，承租方收到出租方月结单由工地负责人员签字认可。在该合同上承租方（章）处加盖有江苏某建设公司中矿华能新厂区项目部印章，委托代理人处由许某某签名。对该合同江苏某建设公司质证称，租赁合同没有加盖我公司的印章，加盖的项目部章，不是我公司管理及使用的，是

由实际施工人许某某所刻制并使用，徐州某租赁站没有证据证明许某某是我公司的工作人员或者签订合同时表明有我公司授权，因此合同相对方应是许某某个人。

合同签订后，由许某某到徐州某租赁站提走租赁物，租金由许某某结算并由许某某向徐州某租赁站支付部分租金。尚欠的租金由许某某的会计杜某某于2009年10月31日出具欠租金2万元的欠条一张。江苏某建设公司质证称，杜某某和我公司无关，对于该欠条，我公司无法核实其真实性。杜某某应该是许某某聘请的会计，因此欠条出具人应该是许某某；另外该份书证是欠条，欠条是从出具欠条之日起的2年内向债务人主张权利，否则超过法定诉讼时效。涉案欠条是2009年10月31日至今已经有7年，早已经超过法定诉讼时效。

一审庭审中，徐州某租赁站述称：欠条出具后，其始终向杜某某、许某某要钱，未向江苏某建设公司主张过权利，江苏某建设公司也未向徐州某租赁站支付过租金。

【一审裁判理由及结果】

徐州市云龙区人民法院认为，根据徐州某租赁站提供的证据以及双方当事人的当庭陈述能够证实从合同的签订、履行到租金的支付以及催要均系在徐州某租赁站与许某某之间进行，许某某是租赁合同的实际承租人，不能仅以合同上加盖有江苏某建设公司中矿华能新厂区项目部印章就确定江苏某建设公司为租赁合同的承租人。徐州某租赁站要求江苏某建设公司支付租金及利息没有事实根据，不予支持，应由徐州某租赁站向许某某主张权利。依照《中华人民共和国民法通则》第一百零八条，《中华人民共和国合同法》第六十条、第一百零七条、第二百二十六条、第二百二十七条，《中华人民共和国民事诉讼法》第六十四条的规定，判决如下：

驳回徐州某租赁站的诉讼请求。

【二审上诉请求及理由】

上诉人徐州某租赁站不服一审判决，向徐州市中级人民法院提起上诉，请求：1. 依法撤销（2016）苏0303民初1208号民事判决，改判由被上诉人承担租金、利息的民事责任；2. 一、二审案件受理费由被上诉人负担。事实和理由：中矿华能新厂区工程由许某某借用被上诉人的资质中标并组织施工，

2008年8月11日徐某某以被上诉人名义与上诉人签订《租赁合同》，约定被上诉人承租上诉人的钢模、扣件等建筑设备用于中矿华能新厂区工地，合同上盖有"江苏某建设公司中矿华能新厂区项目部"印章，委托代理人处由许某某签名。出借资质为我国法律所禁止，许某某以被上诉人名义租赁上诉人建筑设备用于中标工程项目，被上诉人应当承担支付租金的责任。许某某借用被上诉人资质，向被上诉人缴纳管理费，被上诉人应承担相应的挂靠风险。根据权责相一致原则，被上诉人应承担责任。请求二审法院依法裁判。

被上诉人江苏某建设公司辩称，一审判决认定事实清楚，适用法律正确，上诉人上诉理由是已经不再适用的裁判观点，请求驳回上诉，维持原判。

根据诉辩双方的诉辩意见，经双方当事人确认，本案二审期间的争议焦点是：被上诉人江苏某建设公司应否向上诉人徐州某租赁站承担给付租金的义务。

【二审裁判理由及结果】

徐州市中级人民法院认为，被上诉人江苏某建设公司不应当向上诉人徐州某租赁站承担给付租金的义务。《最高人民法院关于适用〈中华人民共和国民事诉讼法〉的解释》第九十条规定："当事人对自己提出的诉讼请求所依据的事实或者反驳对方诉讼请求所依据的事实，应当提供证据加以证明，但法律另有规定的除外。在作出判决前，当事人未能提供证据或者证据不足以证明其事实主张的，由负有举证证明责任的当事人承担不利的后果。"上诉人徐州某租赁站虽主张许某某借用被上诉人江苏某建设公司资质承包工程并租赁上诉人的建筑设备，被上诉人应当对其承担相应的给付租金的责任，但上诉人徐州某租赁站提供的欠条中仅有杜某某的签字，至于杜某某与被上诉人之间的关系应当由上诉人举证证明。在上诉人不能证明杜某某所出具的欠条代表被上诉人的情况下，不应由被上诉人承担还款责任，故该欠条不足以证明被上诉人江苏某建设公司存在拖欠租金的事实。上诉人亦未提供其他证据证明其主张。故对上诉人要求被上诉人江苏某建设公司承担给付租金义务的主张，本院不予支持。

综上所述，上诉人徐州某租赁站的上诉请求不能成立，应予驳回；一审判决认定事实清楚，适用法律正确，应予维持。徐州市中级人民法院依照《中华人民共和国民事诉讼法》第一百七十条第一款第一项规定，判决如下：

驳回上诉，维持原判。

【再审申请及理由】

徐州某租赁站向江苏省高级人民法院申请再审称，请求提起再审，撤销二审判决，改判支持徐州某租赁站的诉请或发回重审。事实与理由：1. 许某某以江苏某建设公司名义与徐州某租赁站签订租赁合同。合同签订时，徐州某租赁站的经营者王某某跟随许某某到江苏某建设公司处，在江苏某建设公司的法定代表人董某某在场情况下加盖的江苏某建设公司中矿华能新厂区项目部印章。合同签订后，徐州某租赁站将钢模、扣件等租赁物也送往中矿华能新厂区项目工地。一、二审对以上情形均未调查落实，仅以江苏某建设公司的单方辩解作为定案依据，违背客观事实。2. 许某某以江苏某建设公司名义签订租赁合同的行为构成表见代理。许某某是中矿华能新厂区项目的实际施工负责人，其联系租赁钢模是以江苏某建设公司工作人员身份出面，租赁时明确表示租赁物是用于中矿华能新厂区项目，钢模实际也是送往该项目工地。根据《中华人民共和国合同法》第四十九条规定，行为人没有代理权、超越代理权并且相对人有理由相信行为人有代理权的，该代理行为有效。认定表见代理不仅强调合同相对人的合理注意义务、举证责任，还应当结合合同缔结地和履行过程中的各种因素综合判断。从许某某联系租赁钢模所签订合同以及在江苏某建设公司处盖章、实际送货地点来看，都足以让徐州某租赁站认为许某某是代表江苏某建设公司租赁钢模。客观上，江苏某建设公司也认可许某某系借用其资质的实际施工人。根据权利义务对等的原则，江苏某建设公司既然出借资质收取管理费，那么就应承担相应义务，因此江苏某建设公司应承担支付租金的法律后果。

江苏某建设公司提交意见称，原审判决认定事实清楚、适用法律正确。徐州某租赁站的申请再审理由无事实依据，请求依法驳回再审申请。

【再审裁判理由及结果】

江苏省高级人民法院经审查认为，徐州某租赁站的申请再审理由不能成立，理由如下：1.《最高人民法院关于适用〈中华人民共和国民事诉讼法〉的解释》第九十条规定，当事人对自己提出的诉讼请求所依据的事实或者反驳对方诉讼请求所依据的事实，应当提供证据加以证明，但法律另有规定的除外。在作出判决前，当事人未能提供证据或者证据不足以证明其事实主张的，由负有举证证明责任的当事人承担不利后果。徐州某租赁站申请再审主张："签订租赁合同时，系在江苏某建设公司办公场所、其法定代表人董某某在场情况下加盖的项目部印章，合同签订后，租赁物被送往中矿华能新厂区项目工地。"但对上述事实主张，徐州某租赁站除其单方陈述外，未提供证据予以证明，江苏某建设公司也不予认可。且该主张亦与租赁合同中反映的合同签订地"两山口"相矛盾。关于租赁物的提货方式，徐州某租赁站一审陈述是"自提"；在本院复查过程中，徐州某租赁站经营者王某某到庭陈述"是许某某到钢模站拉的货，没有送货上门。我一审陈述的是真实的。"故对徐州某租赁站该项申请再审理由，再审法院不予采信。

2. 本案争议焦点是许某某租赁行为是否构成表见代理。《中华人民共和国合同法》第四十九条规定，行为人没有代理权、超越代理权或者代理权终止以后以被代理人名义订立合同，相对人有理由相信行为人有代理权的，该代理行为有效。根据上述法律规定，徐州某租赁站主张许某某的租赁行为构成表见代理，应当承担举证责任，一方面需举证证明许某某的代理行为存在有权代理的客观表象形式要素，另一方面需证明其善意且无过失地相信许某某具有代理权。从徐州某租赁站提供的《租赁合同》看，合同写明承租方为江苏某建设公司，且加盖了江苏某建设公司中矿华能新厂区项目部的印章，具备一定的有权代理的客观表象。但无证据证明许某某持有江苏某建设公司任用或授权手续。原审庭审中，徐州某租赁站自认在租赁合同履行中，均是与许某某进行结算、租金均由许某某支付、租赁物均由许某某自提。2009年10月31日杜某某向徐州某租赁站出具的2万元租金结算欠条未用江苏某建设公司的名义，亦未加盖江苏某建设公司公章。且徐州某租赁站经营者在本案诉讼过程中自认知道许某某挂靠江苏某建设公司，杜某某是许某某的会计。尽管本案存在一定代理表象，但相对人徐州某租赁站知道或应当知道行为人与被代理人江苏某建设公司的实际关系是挂靠而非代理关系，故不能认定其善意且无过失地相信许某某具有代理权，本案不符合表见代理的构成要件。综上所述，徐州某租赁站主张许某某的行为构成表见代理的理由本院不予采纳。

综上，再审申请人徐州某租赁站的再审申请不符合《中华人民共和国民事诉讼法》第二百条规定的情形，江苏省高级人民法院依照《中华人民共和国民事诉讼法》第二百零四条第一款、《最高人民法院关于适用〈中华人民共和国民事诉讼法〉的解释》第三百九十五条第二款规定，裁定如下：

驳回徐州某租赁站的再审申请。

【裁判要点】

明知对方系挂靠资质，不构成表见代理，被挂靠方不承担责任。

（三）挂靠人以个人名义签订合同，被挂靠人不承担责任

【案件基本信息】

1. 裁判书字号

四川省自贡市自流井区人民法院（2016）川 0302 民初 901 号民事判决书

四川省自贡市中级人民法院（2017）川 03 民终 531 号民事判决书

四川省高级人民法院（2017）川民申 5022 号民事裁定书

2. 当事人

原告（二审被上诉人、再审申请人）：自贡市某建筑公司

被告（二审上诉人、再审被申请人）：四川某劳务公司

被告（二审上诉人、再审被申请人）：吴某某

被告（二审上诉人、再审被申请人）：代某某

【一审法院查明的事实】

2012 年 8 月 15 日，自贡市某建筑公司与代某某签订《四川省建筑周转材料租赁合同》，该合同由承租人租赁自贡市某建筑公司的架管、扣件的材料，用于南湖国际社区 5#、6#楼的施工，合同中的承租人和建设单位是四川某劳务公司。双方还于 2013 年 3 月 14 日补充签订《吊篮设备租赁合同》，自贡市某建筑公司在合同签订后将代某某、吴某某、四川某劳务公司所需材料交付其使用，双方于 2014 年 11 月 28 日进行结算，吴某某在结算清单上签字，承诺欠款于 2015 年 8 月全部付清。截至 2015 年 11 月 28 日，代某某、吴某某、四川某劳务公司尚欠自贡市某建筑公司租赁费 265 459.00 元。另查明，2012 年 7 月 1 日，吴某某与四川某劳务公司签订《劳务协作合同》，合同约定吴某某以四川某劳务公司名义，就南湖国际社区三期工程对外开展劳务施工工作，

吴某某向四川某劳务公司缴纳总产值1%的管理费。在南湖国际社区三在南湖国际社区三期工程中，并无四川某劳务公司参与施工。

【一审裁判理由及结果】

四川省自贡市自流井区人民法院认为，自贡市某建筑公司与代某某签订《四川省建筑周转材料租赁合同》及其后的吊篮合同，是双方当事人真实意思表示，合同虽然不够完善，但不影响客观事实的成立，合法有效；代某某和吴某某作为四川某劳务公司劳务人员为南湖国际社区三期工程对外开展劳务施工工作，四川某劳务公司对代某某和吴某某所拖欠的租赁款应当承担法律责任，四川某劳务公司辩称的理由，不予支持。吴某某已经在结算清单上对所欠款项予以确认，所辩称的数额不清，与事实不符。依照《中华人民共和国民事诉讼法》第一百四十四条、《中华人民共和国民法通则》第四十三条、第八十四条、第一百三十四条之规定，判决如下：

吴某某、代某某、四川某劳务公司于判决生效之日起十日内支付原告自贡市某建筑公司租赁费265 459.00元，并自2015年9月1日起按银行同期贷款利率支付所欠款项的资金占用利息，至付清款项为止。

【二审法院上诉请求及理由】

被告吴某某对一审判决不服，向四川省自贡市中级人民法院提起上诉：请求撤销一审判决，改判驳回自贡市某建筑公司的全部诉讼请求。事实和理由：一审判决内容超出了自贡市某建筑公司的诉讼请求；自贡市某建筑公司与被上诉人代某某签订的《四川省建筑周转材料租赁合同》是其双方真实意思表示，与上诉人没有关系，上诉人不应承担合同所涉义务；自贡市某建筑公司提供的结算单不真实，不能作为定案依据，一审判决适用法律错误。

被告四川某劳务公司对一审判决不服，提起上诉：请求撤销一审判决，改判驳回自贡市某建筑公司的全部诉讼请求。事实和理由：一审判决程序违法；认定事实不清，四川某劳务公司不是承租人，也未授权代某某、吴某某对外签订合同；一审判决适用法律错误。

【二审裁判理由及结果】

四川省自贡市中级人民法院二审期间，被上诉人提交《吊篮租赁合同》原件，因该证据在一审已经举示，故不应作为新证据使用。结合一、二审庭审中当事人的陈述，对二审争议的事实，二审法院认定如下：

2012 年 7 月 1 日，吴某某与四川某劳务公司签订有《劳务协作合同》，合同约定吴某某以四川某劳务公司名义，就南湖国际社区三期工程对外开展劳务施工工作，吴某某向四川某劳务公司缴纳总产值 1% 的管理费和 1% 的保证金。之后，吴某某作为南湖国际社区三期工程的实际施工人进行施工，四川某劳务建筑有限公司没有参与施工。2012 年 8 月 15 日自贡市某建筑公司与代某某签订《四川省建筑周转材料租赁合同》，所租赁的设备用于南湖国际5#、6#楼的施工。自贡市某建筑公司与代某某、吴某某于 2014 年 11 月 28 日对租赁费用进行结算，代某某、吴某某在结算清单上签字，吴某某承诺欠款于 2015 年 8 月全部付清。截至 2015 年 11 月 28 日，代某某、吴某某尚欠自贡市某建筑公司租赁费 265 459.00 元。

二审法院认为：代某某与自贡市某建筑公司于 2012 年 8 月 15 日签订《四川省建筑周转材料租赁合同》是双方当事人真实意思表示，合同虽然不够完善，但不影响客观事实的成立，合法有效。吴某某作为项目实际施工人，准予代某某租赁的设备用于案涉工程，且吴某某和代某某共同在结算清单上签字，吴某某对所欠款项予以确认，并承诺了支付日期，应视为对租赁自贡市某建筑公司设备和费用结算的认可。吴某某主张租赁行为是代某某个人所为，租赁费用数额不清的上诉请求，与事实不符，不能成立，二审法院不予支持。四川某劳务公司虽与吴某某签订《劳务合作协议》，但自贡市某建筑公司没有证据证明吴某某、代某某代表四川某劳务公司租赁设备。根据《中华人民共和国民事诉讼法》第六十四条第一款、《最高人民法院关于民事诉讼证据的若干规定》第二条，自贡市某建筑公司主张四川某劳务公司应承担连带清偿责任的诉讼请求不能成立，四川某劳务公司的上诉请求成立，二审法院予以支持。

综上所述，吴某某的上诉请求不能成立，应予驳回；四川某劳务公司的上诉请求成立，应予支持。依照《中华人民共和国民法通则》第八十四条、《最高人民法院关于民事诉讼证据的若干规定》第二条、《中华人民共和国民事诉讼法》第一百四十四条、第一百七十条第一款第二项规定，判决如下：

一、撤销自贡市自流井区人民法院（2016）川 0302 民初 901 号判决。

二、吴某某、代某某于本判决生效之日起十日内支付自贡市某建筑机械公司租赁费 245 459.00 元，并自 2015 年 9 月 1 日起按银行同期贷款利率支付所欠款项的资金占用利息，至付清款项为止。

三、驳回自贡市某建筑公司其他诉讼请求。

【再审裁判理由及结果】

再审法院经审查认为，代某某与自贡市某建筑公司于2012年8月15日签订的租赁合同是双方当事人真实意思表示，合法有效。吴某某作为项目实际施工人，准予代某某租赁的设备用于涉案工程，且吴某某和代某某共同在结算清单上签字，吴某某对所欠款项予以确认，并承诺支付日期，应视为对租赁自贡市某建筑公司设备和费用结算的认可。四川某劳务公司虽与吴某某签订《劳务合作协议》，但自贡市某建筑公司没有证据证明吴某某、代某某系代表四川某劳务公司租赁设备。根据相关法律规定，自贡市某建筑公司主张四川某劳务公司应对本案租赁费偿付承担连带清偿责任的诉讼请求不能成立。二审判决认定事实清楚，适用法律正确，应当予以确认。

综上，自贡市某建筑公司的再审申请不符合《中华人民共和国民事诉讼法》第二百条第六项规定的情形。

依照《中华人民共和国民事诉讼法》第二百零四条第一款、《最高人民法院关于适用〈中华人民共和国民事诉讼法〉的解释》第三百九十五条第二款规定，裁定如下：

驳回自贡市某建筑公司的再审申请。

【裁判要点】

挂靠人以个人名义签订合同，被挂靠人不承担责任。

【裁判解析】

《建筑工程施工转包违法分包等违法行为认定查处管理办法（试行）》第十条规定："本办法所称挂靠，是指单位或个人以其他有资质的施工单位的名义，承揽工程的行为。前款所称承揽工程，包括参与投标、订立合同、办理有关施工手续、从事施工等活动。"该管理办法第十一条规定："存在下列情形之一的，属于挂靠：（一）没有资质的单位或个人借用其他施工单位的资质承揽工程的。"《中华人民共和国建筑法》第二十六条规定，"承包建筑工程的单位应当持有依法取得的资质证书，并在其资质等级许可的业务范围内承揽工程。禁止建筑施工企业超越本企业资质等级许可的业务范围或者以任何形式用其他建筑施工企业的名义承揽工程。禁止建筑施工企业以任何形式允

许其他单位或者个人使用本企业的资质证书、营业执照，以本企业的名义承
揽工程。"

《最高人民法院关于适用〈中华人民共和国民事诉讼法〉的解释》第五
十四条规定："以挂靠形式从事民事活动，当事人请求由挂靠人和被挂靠人依
法承担民事责任的，该挂靠人和被挂靠人为共同诉讼人。"因此，挂靠人和被
挂靠人可以作为共同被告参加诉讼。但是该条只是从诉讼程序上规定挂靠人
和被挂靠人可以作为共同诉讼人，并没有明确规定挂靠人和被挂靠人应承担
的责任。还需指出的是，虽然挂靠人与被挂靠企业间签订的挂靠合同因违法
而无效，但是挂靠人与第三人签订的合同并不随之无效，如果该合同没有违
反法律强制性规定，一般效力不受影响。

本章节观点一案例一中，最高人民法院是基于挂靠方私刻印章以公司名
义签订合同之前，公司向承包人出具授权委托书承包其他工程，未被授权承
包的工程事后也予以追认，足以使签订合同的相对方相信承包人获得了公司
的授权，认定挂靠方私刻印章以公司名义与他人签订合同构成表见代理。案
例二中，挂靠方以被挂靠方项目部的名义签订合同并加盖项目部印章，根据
《中华人民共和国民法通则》第四十三条的规定："企业法人对它的法定代表
人和其他工作人员的经营行为承担民事责任。"而且挂靠方和被挂靠方为内部
责任制承担，被挂靠方为实际受益人，对外挂靠方代表被挂靠方，因此被挂
靠方依法应对挂靠人的经营行为承担民事责任。让被挂靠单位承担连带责任，
根本原因在于合同双方的主体是被挂靠方与债权人，被挂靠方不仅是形式上
的合同主体，同时也从挂靠关系中获取了利益。挂靠方对外行为与被挂靠方
为挂靠提供便利之间有因果关系，因此被挂靠方对合同债务应当承担民事责
任。但挂靠方才是合同的实际履行主体，因此应承担连带责任，有利于被挂
靠方追偿。

观点二中，明知对方系挂靠资质时，民事责任由挂靠方单独承担，被挂
靠方不承担责任，是基于是否构成表见代理来认定责任承担的。根据《中华
人民共和国合同法》第四十九条规定："行为人没有代理权、超越代理权或者
代理权终止以后以被代理人名义订立合同，相对人有理由相信行为人有代理
权的，该代理行为有效。"根据上述法律规定，要想证明行为人构成表见代
理，一方面需举证证明行为人的代理行为存在有权代理的客观表象形式要素，

另一方面需证明其善意且无过失地相信行为人具有代理权。当相对人知道或应当知道行为人与被代理人实际关系是挂靠而非代理关系时，不能认定其善意且无过失地相信行为人具有代理权，其不符合表见代理的构成要件。

观点三中，挂靠人以自己名义而不是代表被挂靠方签订合同，是双方当事人真实意思表示，合法有效，挂靠人是合同的一方当事人，应承担合同项下的义务，此时被挂靠方为不知情一方，不应对此承担责任。

因此根据最高院和各省高院的司法实践，关于挂靠人和被挂靠人的责任承担，应根据以下情况予以区分：

1. 挂靠方以被挂靠方的名义对外从事民事活动时，如果取得了被挂靠单位的明确授权，则被挂靠单位与挂靠人应承担连带责任；若没有被挂靠单位的明确授权，则看是否构成表见代理，如果构成表见代理，则被挂靠单位与挂靠人应承担连带责任，如果不能构成表见代理，则由挂靠方承担责任，被挂靠方不承担责任。

2. 挂靠方与他人进行民事交易时，若对方明知挂靠人属于挂靠资质，不构成表见代理，被挂靠方不承担责任，民事责任由挂靠方承担。

3. 若挂靠方以自己名义对外从事民事经营行为，由挂靠方单独承担民事责任，不应当溯及基础的挂靠关系，此时被挂靠单位不应当对挂靠人的债务承担连带责任。

附例

河北省高级人民法院（2016）冀民申 3566 号

山东省高级人民法院（2017）鲁民申 257 号

广东省高级人民法院（2016）粤民申 2765 号

广东省高级人民法院（2016）粤民申 2765 号

湖北省高级人民法院（2017）鄂民申 2907 号

江苏省高级人民法院（2017）苏民申第 2343 号

吉林省高级人民法院（2018）吉民申 2999 号

第 4 篇　公司分支机构担保合同的效力及责任承担

（一）担保无效，债权人有过错的，企业法人承担
不超过债务人不能清偿部分二分之一的责任

【案件基本信息】

1. 裁判书字号

云南省西双版纳傣族自治州勐腊县人民法院（2015）腊民二初字第 387 号民事判决书

云南省西双版纳傣族自治州中级人民法院（2016）云 28 民终 171 号民事判决书

云南省高级人民法院（2017）云民申 78 号民事裁定书

2. 当事人

原告（二审被上诉人、再审被申请人）：刘某

被告（二审上诉人、再审申请人）：某建设公司

被告：唐某某

【一审法院查明的事实】

云南省西双版纳傣族自治州勐腊县人民法院一审查明：2013 年 11 月 7 日，刘某委托曾某某（甲方）与唐某某（乙方）签订《普洱市刘某建筑架料租赁站租赁合同》，合同约定乙方因建筑需要向甲方租赁钢管、扣件、顶托，具体数目按乙方经办人在甲方库房提货时签字认可后收货凭据为准。从乙方收到材料之日计算租金，每 30 日向甲方交一次当月租金，延期不交，甲方应向乙方按日加收 10% 滞纳金，乙方超过三十天仍不支付租金，甲方有权强制收回出租材料、变卖乙方工地物资作为乙方付给甲方的租金，并终止合同，

一切费用损失由乙方负责。某建设公司景勐仑项目部在担保方处加盖印章。签订合同后，刘某共向唐某某出租钢管27 906米、顶托2951套、扣件16 473个。唐某某共退还钢管11 395.50米、顶托1202套、扣件8048个，剩余钢管16 510.50米、扣件8425套、顶托1750个至今未退还。唐某某于2015年2月15日支付租金110 000元，尚欠租金70690.92元。截至2015年8月31日，唐某某尚欠租金133 279.01元（含维修费、上下车费）。

【一审裁判理由及结果】

云南省西双版纳傣族自治州勐腊县人民法院认为，因刘某与唐某某对解除双方于2013年11月7日签订的《普洱市刘某建筑架料租赁站租赁合同》均无异议，对刘某要求解除《普洱市刘某建筑架料租赁站租赁合同》的诉讼请求，予以支持。根据《中华人民共和国合同法》第九十七条："合同解除后，尚未履行的，终止履行；已经履行的，根据履行情况和合同性质，当事人可以要求恢复原状、采取其他补救措施，并有权要求赔偿损失"的规定，租赁合同解除后，唐某某应退还所租赁的钢管、扣件、顶托，并向刘某支付上述材料在租赁期间的租金，因唐某某对刘某主张的租金及钢管、扣件、顶托数量均认可，故对刘某要求唐某某退还建筑架料架管16 510.5米、扣件8425套、顶托1750个，支付租金133 279.01元的诉讼请求，原审均予以支持。关于唐某某是否应当支付滞纳金的问题。根据《中华人民共和国合同法》第一百零七条："当事人一方不履行合同义务或者履行合同义务不符合约定的，应当承担继续履行、采取补救措施或者赔偿损失等违约责任"的规定，唐某某未按约定支付租金，应承担赔偿损失的违约责任。唐某某关于其不应承担滞纳金的理由不能成立。刘某与唐某某、某建设公司在签订的租赁合同中约定延期支付租金应按每日加收10%的滞纳金，刘某表示该滞纳金实际为逾期利息，由于该利息已经超过法律规定的限度，故原审参照《最高人民法院关于审理民间借贷案件适用法律若干问题的规定》第二十六条规定按照年利率24%支持租金70 690.92元自2015年2月16日至2015年8月31日的逾期利息9236.95元（70 690.92元×24%÷360×196天），租金133 279.01元自2015年9月1日至判决生效之日止的逾期利息。关于某建设公司是否应当对上述租赁费用和逾期付款利息承担赔偿责任的问题。根据《中华人民共和国担保法》第二十九条："企业法人的分支机构未经法人书面授权或者超出授权范围与债权人订立保证合同的，该合同无效或者超出授权范围的部分无效，债权人和企业法人有过错的，应当根据其过错各自承担相应的民事责任；债权人无过错的，由企业法人承担民事责任"以及《最高人民法院关于适用〈中华人民共和国担保法〉若干问题的解释》第七条："主合同有效而担保合同无效，债权人无过错的，担保人与债务人对主合同债权人的经济损失，承担连带赔偿责任；债权人、担保人有过错的，担保人承担民事责任的部分，不应超过债务人不能清偿部分的二分之一"的规定，虽某建设公司景勐仑项目部以担保方名义在合同上盖章为唐某某提供担保，但景勐仑项目部作为某建设公司为承建工程需要设立的临时机构，欠缺保证主体资格，其担保行为也未得到某建设公司的书面授权，故由其提供的担保应属无效。由于景勐仑项目部不具有担保人资格而为唐某某提供担保，刘某明知对方是项目部而同意其提供担保，双方对担保无效均有过错，因此景勐仑项目部应当在唐某某不能清偿部分的二分之一范围内承担赔偿责任，因景勐仑项目部不具备法人资格，对外不具备独立承担民事责任的能力，故应由某建设公司承担赔偿责任。某建设公司应在唐某某不能清偿的租赁费用及逾期付款利息的二分之一范围内承担赔偿责任。云南省西双版纳傣族自治州勐腊县人民法院依照《中华人民共和国合同法》第九十三条第一款、第九十七条、第一百零七条、第二百二十六条、《中华人民共和国担保法》第二十九条、《最高人民法院关于适用〈中华人民共和国担保法〉若干问题的解释》第七条、第九条、《中华人民共和国民事诉讼法》第一百四十四条的规定，缺席判决如下：

一、解除刘某与唐某某于 2013 年 11 月 7 日签订的《普洱市刘某建筑架料租赁站租赁合同》。

二、唐某某于判决生效之日起 10 日内退还刘某建筑架料管 16 510.5 米、扣件 8425 套、顶托 1750 个。

三、唐某某于判决生效之日起 10 日内支付刘某租金 133 279.01 元，并支付 70 690.92 元自 2015 年 2 月 16 日至 2015 年 8 月 31 日期间逾期利息 9236.95 元，133 279.01 元自 2015 年 9 月 1 日至判决生效之日止逾期利息。

四、某建设公司在唐某某不能清偿第三项义务的二分之一范围内承担赔偿责任。某建设公司承担赔偿责任后，有权向唐某某追偿。

五、驳回刘某的其他诉讼请求。

【二审上诉请求及理由】

某建设公司不服一审判决，向西双版纳傣族自治州中级人民法院提起上诉，请求：1. 撤销勐腊县人民法院（2015）腊民二初字第 387 号民事判决，改判为驳回刘某对某建设公司提出的诉讼请求；2. 一、二审诉讼费用由刘某负担。其理由：一、被上诉人伪造担保合同，上诉人未承诺承担担保责任。1. 租赁合同上盖有上诉人的章仅为备案，系为证明原审被告在上诉人处有工程，并非为其提供担保；2. 被上诉人擅自在上诉人项目部的印章上写上"担保方"，属伪造担保合同，上诉人在一审时已提出鉴定申请，一审法院未予准许鉴定错误，请求二审法院准许鉴定申请。二、原审判决超出原审原告的诉讼请求进行判决。原审原告请求上诉人对租赁费和滞纳金承担连带担保责任，但一审法院将争议焦点归纳为上诉人是否应当承担赔偿责任，一审法院依据合同无效的过错责任判决上诉人承担赔偿责任，超出原审原告诉讼请求，应当撤销原判。三、原审认定事实错误。上诉人及其项目部均未作出过承担保证责任的承诺，且未经上诉人书面授权，项目部无权订立担保合同，被上诉人明知项目部是职能部门，其无权提供保证，损失由被上诉人自行承担。滞纳金是法定的权利，不能由当事人约定，不能根据民间借贷的规定裁判。

被上诉人刘某答辩称，1. 担保合同由三方共同签订，是三方的真实意思表示，"担保方"三字在上诉人盖章前已写上，上诉人明知其担保人身份，原审第一次开庭时，上诉人也承认其为原审被告唐某某提供担保。2. 原审判决适用法律正确，判决结果适当，请二审维持原判。上诉人的项目部违规提供担保导致担保无效，该担保无效的损害赔偿责任理应由上诉人承担，且被上诉人在原审中已将第 6 项诉讼请求变更为上诉人对原审被告应付款承担赔偿责任，原审判决并未超出诉讼请求裁判。3. 因三方协商签订了租赁合同，故上诉人应对担保无效的结果承担责任，原审判决依据充分。上诉人的项目部是公司的分支机构，但提供担保时，被上诉人不知道其担保能力与工商登记的情况，被上诉人没有过错，上诉人的项目部没有经过公司的授权，对外提供担保，应该承担赔偿责任。滞纳金是双方的约定，原审适用逾期付款的法律条款进行裁判正确。

原审被告唐某某未进行答辩。

【二审裁判理由及结果】

西双版纳傣族自治州中级人民法院认为，综合本案各方当事人的诉辩主张，双方当事人对上诉人某建设公司是否应当在原审被告唐某某不能清偿的租金及其逾期利息的二分之一范围内承担赔偿责任存在争议。二审审理中，上诉人某建设公司对原审判决认定上诉人项目部提供了担保有异议，认为项目部仅为证明有此项目。被上诉人刘某对原审法院认定的法律事实无异议。上诉人某建设公司、被上诉人刘某、原审被告唐某某均未向本院提交新证据。二审审理查明事实与原审认定事实一致。

关于上诉人某建设公司是否应当在原审被告唐某某不能清偿的租金及其逾期利息的二分之一范围内承担赔偿责任的问题。租赁合同上的"担保人"的书写时间在上诉人的项目部盖章前或盖章后均不足以影响案件事实，原审法院未予准许上诉人的鉴定申请并据此认定上诉人的项目部在租赁合同的担保方处加盖印章并无不当。建设工程公司的项目部通常以自己的名义从事民事活动，而职能部门仅为公司内部日常运营履行职能，故原审认定上诉人的项目部属企业法人的分支机构，根据《中华人民共和国担保法》及其司法解释认定担保合同无效，双方在订立合同过程中均有过错，判决某建设公司在唐某某不能清偿的租金及其逾期利息的二分之一范围内承担赔偿责任并无不当，上诉人某建设公司的上诉主张不能成立，二审法院不予支持。

综上所述，原审判决程序合法，认定事实清楚，适用法律正确，应予维持。西双版纳傣族自治州中级人民法院依照《中华人民共和国民事诉讼法》第一百七十条第一款第（一）项、第一百四十四条之规定，缺席判决如下：

驳回上诉，维持原判。

【再审申请及理由】

某建设公司申请再审称，其认为：1. 某建设公司景勐仑项目部（以下简称项目部）属于职能部门，不属于分支机构，二审法院定性错误；项目部设立后，没有营业执照，未经公司投资设立，没有固定经营场所，仅是公司设立的专门负责某一项目施工管理和职能部门；2. 二审法院将项目部错误认定为分支机构适用法律错误。刘某知道或应当知道项目部是某建设公司的职能部门，某建设公司也从未对项目部作出为他人担保的授权，因此造成的损失由刘某自己承担。《最高人民法院关于适用〈中华人民共和国担保法〉若干问题的解释》第七条"主合同有效而担保合同无效，债权人无过错的，担保人与债务人对主合同债权人的经济损失，承担连带赔偿责任；债权人、担保人有过错的，担保人承担民事责任的部分，不应超过债务人不能清偿部分的二分之一"的规定仅是对担保合同无效规定的普通条款，应当适用《最高人民法院关于适用〈中华人民共和国担保法〉若干问题的解释》第十八条第一款规定的"企业法人的职能部门提供担保的，保证合同无效。债权人知道或者应当知道保证人为企业法人的职能部门的，因此造成的损失由债权人自行承担。"该条款是关于担保合同无效的特殊条款，应优先适用；3. "滞纳金"计算错误。滞纳金属于法定，当事人不能约定，应属无效。即使需要计算逾期利息，也应按同期银行贷款利率计算，而不能参照民间借贷司法解释按年利24%计算；4. 二审法院认为"合同上'担保人'的书写时间在盖章之前或者之后均不足以影响案件事实"属于事实认定错误。一、二审某建设公司均提出对合同上的笔记进行鉴定，均未获得允许，因某建设公司在合同上是以见证人的身份签字的，担保人三个字是刘某擅自加上去的，使某建设公司的身份从见证人变为担保人，事实认定错误。请求：1. 撤销（2013）腊民二初字第287号民事判决和（2016）云28民终字第171号民事判决；2. 驳回刘某的诉讼请求；3. 依法判决本案诉讼费由刘某承担。

刘某提交意见称：1. 一二审法院认定项目部属于分支机构于法有据，适用法律正确。项目部通过自己的名义从事民事活动，刘某完全有理由相信其属分支机构；2. 一二审法院关于"滞纳金"的计算适用法律是正确的；3. 关于租赁合同是的"担保人"的书写时间不影响案件事实。请求：依法驳回某建设公司的再审申请。

【再审裁判理由及结果】

云南省高级人民法院经审查认为，一、某建设公司项目部是某建设公司依法设立、在某建设公司授权范围内代表某建设公司从事与项目相关的经营管理及民事活动，其与从事保证机关内部运转、管理的职能部门并不相同。某建设公司项目部在涉案合同"担保人"处加盖项目部印章的行为，与其经营管理的项目相关，刘某基于某建设公司项目部涉案合同"担保人"处加盖项目部印章所作出担保的意思表示，请求某建设公司承担担保责任，一、二审依照查明的项目部不具有担保资格而导致担保合同无效应承担的过错责任，以及项目部并非是独立承担民事责任的主体，且该项目部是由某建设公司设立的法律事实，作出由某建设公司承担在唐某某不能清偿的租金及其逾期利息的二分之一范围内的赔偿责任，不属适用法律错误的情形。二、经一审释明，刘某明确表示该"滞纳金"实质是对逾期支付租金利息的约定，既然是平等主体之间对逾期支付租金违约作出的约定，双方应当履行。依据刘某、唐某某双方在签订租赁合同中约定延期支付租金应按每日加收 10% 滞纳金，因该利息已超过法律规定的限度，一、二审法院参照《最高人民法院关于审理民间借贷案件适用法律若干问题的规定》第二十六条规定，按照年利率 24% 支持租金 70 690.92 元自 2015 年 2 月 16 日至 2015 年 8 月 31 日的逾期利息 9236.95 元（70 690.92 元 × 24% ÷ 360 × 196 天），租金 133 279.01 元自 2015 年 9 月 1 日至判决生效之日止逾期利息在合理范围内。三、某建设公司对合同中项目部印章的真实性予以认可，其申请鉴定的内容系对"担保人"三字书写与盖章的时间顺序进行鉴定，按照某建设公司申请鉴定的内容，因鉴定内容与本案待证事实之间无关联性，且某建设公司又未举证证明项目部在合同中"担保人"处加盖印章的目的并非担保、属于备案所用的主张，一、二审法院未支持其鉴定申请符合法律规定。

综上，某建设公司的再审申请不符合《中华人民共和国民事诉讼法》第二百条第六项规定的情形。云南省高级人民法院依照《中华人民共和国民事诉讼法》第二百零四条第一款、《最高人民法院关于适用〈中华人民共和国民事诉讼法〉的解释》第三百九十五条第二款之规定，裁定如下：

驳回某建设公司的再审申请。

【裁判要点】

企业法人的分支机构未经法人书面授权订立保证合同的，该合同无效，但不影响保证责任的承担，由企业法人承担保证责任。主合同有效而担保合同无效，债权人有过错的，企业法人承担民事责任的部分，不应超过债务人不能清偿部分的二分之一。

（二） 担保无效，债权人无过错的，企业法人 与债务人对主合同债权人的经济损失， 承担连带赔偿责任

案例一

【案件基本信息】

1. 裁判书字号

甘肃省庆阳市中级人民法院 （2014） 庆中民初字第 10 号民事判决书

甘肃省高级人民法院 （2015） 甘民一终字第 125 号民事判决书

2. 当事人

原告 （上诉人）：王某某

被告 （上诉人）：某建设公司

原审被告：陕西某架管公司

【一审法院查明的事实】

2010 年 7 月 10 日，王某某与陕西某架管公司、某建设公司项目部签订《租赁合同》约定：陕西某架管公司因某建设公司项目部工程需要租赁王某某钢管、扣件等物资；租金必须每月付清，逾期每天按违约金额 0.8% 赔偿违约金，连续 3 个月不付清租金，王某某可提前终止合同；毁损、丢失材料按结账时新价格赔偿，赔偿款付清前应当继续支付材料租金；龙某、徐某某代表陕西某架管公司履行本合同，双方不再另签授权书，该代表行为即为陕西某架管公司的行为；保证人承担连带保证责任，保证期限为 5 年；如果发生纠纷，由王某某方管辖法院起诉。某建设公司项目部作为保证人在《租赁合同》上签字盖章确认同意担保，并注明"但按《施工合同》第四条执行"。

《租赁合同》签订前的 2010 年 5 月 18 日，某建设公司项目部（甲方）与陕西某架管公司（乙方）就西安市"万家灯火"住宅小区工程 1 至 8 号楼内外架劳务及木工用钢管、扣件、丝杠、山型卡等材料工程施工，签订了《脚手架工程施工合同》，该合同第五条约定：本工程无预付款，但甲方对乙方在租赁公司的第一次的租金预付款作担保，甲方支付乙方第一次工程（款）后该担保取消作废，乙方负责把担保资料送回甲方消除。

《租赁合同》履行中，陕西某架管公司从王某某在庆阳市西峰区、陕西省西安市的经营点分别提取钢管、扣件等租赁物，提取时双方签署了《瑞华钢管租赁站出库单》，陕西某架管公司履约代表龙某在每月的结算汇总单上签字确认。陕西某架管公司出具《月份租费结算单》一份，法院调查陕西某架管公司履约代表龙某证实，上述结算单的内容和签署均真实，租赁物钢管和扣件全部送到了某建设公司项目部工地。上述合计租赁钢管 199 550.2 米、扣件 81 384 只，2011 年 5 月 31 日前租赁费为 631 300.8 元，2011 年 6 月 1 日之后的租赁费按照《租赁合同》约定价格计算每日钢管租赁费为 2394.6 元、扣件租赁费为 488.3 元，每年按照 11 个月时间计算至 2011 年 7 月 29 日为 801 392 元。

陕西某架管公司未向王某某支付租赁费，亦未向王某某归还租赁物钢管和扣件，王某某遂向某建设公司项目部索要。某建设公司项目部于 2011 年 5 月 3 日向王某某开具 15 万元的承兑汇票，某建设公司项目部领回现金 5 万元，王某某实际收取 10 万元。2011 年 7 月 4 日，某建设公司项目部发出《联系函》，表明其已于 2011 年 5 月 3 日收到王某某提供的《瑞华钢管租赁站出库单》结算联，但与其现场收料记录的数量严重不符，请求王某某、陕西某架管公司与其三方共同确认材料到场真实数量并结算。

2011 年 7 月 29 日，王某某向庆阳市西峰区人民法院起诉本案后，某建设公司于同年 9 月 2 日向西安市雁塔区人民法院起诉陕西某架管公司，该院（2011）雁民初字第 04931 号民事调解书确认陕西某架管公司为某建设公司项目部运送到工地的钢管总共为 26 791.7 米，没有扣件，但对某建设公司请求的钢管来源和陕西某架管公司将租赁王某某的王某某钢管租赁站钢管、扣件送到某建设公司西安分公司紫郡长安项目部的主张，未作确认。2012 年 6 月 10 日，陕西某架管公司法定代表人徐某因犯虚假出资罪被西安市公安局雁塔分局刑事拘留。2013 年 6 月 20 日，西安市雁塔区人民检察院以徐某犯虚报注册资本罪提起公诉，西安市雁塔区人民法院于同年 9 月 25 日判决徐某犯虚报注册资本罪，判处有期徒刑 1 年 6 个月，并处罚金 2 万元。徐某刑满释放后下落不明，陕西某架管公司亦无法查找。2014 年 5 月 7 日，经审查，陕西某架管公司可能涉嫌合同诈骗或诈骗犯罪问题，移送庆阳市公安局立案侦查，并裁定本案中止诉讼。庆阳市公安局侦办认为陕西某架管公司法定代表人徐某涉嫌本案合同诈骗犯罪，西安市公安局雁塔分局已经侦查终结，不具有犯罪事实且未被提请批捕、起诉和判决，其不予重新立案侦查。

某建设公司项目部是某建设公司内设的职能部门，不具有法人资格和诉讼主体资格。西峰区王某某钢管租赁站是王某某个人经营的个体工商户。陕西某架管公司至今未经注销。

王某某诉讼请求：1. 解除《租赁合同》，终止合同权利义务关系；2. 判令被告返还租赁物钢管 199 553.2 米和扣件 94 286 只；3. 判令被告不能返还全部租赁物时按照《租赁合同》约定的价格折价赔偿，并支付 2010 年 7 月 15 日至 2014 年 3 月 15 日期间租金 332 万元及逾期按照钢管每日租金 2394.63 元、扣件每日租金 565.7 元标准重新计算的租金；某建设公司和某建设公司项目部对不能返还的租赁物及未能支付的租金承担无效担保的赔偿责任或连带赔偿责任；4. 判令被告承担追讨租赁物及租金所产生的各项费用 2 万元。

【一审裁判理由及结果】

甘肃省庆阳市中级人民法院认为本案争议的焦点为：1. 当事人之间签订的《租赁合同》及连带责任保证合同条款的效力；2. 涉案租赁物钢管、扣件的数量确定和租赁费的计算办法；3. 陕西某架管公司如何承担合同责任；某建设公司是否承担补充清偿责任。

陕西某架管公司因承建某建设公司项目部 7 栋楼的架管搭建等工程，向王某某租赁钢管、扣件等建筑设备，并签订了《租赁合同》，该《租赁合同》意思表示真实，不违反法律、行政法规的强制性规定，合法有效。某建设公司项目部对王某某的租赁行为进行了担保，并在《租赁合同》中以保证人身份签字盖章同意担保，但其作为某建设公司职能部门，在法律上不具备保证人的资格，故《租赁合同》中约定的保证条款不发生法律效力。陕西某架管公司在原诉讼中认可其未向王某某归还租赁物和支付租赁费，此亦得到某建设公司的认同和陕西某架管公司履约代表龙某的证实，故陕西某架管公司已经构成根本违约，王某某请求解除《租赁合同》，符合法律规定，应予准许。合同解除后，陕西某架管公司应当向王某某归还租赁物、支付租赁费和赔偿损失。陕西某架管公司从王某某处分别提取的租赁物，除陕西某架管公司《月份租费结算单》中将 2010 年 12 月 6 日钢管 4181 米写成 4184 米，同月底无对应的《瑞华钢管租赁站出库单》而多计扣件 12 902 只之外，陕西某架管公司履约代表龙某最后在结算汇总单上签字确认的数量，与双方签署的《瑞华钢管租赁站出库单》的数量，以及陕西某架管公司在原诉讼中提交的《瑞华钢管进场纪录》汇总表承认的数量，三者具有一致性和关联性，而且龙某证实结算汇总单的内容和签署均真实有效，陕西某架管公司对 9 份《西峰区王某某钢管租赁站物资租用结算单》上履约代表龙某的签名无异议，某建设公司亦承认该结算单记载的 2010 年 11 月 22 日、12 月 11 日王某某钢管各 4550 米均进入其项目部工地，故租赁物总计数量应按钢管 199 550.2 米、扣件 81 384 只确定。

《租赁合同》约定了租赁费的计算标准和租赁物短缺毁损的折价赔偿标准，陕西某架管公司超过《租赁合同》约定的 1 年租赁期限，拒不履行归还租赁物和支付租赁费的合同义务，负有完全的违约过错责任，应当及时清偿欠付的王某某租赁费。陕西某架管公司归还的租赁物，应当符合合同的约定或租赁物的性质使用后的状态，对于不能归还的钢管和扣件，应按合同约定的钢管每米 15 元、扣件每只 5.5 元赔偿；短缺毁损的钢管和扣件，按照合同约定的折价标准赔偿，王某某主张的该项诉请应在案件执行中解决。

《租赁合同》约定陕西某架管公司自行提货，合同履行地在王某某的经营点，王某某交付了租赁物即已经履行了合同义务，租赁物的使用权、管理权转移到陕西某架管公司由其实际控制，至于陕西某架管公司是否将租赁物全部运送并实际使用到某建设公司项目部的"万家灯火"工程中，不是出租人王某某应当控制监管的范围和承受的法律义务。某建设公司项目部将其 7 栋楼的架管搭建等工程发包给陕西某架管公司，双方应受《脚手架工程施工合同》约束，某建设公司承担着支付工程款的义务。对于另一独立的《租赁合同》，涉案租赁物的承租人和使用人为陕西某架管公司，某建设公司项目部仅为担保人，承担着有效保证合同的连带保证责任或者无效保证合同的过错补充清偿责任。《租赁合同》中某建设公司项目部对租赁合同履行承担责任，并非是对其工地上的实际使用情况承担责任，某建设公司主张以其实际使用租赁物的数量作为承担责任的依据，是将其在《脚手架工程施工合同》和《租赁合同》中的身份混为一谈，二者不能相互代替。陕西某架管公司与某建设公司欲证明，某建设公司项目部西安市"万家灯火"工程共用王某某钢管

26 791.7米，但此仅为陕西某架管公司法定代表人的单方陈述，钢管 26 791.7 米与陕西某架管公司的实际提货量和 7 栋楼架管搭建工程施工所需钢管数量明显不符。同时，涉案租赁物的流向只有陕西某架管公司法定代表人的单方陈述，与陕西某架管公司履约代表人龙某的证言明显矛盾。某建设公司在王某某起诉本案并应诉后，就本案同一标的将陕西某架管公司另诉至西安市雁塔区人民法院，且王某某不是案件当事人，没有参加诉讼，其目的是为减轻本案担保责任制造证据，但其关于钢管来源和陕西某架管公司将租赁王某某的钢管、扣件送到某建设公司西安分公司"紫郡长安"项目部的主张，西安市雁塔区人民法院（2011）雁民初字第 04931 号民事调解书并未确认，且调解协议指向的标的和标的物来源均与本案无关。本次诉讼中某建设公司又主张陕西某架管公司将租赁的钢管、扣件送到了庆阳市西峰区"雄越"小区工地，所提主张仅为主观怀疑，证据不足，法院不予采纳。

某建设公司项目部作为某建设公司内设的职能部门，不具有和担保资格，却在《租赁合同》上签字盖章确认承担连带保证责任，因其缔约过失，应对《租赁合同》的保证关系无效承担过错责任。王某某对某建设公司项目部的资格未能尽到审查义务，亦应对保证合同关系的无效承担过错责任。王某某与某建设公司将合同无效归责于对方的主张，均有失公允。某建设公司项目部应当承担补充清偿责任，且其承担民事责任的部分，不应超过陕西某架管公司不能清偿部分的二分之一。根据当事人的过错责任，某建设公司项目部对于陕西某架管公司不能向王某某归还的租赁物和不能支付的租赁费，酌定承担 50% 的补充清偿责任，王某某已经收取的 10 万元应在执行中予以冲抵。依照相关法律规定，某建设公司项目部的民事责任应由某建设公司承担。某建设公司承担清偿责任后，有权向陕西某架管公司追偿。王某某的该项诉讼请求，予以支持。王某某请求陕西某架管公司和某建设公司承担追讨租赁物及租金所产生的各项费用 2 万元，未提供证据，不予支持。陕西某架管公司因未被注销，具有诉讼主体资格。西峰区王某某钢管租赁站为王某某个人经营的个体工商户，权利义务依法应由王某某承受，其诉讼主体适格。某建设公司项目部无诉讼主体资格和独立承担民事责任能力，不应列为本案被告参加诉讼。《租赁合同》约定：合同履行中发生纠纷，由王某某一方法院管辖，本案合同主要履行地在甘肃省庆阳市；本案诉讼标的额超过 100 万元，甘肃省庆阳市中级人民法院管辖并审理，程序合法。依据《中华人民共和国民法通则》第四十三条，《中华人民共和国合同法》第四十二条、第九十四条第（四）项、第九十七条、第一百零七条、第一百零九条、第二百二十二条、第二百二十六条、第二百三十五条，《中华人民共和国担保法》第五条第二款、第十条、第二十九条，《最高人民法院关于贯彻执行〈中华人民共和国民法通则〉若干问题的意见（试行）》第五十八条，《最高人民法院关于适用〈中华人民共和国担保法〉若干问题的解释》第七条、第十八条第二款，《中华人民共和国民事诉讼法》第六十四条、第一百四十四条，《最高人民法院关于适用〈中华人民共和国民事诉讼法〉若干问题的意见》第四十一条、第四十二条、第四十六条第一款和《最高人民法院关于民事诉讼证据的若干规定》第二条的规定，甘肃省庆阳市中级人民法院作出如下判决：

一、解除王某某与陕西某架管公司签订的《租赁合同》；王某某与某建设公司项目部的保证合同条款无效。

二、陕西某架管公司于本判决生效后30日内归还王某某钢管199 550.2米和扣件81 384只，并支付王某某租赁费801 392元。

三、某建设公司对于本判决第二项陕西某架管公司向王某某不能偿还部分，承担50%的补充清偿责任（王某某已收取的10万元予以冲抵）。某建设公司承担补充清偿责任后，有权向陕西某架管公司追偿。

四、驳回王某某的其他诉讼请求。

【二审上诉请求及理由】

王某某上诉请求：1. 变更一审判决第二项为：陕西某架管公司于判决生效后30日内归还王某某钢管199 550.2米和扣件81 384只；并支付2014年3月15日之前租赁费3 306 632.1元；对2014年3月15日之后的租赁费按每日2882.9元支付到还清租赁物之日。2. 变更一审判决第三项为：某建设公司对本判决第二项所列的陕西某架管公司向王某某不能偿还部分，承担连带清偿责任。3. 案件诉讼费用由被上诉人某建设公司、陕西某架管公司承担。上诉理由：1. 一审判决陕西某架管公司支付租赁费的截止日为2011年7月29日，租金共计801 392元没有事实及法律依据。上诉人王某某诉讼请求明确：要求陕西某架管公司支付自2010年7月15日至2014年3月15日期间的租金332万元，并对2014年3月15日之后的租赁费要求支付到还清租赁物之日，因此诉求上诉人交纳了 33 520 元诉讼费。二被上诉人自签订合同至今未返还租赁物，租赁费应当付至还清租赁物之日。一审判决只将租赁费计算至 2011 年 7 月 29 日，无事实及法律依据，严重损害了上诉人的合法权益。按照一审认定的自 2011 年 6 月 1 日之后每日租赁费 2882.9 元（其中钢管 199 550.2 米每日的租赁费为 2394.6 元、扣件 81 384 只每日租赁费为 488.3 元），自 2011 年 7 月 30 日至 2014 年 3 月 15 日共计 959 天，减去三个春节 90 天，869 天的租赁费为 2 505 240.1 元。故陕西某架管公司应支付租赁费 3 306 632.1 元（801 392元 + 2 505 240.1 元）；对 2014 年 3 月 15 日之后的租赁费按每日 2882.9 元支付到还清租赁物之日。2. 一审判决适用法律不当。一审判决某建设公司承担 50% 的补充清偿责任，适用法律不当。某建设公司项目部既是《租赁合同》中租赁物的担保人，也是租赁物的实际使用人。其明知不具有担保资格，却对自己使用的租赁物提供担保。王某某作为自然人，在某建设公司"万家灯火"住宅小区项目存在并实际施工，也与陕西某架管公司签有《脚手架工程施工合同》的情况下，有理由相信某建设公司项目部具有担保资格，也即尽到了注意义务，故王某某对担保合同无效不存有过错。一审认定王某某对担保合同的无效存在一定过错不当。《最高人民法院关于适用〈中华人民共和国担保法〉若干问题的解释》第七条规定："主合同有效而担保合同无效，债权人无过错的，担保人与债务人对主合同债权人的经济损失，承担连带赔偿责任"。据此，某建设公司应当承担连带赔偿责任。一审判决某建设公司承担 50% 的补充清偿责任，属适用法律不当。

某建设公司答辩并上诉称：1. 对于租金计算的截止日，王某某最初起诉为 2011 年 7 月 29 日，一审判决以案件受理之日认定为租金的截止日并无不当。2. 陕西某架管公司从王某某处租赁的租赁物并没有全部用于上诉人某建设公司"万家灯火"住宅小区项目，对此有西安市雁塔区人民法院生效的调解书和陕西某架管公司提供的进场材料日志（流水账）可证，该进场材料日志王某某虽不认可，但此为原始流水记录不可否认。加之事实上王某某开始提供租赁物时，某建设公司"万家灯火"项目尚未开工，根本不需要如此数量的架管和扣件。在王某某向某建设公司项目部主张权利时，某建设公司项目部及时给予了警示，并将陕西某架管公司提供的进场材料流水单提交给王某某核对，但其没有回应。之后王某某向庆阳市西峰区人民法院提起诉讼。

某建设公司为保护自己的合法权利，将陕西某架管公司诉诸西安市雁塔区人民法院，该行为并非是避开庆阳市西峰区人民法院，只是为了协助庆阳市西峰区人民法院的审判。陕西某架管公司法定代表人徐某曾向原一审法院和公安机关陈述：他和王某某商量利用某建设公司项目部的担保，以西安"万家灯火"住宅小区项目的名义将租赁物用于其他项目。根据上述，用于西安"万家灯火"住宅小区项目的租赁物应当按照西安市雁塔区人民法院生效的民事调解书确认陕西某架管公司为某建设公司项目部运送到工地的钢管总共为 26 791.7 米，没有扣件。王某某提供的证人证言，证人没有出庭接受质证；一审法院对龙某进行调查取证没有法律依据，对龙某进行询问后形成的笔录作为王某某提供的证据违反法律原则。3. 对某建设公司项目部实际使用没有归还的钢管，某建设公司愿意承担过错责任，但承担过错责任的比例应当以不超过三分之一为宜。因为在保证合同中，三方均有过错，一审认定某建设公司和王某某对于租赁合同的保证条款的无效各承担 50% 的责任，此划分遗漏了陕西某架管公司。请求二审法院驳回王某某的上诉请求；撤销一审判决第三项，依法改判；案件上诉费用由被上诉人王某某、陕西某架管公司承担。

王某某答辩称：龙某的行为代表的是陕西某架管公司，其向法庭作证从王某某处提取的钢管、扣件等全部用于某建设公司项目部。西安市雁塔区人民法院的法律文书，王某某未参加诉讼，不认可。合同无效承担责任的问题，某建设公司既是租赁物的使用人也是担保人，应当承担全额责任。请求驳回某建设公司的上诉请求。

【二审裁判理由及结果】

甘肃省高级人民法院认为：一、关于王某某主张的其出租钢管、扣件计价时间问题。王某某提起诉讼的请求为：要求陕西某架管公司支付自 2010 年 7 月 15 日至 2014 年 3 月 15 日期间的租金 332 万元，并对 2014 年 3 月 15 日之后的租赁费要求支付到还清租赁物之日。2011 年 7 月 29 日，是王某某最初在庆阳市西峰区提起诉讼的日期，一审判决将此日期认定为陕西某架管公司和某建设公司承担租费的期限与双方合同约定的承担租赁费的期间不符。截至目前，王某某的出租物并未收回，仍由陕西某架管公司和某建设公司掌控。一审将 2011 年 7 月 29 日认定为陕西某架管公司承担租赁费的截止时间与租赁物被实际占有时间不符，应予纠正。王某某依据合同约定主张陕西某架管公司和某建设公司对其租赁物承担占用期间的费用并无不当。根据双方合同约定的价格和租赁物使用的情况，对王某某主张的租赁费应认定为：2014 年 3 月 15 日之前租赁费 3 306 632.1 元；对 2014 年 3 月 15 日之后的租赁费按每日 2882.9 元支付，该每日 2882.9 元支付的截止时间，根据本案的实际情况，应截止于本案二审判决之日。王某某对此的主要上诉理由应予支持。2. 某建设公司如何承担连带赔偿责任。某建设公司项目部既是《租赁合同》中租赁物的担保人，也是租赁物的实际使用人，截至目前，租赁物仍在某建设公司处。某建设公司项目部作为某建设公司内设的职能部门，不具有担保资格，却在《租赁合同》上签字盖章确认承担连带保证责任，应对《租赁合同》的保证无效承担过错责任。王某某作为自然人，在某建设公司"万家灯火"住宅小区项目存在并实际施工、某建设公司项目部与陕西某架管公司签有《脚手架工程施工合同》的情况下，有理由相信某建设公司项目部具有担保资格，其已尽到了注意义务，故王某某对担保合同无效不承担过错责任。一审认定王某某对担保合同的无效存在过错不当，应当纠正。《最高人民法院关于适用〈中华人民共和国担保法〉若干问题的解释》第七条规定："主合同有效而担保合同无效，债权人无过错的，担保人与债务人对主合同债权人的经济损失，承担连带赔偿责任。"据此，某建设公司应当对于陕西某架管公司在本案中的债务，承担连带赔偿责任，一审判决某建设公司仅承担 50% 的补充清偿责任，属适用法律不当，应当纠正。王某某对此的上诉理由成立。某建设公司关于其承担过错责任的比例不超过三分之一的上诉理由不能成立。3. 关于租赁物是否全部用于某建设公司项目部的问题。对于王某某租赁物出租后的使用情况，陕西某架管公司与王某某双方的《月份租费结算单》《瑞华钢管租赁站出库单》《西峰区王某某钢管租赁站物质租用结算单》形成完整的证据链条；陕西某架管公司履约代表龙某向法院证实：上述结算单的内容和签署均真实、租赁物钢管和扣件全部送到了某建设公司项目部工地。由此，可证实陕西某架管公司从王某某处提取的租赁物全部用于某建设公司"万家灯火"住宅小区项目。一审认定钢管 199 550.2 米、扣件 81 384 只正确。某建设公司提交的《瑞华钢管进场记录》也即"流水账"系单方记载，并无他方的签署，不能作为抗辩王某某的证据。西安市雁塔区人民法院调解书认定"运送到工地的钢管为 26 791.7 米，无扣件"，但调解书对某建设公司主张的钢管来源和陕西某架管公司将租赁王某某的钢管、扣件送到某建设公司西安分公司"紫郡长安"项目部的事项未作认定，且王某某对该案诉讼持有异议。故该调解书不影响本案对陕西某架管公司和某建设公司提取和使用租赁物的数据的认定。徐某曾向原一审法院和公安机关的陈述，王某某不认可，此也无法与上述出库单、结算单等对抗。再者，王某某交付了租赁物即已经履行了合同义务，租赁物的使用权、管理权转移到陕西某架管公司由其实际控制，至于陕西某架管公司是否将租赁物全部运送并实际使用到某建设公司"万家灯火"项目，不是出租人王某某应当控制监管的范围和承受的法律义务。反观陕西某架管公司与某建设公司之间的《脚手架工程施工合同》加之龙某"全部用于某建设公司项目部工地"的证言，也可印证租赁物用于某建设公司"万家灯火"项目。综上，某建设公司以使用"钢管 26791.7 米，没有扣件"没有全部使用租赁物的上诉理由不能成立。一审判决认定正确。依据《中华人民共和国合同法》第一百零七条、第二百二十二条、第二百三十五条，《中华人民共和国担保法》第十条，《最高人民法院关于民事诉讼证据的若干规定》第二条，《最高人民法院关于适用〈中华人民共和国担保法〉若干问题的解释》第七条，《中华人民共和国民事诉讼法》第一百七十条第一款（一）、（二）项之规定，甘肃省高级人民法院判决如下：

一、维持甘肃省庆阳市中级人民法院（2014）庆中民初字第 10 号民事判决第一项。

二、变更甘肃省庆阳市中级人民法院（2014）庆中民初字第 10 号民事判决第二项为：陕西某架管公司于本判决生效后 30 日内归还王某某钢管 199 550.2 米、扣件 81 384 只；并支付王某某租赁费自 2010 年 7 月 15 日至 2014 年 3 月 15 日止的租赁费 3 306 632.1 元；对 2014 年 3 月 15 日之后的租赁费按每日 2882.9 元支付至本判决判定之日。

三、变更甘肃省庆阳市中级人民法院（2014）庆中民初字第 10 号民事判决第三项为：某建设公司对于本判决第二项陕西某架管公司向王某某归还钢管、扣件、支付租赁费的判决承担连带清偿责任。

四、维持甘肃省庆阳市中级人民法院（2014）庆中民初字第 10 号民事判决第四项。

案例二

【案件基本信息】

1. 裁判书字号

河南省郑州高新技术产业开发区人民法院（2009）开民初字第 1420 号民事判决书

河南省郑州市中级人民法院（2011）郑民申字第 40 号民事裁定书

河南省高级人民法院（2013）豫法立民申字第 102 号民事裁定书

河南省郑州市中级人民法院（2013）郑民再终字第 139 号民事判决书

河南省人民检察院作出豫检民监［2015］41000000224 号民事抗诉书

河南省高级人民法院（2016）豫民再 480 号民事裁定书

河南省郑州高新技术产业开发区人民法院（2017）豫 0191 民初 4830 号民事判决书

河南省郑州市中级人民法院（2018）豫 01 民终 6322 号民事判决书

2. 当事人

原告（被上诉人）：张某某

被告（上诉人）：河南某建筑公司

被告（被上诉人）：王某某

【基本案情】

原告张某某与被告河南某建筑公司、王某某租赁合同纠纷一案，2009 年 6 月 12 日原告诉至郑州高新技术产业开发区人民法院，该院于 2010 年 5 月 20 日作出（2009）开民初字第 1420 号民事判决书。该民事判决书生效后，被告河南某建筑公司向郑州市中级人民法院提出再审申请，该院于 2011 年 3 与 21 日作出（2011）郑民申字第 40 号民事裁定书，驳回河南某建筑公司的再审申请。被告河南某建筑公司不服，向河南省高级人民法院申诉。2013 年 6 月 24 日，河南省高级人民法院作出（2013）豫法立民申字第 102 号民事裁定书，指令郑州市中级人民法院对本案进行再审。2014 年 6 月 4 日，郑州市中级人民法院作出（2013）郑民再终字第 139 号民事判决书。原告张某某不服再审判决向检察机关申诉，河南省人民检察院作出豫检民监［2015］41000000224 号民事抗诉书向河南省高级人民法院提出抗诉。河南省高级人民法院于 2016

年 12 月 26 日作出（2016）豫民再 480 号民事裁定书，裁定撤销郑州市中级
人民法院（2013）郑民再终字第 139 号民事判决和郑州高新技术产业开发区
人民法院（2009）开民初字第 1420 号民事判决；本案发回郑州高新技术产业
开发区人民法院重审。河南省高级人民法院发回重审后，郑州高新技术产业
开发区人民法院另行组成合议庭，公开开庭进行了审理。

张某某向郑州高新技术产业开发区人民法院起诉请求：1. 被告王某某支
付自 2008 年 11 月 27 日起至 2009 年 6 月 9 日止的租赁费 151 665.79 元，并自
2009 年 6 月 10 日起至退还之日止按合同约定支付未退还物资的租赁费；2. 被
告赔偿原告未退还物资的费用 297 775.2 元；3. 赔偿丢失物资款及维修费
2733.57 元；4. 支付 2009 年 6 月 9 日前的逾期付款违约金 55 219.93 元，并
自 2009 年 6 与 10 日起至还款之日止按日千分之四支付租赁费 151 665.79 元
的违约金；5. 被告河南某建筑公司对上述债务承担连带清偿责任；6. 二被告
承担本案的诉讼费。

被告河南某建筑公司辩称：1. 本案中担保条款属无效条款，被告河南某
建筑公司不承担连带责任。保证人河南某建筑公司中牟林泉分公司系被告河
南某建筑公司的分支机构，不具备独立法人资格，违反《担保法》第十条关
于企业法人的分支机构不得为保证人的禁止性规定，且该担保行为未经被告
河南某建筑公司书面授权，故应认定保证条款无效。原告张某某作为独立的
完全民事行为能力人在订立合同时疏于审查保证人主体资格等即接受河南某
建筑公司中牟林泉分公司提供的担保，对保证条款无效有一定过错，故亦应
承担相应民事责任。原告张某某关于被告河南某建筑公司应当承担连带保证
责任的诉讼请求于法无据。依据《最高人民法院关于适用〈中华人民共和国
担保法〉若干问题的解释》第七条关于主合同有效而担保合同无效，债权人、
担保人有过错的，担保人承担民事责任的部分不应超过债务人不能清偿部分
的二分之一的规定，被告河南某建筑公司对租金及折价款在被告王某某不能
清偿部分二分之一的范围内承担赔偿责任。2. 原告张某某在诉讼请求中主张
的违约金明显过高，请求法院在裁判时予以减少。另违约金并不在本案担保
范围之内，《租赁合同》第九条约定，担保单位对所租赁物品的退还和租金交
付承担连带责任。即使担保有效的情况下，被告河南某建筑公司尚不应承担
违约金的担保责任，何况担保无效。故被告河南某建筑公司在承担赔偿责任

的时候也不应对该违约金承担赔偿责任。3. 原告张某某诉请租赁物折价款为297 775.2 元缺乏事实根据。该价格是否符合市场价格规律，原告对此具有举证责任，另该价格也未考虑租赁物的折旧因素。

【一审法院查明的事实】

郑州高新技术产业开发区人民法院经审理查明，原告张某某系郑州市管城区某建筑设备租赁站业主。2008 年 11 月 26 日，原告张某某、被告王某某与河南某建筑公司中牟林泉分公司共同签订租赁合同 1 份，约定被告王某某承租原告钢管、钢模板、扣件、U 型卡、龙门架等物资。租赁期限自 2008 年11 月 26 日起至 2009 年 7 月 1 日止。被告王某某如不能按期归还租赁物资，应于合同到期前 10 天与原告重新签订合同。合同到期，如未另立或延续合同，被告王某某又未按时归还物资，被告王某某应加倍支付租金。担保单位对被告王某某所租物品的退还和租金交付承担连带责任，合同所用附件《拉货单、退货单》是该合同不可分割的组成部分，与合同正文具有同等法律效力。该合同落款处有原告张某某的签名并加盖有郑州市管城区某建筑设备租赁站印章，承租方处有被告王某某及经办人王某某的签字，担保单位处加盖有河南某建筑公司中牟林泉分公司的印章。

上述合同签订后，原告依约向被告王某某供应合同中约定的租赁物资，自 2008 年 11 月 27 日至 2008 年 12 月 21 日期间，原告陆续向被告王某某供应钢模板 893.7 ㎡、扣件 19 190 套、U 型卡 4770 个、钢管 31 662.4 米、丝杠1400 条、提升架 4 套。2009 年 3 月 5 日至 2009 年 5 月 26 日期间，被告王某某陆续归还原告部分租赁物资。截至 2009 年 6 月 9 日，被告王某某尚欠原告钢管 16 006.8 米、扣件 12 291 个、丝杠 107 条、钢模板 62.175 ㎡、U 型卡1370 个、龙门架 1 套未归还。出库单、入库单上均显示承租单位为河南某建筑公司中牟林泉分公司。据原告提交的租金结算清单显示，2008 年 11 月 27日 2009 年 6 月 9 日应收租金数额共计 151 665.86 元。另查明，本案中的龙门架即提升架，U 型卡即回型卡。

以上事实由原告提交的租赁合同、出库单、入库单、结算清单、所欠物资清单、证明、河南省人民检察院民事抗诉书及本案庭审笔录在案佐证。

【一审裁判理由及结果】

郑州高新技术产业开发区人民法院认为，原告与被告王某某签订的租赁合同系双方真实意思表示，内容不违反法律、行政法规的强制性规定，应为有效合同，双方均应按合同约定履行。合同签订后，原告依约向被告王某某供应上述合同约定的租赁物资，但被告王某某未按照上述合同约定按时支付租金，亦未足额归还租赁物资，构成违约。截至 2009 年 6 月 9 日，被告王某某尚欠原告租金 151 665.86 元，故对原告要求被告王某某支付租金 151 665.79 元的主张，予以支持。

原告主张被告王某某赔偿未退还物资的费用 297 775.2 元，截至 2009 年 6 月 9 日，被告王某某尚欠原告钢管 16 006.8 米、扣件 12 291 个、丝杠 107 条、钢模板 62.175 ㎡、U 型卡 1370 个、龙门架 1 套。根据原被告双方合同约定，租赁物资如有损坏、丢失按市场价赔偿。钢管每米 14 元、钢模板每平方米 100 元，扣件每套 4.5 元，U 型卡每个 0.4 元，本院对上述租赁物价格予以认定。对于龙门架和丝杠的价格，根据原告提交的所欠物资清单显示二者单价分别为 10 000 元和 15 元，而其提交的郑州市管城区金辉建筑配件经营部出具的证明显示二者单价分别为 14 000 元和 15 元，本院按照价格较低的予以认定，故龙门架每台 10 000 元、丝杠每条 15 元，上述未返还租赁物资的折价款为 297 775.2 元，故对原告的该项主张，本院予以支持。对于上述未退还物资，自 2009 年 6 月 10 日至折价赔偿款实际支付之日期间的租赁费，应以钢管 16 006.8 米、扣件 12 291 个、丝杠 107 条、钢模板 62.175 ㎡、U 型卡 1370 个、龙门架 1 套为基数，按照日租金钢管每米 0.015 元、钢模板每平方米 0.2 元、扣件每套 0.008 元、U 型卡每个 0.003 元、龙门架每套 800 元、丝杠每条 0.04 元的标准计算。

原告主张被告王某某赔偿丢失物资款及维修费 2733.57 元，因原告未提交相关证据证明该项损失的存在，不予支持。

关于原告主张的违约金，依照合同约定，租金每月结清一次，被告王某某应于每月底前向原告付清当月租金及 8.5% 的税金。如逾期不能支付，被告王某某应按日千分之四向原告支付违约金。根据《中华人民共和国合同法》第一百一十四条之规定，当事人可以约定一方违约时应当根据违约情况向对方支付一定数额的违约金，也可以约定因违约产生的损失赔偿额的计算方法。约定的违约金低于造成的损失的，当事人可以请求人民法院或者仲裁机构予以增加；约定的违约金过分高于造成的损失的，当事人可以请求人民法院或者仲裁机构予以适当减少。现被告认为原告张某某在诉讼请求中主张的违约金明显过高，请求法院在裁判时予以减少，经审查，本院认为，合同约定的违约金标准过高，依照合同约定的租金结算期间及各阶段应结租金数额，本院酌定按照年利率24%的标准计算违约金，该标准足以体现对被告违约行为的惩罚。依照该标准计算，2009年6月9日前的逾期付款违约金应为9077.30元，后续违约金应自2009年6与10日起以租赁费151665.79元为基数，按照年利率24%的标准继续计算至实际付款之日止。对原告主张过高部分，不予支持。

原告主张被告河南某建筑公司对上述债务承担连带清偿责任。本案中，原告与被告王某某签订的《租赁合同》担保单位处虽加盖有"河南某建筑公司中牟林泉分公司"印章，但根据《中华人民共和国担保法》第十条的规定，企业法人的分支机构、职能部门不得为保证人；企业法人的分支机构有法人书面授权的，可以在授权范围内提供保证。河南建筑工程公司中牟林泉分公司作为被告河南某建筑公司的分支机构，依法不得为保证人，原告未提交证据证明该公司得到被告河南某建筑公司的书面授权，该担保行为也未经被告河南某建筑公司的追认，故该担保无效。根据《最高人民法院关于适用〈中华人民共和国担保法〉若干问题的解释》第七条的规定，主合同有效而担保合同无效，债权人无过错的，担保人与债务人对主合同债权人的经济损失，承担连带赔偿责任；债权人、担保人有过错的，担保人承担民事责任的部分，不应超过债务人不能清偿部分的二分之一。本案中，河南某建筑公司中牟林泉公司作为被告河南某建筑公司的分支机构，未经被告河南某建筑公司的书面授权签订担保合同，对担保无效存在明显过错。而被告河南某建筑公司是否对中牟林泉分公司进行授权及授权的具体范围是其二者内部的管理问题，原告对此不具备相应的审查能力，亦无相应的法定审查义务，故原告对担保无效不存在过错，不应承担责任。因被告河南某建筑工程公司中牟林泉分公司不具备法人资格，不具有独立承担民事责任的能力，故被告河南某建筑公司应与被告王某某对原告的损失承担连带赔偿责任。违约金系被告王某某违约给原告造成的损失，被告河南某建筑公司亦应对违约金部分承担赔偿责任。被告王某某经本院传票传唤，无正当理由拒不到庭参加诉讼，视为对其诉讼权利的放弃。综上，依照《中华人民共和国合同法》第一百零七条、第一百一十二条、第一百一十四条、第二百二十六条、第二百三十五条,《中华人民共和国担保法》第十条,《最高人民法院关于适用〈中华人民共和国担保法〉若干问题的解释》第七条,《中华人民共和国民事诉讼法》第六十四条、第一百四十四条之规定,经郑州高新技术产业开发区人民法院审判委员会研究决定,判决如下:

一、被告王某某于本判决生效之日起十日内支付原告张某某截至 2009 年6 月 9 日所欠的租赁费 151 665.79 元;

二、被告王某某于本判决生效之日起十日内支付原告张某某未退还物资的折价赔偿费用 297 775.2 元及未退还物资自 2009 年 6 月 10 日至折价赔偿款实际支付之日期间的租赁费(以钢管 16 006.8 米、扣件 12 291 个、丝杠 107条、钢模板 62.175 ㎡、U 型卡 1370 个、龙门架 1 套为基数,按照日租金钢管每米 0.015 元、钢模板每平方米 0.2 元、扣件每套 0.008 元、U 型卡每个0.003 元、龙门架每套 800 元、丝杠每条 0.04 元的标准计算);

三、被告王某某于本判决生效之日起十日内支付原告张某某 2009 年 6 月9 日前的逾期付款违约金 9077.30 元及自 2009 年 6 月 10 日起至实际付款之日止的后续违约金(以租赁费 151 665.79 元为基数,按照年利率 24% 的标准计算);

四、被告河南某建筑公司对被告王某某的上述债务承担连带赔偿责任;

五、驳回原告张某某的其他诉讼请求。

【二审上诉请求及理由】

河南某建筑公司不服一审判决,向郑州市中级人民法院提起上述,请求:依法撤销一审判决第二、四项,并依法改判。事实和理由:1. 张某某长期从事建筑设备租赁业务,明知河南某建筑公司中牟林泉分公司为企业法人的分支机构,在签订合同时疏于审查保证人资格,接受河南某建筑公司中牟林泉分公司提供的担保,对担保合同无效负有过错,应当承担相应的民事责任,因此河南某建筑公司应在王某某不能清偿部分二分之一的范围内承担赔偿责任;2. 涉案租赁合同中明确约定了保证担保的范围,即保证人对租赁物的返还和租金交付承担连带责任,而违约金等并未约定在保证范围内,故河南某建筑公司只能对王某某所欠租金和返还租赁物在其不能清偿部分的二分之一范围内承担责任,对违约金部分不承担任何法律责任;3. 租赁物的价格是否符合市场价格规律，张某某负有举证责任，一审法院仅以其提供的物资清单等认定租赁物折价款为 297 775.2 元属于事实认定错误，亦未考虑折旧因素。综上，请求二审法院依法查清事实，准确适用法律，撤销一审判决第二、四项，并依法改判。

张某某辩称：1. 本案租赁物资实际用于河南某建筑公司承建的工地施工，河南某建筑公司是否对其下属中牟林泉分公司进行授权及授权的范围是河南某建筑公司的内部管理问题，张某某无从知晓，河南某建筑公司中牟林泉分公司是否具有担保资格，张某某作为个人，不具备相应的审查能力，法律也未规定张某某对此具有审查义务，中牟林泉分公司作为河南某建筑公司的分支机构，在明知未取得书面授权的情况下，仍与张某某签订担保，违反了法律的禁止性规定，河南某建筑公司对中牟林泉分公司的行为具有管理责任，其亦应承担担保无效的全部责任；2. 河南某建筑公司依据《租赁合同》第九条推断出其只应对租赁物的返还和租金交付承担连带责任，是对合同和法律的曲解，违约金是由于承租人及担保人未按合同约定向张某某支付租金而产生，是由河南某建筑公司的过错造成的，属于张某某的经济损失；3. 一审判决租赁物折价款 297 775.2 元正确，对于不能退换的物资丢失赔偿标准，合同中已作明确约定，对于未约定的，张某某已提交租赁市场行业价格标准。综上，一审判决认定事实清楚，适用法律正确，应予维持。

【二审裁判理由及结果】

郑州市中级人民法院认为，张某某与王某某签订租赁合同，并按照合同约定将租赁物交付王某某使用，王某某亦应当按照合同约定支付租赁费用。王某某未足额支付租赁费用，亦未将租赁物全部归还，已构成违约。张某某有权要求王某某支付拖欠的租赁费用及未退还租赁物的折价赔偿费用，并有权要求王某某承担相应的违约责任。一审法院根据相关证据及合同约定，对租赁费用及未退还租赁物折价赔偿费用的认定，符合法律规定及本案实际情况，本院亦予以认定。

河南某建筑公司中牟林泉分公司作为河南某建筑公司的分支机构，未经河南某建筑公司的书面授权为王某某提供担保，对造成担保无效存在明显过错。河南某建筑公司作为企业法人，对其分支机构疏于管理，亦存在一定过错。张某某虽从事建筑设备租赁业务，但河南某建筑公司是否对中牟林泉分公司进行授权及授权的具体范围是其内部管理问题，张某某对此并无法定审查义务，且相关证据亦不能证明张某某对担保无效存在过错，故一审法院判决河南某建筑公司对张某某的经济损失承担连带赔偿责任，符合法律规定。同时，违约金亦属于张某某的经济损失，一审法院判决河南某建筑公司对违约金承担连带赔偿责任，亦符合法律规定。

综上所述，河南某建筑公司的上诉请求不能成立，应予驳回；一审判决认定事实清楚，适用法律正确，应予维持。依照《中华人民共和国民事诉讼法》第一百七十条第一款第一项规定，郑州市中级人民法院判决如下：

驳回上诉，维持原判。

【裁判要点】

企业法人的分支机构未经法人书面授权订立保证合同的，该合同无效，但不影响保证责任的承担，由企业法人承担保证责任。主合同有效而担保合同无效，债权人无过错的，企业法人与债务人对主合同债权人的经济损失，承担连带赔偿责任。

【裁判解析】

首先，分公司属于分支机构是毫无疑问的，但项目部属于分支机构需要特地阐明一下。项目部即项目管理组织，是指实施或参与项目管理工作，且有明确的职责、权限和相互关系的人员及设施的集合，包括发包人、承包人、分包人和其他有关单位为完成项目管理目标而建立的管理组织。项目部是公司法人依法设立、在公司法人授权范围内代表公司法人从事与项目相关的经营管理及民事活动，其与从事保证机关内部运转、管理的职能部门并不相同。因此项目部是属于公司法人的分支机构，而不是职能部门。

公司法人的分支机构，没有单独的法人资格，没有独立的财产，其财产所有权归属于公司所有；不独立享受权利和承担义务，其经营所得归属于公司法人，其实际占有和使用的财产是公司法人财产的一部分，列入公司的资产负债表中。即使分公司有能力承担部分或全部责任，实际的和最终的责任承担者还是公司。因此，公司对分支机构的债务，既不是承担连带责任，也不是承担补充责任，而是直接承担清偿责任，债权人无需先向分支机构主张，可直接要求公司偿还债务。

《中华人民共和国担保法》第十条规定："企业法人的分支机构、职能部门不得为保证人。企业法人的分支机构有法人书面授权的，可以在授权范围内提供保证。"第二十九条规定："企业法人的分支机构未经法人书面授权或者超出授权范围与债权人订立保证合同的，该合同无效或者超出授权范围的部分无效，债权人和企业法人有过错的，应当根据其过错各自承担相应的民事责任；债权人无过错的，由企业法人承担民事责任。"

《最高人民法院关于适用〈中华人民共和国担保法〉若干问题的解释》第七条规定："主合同有效而担保合同无效，债权人无过错的，担保人与债务人对主合同债权人的经济损失，承担连带赔偿责任；债权人、担保人有过错的，担保人承担民事责任的部分，不应超过债务人不能清偿部分的二分之一。"

根据以上规定，可知分支机构提供担保的责任承担，可以分为四种情况：

1. 如果分支机构提供保证是经过法人书面授权，根据《担保法》第十条第二款规定，企业法人的分支机构有法人书面授权的，可以在授权范围内提供保证。此时，分支机构的担保行为就是有效的。

2. 如果分支机构提供担保经过法人书面授权，但是书面授权范围不明。根据《最高人民法院关于适用〈中华人民共和国担保法〉若干问题的解释》第十七条第二款之规定，分支机构的保证担保行为也是有效的，法人的分支机构应当对保证合同约定的全部债务承担保证责任。

3. 如果分支机构超出法人书面授权范围提供担保，超出授权范围的部分无效，债权人和企业法人有过错的，应当根据其过错各自承担相应的民事责任；债权人无过错的，由企业法人承担民事责任。

4. 企业法人的分支机构未经法人书面授权签订担保合同，该合同无效。但主合同并不因此无效，对该无效担保，债权人无过错的，担保人与债务人对主合同债权人的经济损失，承担连带赔偿责任；债权人、担保人有过错的，担保人承担民事责任的部分，不应超过债务人不能清偿部分的二分之一。

分支机构未经法人同意提供担保，企业法人对其分支机构疏于管理，因此企业法人存在过错。此时分为两种情况：1. 若债权人明知对方是项目部不能提供担保，还依然同意其担保，对此也有一定过错，此时企业法人承担债务人不能清偿部分的二分之一责任；2. 企业法人对其分支机构是否进行授权及授权的具体范围是其内部管理问题，债权人对此并无法定审查义务，债权人已尽到其他的合理注意义务，相关证据亦不能证明债权人对担保无效存在过错，此时企业法人与债务人对债权人的经济损失承担连带赔偿责任。

附例

观点一　附例

北京市高级人民法院（2014）高民申字第 02632 号

湖南省高级人民法院（2018）湘民再 111 号

江西省高级人民法院（2017）赣民申 422 号

观点二　附例

上海市高级人民法院（2017）沪民申 1625 号

河南省高级人民法院（2016）豫民再 360 号

江苏省高级人民法院（2016）苏民申第 2625 号

新疆维吾尔自治区高级人民法院（2018）新民申 88 号

第5篇　超越经营范围订立合同的效力

【案件基本信息】

1. 裁判书字号

河南省新乡市牧野区人民法院（2014）牧民一初字第 584 号民事判决书

河南省新乡市中级人民法院（2015）新中民二终字第 510 号民事判决书

河南省高级人民法院（2017）豫民再 228 号民事判决书

2. 当事人

原告（反诉被告、二审上诉人、再审被申请人）：杜某

原告（反诉被告、二审上诉人、再审被申请人）：陈某路

原告（反诉被告、二审上诉人、再审被申请人）：陈某平

原告（反诉被告、二审上诉人、再审被申请人）：柳某

被告（反诉原告、二审被上诉人、再审申请人）：河南某建设公司

被告（反诉原告、二审被上诉人、再审申请人）：张某

【一审法院查明的事实】

新乡市牧野区人民法院一审查明：2011 年 7 月 31 日，杜某与张某签订《租赁合同》，约定杜某将一台 35 米塔吊租赁给河南某建设公司使用，月租金为 5000 元；河南某建设公司在签订合同后当日内需向杜某交付押金 5000 元，河南某建设公司必须每月 25 日前结算本月租金，如河南某建设公司没按时交付租金，加收本月租金的 10% 滞纳金。合同签订后，张某向杜某支付 5000 元押金。后因杜某未能按规定向河南某建设公司提供涉案塔吊的相关手续致使该塔吊无法正式投入使用。张某系河南某建设公司工作人员。

另查明：法院依河南某建设公司申请，委托河南某司法鉴定中心对塔吊（35 米）是否达到安全技术标准及是否有安全有效的安全保护装置进行司法鉴定。2014 年 12 月 5 日，河南某司法鉴定中心出具《豫某司鉴中心［2014

建质鉴字第 2014120501 号司法鉴定意见书》，鉴定意见为：经论证，放置在司法鉴定申请方工地西南侧的这台塔式起重机不能达到安全技术标准，不能在安全有效的安全保护装置下正常使用，不符合安全施工要求。

【一审裁判理由及结果】

新乡市牧野区人民法院一审认为：根据《中华人民共和国合同法》第二百一十六条规定："出租人应当按照约定将租赁物交付承租人，并在租赁期间保持租赁物符合约定的用途。"《建筑起重机械安全监督管理规定》第四条规定："出租单位出租的建筑起重机械和使用单位购置、租赁、使用的建筑起重机械应当具有特种设备制造许可证、产品合格证、制造监督检验证明。"第六条规定："出租单位应当在签订的建筑起重机械租赁合同中，明确租赁双方的安全责任，并出具建筑起重机械特种设备制造许可证、产品合格证、制造监督检验证明、备案证明和自检合格证明，提交安装使用说明书。"第七条规定："有下列情形之一的建筑起重机械，不得出租、使用：（一）属国家明令淘汰或者禁止使用的；（二）超过安全技术标准或者制造厂家规定的使用年限的；（三）经检验达不到安全技术标准规定的；（四）没有完整安全技术档案的；……"。本案中，双方签订合同后，河南某建设公司按照约定向杜某支付押金 5000 元，杜某未按规定向河南某建设公司提供涉案塔吊的建筑起重机械特种设备制造许可证、产品合格证、制造监督检验证明、备案证明和自检合格证明、安装使用说明书，致使涉案塔吊未能实际投入使用，且涉案塔吊经相关部门鉴定不能达到安全技术标准，不能在安全有效的安全保护装置下正常使用，不符合安全施工要求。另外，杜某庭审中向法院提供的产品合格证上显示塔吊独立高度是 25 米，而合同上显示双方约定使用的塔吊是 35 米，所以性能参数和合同上约定的塔机数据不符，不能证明杜某出租给河南某建设公司的塔吊就是产品合格证上载明的型号为 QTG25A 的塔吊。因杜某未向河南某建设公司提供具有相应使用功能的塔吊及塔吊使用所需的相关证件资料等，致使河南某建设公司无法使用该塔吊，故杜某要求河南某建设公司完整无损归还型号为 QTG25A 塔吊并支付运费 3000 元，请求判令每月按 5000 元计算租赁费及 10% 违约金的诉讼请求不予支持。但河南某建设公司应返还杜某 35 米塔吊一台。关于河南某建设公司提出的杜某返还河南某建设公司 5000元押金的反诉请求，予以支持。关于河南某建设公司要求杜某支付保管费

86 400元的反诉请求，因河南某建设公司所举证据不足以证明该主张成立，故对该反诉请求不予支持。关于杜某提出的被鉴定塔吊不是其出租给河南某建设公司的塔吊，因未能提供证据予以证明，不予支持。杜某要求张某承担责任，因张某系河南某建设公司工作人员，其与杜某签订租赁合同系履行的职务行为，故对杜某要求张某承担责任的诉讼请求，不予支持。新乡市牧野区人民法院于2015年8月20日作出（2014）牧民一初字第584号民事判决：

一、河南某建设公司于本判决生效后十日内返还陈某泉、杜某35米塔吊一台。

二、驳回陈某泉、杜某的其他诉讼请求。

三、陈某泉、杜某于本判决生效后十日内返还河南某建设公司押金5000元。

四、驳回河南某建设公司的其他反诉请求。

【二审上诉请求及理由】

杜某、陈某泉不服一审判决，向河南省新乡市中级人民法院提起上诉，请求撤销原审判决，并改判：一、河南某建设公司归还完整无损的35米塔吊一台；二、河南某建设公司从2011年7月25日起每月支付租金5000元及违约金500元至塔吊归还之日止；三、河南某建设公司负担本案一、二审诉讼费。理由如下：1. 杜某与张某2011年7月31日签订租赁合同，张某支付5 000元押金，证明杜某塔机合格，法院判决返还押金错误；2. 一审法院认定杜某违约和提供的塔机不符合安全施工要求是错误的。合格证约定塔吊独立高度是25米，双方合同上使用的塔吊是35米，性能参数和合同约定的不符，35米是臂长，就是同一台塔机；3. 原审认定鉴定部门鉴定的塔机是上诉人的是错误的，鉴定的塔机是台报废塔机，不是上诉人的；4. 塔机归还问题，按照合同约定，河南某建设公司应归还塔机，但至今未还；5. 原审法院未按照双方租赁合同审理是错误的，原审引用的非国务院行政法规，且针对的是建设部门的安全管理，原审适用法律错误。

【二审裁判理由及结果】

河南省新乡市中级人民法院二审认为：杜某与河南某建设公司于2011年7月31日签订的《租赁合同书》是双方真实意思表示，不违反法律、行政法规的禁止性规定，为有效合同，双方均应按照合同约定履行义务。根据合同

第一条和第八条约定，租金计费时间以试车时间为准，合同签订时间为 2011 年 7 月 31 日，而计费时间为 2011 年 7 月 25 日，即双方在签订合同前，涉案塔吊已经开始计算租金，表明塔吊已经完成试车。河南某建设公司辩称，杜某提供的塔吊因缺失相关资料而未实际使用，并提供了监理部通知单、证人证言等证据以支持其主张，但监理部证明及证人证言均未明确指出本案的塔吊不能使用，且缺乏其他有效证据相印证，故该证明材料均不能证明杜某出租的塔机未进行试车及不能正常使用。河南某建设公司的辩称理由不能成立。即使塔吊试车之后不能正常使用，根据双方签订的《租赁合同书》第四条的约定，河南某建设公司负责塔吊的归还事宜，但河南某建设公司直至诉讼期间仍未返还涉案塔吊于杜某，且一直实际控制该塔吊，并放任对该塔吊的管理和维护，导致塔吊在工地长期停放直至报废，影响了杜某继续出租塔吊于他人的可得利益，由于河南某建设公司接受了杜某的塔吊并进行了试车、交付押金，可以认定杜某的交付行为完成且符合双方合同约定，故河南某建设公司应支付杜某等人的塔吊租赁费。关于塔吊的租赁期限问题，双方合同约定 2011 年 7 月 25 日为计费时间，可以将此时间确定为租赁起始时间，杜某要求租赁费计算至塔吊归还之日，河南某建设公司则主张塔吊未投入使用而不产生租赁费，鉴于杜某向原审法院提起诉讼要求返还塔吊并支付租赁费，该行为应视为杜某要求解除涉案租赁合同的意思表示，租赁关系终止后，不宜再继续计算租赁费，故将租赁期间计算至杜某等起诉之日（即 2014 年 6 月 6 日）为宜，租赁期间为 34 个月，租赁费用为 170 000 元（5000 元/月 × 34 个月）。河南某建设公司已经支付的 5000 元押金折抵租赁费，扣除押金后，河南某建设公司应再支付杜某等租金 165 000 元。对杜某主张其余期间租赁费的诉求不予支持。关于违约金问题，按照双方合同第二条约定，河南某建设公司未按时支付租金的行为构成违约，应承担相应的违约责任，即按照双方约定支付租金的 10%（即 16 500 元）的滞纳金。该滞纳金的约定应视为违约金。河南某建设公司在一审期间申请对塔机进行了鉴定，该鉴定报告指出放置在申请方工地西南侧的塔机于鉴定日（2014 年 12 月 5 日）不符合安全施工要求，但不能证明双方交付塔吊时（2011 年 7 月 25 日）塔吊是否符合安全施工要求，且杜某对鉴定的塔吊及该鉴定报告均不认可，故一审法院依据该鉴定报告认定杜某塔吊不符合安全施工要求，证据不足，应予纠正。河南省新乡市中级人民法院于 2016 年 3 月 30 日作出（2015）新中民二终字第 510 号民事判决：

一、撤销河南省新乡市牧野区人民法院（2014）牧民一初字第 584 号民事判决。

二、河南某建设公司于本判决生效后十日内返还杜某、陈某路、陈某平、柳某 35 米塔吊一台。

三、河南某建设公司于本判决生效后十日内支付杜某、陈某路、陈某平、柳某租赁费 165 000 元及违约金 16 500 元。

四、驳回杜某、陈某路、陈某平、柳某的其他诉讼请求。

五、驳回河南某建设公司的反诉请求。

【再审申请及理由】

河南某建设公司再审称：一、二审判决适用法律错误。案涉租赁合同出租人不具备出租建筑起重机械的资格。出租的塔吊未提供特种设备生产（制造）许可证、产品合格证、制造监督检验证明、检测合格证明、备案证明、自检合格证明、安装使用说明书、完整的安全技术档案等。该塔吊不能达到安全技术标准，不能在安全有效的保护装置下正常使用，不符合安全施工要求，违反了《建设工程安全生产管理条例》《建筑起重机械安全监督管理规定》等行政法规、规章的强制性及禁止性规定。因此，案涉租赁合同系无效合同。案涉塔吊因不具备法律、法规、规章规定的相关资料而不能安装使用，故二审判决河南某建设公司承担租赁费，属适用法律错误。二、二审判决认定事实缺乏证据证明。二审判决认定案涉塔吊已试车成功并投入使用，系主观推测，缺乏最基本的证据。1. 因塔吊没有相应的安全资料及备案资料，现场监理工程师已书面通知该塔吊不能安装使用。2. 无论是试车还是租金计费时间均是租赁合同的约定，并没有证据证明该塔吊已经试车成功，且正式使用。3. 河南某建设公司依据租赁合同的约定交付押金 5000 元，是承租人履行合同的行为，不是出租人履行合同的行为，也证明不了塔吊已投入使用的事实。4. 监理工程师通知该塔吊不能安装使用后，河南某建设公司的项目负责人即多次通知杜某将该塔吊拉走，但其以种种理由推脱。5. 二审判决河南某建设公司按 5000 元/月（共计 34 个月）支付租金及违约金等没有事实依据。三、二审判决河南某建设公司返还"完整无损"的塔吊理由不能成立。塔吊至今未返还的过错在出租人，不应当由河南某建设公司承担由此产生的不利后果。综上，请求：撤销二审判决，改判河南某建设公司对杜某、陈某路、陈某平、柳某不承担返还塔吊（35 米）、支付租金、违约金等责任或发回重审。诉讼费由杜某、陈某路、陈某平、柳某负担。

杜某辩称：案涉租赁合同合法有效，塔吊是河南某建设公司的工地负责人找到杜某承租的，河南某建设公司还自己找人安装了塔吊，杜某只收取租赁费。河南某建设公司称塔吊不合格不属实，因为河南某建设公司在使用塔吊期间从来没有因为塔吊不合格给杜某打电话让其拉走。在本案纠纷发生后，杜某还去了塔吊生产公司开具了塔吊的合格证等，来证明塔吊质量没有问题。有一年快过年的时候，河南某建设公司曾经还给过杜某 2000 元租赁费。河南某建设公司工地上的塔吊司机也是杜某给他们找的。塔吊被用报废了，租赁费还没有支付。二审判决认定事实清楚，适用法律正确，请求维持二审判决。

陈某路、陈某平、柳某辩称：二审判决认定事实清楚，适用法律正确，请求维持二审判决。河南某建设公司再审理由不能成立，请求驳回再审请求。

【再审法院查明的事实】

河南省高级人民法院再审对河南省新乡市中级人民法院二审查明的事实予以确认。另查明：1. 二审期间，陈某泉去世，其继承人陈某路、陈某平、柳某参加诉讼，承继其权利义务。2. 杜某购买案涉塔吊时间系 2005 年 3 月 28 日，购买价 86 500 元、改造价 28 800 元，出租给河南某建设公司时间系 2011 年 7 月 25 日。根据杜某的陈述，正常情况下一般出租塔吊的期限为一年。再审中，杜某表示塔吊已报废，同意折价赔偿。

【再审裁判理由及结果】

河南省高级人民法院认为，本案再审争议的焦点是：1. 案涉租赁合同是否有效；2. 河南某建设公司是否实际使用案涉出租的塔吊，如果没有使用，存在质量问题，是否通知出租人并在合理期间内返还；3. 原审判决河南某建设公司返还杜某、陈某路等人 35 米塔吊一台和支付租赁费 165 000 元及违约金 16 500 元是否正确。

关于案涉租赁合同是否有效的问题。杜某与河南某建设公司签订的租赁合同均为当事人的真实意思表示，且内容不违反法律、行政法规效力性的强制规定，租赁合同合法有效，河南省高级人民法院予以确认。再审中，河南某建设公司主张所依据的《建设工程安全生产管理条例》《建筑起重机械安全监督管理规定》等相关规定，再审法院认为，上述规定属于管理性规范，不能作为认定本案租赁合同无效的法律依据。因此，河南某建设公司主张租赁合同无效的理由不能成立，再审法院不予支持。

关于第二个焦点问题，河南省高级人民法院认为，根据出租人交付租赁物在先，签订租赁合同及承租人交付押金在后等事实，可以认定租赁物即塔吊的交付在当时是符合双方当事人约定的。目前，河南某建设公司也未能提供充分证据证明当时所交付的塔吊存在质量问题不能正常使用并且及时将该情况通知出租人，或者将塔吊予以返还。故可以推定河南某建设公司已实际使用塔吊。因此，二审认定杜某交付的租赁物符合双方合同约定，河南某建设公司应向杜某等人支付塔吊租赁费，并无不妥，再审法院予以维持。

关于第三个焦点问题：1. 关于返还租赁物的问题。根据《中华人民共和国合同法》第二百三十五条规定"租赁期间届满，承租人应当返还租赁物。返还的租赁物应当符合按照约定或者租赁物的性质使用后的状态。"《租赁合同》第四条也约定了河南某建设公司负责塔吊的归还事宜。鉴于案涉塔吊双方当事人在原审中均已认可报废，河南某建设公司亦无法返还"完整无损"的塔吊。再审中杜某同意折价赔偿，依照《中华人民共和国合同法》第二百二十二条规定"承租人应当妥善保管租赁物，因保管不善造成租赁物毁损、灭失的，应当承担损害赔偿责任。"河南某建设公司应向杜某等人承担赔偿责任。综合本案塔吊的购买价86 500元、改造价28 800元、一般塔吊的使用年限为10年、折旧程度7年（即70%）等因素，河南某建设公司应折价赔偿杜某等人（86 500元 + 28 800元）×30% = 34 590元，塔吊残值由河南某建设公司自行处理。2. 关于租金问题。根据塔吊租期一般最长为一年的情况，原审将租金从双方当事人的约定之日（即2011年7月25日）计算至杜某起诉之日共34个月不妥，应计算12个月为宜，即5000元/月×12个月 = 60 000元。另外，扣除河南某建设公司交付的5000元押金后，剩余55 000元河南某建设公司应予支付。对于之后的扩大损失，在河南某建设公司未按照约定履行支付租金和返还塔吊义务的情况下，出租方亦未采取及时解除合同等有效措施防止其损失的进一步扩大，故杜某等人也存在一定的过错。因此，再审法院酌定杜某等人与河南某建设公司对扩大损失部分各承担50%的责任为宜，即河南某建设公司赔偿杜某等人（5000/月 × 22 个月）× 50% ＝ 55 000 元。

3. 关于违约金的问题。违约金，是当事人预先约定的赔偿金。根据《租赁合同》第二条如河南某建设公司没按时支付租金，加收本月租金的 10% 滞纳金的约定，河南某建设公司应向杜某等人支付违约金，即 60 000 元 × 10% ＝ 6000 元。

综上，新乡市中级人民法院认定部分事实清楚，处理结果不当，再审法院予以纠正。河南某建设公司再审请求部分成立，予以支持。依照《中华人民共和国民事诉讼法》第二百零七条第一款、第一百七十条第一款第（二）项规定，判决如下：

一、撤销河南省新乡市中级人民法院（2015）新中民二终字第 510 号民事判决和新乡市牧野区人民法院（2014）牧民一初字第 584 号民事判决。

二、河南某建设公司对报废的案涉 35 米塔吊于本判决生效后十日内向杜某、陈某路、陈某平、柳某折价赔偿 34 590 元，该报废塔吊由河南某建设公司自行处理。

三、河南某建设公司于本判决生效后十日内支付杜某、陈某路、陈某平、柳某租金 55 000 元、损失 55 000 元以及违约金 6000 元，共计 116 000 元。

四、驳回杜某、陈某路、陈某平、柳某其他诉讼请求和河南某建设公司的反诉请求。

【裁判要点】

租赁建筑设备不属于国家限制租赁的，租赁合同有效。

【裁判解析】

《中华人民共和国民法通则》第四十二条规定：企业法人应当在核准登记的经营范围内从事经营。但是企业法人超越经营范围订立的合同不一定就是无效的。根据《最高人民法院关于适用〈中华人民共和国合同法〉若干问题的解释（一）》第十条规定：当事人超越经营范围订立合同，人民法院不因此认定合同无效。但违反国家限制经营、特许经营以及法律、行政法规禁止经营规定的除外。由此可见：

第一，即使公司的经营活动超出了经营范围，但并未违反法律的强制性规定，而且也未损害国家、集体和第三人利益，合同本身符合民法的基本原则，且合同已经履行或者能够履行，为了保护交易安全和第三人的信赖利益，合同应为有效。

第二，如果合同的相对人是善意的，而越权的法人是故意或者过失的，而且是由有过错的越权人一方主动提出确认合同无效请求的，应当认定合同有效。即公司不得以越权无效对抗善意相对人，除非该相对人在订立合同时明知或者应知公司超越了经营范围。

第三，如果越权行为违反法律、行政法规的强行性规定，如违反了法律的禁止性规定，违反国家制定的要专门部门专营专卖的规定，或者合同标的物属于限制流通物等，在这种情形下，认定合同无效。

本案中，杜某与河南某建设公司签订的租赁合同均为当事人的真实意思表示，且内容不违反法律、行政法规效力性的强制规定，租赁合同合法有效。再审中，河南某建设公司以案涉租赁合同出租人不具备出租建筑起重机械的资格，违反了《建设工程安全生产管理条例》《建筑起重机械安全监督管理规定》等行政法规、规章的强制性及禁止性规定为由主张案涉租赁合同系无效合同，并没有被再审法院所支持，是因为河南某建设公司主张所依据的相关规定属于管理性规范，不能作为认定本案租赁合同无效的法律依据。因此，河南某建设公司主张租赁合同无效的理由不能成立。

附例

河南省高级人民法院（2015）豫法民提字第 255 号

第6篇　违法分包合同，
发包人对租赁合同应承担过错责任

【案件基本信息】

1. 裁判书字号

山东省菏泽市中级人民法院（2014）菏商初字第10号民事判决书

山东省高级人民法院（2014）鲁商终字第351号民事判决书

最高人民法院（2015）民申字第1413号民事裁定书

2. 当事人

原告（二审被上诉人、再审被申请人）：袁某某

原告（二审被上诉人、再审被申请人）：刘某某

被告（二审上诉人、再审申请人）：江苏某建设公司

被告（二审被上诉人、再审被申请人）：王某某

【一审法院查明的事实】

菏泽市中级人民法院一审查明：2012年7月28日，菏能公司作为发包人与江苏某建设公司作为承包人签订建筑工程施工合同。2012年8月6日，山东某能源有限公司作为发包人与江苏某建设公司作为承包人签订建筑工程施工补充协议。2012年8月21日，江苏某建设公司作为甲方（发包方）与王某某作为乙方（承包方）签订承包协议。协议主要内容为：承包项目为菏能公司，承包方式为包工包料；价格以建设工程施工合同为准；发包方向承包方承诺按照建设工程施工合同（大合同）文件约定的期限和方式收取1%管理费，所有税收由乙方负责。

菏泽某架杆租赁站为个体工商户，其营业执照登记的经营者为袁某某，实际经营者为刘某。2012年10月28日，菏泽某架杆租赁站作为出租方（甲方）与江苏某建设公司项目部作为承租方（乙方）签订建筑器材租赁合同，施工地址为宏盛公司。在2012年10月28日双方签订的租赁合同中约定了租

赁物的租金标准以及租赁费的支付时间，违约条款、损坏赔偿以及维修的标准等条款，在该合同上出租方加盖了菏泽某架杆租赁站印章，委托代理人刘某某签字。承租方加盖了江苏某建设公司项目资料章，法定代表人王某某签字，委托代理人程某某签字。

合同签订后，袁某某、刘某某按照合同要求将货物送往工地。根据袁某某、刘某某提交的出库单及入库单计算，租赁费数额合计为 1 356 198.38 元，扣除收取的押金 3 万元，尚欠 1 356 198.38 元。根据袁某某、刘某某提交的出库单及入库单计算，按照双方合同约定，缺失架杆的损失、缺失十字卡损失、缺失拉卡损失、缺失转卡损失合计为 1 014 615 元。按照合同约定，根据出库单及入库单袁某某、刘某某计算的架杆运费为 21 747 元，扣件 4693 元，两项合计为 26 440 元。拆除架杆、扣件费用及干零活的工人费用合计 23.7 万元。

2013 年 6 月 6 日，鄄城县住房和城乡建设局作出鄄建字（2013）22 号关于催要鄄城县宏盛公司工程款等款项的函。内容为，东海县建设局：贵县江苏某建设公司 2012 年 11 月 2 日承建了宏盛公司项目，项目经理王某某。经查，该项目拖欠工程款、材料款、材料租赁费、劳务工资等款项合计 247.497 892 万元。自 2013 年元月至今，该项目工人多次组织人员到县、市、省政府及有关部门上访，围堵政府讨要工程款及民工工资，造成极其恶劣的影响。鄄城县县委、县政府、信访部门及我局多次对该事件进行协调均没有结果。特此函告贵局，望贵局给予大力支持，进行协助为盼。

【一审裁判理由及结果】

菏泽市中级人民法院一审认为：建筑设备租赁合同签订后，袁某某、刘某某依约提供了设备，江苏某建设公司未按约支付租赁费，应承担支付租赁费并承担违约金的责任，对于合同约定的运费亦应支付；对于因其保管不善丢失的租赁物应予赔偿。王某某不是本案的适格被告，袁某某、刘某某要求其承担责任缺乏法律依据。菏泽市中级人民法院依据《中华人民共和国合同法》第六十条、第一百一十四条、第二百二十二条、第二百二十六条、《最高人民法院关于民事诉讼证据的若干规定》第二条之规定作出（2014）菏商初字第 10 号民事判决：

一、江苏某建设公司于本判决生效后十日内向袁某某、刘某某支付租赁费 135.619 838 万元，赔偿缺失建筑器材费 1 014 615 元，支付运费 26 440 元，支付违约金 40 万元，以上共计 2 797 253.38 元。

二、驳回袁某某、刘某某的其他诉讼请求。

【二审上诉请求及理由】

江苏某建设公司不服一审判决，向山东省高级人民法院提起上诉，请求二审法院改判上诉人不承担责任：1. 原审判决认定事实错误。江苏某建设公司与王某某签订的承包协议第五条约定，王某某不得以江苏某建设公司的名义对外赊欠材料，第八条约定王某某调换骨干需征得项目部的同意，可见承包协议约定王某某不是项目部的经理，王某某的管理机关不是江苏某建设公司的项目部，江苏某建设公司没有在菏泽设立项目部。2. 江苏某建设公司没有委托王某某对外签订租赁合同，原审判决认定被上诉人有理由相信王某某是代表江苏某建设公司对外签订合同没有事实和法律依据。被上诉人不是偶尔出租建筑设备，是从事建筑设备出租的专业户，应当知晓建筑行业存在转包情况，应当知晓省市政府对建筑市场的规定和要求，被上诉人关于依据项目资料章而相信王某某身份的主张没有依据；原审判决依据项目资料章认定江苏某建设公司授权王某某设立了项目部没有依据。3. 违约金不应得到支持。涉案工程尚未完工，被上诉人主动解除合同，王某某不存在违约行为。综上，被上诉人针对江苏某建设公司的诉讼请求没有事实和法律依据，请求二审改判江苏某建设公司不承担责任。

【二审法院查明的事实】

山东省高级人民法院二审查明：江苏某建设公司在一审中没有提出对租赁合同关于迟延支付租赁费按日万分之八支付违约金予以调整的要求。在二审中，江苏某建设公司表示约定的违约金过高，应予调整。袁某某、刘某某在一审中主张违约金 40 万元的计算方法是，以欠付租赁费 1 356 198.38 元为基数，按约定的日万分之八乘以实际租赁期限 430 天，为 466 532 元，只主张 40 万元。

【二审裁判理由及结果】

山东省高级人民法院认为：一、关于租赁合同的主体问题。《中华人民共和国建筑法》第二十六条规定"承包建筑工程的单位应当持有依法取得的资质证书，并在其资质等级许可的业务范围内承揽工程。禁止建筑施工企业超越本企业资质等级许可的业务范围或者以任何形式用其他建筑施工企业的名义承揽工程。禁止建筑施工企业以任何形式允许其他单位或者个人使用本企业的资质证书、营业执照，以本企业的名义承揽工程"。第二十九条规定："建筑工程总承包单位可以将承包工程中的部分工程发包给具有相应资质条件的分包单位；但是，除总承包合同中约定的分包外，必须经建设单位认可。施工总承包的，建筑工程主体结构的施工必须由总承包单位自行完成"。江苏某建设公司主张江苏某建设公司与王某某签订了承包协议，已将江苏某建设公司承包的建筑施工工程全部转包给王某某。但是根据上述法律规定，没有建筑施工资质的自然人不能作为独立的建筑施工主体，施工企业也不能将其所承包建筑工程的主体部分对外转包。并且，江苏某建设公司与王某某签订的承包协议，具有大量施工管理方面的具体内容，其中第八条约定"王某某调换骨干需征得项目部的同意"，承包协议的约定内容表明项目部由江苏某建设公司控制，项目部对王某某享有管理和控制的权利，该承包协议属于江苏某建设公司内部管理性协议，不能改变江苏某建设公司的建筑工程施工主体地位。并且，王某某持涉案印章、以江苏某建设公司项目部名义与袁某某、刘某某签订建筑器材租赁合同时，袁某某、刘某某有理由相信自然人王某某没有建筑施工资质，不可能是建筑工程的施工主体，有理由相信王某某是代表建筑工程施工人江苏某建设公司租用设备。故江苏某建设公司关于江苏某建设公司将其承包的建设施工项目全部转包给王某某，建筑施工主体是王某某个人，工程施工中形成的欠款不应由江苏某建设公司偿还的抗辩理由不能成立。

二、关于是否应当支持违约金问题。《建筑器材租赁合同》约定，租赁费结算方式为每月第五日前以现金或支票的方式支付上月发生的租金，逾期未交纳租金，所欠租金按日万分之八计算违约金。实际履行中，江苏某建设公司没有向出租方支付租赁费，存在违约行为，应当支付违约金。江苏某建设公司在一审中没有要求对约定的违约金计算方法进行调整，江苏某建设公司在二审中表示应予调整。本院认为，虽然约定的违约金高于同期基准贷款利率的4倍，但袁某某、刘某某主张40万元违约金，已经放弃了部分应得的违约金，该请求金额没有高于按照上述标准计算的违约金总额，因此不应再对约定违约金进行调整。上述违约金是专门针对迟延支付租金违约行为而约定，而赔偿丢失钢管的损失与违约金是分别独立存在的两个问题，不属于只能选择其一、不能同时适用的情形。

综上所述，江苏某建设公司的上诉理由不能成立，二审法院不予支持，原审判决认定事实清楚，适用法律正确，应当予以维持。山东省高级人法院于二〇一五年一月五日作出二审判决，判决如下：

驳回上诉，维持原判。

【再审申请及理由】

江苏某建设公司不服上述判决，向最高人民法院申请再审称：一审法院认定王某某为申请人设立的临时机构没有法律依据，二审法院认定王某某当然代表申请人，没有事实依据；二审法院置两被申请人明显严重的过错不顾，违反了民法公平性原则；一审法院认定的事实不清，丢失租赁物数量没有查清；支付违约金 40 万元明显过高。综上，请再审法院改变原判决错误，依法支持申请人的诉求。

【再审裁判理由及结果】

最高人民法院认为本案争议焦点有：1. 江苏某建设公司是否本案适格被告。2. 江苏某建设公司作为承包人，当实际施工人与第三人发生纠纷时，是否应当承担责任及承担何种责任问题。

关于焦点一：民事诉讼中的被告是指在具体的某一诉讼中可以作为被告应诉，并受本案生效裁判拘束的人。民诉法要求原告必须适格，而对于被告，只要求有明确的被告即为适格。根据查明的事实，菏能公司将宏盛公司的车间工程发包给江苏某建设公司，江苏某建设公司将该工程违法转包给没有资质的王某某个人，江苏某建设公司向王某某收取 1% 的管理费。袁某某、刘某某在签订合同时有理由相信王某某有权代理江苏某建设公司对外签订合同。而且涉案租赁设备也用于了宏盛公司车间。故江苏某建设公司认为其不是本案适格被告，没有法律依据。

关于焦点二：关于江苏某建设公司作为承包人，当实际施工人与第三人发生纠纷时，是否应当承担责任及承担何种责任问题。江苏某建设公司在本案中是否应当承担民事责任，首先决定于江苏某建设公司与袁某某、刘某某之间是否存在法律关系。一、二审已经查明，江苏某建设公司是案涉菏能公司项目的承包人。其通过与王某某签订《项目承包合同》的方式，将工程违法转包给没有任何施工资质的个人王某某，并且收取1%的管理费。说明江苏某建设公司与王某某之间存在违法转包关系。虽然江苏某建设公司与王某某在《项目承包合同》中约定债权债务由实际施工人王某某负责，王某某与江苏某建设公司之间没有隶属关系和职务关系，但是王某某在经营期间，使用江苏某建设公司项目部公章，以江苏某建设公司项目部名义施工及进行其他民事行为，江苏某建设公司作为承包人，并没有予以制止。江苏某建设公司的默认，使王某某的行为客观上形成了具有江苏某建设公司代理权的表象。王某某与袁某某、刘某某签订《租赁建筑设备合同》时，是以江苏某建设公司项目部名义签订合同，在签订合同中，王某某并没有告知袁某某、刘某某自己与江苏某建设公司没有关系。因此，虽然江苏某建设公司没有实际授权给王某某，但是，王某某以江苏某建设公司项目部经理名义签订《建筑器材租赁合同》，合同上加盖江苏某建设公司项目部印章，租赁的设备、器材也全部运到江苏某建设公司项目部承建的项目工地，用于工地施工。这一切使得交易相对人袁某某、刘某某能根据这些表象推断出王某某对江苏某建设公司具有代理权，并且有理由相信王某某对江苏某建设公司享有代理权。在债权得不到清偿时，袁某某、刘某某根据合同相对性原则，以案涉《租赁建筑设备合同》的签约方江苏某建设公司及其项目部经理王某某为共同被告提起诉讼，有事实依据。而承包人江苏某建设公司不能举证袁某某、刘某某明知或应当知道王某某没有代理权仍然与王某某签订《建筑器材租赁合同》，故仍需对该租赁行为承担民事责任。因此，江苏某建设公司关于其与王某某只有合同关系，没有隶属关系，不应对王某某的民事行为负责的申请再审理由不成立。原一、二审认定王某某的行为为表见代理行为，符合案件事实，也符合最高人民法院《关于当前形势下审理民商事合同纠纷案件若干问题的指导意见》（以下简称《意见》）第十四条的规定。至于江苏某建设公司与王某某之间的责任承担问题，可以依据相关法律规定，通过另行起诉，予以解决。

关于租赁设备、器材丢失数量问题。案涉租赁物由承租人使用、保管。承租人应当保证妥善保管租赁物。因保管不善造成租赁物毁损、灭失的，承租人应当承担损害赔偿责任。本案承租人不能举证证明自己已经按照合同约定妥善保管、如数返还了租赁物。原审判决其承担损害赔偿责任并无不当。

关于违约金的数额。《中华人民共和国合同法》第一百一十四条第二款规定"约定的违约金过分高于造成的损失的，当事人可以请求人民法院或者仲裁机构予以适当减少。"第一百一十四条第三款规定："当事人就迟延履行约定违约金的，违约方支付违约金后，还应当履行债务。"由于支付违约金还应履行债务，表明违约金是专为对迟延履行行为予以惩罚而设定的，这就有惩罚作用。由于法律已经对迟延履行的违约金的性质作出了规定，因此，只要当事人在合同中没有改变法律的规定，则不管当事人是否约定了迟延履行违约金的性质，一旦发生迟延，违约金就具有惩罚性。本案当事人在合同中约定"逾期未交纳租金，所欠租金按日万分之八计算违约金"，该违约金即属于惩罚性违约金。即申请人应当按照合同约定赔偿租赁物损失，支付租金以外，还应当给付惩罚性违约金。因袁某某、刘某某已经放弃了部分按照合同约定计算的违约金，只主张 40 万元违约金，该请求金额没有高于实际损失的30%，符合《最高人民法院关于适用〈中华人民共和国合同法〉若干问题的解释（二）》第二十九条第二款："当事人约定的违约金超过造成损失的百分之三十的，一般可以认定为合同法第一百一十四条第二款规定的过分高于造成的损失"的规定。二审不再对约定违约金进行调整是正确的。

综上，江苏某建设公司的再审申请不符合《中华人民共和国民事诉讼法》第二百条规定的情形。依照《中华人民共和国民事诉讼法》第二百零四条第一款之规定，裁定如下：

驳回江苏某建设公司的再审申请。

【裁判要点】

违法分包合同发包人授权承包人负责案涉工程项目，且使用项目部章签订租赁合同，出租方善意，构成表见代理，违法分包合同发包人应承担案涉租赁合同责任。

【裁判解析】

我国建筑业实行准入制且准入门槛较高，承包人必须有相应资质才能承包相关工程。

《中华人民共和国建筑法》第二十九条规定："建筑工程总承包单位可以将承包工程中的部分工程发包给具有相应资质条件的分包单位；但是，除总承包合同中约定的分包外，必须经建设单位认可。施工总承包的，建筑工程主体结构的施工必须由总承包单位自行完成"。根据上述法律规定，没有建筑施工资质的自然人不能作为独立的建筑施工主体，施工企业也不能将其所承包的建筑工程主体部分对外转包。

在本案中，案涉公司（违法分包合同发包人）将工程违法转包给没有施工资质的自然人，签订了承包协议，但该协议中具有大量施工管理方面的具体内容，应认定该承包协议属于内部管理性协议，因此，建筑工程施工主体仍为案涉公司。无施工资质的自然人虽未经案涉公司授权具体负责项目施工，但案涉公司收取无施工资质的自然人一定比例的管理费，且在施工过程中以默认的形式同意使用其项目部公章对外进行民事行为，客观上已形成了案涉公司代理权的表象。出租方在签订租赁合同时有理由相信该自然人的行为代表公司的行为，因此，案涉公司即非法分包合同发包人对案涉建筑设备租赁合同承担赔偿责任毫无争议。

附例

陕西省高级人民法院（2015）陕民三申字第 01023 号

第 7 篇　股东与公司资产混同，应承担连带责任

【案件基本信息】

1. 裁判书字号

江苏省无锡市中级人民法院（2014）锡商初字第 0287 号民事判决书

江苏省高级人民法院（2017）苏民终 356 号民事判决书

最高人民法院（2018）最高法民申 1752 号民事裁定书

2. 当事人

原告（二审上诉人、再审被申请人）：江阴市某出租站

被告（二审上诉人、再审申请人）：上海某建筑公司

被告（二审上诉人、再审申请人）：管某

被告（二审被上诉人）：周某

【一审法院查明的事实】

一、关于租赁合同签订及结算情况

2010 年 9 月，江阴市某出租站与上海某建筑公司签订编号为 0020101009 财产租赁合同书一份，约定了：1. 工程项目长春市某家居生活广场，租借日期，租赁物数量、质量验收和发料情况等。2. 租赁钢管、扣件数量、单价及丢失赔偿费价格。……5. 租用单位租用各种周转材料，由出租单位指定地址自行提货退货，所租周转材料的往返运费由租用单位承担 50 万元，吨位计量按钢管 260M/T，扣件 850 只/T。江阴市某出租站与上海某建筑公司加盖合同专用章，赵某某与管某作为江阴市某出租站和上海某建筑公司代表人分别签字。

2010 年 12 月 24 日，江阴市某出租站与上海某建筑公司签订编号为 0020101224 财产租赁合同书一份，约定：1. 工程项目宜兴市某家居生活广场，租借日期自 2010 年 12 月 24 日起到 2011 年 6 月 24 日止，数量、质量当

场验收，发料为准。如逾期视为不定期续租，逾期返还租赁物的租金，偿还违约金并赔偿损失。2. 租赁钢管、扣件数量，单价及丢失赔偿费价格。……江阴市某出租站与上海某建筑公司加盖合同专用章，赵某某与管某作为江阴市某出租站和上海某建筑公司代表人分别签字。

2013 年 1 月 13 日，管某在江阴市某出租站制作的租金清单"欠款人"一栏签字并加注"已核对运费没加"，江阴市某出租站工作人员罗某签注"已核对"。该租金清单载明长春项目结算日期 2010 年 9 月 13 日至 2012 年 12 月 31日，钢管 297 900 米、扣件 143 100 只，总租金 726 万元，已付 262 万元，尚欠 464 万元。审理中，江阴市某出租站陈述截至 2012 年 12 月 31 日，上海某建筑公司尚有钢管 297 900 米、扣件 143 100 只未归还，仍在租用中。上海某建筑公司、管某、周某认为清单载明数量为总的租借数量，应当以该数据按照合同约定计算长春项目的总租金为 4 129 933.5 元。

2013 年 12 月 19 日，管某在江阴市某出租站出具的长春项目结算单上签字，该结算单载明租赁区间 2013 年 1 月 1 日至 2013 年 10 月 6 日，2013 年 1月 1 日，尚在出租状态的钢管 297 900 米，扣件 143 100 只，之后陆续归还，截至 2013 年 8 月 29 日钢管累计在外数为"－11 966.6"，截至 2013 年 10 月 6日扣件累计在外数为"－3480"，应收租费 1 302 469.96 ＋运杂费 500 000 ＝1 802 469.96 元，结算单备注"承租单位收到租费结算明细 15 日内未提异议即视为确认"。审理中，江阴市某出租站陈述该结算单统计了当期应支付租金金额，未扣减已付租金。双方一致确认上海某建筑公司在长春项目多返还了钢管 11 966.6 米、扣件 3480 只，江阴市某出租站同意如数返还，上海某建筑公司要求按照合同约定赔偿标准折价抵偿货款。另外，上海某建筑公司提出结算单未按照合同约定计算租金，未考虑冬季停止计算租金的因素，也未依据合同约定"两年按 500 天计算"的标准。江阴市某出租站认为该表所涉钢管扣件的租赁期限均已超过两年，应当按照合同约定按实结算。

同日，管某在宜兴项目结算表上签字，该结算表载明自 2010 年 12 月起至 2013 年 11 月，结欠 4 030 754.19 元。审理中，江阴市某出租站陈述该结算表统计了当期应支付租金金额，未扣减已付租金。上海某建筑公司对结欠金额有异议，认为未超过合同约定定额内的租金应按合同标准计算，超出部分按照市场价计算，且结算的原始凭证上本身就存在计算错误，应当依据原始凭证重新核算。

二、关于租金支付情况

一审审理中，江阴市某出租站确认长春项目的租金在 2013 年 1 月 13 日第一次结算之前收到 262 万元，该款已在结算时予以扣除，之后陆续收到 114 万元，同意在 2013 年 12 月 19 日长春项目结算单确认的金额中予以扣减；宜兴项目自 2010 年 12 月起陆续收到 192 万元，同意在 2013 年 12 月 19 日宜兴项目结算单确认的金额中予以扣减。上述款项中，除了 2010 年 9 月 30 日的 30 万元由上海某建筑公司支付以外，其余均通过管某或者周某个人账户支付。

三、上海某建筑公司及管某、周某相关身份情况

上海某建筑公司的发起人为周某与李某，周某于 2008 年 7 月 15 日认缴出资 45 万元，持股比例为 90%，为上海某建筑公司法定代表人。2013 年 8 月 18 日，管某受让周某的股权，上海某建筑公司的股东变更为管某和李某，法定代表人由周某变更为管某。同年 10 月 31 日，管某某受让李某的股权，上海某建筑公司的股东变更为管某和管某某。2014 年 6 月 19 日，上海某建筑公司注册资本由 50 万元，增至 5000 万元，管某增加出资 4455 万元，出资方式为未分配利润，出资时间 2018 年 6 月 19 日。

管某与周某于 2013 年 11 月 27 日结婚，于 2014 年 3 月 13 日协议离婚。

审理中，江阴市某出租站申请对上海某建筑公司自 2010 年起收入、支出等财务状况以及管某、周某之间代收代付等财务资金往来进行司法审计，因上海某建筑公司、管某在限期内未提供审计需要的相关财务账册等资料，未能启动审计程序。

【一审裁判理由及结果】

江苏省无锡市中级人民法院认为本案争议焦点有：1. 上海某建筑公司结欠租金的金额如何认定；2. 管某、周某是否应对欠款承担连带责任。

关于焦点一，江阴市某出租站为证明应付租金金额，提供了管某签字确认的三份结算单，上海某建筑公司、管某、周某对管某签字的真实性予以认可，但认为：1. 管某在 2013 年 1 月 13 日租金清单上的签字对上海某建筑公司没有法律效力；2. 结算单存在未按合同约定计算等错误，应当重新依据原始凭证结算。一审法院认为上海某建筑公司、管某、周某的上述抗辩意见均不成立，首先，管某在 2013 年 8 月 18 日之前，虽不是上海某建筑公司股东，

也不是该公司法定代表人，但其代表上海某建筑公司与江阴市某出租站签订了本案所涉两份租赁合同，且多次代表上海某建筑公司通过其个人账户支付租金，因此其作为案涉出租合同的经办人与江阴市某出租站进行结算的行为后果对上海某建筑公司产生法律效力。其次，关于上海某建筑公司、管某、周某认为长春项目未依据合同约定采用"两年按500天计算"标准的意见，双方在合同中约定不满两年按两年计算，两年按500天计算，超过两年按日计算，2013年1月13日租金清单结算的为2010年9月13日至2012年12月31日期间的租金，双方仅就总租金以及已付租金进行了确认，对于计算细节并无记载，管某对该清单结算金额签字确认，表明双方已就该期间的租金结算标准达成一致意见。2013年12月19日租金清单结算的租赁物均已超过两年租期，按照合同应当按实际租赁天数计算，因此该租金清单按实结算并未超出合同约定。再次，关于上海某建筑公司、管某、周某认为宜兴项目租金清单中未超过合同约定定额内的租金应按合同标准计算，超出部分按照市场价计算，且结算的原始凭证上本身存在计算错误，应当依据原始凭证重新核算的意见，一审法院认为，上述抗辩意见与合同约定不符，双方签订的合同中虽约定了钢管和扣件的数量，但同时也约定"数量、质量当场验收，发料为准"，且按照惯例，租赁物的数量也应当按照实际交付为准，租赁价格既然双方已在合同中明确约定，就应当按照合同约定计算。关于原始凭证计算错误的意见未提供足以推翻的证据，不予采信。

据此，按照三份结算单确认，上海某建筑公司在长春项目上应支付租金6 442 469.96元（4 640 000元+1 802 469.96元），扣除已付租金1 140 000元，尚欠5 302 469.96元，在宜兴项目上应付租金4 030 754.19元，扣除已付租金1 920 000元，尚欠2 110 754.19元，两个项目合计尚欠租金7 413 224.15元。按照双方合同约定，上海某建筑公司应当每月结算租金，按月交纳，不按时交纳租金，逾期按租金总额5%加收滞纳金。现江阴市某出租站主张逾期付款利息按银行同期贷款利率从上海某建筑公司最后一次确认租金欠款之日2014年1月1日开始起算至起诉之日，该主张符合法律规定，且未超出合同约定，该院予以支持，上海某建筑公司除了支付结欠的租金7 413 224.15元以外，还应当支付逾期付款利息364 483.52元。此外，双方在庭审中一致确认上海某建筑公司多返还了钢管11 966.6米、扣件3480只，江阴市某出租站同意如数返还，该院予以确认。上海某建筑公司要求按照合同约定赔偿标准折价抵偿货款的意见因江阴市某出租站不同意，且尚未发生不能返还需要赔偿的情形，故对该意见不予支持。

关于焦点二，江阴市某出租站认为管某在三张结算单上以欠款人身份签字确认还款责任，且管某、周某作为股东与上海某建筑公司存在人格混同的情况，此外，周某曾与管某为夫妻，应当由管某和周某就上海某建筑公司的债务承担共同还款责任。该院认为，虽然本案租赁合同由江阴市某出租站和上海某建筑公司签订，但管某以个人名义在三张结算单"欠款人"处签字，未注明上海某建筑公司或者盖公章，应认定管某有自愿为公司债务承担还款责任的意思表示，属于债务加入行为。鉴于此，无论管某是否与上海某建筑公司存在人格混同，其都应对上海某建筑公司的债务承担连带责任，因此，对江阴市某出租站要求管某承担共同还款责任的主张予以支持。至于周某，其已在2013年8月18日将上海某建筑公司的所有股权转让给管某，且对审计启动不具有举证能力和举证责任，目前无充分证据证明其与上海某建筑公司存在混同；另外，周某与管某于2013年11月登记结婚，本案所涉债务主要形成于夫妻关系形成之前，且无证据证明用于夫妻共同生活，故不属于夫妻共同债务。因此，对江阴市某出租站要求周某承担共同还款责任的主张不予支持。

综上，江阴市某出租站的诉讼请求部分予以支持。上海某建筑公司认为江阴市某出租站在审理中认可收到上海某建筑公司支付的140万元，则诉讼标的低于1000万元，本案不应由一审法院管辖的抗辩意见不符合法律规定，上海某建筑公司提出的管辖异议已经一审法院审查后确定有管辖权，江阴市某出租站虽在审理中确认收到租金应当予以扣减，但并未变更诉讼请求，不影响原来确定的管辖，故对该意见不予采信。据此，依照《中华人民共和国合同法》第一百零七条、第二百二十六条、第二百三十五条，《最高人民法院关于适用〈中华人民共和国民事诉讼法〉的解释》第九十条，《最高人民法院关于民事诉讼证据的若干规定》第七十五条之规定，判决如下：

一、上海某建筑公司应于判决发生法律效力之日起10日内向江阴市某出租站支付租金7 413 224.15元及逾期付款利息364 483.52元，合计7 777 707.67元。

二、管某对上海某建筑公司上述付款义务承担连带清偿责任。

三、江阴市某出租站应于本判决发生法律效力之日起 10 日内向上海某建筑公司返还钢管 11 966.6 米、扣件 3480 只，由上海某建筑公司自提。

四、驳回江阴市某出租站的其他诉讼请求。

【二审上诉请求及理由】

原告江阴市某出租站对一审判决不服，向江苏省高级人民法院提起上诉称：改判周某对上海某建筑公司结欠江阴市某出租站的租金 7 777 707 元承担连带清偿义务并由其承担诉讼费用。

事实和理由：

1. 周某应对管某在婚姻关系存续期间对外确认（加入）的债务承担共同偿还责任。管某在婚姻关系存续期间的 2013 年 12 月 19 日对所涉宜兴项目所欠租金及部分长春项目所欠租金以个人名义签名确认，形成了债务加入，而该租金债务又形成于周某担任上海某建筑公司大股东及法定代表人期间，故上述债务用于债务人夫妻后续共同生活或生产经营。退一步讲，也应当依照《最高人民法院关于适用〈中华人民共和国婚姻法〉若干问题的解释（二）》的规定推定上述债务为管某、周某的共同债务。

2. 周某长期担任上海某建筑公司大股东及法定代表人，是该公司的控制人，该公司实质为一人公司，且周某、管某代上海某建筑公司支付了几乎全部的租金，故周某与该公司形成了人格混同，应对公司债务承担连带清偿责任。此外，上海某建筑公司及管某一审中亦同意对上海某建筑公司启动司法审计，周某作为公司原大股东及法定代表人也有义务和能力配合司法审计，本案应当通过司法审计进一步确认周某与上海某建筑公司人格混同的法律事实。

被告上海某建筑公司、管某对一审判决不服，共同提起上诉：1. 请求撤销一审判决，依法改判驳回江阴市某出租站对上海某建筑公司及管某的诉讼请求；2. 诉讼费用由江阴市某出租站承担。

事实与理由：

1. 一审法院以管某签字的三份清单作为认定事实的依据不当，签字的过程无法证明双方确实对数据进行过核对，无法确认签字的人是在何种状态下签字，三份清单即便有管某的签字，亦不足以证明租用钢管、扣件的实际数量、租期以及租金结算的真实情况。长春项目的两份结算单虽有管某的签字，但这两份结算单的内容不能作为认定租金的依据。2013 年 1 月 13 日清单中的罗某并非江阴市某出租站的工作人员，而是上海某建筑公司的工作人员。管某签字的该份结算单，是上海某建筑公司以此单向长春市某工程的相关公司结算所使用的，并非基于向江阴市某出租站结算而出具，但江阴市某出租站却得到了这份单据，并以此作为向上海某建筑公司索要租金的凭据。另外，本案还存在 2010 年 9 月 13 日到 2012 年 12 月 31 日期间存在大量的退料，而不应算作租金的情形。2013 年 12 月 19 日的清单亦存在伪造并骗取签字的极大可能。

2. 赵某某是赵某法的兄弟，沈某、赵某芳、郭某都是和赵某某一起经营的人，且相互之间存在亲戚关系，赵某某为避税要求管某将钱支付给这几个人，这几人是以江阴市某出租站的名义收款和办理其他事务，故向这几人的付款均应认定为是向江阴市某出租站的付款。

3. 债务加入应有明确的意思表示，本案中，管某签订合同、付款行为都应认定为代表上海某建筑公司，一审法院认定管某有加入债务的意思缺乏依据。

4. 江阴市某出租站的租金计算方法有违合同约定，其主张利息亦无依据。

【二审裁判理由及结果】

江苏省高级人民法院认为二审争议焦点有：1. 一审法院根据管某签字的清单认定上海某建筑公司结欠金额并判决逾期付款利息是否正确；2. 管某是否应当对案涉债务承担还款责任；3. 周某是否应当对案涉债务承担还款责任。

关于争议焦点一，《最高人民法院关于适用〈中华人民共和国民事诉讼法〉的解释》第九十条规定"当事人对自己提出的诉讼请求所依据的事实或者反驳对方诉讼请求所依据的事实，应当提供证据加以证明，但法律另有规定的除外。在作出判决前，当事人未能提供证据或者证据不足以证明其事实主张的，由负有举证证明责任的当事人承担不利的后果"。本案中，江阴市某出租站提交了载有管某签字确认的 2013 年 1 月 13 日的《上海荣宇建筑劳务有限公司材料租借及租金清单》及 2013 年 12 月 19 日的结算单、结算表各一份对其诉讼主张予以证明，并对该单据的形成过程作出了合理解释，虽然2013 年 1 月 13 日的清单中对于计算细节并无记载，但管某对该份清单的结算金额进行签字确认，该份单据中亦载明了总租金、已付租金及结欠金额，其中载明的钢管和扣件数额亦能够与 2013 年 12 月 19 日长春工地结算单中的 2013 年 1 月 1 日"发货数额"相互印证。上海某建筑公司二审抗辩，2013 年 1 月 13 日的单据系其与长春市某工程所涉相关公司结算款项使用，后被江阴市某出租站获得，对此，上海某建筑公司除其单方陈述外，不仅未提交充分证据对其上述主张予以证明，亦未能对该份单据为何被江阴市某出租站持有作出合理解释，且其上述主张与该单据的抬头部分"出租单位：江阴市某出租站"内容不符，单据中亦无上海某建筑公司向长春市某工程所涉相关公司出具或相关公司确认的内容，综上，江苏省高级人民法院对上海某建筑公司的上述抗辩意见不予采信。鉴于案涉三份清单均由管某签字确认，且管某二审庭审中亦明确表示对 2013 年 12 月 19 日的两份单据无异议，故一审法院在综合本案现有证据的基础上，认定管某代表上海某建筑公司已经就 2013 年 1 月 13 日清单中载明期间的租金结算标准与江阴市某出租站达成一致意见，进而根据该三份清单认定上海某建筑公司结欠金额并扣除已付款项后判决逾期付款利息并无不当。

关于争议焦点二，首先，关于管某的签字行为应当如何认定的问题。《中华人民共和国民法通则》第四十三条规定"企业法人对它的法定代表人和其他工作人员的经营活动，承担民事责任"。本案中，管某虽然在 2013 年 8 月 18 日才成为上海某建筑公司的股东及法定代表人，但案涉两份租赁合同均系其代表上海某建筑公司与江阴市某出租站签订，管某亦多次代表上海某建筑公司通过其个人账户支付租金，因此一审法院认定其作为案涉出租合同的经办人与江阴市某出租站于 2013 年 1 月 13 日进行结算的行为后果对上海某建筑公司产生法律效力并无不当。从案涉三份结算单据来看，债务主体指向明确，虽然均为管某个人分别签字确认，但管某签字时，其身份分别为上海某建筑公司的业务经办人或者法定代表人，再结合案涉两份租赁合同签订主体及内容分析，上海某建筑公司系合同的相对方，合同双方对此有较为明确的知悉和判断，故管某成为上海某建筑公司法定代表人后，于 2013 年 12 月 19 日在两张结算单中的签字行为应认定为系代表上海某建筑公司的职务行为，在管某未在结算单中作出明确债务加入的意思表示且亦否认其认可债务加入行为的情况下，一审法院将其在三张结算单中签字的行为认定为债务加入缺乏依据，存在不当，二审法院予以纠正。

其次，《中华人民共和国公司法》第二十条规定"公司股东应当遵守法律、行政法规和公司章程，依法行使股东权利，不得滥用股东权利损害公司或者其他股东的利益；不得滥用公司法人独立地位和股东有限责任损害公司债权人的利益。公司股东滥用股东权利给公司或者其他股东造成损失的，应当依法承担赔偿责任。公司股东滥用公司法人独立地位和股东有限责任，逃避债务，严重损害公司债权人利益的，应当对公司债务承担连带责任"。本案中，江阴市某出租站提交的证据证明，江阴市某出租站已收取的案涉合同项下的租金除 2010 年 9 月 30 日的 30 万元由上海某建筑公司支付以外，其余款项均是通过管某或者周某的个人账户支付，故上海某建筑公司与其股东之间存在资产混同的高度可能性。上海某建筑公司否认该事实并在一审中提交了其公司的记账凭证、银行收（付）款入账通知、申请人为管某或周某的情况说明等证据，拟对租金支付情况予以证明。但从上述证据的形式来看，除银行收（付）款入账通知为客观形成的原始凭证外，情况说明、记账凭证为上海某建筑公司单方制作出具，且相关记载内容与银行收（付）款入账通知不能完全形成对应关系。结合管某一审中关于"我们在做项目时工程款也是从项目转到我账上的，我再转给赵某某，为了规避税收"的陈述以及周某一审中关于"公司支付给管某、周某的数额不能与管某、周某支付给江阴市某出租站的数额一一对应，是因为工地工期很长，一次性支付给管某一定金额，管某可能由于资金其他用途会分期支付给江阴市某出租站，该资金中包含建设工程工人工资和原材料费用"的陈述可见，上海某建筑公司在经营过程中除本案所涉租金外，还存在其他款项的收支通过管某个人账户进行操作的情形，而管某先后作为上海某建筑公司案涉租赁合同经办人及大股东、法定代表人，参与了合同的签订、付款及结算过程，故上海某建筑公司、管某现应对其之间不存在财产混同的情况予以举证证明。一审中，江阴市某出租站即要求对上海某建筑公司自 2010 年起收入、支出等财务状况以及管某、周某之间代收代付等财务资金往来进行司法审计，但因上海某建筑公司、管某在一审法院限定期间内未提供审计需要的相关财务账册等资料，导致未能启动审计程序。二审中，江苏省高级人民法院亦要求上海某建筑公司及管某提交上海某建筑公司 2010 年以来的财务账册，上海某建筑公司在本案所涉长春、宜兴工程项目中的业务合同、结算情况、收付款证明等相关材料，上海某建筑公司与本案有关款项支付的全部财务往来会计凭证等相关材料，但指定期限届满，上海某建筑公司与管某仍拒不提交相关证据材料。《最高人民法院关于民事诉讼证据的若干规定》第七十五条规定"有证据证明一方当事人持有证据无正当理由拒不提供，如果对方当事人主张该证据的内容不利于证据持有人，可以推定该主张成立"。据此，在上海某建筑公司的财产与股东的个人财产存在混同的高度可能性的情况下，上海某建筑公司、管某拒不提交其应当持有的相关证据，应当承担举证不能的法律后果，管某应当对上海某建筑公司的案涉债务承担连带清偿责任，一审法院判令其对上海某建筑公司的案涉债务承担连带清偿责任并无不当。

关于争议焦点三，鉴于周某已经在 2013 年 8 月 18 日将其所持有上海某建筑公司的全部股权转让给管某，对上海某建筑公司所持有的财务账册等材料缺乏举证能力，且考虑到其在案涉合同的履行过程中支付租金数额较少，目前江阴市某出租站也无充分证据证明其与上海某建筑公司存在混同，加之案涉债务承担主体为上海某建筑公司，并非管某与周某在婚姻关系存续期间形成的个人债务，本案情形也不属于《最高人民法院关于适用〈中华人民共和国婚姻法〉若干问题的解释（二）》中所规定的"夫妻共同债务"范畴，故一审法院对江阴市某出租站要求周某承担共同还款责任的主张不予支持，并无不当。

综上所述，江阴市某出租站、上海某建筑公司、管某的上诉主张均不能成立，二审法院不予支持。一审判决关于管某债务加入的认定虽然存在不当，但认定事实基本清楚，裁判结果正确，可予维持。依照《中华人民共和国民事诉讼法》第一百七十条第一款第（一）项之规定，判决如下：

驳回上诉，维持原判。

【再审申请及理由】

上海某建筑公司、管某因不服江苏省高级人民法院上述民事判决，向最高人民法院申请再审称，原审判决认定上海某建筑公司应向江阴市某出租站支付 7 413 224.15 元租金，缺乏证据证明。《上海某建筑公司－材料租借及租金清单》不能单独作为认定案涉租金的依据。1. 原审判决没有查清长春工地上江阴市某出租站向上海某建筑公司租赁钢管和扣件的总数量。2. 原审判决以《上海某建筑公司－材料租借及租金清单》所列数额作为租金依据，缺乏原始凭据。根据江阴市某出租站提交的送货单进行统计，长春工地实际租赁钢管、扣件的租金应为 3 203 296 元，而非原审判决认定的 726 万元。3. 根据上海某建筑公司与江阴市某出租站签订的《财产租赁合同书》《送货单》应当作为合同附件。诉讼中，江阴市某出租站有义务提供足够的《送货单》。4. 本案中，上海某建筑公司与江阴市某出租站之间的结算单据共有三份。《上海某建筑公司 – 材料租借及租金清单》从形式到内容均与另外两份明显不同。另外两份结算单系江阴市某出租站制作，上海某建筑公司签字确认，而《上海某建筑公司 – 材料租借及租金清单》系上海某建筑公司单方制作。5.《上海某建筑公司 – 材料租借及租金清单》只列出了钢管、扣件及结算总额，没有体现租赁结算细节，系上海某建筑公司内部核算清单。综上，上海某建筑公司的再审申请符合《中华人民共和国民事诉讼法》第二百条第二项规定，故申请对本案再审。

　　管某亦依据《中华人民共和国民事诉讼法》第二百条第二项规定，向最高人民法院申请再审，其第一项理由同上海某建筑公司理由，第二项理由是，原审判决认定管某与上海某建筑公司人格混同，管某应承担连带责任，缺乏事实与法律依据。是否构成人格混同，应从人员、业务、财产三方面考虑，若这三方面交叉或混同的，构成人格混同。本案中，管某作为上海某建筑公司经办人及法定代表人，进行付款系职务行为，管某与上海某建筑公司各自财产明确区分，上海某建筑公司未丧失独立人格。原审判决仅凭部分支付行为，认定管某与上海某建筑公司人格混同没有法律和事实依据。

【再审裁判理由及结果】

　　最高人民法院经审理认为：关于案涉《上海某建筑公司 – 材料租借及租金清单》能否作为租金结算依据的问题。本案中，根据原审查明的事实，《上海某建筑公司 – 材料租借及租金清单》系江阴市某出租站与上海某建筑公司对 2010 年 9 月 13 日至 2012 年 12 月 31 日期间双方租金的结算，载明了租赁项目、数额、总租金、已付租金及结欠金额，虽对于租金计算细节没有记载，但载明的钢管长度和扣件数量，与结算时间在后的 2013 年 12 月 19 日《江阴市某出租站租费结算单》载明的 2013 年 1 月 1 日发货数额相一致，而管某对于该份《江阴市某出租站租费结算单》并不持异议。上海某建筑公司、管某提出《上海某建筑公司 – 材料租借及租金清单》系上海某建筑公司单方制作，作为内部核算清单，但管某却在该清单"欠款人"处签字确认，该情形下的清单应是对外出具使用的，与其陈述作为内部核算清单使用不符。江阴市某出租站已经提供双方债权债务结算凭证，上海某建筑公司、管某并未提供与结算凭证载明事实不符的证据，其仅以江阴市某出租站未提供《送货单》为由主张原审判决认定租金依据不足不能成立，原审判决依据《上海某建筑公司－材料租借及租金清单》载明的金额确认上海某建筑公司结欠本案租金并无不当。关于管某应否承担本案连带责任的问题。根据本案事实，江阴市某出租站收到案涉长春、宜兴两个项目的钢管、扣件租金总共合计 568 万元，除其中的 30 万元由上海某建筑公司支付外，其余租金均通过管某或周某个人账户支付，而管某、周某曾为夫妻关系，且管某原为上海某建筑公司的发起人，后上海某建筑公司股东变更为管某、管某某，管某为持股 89% 的控股股东。由此，原审判决认定上海某建筑公司与其股东之间存在资产混同的高度可能性，以及在此情形下要求管某、上海某建筑公司提交上海某建筑公司财务账册、上海某建筑公司与本案有关款项支付的财务往来会计凭证等证据，但上海某建筑公司及作为该公司控股股东的管某未在原审法院限定的期限内提交上述证据，故原审判决认定管某应对上海某建筑公司的案涉债务承担连带责任，并无不当。

综上，上海某建筑公司、管某的再审申请均不符合《中华人民共和国民事诉讼法》第二百条第二项规定的情形。依照《中华人民共和国民事诉讼法》第二百零四条第一款、《最高人民法院关于适用〈中华人民共和国民事诉讼法〉的解释》第三百九十五条第二款规定，裁定如下：

驳回上海某建筑公司、管某的再审申请。

【裁判要点】

股东与公司资产混同，应承担连带责任。

【裁判解析】

法人人格混同是指股东与公司之间资产不分、人事交叉、业务相同，与其交易的第三人根本无法分清是与股东还是与公司在进行交易。

法人人格混同包括三方面：

1. 财产混同。公司财产与股东财产混同，使公司缺乏独立的财产，因此失去了独立人格存在的基础。主要表现在：公司与股东的资本或者其他财产混合；公司与股东的账簿合一，账目不清；股东随意调配公司的财产，或者转为股东个人财产等。

2. 业务混同。股东与公司从事同一业务，有时股东以自己的名义从事交易行为，有时又以公司名义从事交易行为，以至于与其进行交易的第三方无法分清是与股东还是与公司进行交易活动。

3. 人事混同。公司与股东的组织机构、管理人员互相交叉，主要表现在：董事会人员互相兼任，高管人员统一调配。公司与股东虽然形式上独立，但实质上互为一体，公司因此失去独立的意思机构。

公司和股东完全分离是公司取得法人独立资格的前提，也是股东有限责任原则的基础。这种分离不仅表现在公司财产和股东财产的彻底分离，而且表现为股东远离公司的经营管理，股东的财产权和公司经营权彻底分离。但上述几种情况违背了公司与股东分离原则，导致公司与股东人格差别客观上不明了，财产丧失独立性，权利义务关系不明了，法人独立存在的根据丧失，故应揭开公司面纱。

《公司法》第二十条第三款规定"公司股东滥用公司法人独立地位和股东有限责任，逃避债务，严重损害公司债权人利益的，应当对公司债务承担连带责任"。股东应当使用单位账户对外开展经营行为，公司账户与管理人员、股东账户之间不得进行非法的资金往来，以保证公司财产的独立性和正常的经济秩序。当公司账户与股东的账户之间存在大量、频繁的资金往来，且资金用途复杂，导致公司财产与股东财产无法进行区分时，公司与股东之间已构成财产混同，公司已经失去了独立承担债务的基础，严重损害了公司债权人的利益，股东应当对公司债务承担连带责任。

附例

江苏省高级人民法院（2017）苏民终 356 号

贵州省高级人民法院（2017）黔民申 335 号

第8篇　合同约定分期支付租金，
诉讼时效从最后一期届满起算

【案件基本信息】

1. 裁判书字号

江苏省无锡市中级人民法院（2012）锡商初字第0186号民事判决书

江苏省高级人民法院（2014）苏商终字第0027号民事判决书

最高人民法院（2014）民申字第2179号民事裁定书

2. 当事人

原告（二审被上诉人、再审被申请人）：河南某机电公司

被告（二审上诉人、再审申请人）：无锡某特钢公司

【一审法院查明的事实】

江苏省无锡市中级人民法院一审查明：河南某机电公司企业名称原为河南省某空分设备有限公司，2010年9月8日，经郑州市工商行政管理局核准，变更为现名称。

2010年2月4日，河南某机电公司与无锡某特钢公司签订《6000m³/h制氧站租赁合同》，约定6000m³/h制氧站车间、厂房、土建、循环水系统、调压系统等属于河南某机电公司所有，无锡某特钢公司向河南某机电公司承租6000m³/h制氧站，租赁期自2010年2月6日8∶00起计算，租赁期暂定5年，无锡某特钢公司每月支付49万元租赁费给河南某机电公司，但不含工人工资、安全管理费。无锡某特钢公司应于每月租赁月度期满后，支付上月租赁费，但无锡某特钢公司可以扣减河南某机电公司以往的欠款或其他应付款。在河南某机电公司提供的该合同中，曾有"2011年2月6日作为扣减终止日"的文字。因无锡某特钢公司对该文字内容真实性提出异议，并举证了其公司持有的没有该文字内容、但其余内容相同的文本，河南某机电公司在一审中对无锡某特钢公司提供的合同真实性予以认可。

　　河南某机电公司一审诉称：合同签订后，河南某机电公司按约将租赁物交付给无锡某特钢公司使用至今，但无锡某特钢公司却违约拒付租金。故请求法院判令无锡某特钢公司支付租赁费 15 680 000 元及逾期付款违约金1 531 152 元，共计 17 211 152 元。一审中，河南某机电公司将违约金诉讼请求变更为要求无锡某特钢公司赔偿损失（自 2010 年 3 月 6 日起至本判决生效应给付之日止，按中国人民银行规定的同期银行贷款利率计算）。

　　无锡某特钢公司一审辩称：1. 河南某机电公司起诉违背了双方的约定，河南某机电公司不具备起诉的条件；2. 河南某机电公司提起诉讼的时间是2012 年 10 月 30 日，根据相关规定，如果没有诉讼时效中断的情形，法律仅保护至 2010 年 10 月 30 日之后的河南某机电公司的民事权利，2012 年 10 月30 日之前的民事权利因为超过诉讼时效不应受到法律保护；3. 河南某机电公司目前应付无锡某特钢公司的款项数额远远大于河南某机电公司诉请的数额，故河南某机电公司的诉请缺乏法律依据；4. 双方在合同中没有约定违约金及损失赔偿等内容，故河南某机电公司诉请赔偿损失没有合同依据，而且本案所涉的租赁费远不足以冲抵河南某机电公司应付无锡某特钢公司的款项，故无锡某特钢公司不存在拖欠租赁费的情形；5. 无锡某特钢公司对自 2010 年 2月 6 日起，每月应支付河南某机电公司 49 万元租赁费的合同约定及相应的事实没有异议。

　　一审法院另查明：2011 年 8 月 12 日，一审法院受理了无锡某特钢公司与河南某机电公司供用气合同纠纷一案，2012 年 4 月 9 日，该院经审理后认为，无锡某特钢公司向河南某机电公司主张的垫付款 2 848 476 元、外购气体及相关费用 27 300 620 元、涉案制气厂复产但不能正常供气期间所发生的电费608 217 元，共计 30 757 313 元，有法律及事实依据，予以支持。一审法院作出（2011）锡商初字第 0042 号民事判决：河南某机电公司于判决生效后 10 日内向无锡某特钢公司支付 30 757 313 元。河南某机电公司不服该判决，向江苏省高级人民法院提起上诉。高院审理后，依法作出（2012）苏商终字第 0100号民事判决：驳回上诉，维持原判决。

　　此外，无锡某特钢公司于 2013 年 7 月诉至无锡市惠山区人民法院，请求河南某机电公司支付各项费用 800 余万元。该案尚未作出一审判决。

　　在一审中，无锡某特钢公司表示：在本案中，无锡某特钢公司不主张抵扣租金；河南某机电公司的利息请求不应支持，按照合同约定，无锡某特钢公司可以在河南某机电公司应得租金中扣减以往的欠款和其他应付款。

本案一审的争议焦点为：1. 无锡某特钢公司是否应按约支付租赁费并承担逾期付款的利息损失。2. 河南某机电公司诉请无锡某特钢公司给付租赁费是否超过诉讼时效期间。

【一审裁判理由及结果】

江苏省无锡市中级人民法院一审认为：河南某机电公司与无锡某特钢公司签订的《6000m³/h 制氧站租赁合同》明确约定，无锡某特钢公司向河南某机电公司承租 6000m³/h 制氧站后，应自 2006 年 2 月 6 日起向河南某机电公司每月支付 49 万元租赁费，支付时间为每月租赁月度期满后，支付上月租赁费。河南某机电公司按约提供了租赁物，故河南某机电公司应按照双方合同的约定支付租赁费。虽然双方签订的合同明确无锡某特钢公司可以扣减河南某机电公司以往的欠款或其他应付款，但是合同法明确规定，当事人互负到期债务，该债务的标的物种类、品质相同的，任何一方可以将自己的债务与对方的债务抵销。当事人主张抵销的，应当通知对方，通知自到达对方时生效。当事人互负债务，标的物种类、品质不相同的，经双方协商一致，也可以抵销。故根据法律规定，标的物种类、品质相同的债务抵销的前提是当事人互负债务，且债务已经到期，标的物种类、品质不相同的债务抵销的前提是须经双方协商一致。本案中，（2011）锡商初字第 0042 号案件虽然判令河南某机电公司于判决生效后 10 日内向无锡某特钢公司支付 30 757 313 元，但双方当事人并未达成河南某机电公司应付义务与本案无锡某特钢公司应付租赁费相互抵销的口头或书面协议，且河南某机电公司也明确在本案中并不主张债务抵销。由于双方没有达成债务相互抵销的意思表示，无锡某特钢公司应当根据《6000m³/h 制氧站租赁合同》的约定，向河南某机电公司每月支付租赁费 49 万元。自 2010 年 2 月 6 日起至 2012 年 10 月 5 日止，共 32 个月，租金合计 15 680 000 元。由于无锡某特钢公司未按约履行付款义务，其应按中国人民银行规定的同期银行贷款利率赔偿河南某机电公司逾期付款的利息损失。

当事人约定同一债务分期履行的，诉讼时效期间从最后一期履行期限届满之日起计算。河南某机电公司诉请无锡某特钢公司给付的租赁费系分期给付的同一债务，诉讼时效应从最后一期履行期限届满之日起计算，故河南某机电公司的诉请并未超过法律规定的诉讼时效期间，其请求亦应予支持。

综上，江苏省无锡市中级人民法院认为，无锡某特钢公司与河南某机电公司签订的《6000m³/h 制氧站租赁合同》系双方当事人真实意思表示，其内容合法有效。无锡某特钢公司未按约给付租赁费属违约，应按约给付租赁费并赔偿河南某机电公司逾期付款的利息损失。据此，依据《中华人民共和国合同法》第九十九条、第一百条、第一百零七条，《最高人民法院关于审理民事案件适用诉讼时效若干问题的规定》第五条之规定，作出如下判决：无锡某特钢公司应于判决生效后 10 日内向河南某机电公司支付自 2010 年 2 月 6 日起至 2012 年 10 月 5 日止的租赁费 15 680 000 元，并赔偿逾期付款的利息损失（自 2010 年 3 月 6 日起至本判决生效应给付之日止，以每月 5 日应付租金为基数，按照中国人民银行规定的同期银行贷款利率计算）。

【二审上诉请求及理由】

无锡某特钢公司不服一审判决，向江苏省高级人民法院提起上诉，请求：1. 撤销原审判决，改判驳回河南某机电公司关于 2011 年 9 月 30 日之前的租金请求（约 9 718 333 元）以及要求赔偿损失的诉讼请求；2. 本案的诉讼费用由河南某机电公司负担。理由如下：1. 原审判决认定河南某机电公司的相关诉讼请求没有超过法定诉讼时效，属于适用法律错误。本案所涉的每月租金，属于定期给付债务，是继续性合同在合同履行中持续定期发生的债务，该债务是在合同履行过程中不断产生的，因而各期债务履行期限届满后均为独立债务，这不是法律规定意义上的"同一债务"，更不是所谓的"分期履行"。对于定期债务而言，债务人任何一期不按约履行，都构成对债权人权利的侵害。河南某机电公司仅有权主张 2011 年 9 月 30 日之后的租金。河南某机电公司没有证据证明其间存在法定的诉讼时效中断的情形，故河南某机电公司关于 2011 年 9 月 30 日之前的租金请求不应得到支持与保护。2. 原审判决关于无锡某特钢公司赔偿河南某机电公司利息损失不当，应当予以纠正。租赁合同约定，无锡某特钢公司支付租金时可以扣减河南某机电公司以往的欠款或其他应付款，这是河南某机电公司同意就种类不同的债务进行抵销的明确意思表示。即只要在租赁合同履行期间，能够确定河南某机电公司对无锡某特钢公司欠款或应付款，那么就应该予以抵销。（2012）苏商终字第 0100号民事判决生效前，河南某机电公司自认其结欠无锡某特钢公司 700 余万元欠款和其他应付款，之后（2012）苏商终字第 0100 号民事判决确定河南某机电公司应付给无锡某特钢公司 3000 余万元。尽管无锡某特钢公司明确关于对河南某机电公司的有关请求另案起诉而不在本案中抵销，但是不应认定无锡某特钢公司没有按时支付租金是违约行为，河南某机电公司无权获得所谓的利息赔偿。一审中，河南某机电公司恶意伪造证据提交给法院，试图缩短无锡某特钢公司可以抵销租金的期限，其意图就是为了获得 2011 年 2 月 6 日之后的租金利息并剥夺无锡某特钢公司的巨额债权。原审法院未对河南某机电公司严重妨害民事诉讼的行为进行制裁，存在不当。

【二审法院查明的事实】

江苏省高级人民法院二审查明：原审查明确认的事实属实，应予确认。

二审中，河南某机电公司提交：1.（2012）苏商终字第 0100 号民事判决书、（2011）锡商初字第 0042 号案件 2011 年 9 月 29 日证据交换笔录和 2011 年 12 月 8 日庭审笔录、司某某书面证言，证明河南某机电公司曾向无锡某特钢公司催要过租金，在（2011）锡商初字第 0042 号案件证据交换过程中也提出抵销租金的主张，以及在（2011）锡商初字第 0042 号案件庭审中无锡某特钢公司认可河南某机电公司讨要过租金，故本案起诉未超过诉讼时效。2. 最高人民法院（2013）民申字第 447 号民事裁定书，证明（2012）苏商终字第 0100 号民事判决已经被裁定进入再审程序。

无锡某特钢公司质证认为：1. 河南某机电公司对于（2012）苏商终字第 0100 号民事判决书一方面主张该判决被裁定再审，另一方面用该判决来证明自己的主张，存在逻辑矛盾。该判决书查明的事实部分不能证明河南某机电公司曾经向无锡某特钢公司主张过本案所涉租金的相关事实。司某某的自书材料没有相应的证据佐证。对于（2011）锡商初字第 0042 号案件 2011 年 9 月 29 日证据交换笔录和 2011 年 12 月 8 日庭审笔录的真实性无异议。但在证据交换笔录第 1 页河南某机电公司陈述"应当按照租赁合同约定支付租赁款"并不是其请求主张，而是一个答辩观点；"两项折抵"的说法也是含糊的，河南某机电公司主张的是气体款与赔偿款抵销；"无锡某特钢公司也未支付租赁费用"也不是河南某机电公司提出请求的一种方式。庭审笔录第 5 页"因为产生纠纷后，无锡某特钢公司有 3000 多万损失未解决，河南某机电公司来讨要租赁费，无锡某特钢公司有理由不支付"的含义是如果河南某机电公司来讨要租赁费，无锡某特钢公司是不可能支付的，司某某并未代表河南某机电公司向无锡某特钢公司主张过租金。2. 对最高人民法院（2013）民申字第447 号民事裁定书的真实性无异议。

对于河南某机电公司提交的（2012）苏商终字第 0100 号民事判决书、（2011）锡商初字第 0042 号案件 2011 年 9 月 29 日证据交换笔录和 2011 年 12 月 8 日庭审笔录、最高人民法院（2013）民申字第 447 号民事裁定书，因无锡某特钢公司对其真实性均无异议，二审法院对上述证据的真实性予以确认。从（2011）锡商初字第 0042 号案件 2011 年 9 月 29 日证据交换笔录内容来看，河南某机电公司主张无锡某特钢公司未支付租赁费用和气体款，未付款项与赔偿款两项相抵，河南某机电公司已不欠无锡某特钢公司款项，故请求驳回无锡某特钢公司该案的诉讼请求，该证据交换笔录与本案具有关联性，可以作为证据使用。庭审笔录与本案不具有关联性，二审法院不予采纳。河南某机电公司对司某某的书面证言的真实性不认可，二审法院认为该证言不符合证人证言的证据形式，故对司某某的书面证言不予采纳。

二审法院另查明，河南某机电公司不服二审法院（2012）苏商终字第 0100 号民事判决，向最高人民法院申请再审。2013 年 12 月 27 日，最高人民法院作出（2013）民申字第 447 号民事裁定，指令二审法院再审该案。

经双方当事人确认，本案二审争议焦点是：1. 河南某机电公司诉请 2011 年 9 月 30 日之前的租金是否超过诉讼时效；2. 无锡某特钢公司是否应赔偿河南某机电公司迟延支付租金的利息。

【二审裁判理由及结果】

江苏省高级人民法院二审认为：一、最高人民法院《关于审理民事案件适用诉讼时效制度若干问题的规定》第五条规定：当事人约定同一债务分期履行的，诉讼时效期间从最后一期履行期限届满之日起计算。本案中，河南某机电公司依据《6000m³/h 制氧站租赁合同》向无锡某特钢公司主张租金，虽然合同中约定按月支付租金，但基于同一份合同连续产生的租金性质应为同一债务分期履行的情形，诉讼时效应从最后一期履行期限届满之日起算，故河南某机电公司的起诉并未超过诉讼时效。

二、《中华人民共和国合同法》第九十九条规定：当事人互负到期债务，该债务的标的物种类、品质相同的，任何一方可以将自己的债务与对方的债务抵销，但依照法律规定或者按照合同性质不得抵销的除外。当事人主张抵销的，应当通知对方。通知自到达对方时生效。抵销不得附条件或者附期限。《6000m³/h 制氧站租赁合同》第五条约定：无锡某特钢公司可以扣减河南某机电公司以往欠款或其他应付款。无锡某特钢公司主张其与河南某机电公司在租赁合同第五条约定抵扣款项，正是基于其向河南某机电公司提出了抵销的主张，否则在租赁合同中不可能出现该条约定，故无锡某特钢公司未支付租金不构成违约，不应承担逾期付款的违约责任。二审法院认为，从《6000m³/h 制氧站租赁合同》第五条内容来看，河南某机电公司和无锡某特钢公司对于河南某机电公司应获得的租金与无锡某特钢公司应获得的欠款或其他应付款达成了可以相互抵销的合意，一审判决认定双方当事人并未达成河南某机电公司应付义务与无锡某特钢公司应付租赁费相互抵销的口头或书面协议存在不当，应予纠正。但是租赁合同订立后，虽然无锡某特钢公司未向河南某机电公司按期支付租金，但并未明确其不支付租金系主张与河南某机电公司抵销其他欠款或应付款。而且，无锡某特钢公司提起了另案之诉，向河南某机电公司主张返还、赔偿各项费用及损失 3000 余万元。该案起诉时本案租赁合同正在履行过程中，无锡某特钢公司尚未支付租金，但该公司的起诉标的并未扣减其应支付的租金数额，故应认定无锡某特钢公司已采取另案诉讼的方式向河南某机电公司主张赔偿款和欠款。在本案一审过程中，无锡某特钢公司亦明确表示不抵扣租金。综观河南某机电公司和无锡某特钢公司起诉的多个案件，两公司对于各项费用均采用诉讼的方式向对方主张，分别处理，并未采用抵销的方式处理，故本案无需等待（2012）苏商终字第0100 号民事判决再审结果，河南某机电公司要求中止审理本案不能成立。无锡某特钢公司未按期支付租金构成违约，应承担相应的逾期付款违约责任。

综上，无锡某特钢公司的上诉请求无事实和法律依据，江苏省高级人民法院不予支持。原审判决认定事实基本清楚，适用法律正确，处理结果并无不当。依照《中华人民共和国民事诉讼法》第一百七十条第一款第（一）项之规定，判决如下：

驳回上诉，维持原判决。

【再审申请及理由】

无锡某特钢公司向最高人民法院申请再审称：1. 原判认定河南某机电公

司的主张没有超过法定的诉讼时效，属适用法律错误。本案所涉的每月应支付的租金，属于定期给付债务，是继续性合同在合同履行中持续定期发生的债务，该债务是在合同履行过程中不断产生的，因而，各期债务履行期限届满后均为独立债务。债务人任何一期不按约履行，都构成对债权人权利的侵害。故本案中每一期租金的诉讼时效均应从各该租赁月度之次月起算，结合租金债权的诉讼时效为一年的法律规定和合同中关于次月给付租金的约定，河南某机电公司仅有权主张在其一审起诉日之前一年再加一个月的租金，即2011 年 9 月 30 日之后的租金。对 2011 年 9 月 30 日之前的租金，不应得到法律的支持与保护。河南某机电公司虽在 2011 年 9 月 29 日于另案中对租金问题虽然提出过抵销抗辩，但并不构成法律意义上的主张。退言之，即便认为该抗辩构成诉讼时效中断，河南某机电公司亦无权主张 2010 年 9 月 29 日之前约390 万元的租金。2. 原审判令无锡某特钢公司赔偿河南某机电公司利息损失不当，应当予以纠正。《6000m³/h 制氧站租赁合同》约定无锡某特钢公司在支付租金时可以扣减河南某机电公司以往的欠款或其他应付款，这是双方同意就种类不同的债务进行抵销的明确意思表示。二审判决虽然就这一抵销合意做出了认定，但其关于无锡某特钢公司要承担利息这一违约责任的判定是错误的。本案双方虽然达成了就不同债务进行抵销的协议，但在实际履行中双方分别就自己的权利向人民法院提出主张，无锡某特钢公司在另案中并没有向河南某机电公司主张相应的利息，是因为无锡某特钢公司一方考虑了双方此前有明确的债务抵销约定。因双方有不同债务可以抵销的约定，河南某机电公司对无锡某特钢公司负有 3000 余万元债务已经为另案判决所认定，故无锡某特钢公司未付租金的行为不构成违约行为，河南某机电公司在主张权利时，无权主张租金利息。综上，无锡某特钢公司依据《中华人民共和国民事诉讼法》第二百条第二项、第六项之规定，向最高人民法院申请再审，请求：撤销原审判决，依法改判驳回河南某机电公司的全部诉讼请求。

【再审裁判理由及结果】

最高人民法院认为，无锡某特钢公司与河南某机电公司签订的制氧站租赁合同是双方的真实意思表示，其内容不违反法律、行政法规的强制性规定，合法有效，双方当事人均应遵照履行。根据合同约定，在五年租赁期限内，无锡某特钢公司应于每月租赁月度期满后，支付上月租赁费 49 万元。无锡某特钢公司的租金给付义务虽然系每月支付，但系基于同一租赁合同所生债务。原审判决依据最高人民法院《关于审理民事案件适用诉讼时效制度若干问题的规定》第五条关于"当事人约定同一债务分期履行的，诉讼时效期间从最后一期履行期限届满之日起计算"之规定，认定本案中无锡某特钢公司所负的租金给付义务系同一债务分期履行，适用法律正确，再审法院予以确认。申请人无锡某特钢公司关于河南某机电公司诉讼请求中有部分租金债权已经超过诉讼时效的申请理由不能成立，再审法院不予支持。双方当事人虽然在租赁合同中约定无锡某特钢公司可以扣减河南某机电公司以往的欠款或其他应付款以抵销应当支付的租金，但无锡某特钢公司在合同的履行过程中并未行使主张抵销这一合同权利。在本案诉讼之前，无锡某特钢公司于2011年8月12日向一审法院提起诉讼，要求河南某机电公司清偿对其所负债务，该案中无锡某特钢公司的诉讼请求并未相应扣减其应付河南某机电公司的租金。另一方面，在本案的一审过程中，双方当事人均表示两项债务不作抵销。故原审判决关于无锡某特钢公司未按合同约定期限支付利息的行为构成违约行为，应当承担逾期支付违约责任的认定正确，再审法院予以维持。无锡某特钢公司在另案中主张权利时是否要求河南某机电公司承担逾期付款的违约责任与河南某机电公司在本案中可否请求无锡某特钢公司承担逾期支付租金的违约责任，二者之间并无因果关系。故原审判决关于无锡某特钢公司逾期支付租金构成违约行为并应按银行同期贷款利率标准支付利息的认定正确，再审法院予以维持。申请人无锡某特钢公司关于双方就互负的债务存在抵销的约定、河南某机电公司无权主张租金债权利息的申请理由，无事实和法律依据，再审法院不予采信。

综上，无锡某特钢公司的再审申请不符合《中华人民共和国民事诉讼法》第二百条第二项、第六项规定的情形。再审法院依照《中华人民共和国民事诉讼法》第二百零四条之规定，裁定如下：

驳回无锡某特钢公司的再审申请。

【裁判要点】

同一债务分期履行，诉讼时效从最后一期届满之日起计算。

【裁判解析】

最高人民法院《关于审理民事案件适用诉讼时效制度若干问题的规定》

第五条规定"当事人约定同一债务分期履行的，诉讼时效期间从最后一期履行期限届满之日起计算"。该条适用于"同一债务分期履行"，但何谓"同一债务分期履行"，在理解该条款之前，需要区分一下分期履行之债和同一债务分期履行这两个概念。

分期履行之债，是指当事人在同一份合同中约定，对合同约定的债务分期履行。我国《合同法》第一百六十六条规定："出卖人分批交付标的物的，出卖人对其中一批标的物不交付或者交付不符合约定，致使该批标的物不能实现合同目的的，买受人可以就该批标的物解除。

出卖人不交付其中一批标的物或者交付不符合约定，致使今后其他各批标的物的交付不能实现合同目的的，买受人可以就该批以及今后其他各批标的物解除。

买受人如果就其中一批标的物解除，该批标的物与其他各批标的物相互依存的，可以就已经交付和未交付的各批标的物解除。"

该条规定的就是分期履行之债。如果各批债务具有可分性的话，可以就每一笔债务行使独立的权利，即其诉讼时效可以从每笔债务履行届满时起算；但是当各笔债务具有整体性时，则只有所有债务只具有一个请求权，即其诉讼时效应当从最后一笔债务履行期限届满之日起起算。

分期履行之债又可以具体分为定期给付之债与分期给付之债。定期给付之债（不同笔债务），指当事人双方在合同履行过程中不断定期重复该债务，同时该债务具有双务性，因此各期债务履行期限届满后，均为独立之债。例如居民的水电煤等定期给付之债。分期给付之债（视为同一笔债务），指某一债务发生后，当事人按照约定分期履行，其债务在订立合同时即产生，而不像定期给付之债是在合同履行过程中发生的。例如借款合同中约定的分期付款。该种债务具有同一性和整体性。由此可见，分期履行之债既有可能是同一笔债务，又有可能是同一性质的数笔债务。简而言之，定期给付之债为不同债务，分期给付之债为同一债务。

同一债务分期履行（同一笔债务），是指当事人约定将同一笔债务分期履行，其虽然也是在同一合同项下对债务分期履行，但是该债务为同一笔债务，而不是不同笔债务。其债务的内容在订立合同时就已经确定。

本案中，无锡某特钢公司主张所涉的每月应支付的租金，是继续性合同在合同履行中持续定期发生的债务，该债务是在合同履行过程中不断产生的，因而，各期债务履行期限届满后均为独立债务，债务人任何一期不按约履行，都构成对债权人权利的侵害，属于定期给付债务，故本案中每一期租金的诉讼时效均应从各该租赁月度之次月起算，河南某机电公司仅有权主张在其一审起诉日之前一年再加一个月的租金，其他租金已超过诉讼时效。但最高人民法院并未支持无锡某特钢公司的主张，最高院认为应当从最后一期履行期限届满之日起计算，这种做法是合情合理合法的。

第一，首先，按照通常理解，诉讼时效制度适用的前提是债权人怠于行使自身权利。因此《民法通则》第一百三十七条规定，诉讼时效期间从知道或者应当知道权利被侵害时起计算。如果债权人主观上没有怠于行使权利，则不应适用诉讼时效制度剥夺其胜诉权。在分期支付租金的情形下，债权人的主观情形是存在多种可能的。在合同持续履行的情况下，债权人有可能是认为合同还在履行、承租人还在使用租赁物，为了避免双方关系破裂，没有及时主张欠付租金；也可能是由于欠付租金数额不大，对于是否支付并不在意而没有提出主张；还有可能是认为合同尚未到期，随时有权利提出主张，并没有怠于主张的意思。按照诉讼时效制度的本意，债权人的不同主观状态对于诉讼时效的起算十分重要，然而主观状态毕竟难以准确判断，并且从公平原则出发，也无法针对履行情况相同、主观状态判断不同的具体合同分别适用不同的规则，形成不同的法律后果。既然无法判断债权人的主观状态，而债务未履行的事实又确实存在，那么将裁判标准统一在有利于保护债权的方向，显然更符合实质公平。其次，从当事人订立和履行合同的实际出发，对于一个履行期限相对较长的租赁合同，如果要求债权人对于每一期到期未支付的租金均单独提出主张，并且在合同履行过程中时刻关注诉讼时效期间届满或中断的情形，将会造成债权人过重的负担。允许债权人以最后一期租金履行期作为诉讼时效起算点，更符合维护合同关系的需要，也更有利于债权人从容选择主张权利的时间和方式。

第二，同一债务分期履行，该债务实质上为同一债务，具有整体完整性，从整体上来说是一个债务，是基于同一合同目的所成立的。虽然基于当事人的意愿，将债务的履行进行了分割，使每个分债务具有了一定的独立性，但是这种独立性还不足以否定该债务的整体性。如果从每一期债务履行期限届满之日分别计算诉讼时效，必将割裂同一债务的整体性，将导致债权人担心其诉讼时效过期而频繁主张权利，动摇交易的信心，背离了诉讼时效制度所追求的效率价值。因此同一债务分期履行的诉讼时效期间从最后一期履行届满之日起算更符合该债务的特征。

附例

福建省高级人民法院（2018）闽民申 2901 号
新疆维吾尔自治区高级人民法院（2018）新民申 387 号
湖北省高级人民法院（2017）鄂民再 74 号
江苏省高级人民法院（2014）苏商终字第 0027 号

第9篇　租赁物无法退场造成损失的责任承担

【案件基本信息】

1. 裁判书字号

山西省运城市中级人民法院（2012）运中民初字第41号民事判决书

山西省高级人民法院（2014）晋民终字第179号民事判决书

最高人民法院（2014）民申字第2066号民事裁定书

2. 当事人

原告（二审上诉人、再审被申请人）：师某某

被告（二审上诉人、再审申请人）：江苏某公路公司

【基本案情】

2010年5月9日，被告江苏某公路公司为完成其承建的德昌高速公路，与原告师某某签订了《机械设备租赁合同》。出租方师某某为甲方，承租方江苏某公路公司为乙方。合同约定：乙方应保证工程结束甲方设备退场时能够安全及时地撤离现场，若因乙方原因不能撤离现场，造成的损失由乙方承担。2011年8月25日，被告通知原告撤场后，因被告与当地供料商的经济纠纷未解决，致使原告的机械设备无法撤离，被告通过多种方式与当地供料商协商未果，原告为搬迁设备多次组织民工、吊车、运输车辆等，均因当地供料商阻拦，无法搬迁，导致多次重复支付费用共计855 197.8元。最终于2012年8月正式撤离现场。

另外，原告于2012年4月18日与北京某建设集团项目经理部签订一份《设备租赁合同》，该合同约定租赁期限8个月，租金大于等于270万元；任何一方违约，将支付对方合同租金总额10%的违约金及相关损失。因原告的设备在被告原场地无法撤离，造成违约，原告为此支付该项目部违约金50 000元，支出差旅费2530元。按照合同约定，原告还应支付违约金22万元。

【一审裁判理由及结果】

山西省运城市中级人民法院认为，原、被告签订的《机械设备租赁合同》及《补充协议》是双方协商自愿达成，且合同内容无违法条款，该合同应认定合法有效。合同签订后，原告按照合同约定的时间，将租赁物送入被告指定的场地，依法履行了合同义务。被告所承建的工程竣工后，虽然向原告发出设备撤场通知书，但因被告未妥善解决与当地供料商之间的经济纠纷，导致原告搬迁设备时遇到当地供料商阻挡，无法撤离现场，经原、被告多次与当地供料商协商，于2012年8月才将设备撤离现场，致使原告的设备11个月不能撤离被告工地，造成损失，该损失应由被告承担。其中应赔偿合同约定的基本租赁费并扣减设备闲置期间应产生的设备折旧费，因目前国家相关部门对该类设备折旧费计算标准尚无明确规定，应酌定为按合同约定的基本租赁费的20%予以扣减。对于原告要求被告承担设备未能及时搬迁致使其2012年4月18日与北京某建设集团项目经理部签订的《设备租赁合同》无法履行造成的合同违约金及差旅费272 530元的请求，因原告在该合同违约中仅实际支付合同相对人违约金5万元，并支付差旅费2530元，该实际损失原审法院予以支持，其他尚未支付的违约金220 000元的请求不予支持。

综上，依据《中华人民共和国合同法》第四十四条、第二百二十六条、第二百三十五条的规定，判决如下：

一、被告江苏某公路公司在本判决生效后十日内支付原告师某某因延迟撤离场地造成设备租赁费损失2 277 000元，场地租金、人工费、差旅费等损失505 197.8元，两项共计2 782 197.8元；

二、被告江苏某公路公司在本判决生效后十日内付原告师某某因合同违约支付他人违约金及差旅费52 530元。

【二审上诉请求及理由】

原告师某某不符一审判决，向山西省高级人民法院上诉称，上诉人与被上诉人2011年8月12日所签订的是设备租赁合同，因被上诉人的过失导致上诉人的4000型沥青拌合设备滞留工地长达十一个月，按双方所签《机械设备租赁合同》第九条第三款约定："若因乙方（被上诉人）原因（设备）不能撤离现场，造成的损失由乙方（被上诉人）承担。"一审判决将上诉人实际损失的设备租赁费扣除20%是没有法律依据和事实依据的，故请求二审法院依法判决被上诉人按合同约定支付上诉人的全部租赁费损失。对此,江苏某公路公司答辩称:上诉人的上诉请求无法律依据,应驳回其上诉请求。

江苏某公路公司上诉称:1. 一审法院判决上诉人江苏某公路公司支付被上诉人师某某设备租赁费损失 2 277 000 元,场地租金、人工费、差旅费等损失 505 197.8 元,合计人民币 2 782 197.8 元,系事实认定错误,且证据不足,无法律依据。根据一审法院的举证分配责任,被上诉人师某某应向法庭提供证据证明其工程设备迟延搬离是由于上诉人江苏某公路公司所致,但从一审中被上诉人师某某提供的证据 2 影像资料,该组证据仅证明了被上诉人的搅拌设备存放完好,没有人为损坏。同样被上诉人师某某提供的证据 3 音像资料,该组证据文字资料显示也只说明上诉人江苏某公路公司尚欠被上诉人师某某的合同款 416 360 元,请求上诉方及时支付,上诉人方也在向业主催收工程款等内容,也没有谈到上诉人江苏某公路公司方的债权人围堵被上诉人师某某的搅拌设备导致无法撤离等相关内容。2. 一审法院认定上诉人江苏某公路公司应向被上诉人因合同违约支付他人违约及差旅费 52 530 元系错误认定,也无法律依据。原审法院凭被上诉人师某某提供的证据 5 设备租赁合同,认定上诉人承担 52 530 元,完全没有法律依据,因该合同出租方为:西安某机械设备有限公司,而非被上诉人师某某,承租方为:北京某建设集团工程项目经理部,签约时间为:2012 年 4 月 18 日,合同设备租赁期限为:2012 年 4 月 20 日至 2012 年 12 月 31 日。该合同是否履行,是否构成违约以及由此合同造成的违约损失均与被上诉人师某某没有关联,更与上诉人江苏某公路公司没有关联。对此,被上诉人师某某答辩称:1. 我方提交的与对方项目负责人的通话记录以及与对方副总经理的通话记录,他们均提出是工程没有到位,其没有办法解决与当地债权人的纠纷。2. 西安某机械设备有限公司的法定代表人是师某某,该合同上的标的物与扣留的机械设备是同一标的物,故对方应承担导致合同不能履行的违约金。

【二审裁判理由及结果】

山西省高级人民法院认为:1. 根据师某某提供的场地租赁合同、通话记录、短信记录,能认定是由于江苏某公路公司与当地供料方发生债务纠纷致使师某某的设备无法撤离现场。租赁设备 11 个月滞留原地造成租赁费的损失,可按照双方租赁合同约定的基本租赁费的 80% 计算(由于设备实际未用,设备折旧费会低，也没有人员工资支出）。2. 西安某机械设备有限公司的法定代表人是师某某，该合同上的标的物与扣留的机械设备是同一标的物，故江苏某公路公司应承担导致合同不能履行的违约责任。

综上，山西省高级人民法院判决驳回上诉，维持原判。

【再审申请及理由】

江苏某公路公司向最高人民法院申请再审称：一、二审判决对师某某的设备无法撤离施工现场的原因认定错误。二审判决有关因江苏某公路公司未妥善解决与当地供料商之间的经济纠纷，导致师某某搬迁设备时遇到阻扰，无法撤离施工现场，给师某某造成的损失由江苏某公路公司承担的认定错误且证据不足。二、二审判决对师某某的损失认定错误。1. 二审判决判令江苏某公路公司支付师某某设备租赁费损失 227.7 万元没有事实和法律依据。2. 二审判决判令江苏某公路公司支付师某某设备场地租金、人工费、差旅费等损失 505 197.8 元，无法律依据且证据不足。3. 二审判决判令江苏某公路公司支付师某某因合同违约支付他人违约金及差旅费 52 530 元缺乏法律依据。

【再审裁判理由及结果】

最高人民法院经审理认为：结合当事人提供的证据分析，应认定因江苏某公路公司的原因致使师某某的设备无法撤离施工现场。首先，根据师某某提供的通话记录的情况看，在工程竣工后，师某某就其设备的撤离与江苏某公路公司进行多次的沟通，因江苏某公路公司与当地供料商存在经济纠纷，致使师某某的设备无法撤离施工现场。其次，师某某提供的短信记录则进一步佐证了师某某的设备无法撤离施工现场为江苏某公路公司的原因所致。

本案中，师某某的设备无法撤离施工现场为江苏某公路公司与当地供料商存在纠纷所致。师某某的设备 11 个月不能撤离工地所造成的损失应由江苏某公路公司承担。二审判决按照双方租赁合同约定的基本租赁费的 80% 酌情确定，较为客观、合理。师某某因数次搬迁设备遇阻所发生的场地租金、人工费、差旅费 505 197.8 元及因合同违约支付他人违约金、差旅费 52 530 元亦因江苏某公路公司原因而实际发生，理应由江苏某公路公司承担。二审判决对江苏某公路公司应赔偿师某某的损失的认定并无不当。综上，最高人民法院裁定驳回江苏某公路公司的再审申请。

【裁判要点】

当因承租方的原因导致建筑设备无法撤离施工现场时，给出租方造成的损失应由承租方承担。

【裁判解析】

《中华人民共和国合同法》第一百零七条规定，当事人一方不履行合同义务或者履行合同义务不符合约定的，应当承担继续履行、采取补救措施或者赔偿损失等违约责任。第一百一十二条规定，当事人一方不履行合同义务或者履行合同义务不符合约定的，在履行义务或者采取补救措施后，对方还有其他损失的，应当赔偿损失。

本案中，案涉租赁合同双方签订合同时约定：乙方（承租方）应保证工程结束甲方（出租方）设备退场时能够安全及时地撤离现场，若因乙方原因不能撤离现场，造成的损失由乙方承担。后因承租方自身原因致使出租方的租赁设备无法撤离，承租方为搬迁设备多次重复支付费用。又由于设备未能及时搬迁，致使承租方与第三方签订的《设备租赁合同》无法履行，承租方为此支付了违约金、差旅费。出租方的损失系因承租方的过错而实际发生，因此由承租方承担设备无法及时退场造成的损失，按合同约定的基本租赁费酌定扣减，既符合上述法律规定又符合租赁合同约定。

第 10 篇　合同约定到期未续签对租金进行调整，应按合同约定处理

【案件基本信息】

1. 裁判书字号

辽宁省大连市中级人民法院（2014）大民三初字第 29 号民事判决书

辽宁省高级人民法院（2014）辽民二终字第 00210 号民事判决书

最高人民法院（2015）民申字第 1324 号民事裁定书

2. 当事人

原告（二审被上诉人、再审被申请人）：吴某某

被告（二审上诉人、再审申请人）：大连某建设公司

【一审法院查明的事实】

2012 年 6 月 4 日吴某某与大连某建设公司签订《租赁合同》，合同约定：吴某某向大连某建设公司承建瓦房店市曲大屯钻石经典项目、瓦房店李官龙门汤项目、金州左岸阳光项目租借钢管、扣件及各种配件，并对租赁品种等作出了约定，租借日自 2012 年 6 月 4 日至 2013 年 8 月 30 日止，如需延长合同，应在合同期满后十五天内重新办理续租手续。合同第六条第一项约定：合同期满后，大连某建设公司如未在规定的期限内办理续租手续，吴某某除按大连某建设公司实际租用天数并照原合同规定收取租金外，每天加收逾期租金总额的千分之二；合同第十条约定：付款方式为大连某建设公司提货前支空白支票壹张，大连某建设公司每个月 30 号签字确认租费，大连某建设公司租用吴某某的脚手架等所发生的款额，大连某建设公司用房屋抵顶给吴某某，大连某建设公司在 2012 年 6 月 4 日至 2012 年 10 月 1 日前给吴某某位于大连市金州区龙王庙东方湾商品房屋 5 套，并协助吴某某办理所有相关入住手续……。在 2012 年 12 月 31 日前，双方对所发生的租费及房屋付款情况做年终结算，并签字确认。

合同签订后，大连某建设公司交给吴某某已经加盖有大连某建设公司财务专用章及法定代表人马某某章的空白支票一张。

本案审理过程中，经吴某某与大连某建设公司核对，双方对大连某建设公司至 2013 年 12 月 31 日止尚欠吴某某租金 14 589 200.8 元，没有异议。

经核对，双方确定尚未返还的建筑设备如下：钢管 120 368.5 米，定向 113 754 只，转向 13 876 只，接头 30 027 只，山型卡 93 103 只，步步紧 5946 只，顶托 5187 只，顶丝 451 只，铁桥板 2854 只。

【一审裁判理由及结果】

大连市中级人民法院认为，案涉《租赁合同》是双方真实意思表示，内容不违反法律规定，是有效的合同。吴某某依约交付了租赁物，大连某建设公司未能依约支付租金，应当承担给付租金 14 589 200.8 元的责任，并应承担返还租赁物的责任。

关于吴某某主张大连某建设公司给付加收租金 501 795.25 元的诉讼请求一节，吴某某主张，按照合同第六条的约定计算加付租金的数额：自 2013 年 9 月 15 日起至 2014 年 1 月 15 日止共计 120 天，以欠付租金的总额的日千分之二计算为 300 余万元，吴某某自行减少数额，仅诉请 501 795.25 元；大连某建设公司主张，根据惯例，不签订合同视为租赁继续有效，而且大连某建设公司可以随时以房抵债。一审法院认为，合同关于逾期未续签合同而加收金额有明确的约定，现吴某某将此数额自行减少至 501 795.25 元，其主张有法律和合同的依据，一审法院予以支持。

关于大连某建设公司主张依据案涉合同的约定，租金结算的方式为以房抵租金，且大连某建设公司有房可供抵债。一审法院认为，案涉租金的给付方式双方约定为以房抵顶租金，是履行债务的一种方式，因大连某建设公司未按约如期结算租金并办理以房抵债的手续，存在违约，现吴某某不同意以房抵租金而选择要求大连某建设公司以货币的方式支付租金不违反法律和合同的约定，对大连某建设公司的此项主张，一审法院不予支持。依据《中华人民共和国合同法》第一百零七条、第二百三十五条的规定，判决如下：

一、大连某建设公司于本判决生效后十日内给付吴某某租金 14 589 200.8 元；

二、大连某建设公司于本判决生效后十日内给付吴某某逾期未续签合同的加收的费用 501 795.25 元；如果未按本判决指定的期间履行给付金钱义务，应当依照《中华人民共和国民事诉讼法》第二百五十三条之规定，加倍支付延迟履行期间的利息。

三、大连某建设公司于本判决生效后三十日内返还吴某某建筑设备：钢管 120 368.5 米，定向 113 754 只，转向 13 876 只，接头 30 027 只，山型卡 93 103 只，步步紧 5946 只，顶托 5187 只，顶丝 451 只，铁桥板 2854 只。

【二审上诉请求及理由】

被告大连某建设公司不服一审判决提起上诉称：大连某建设公司对本案未付租金的事实及数额无异议，但认为一审法院判决适用法律不当。按合同约定大连某建设公司应交付房屋，且大连某建设公司不应承担加付租金。

一、关于租金的支付，大连某建设公司一直主张按合同约定交付房屋，但吴某某拒绝接受。合同中约定的付款方式是交付房屋，大连某建设公司可随时履行，但吴某某却提出变更合同，要求大连某建设公司以货币形式支付租金，拒绝受让房屋。大连某建设公司是因为吴某某在合同中约定以房抵债的前提下才签订的合同，否则无此合同存在。因大连某建设公司的业主支付大连某建设公司工程款，其大部分以房屋抵顶工程款，大连某建设公司根本不可能也无能力以现金形式支付租金，故大连某建设公司不同意变更合同中关于支付方式的约定，双方应继续按照合同约定的支付方式履行，迟迟未履行的责任在于吴某某。

二、关于一审法院判决大连某建设公司承担加收费用一节。1. 大连某建设公司认为合同中关于逾期未续签合同而加付租金的约定，其性质是为承租方单方设置的违约条款。但合同的续签应以双方达成合意为前提，若出租方不同意续签，就要承租方承担违约责任，对承租方是显失公平的条款，按《中华人民共和国合同法》规定，对此条款应予撤销。2. 大连某建设公司一直在与吴某某协商合同续签事宜，吴某某又提出了变更合同主要条款，双方未达成一致意见，故迟迟没有续签合同，但大连某建设公司一直有此意向。因此双方仅是在合同续签及变更中未达成一致，应友好协商，大连某建设公司不存在任何违约行为，不应承担带有惩罚性质的加付的租金。原上诉状中的第 3 项关于违约金的问题大连某建设公司不再主张。综上，合同第六条第一项应予以撤销，大连某建设公司不应承担加付租金。且大连某建设公司要求按合同约定交付房屋，吴某某拒绝接受，导致租金拖欠，责任不在大连某建设公司，大连某建设公司无违约行为，不应承担任何形式的违约责任。请求：1. 撤销（2014）大民三初字第 29 号民事判决书的第一项、第二项，改判大连某建设公司给吴某某办理总价 14 589 200.80 元、单价不高于售楼处销售价的房屋抵账手续。不承担加付租金。2. 诉讼费由吴某某承担。

【二审法院查明的事实】

辽宁省高级人民法院查明：二审法院经审理查明，一审认定事实属实。

另查明：大金房预（销）许字第 2014049 号商品房预（销）售许可证记载，该许可证为大连金州新区土地房屋局于 2014 年 7 月向东方公司颁发。吴某某提供其于大连某湾售楼处所拍照片一张，为大连某置地有限公司于 2014 年 7 月 27 日出具的告知书，内容是："大连某置地有限公司保证东方湾前期所售出的房屋最终能顺利达到办理产权证的条件"。

上述事实，有大金房预（销）许字第 2014049 号商品房预（销）售许可证、照片及庭审笔录在卷佐证，相关证据业经质证，足资认定。

【二审裁判理由及结果】

辽宁省高级人民法院认为：案涉《租赁合同》为大连某建设公司、吴某某双方真实意思表示，合法有效。关于大连某建设公司以"总价 14 589 200.80 元、单价不高于售楼处销售价的房屋抵顶所欠租金"的诉请能否支持一节。《租赁合同》约定，大连某建设公司租用吴某某的脚手架等所发生的款额，大连某建设公司用房屋抵顶给吴某某，大连某建设公司在 2012 年 6 月 4 日至 2012 年 10 月 1 日前给吴某某位于大连市金州区龙王庙东方湾商品房屋 5 套，并协助吴某某办理所有相关入住手续。一方面，虽然双方约定给付租金的方式为"以房抵顶租金"，并约定了交付 5 套房屋的时间，但因抵顶时发生的欠租金款的额度并不确定，且对抵顶房屋的房号、面积、价格等均无具体的协商一致的约定，因此，该约定本身并不具有可操作性，实际履行存在障碍。而另一方面，大连某建设公司也并未按照约定的抵顶条件实际履行，具体表现在：1. 大连某建设公司未按约定的时间交付房屋。双方约定的抵顶时间是 2012 年 6 月 4 日至 2012 年 10 月 1 日，至该期限届满，大连某建设公司并未交付吴某某任何房屋，更谈不上办理入住手续；而截至 2013 年 8 月 30 日《租赁合同》期限届满时，大连某建设公司既未支付租金，也未用房屋抵顶。2. 大连某建设公司至今没有提供符合双方合同约定的房源。第一，大连某建设公司提供的房源无法实现合同目的。大连某建设公司主张，其用于抵顶租金的房屋为东方公司开发，但东方公司直至 2014 年 7 月才取得销售许可证，而大连某置地有限公司出具的告知书也证明了截至 2014 年 7 月 27 日东方湾前期所售出的房屋尚不具备办理产权证的条件。故在合同约定的交房期限届满时，大连某建设公司主张的拟抵顶房源的开发商并无销售资质，直至合同履行期限届满一年后仍不具备办理产权证的条件，根本无法实现双方约定的合同目的。第二，大连某建设公司在二审中提交的证明其"可以随时交付房屋"主张的新证据不能采信。一是经过开发商东方公司盖章确认的抵付相关工程款的 46 套房屋清单。大连某建设公司主张是抵付给吴某某和其他欠款人的，但并不能证明其中哪些房源是抵顶给吴某某的，且该清单落款的时间为 2012 年 9 月 15日，如前所述，这一时间以上房屋尚未颁发销售许可证，无法办理产权证，不符合合同约定的条件。二是大连某建设公司出具的抵顶吴某某租赁费房屋清单。该清单为大连某建设公司单方制作，不能作为支持大连某建设公司主张的证据。第三，大连某建设公司关于"抵顶条件已经具备，未履行的责任在吴某某一方"的主张亦不成立。大连某建设公司关于无法按照约定完成抵顶的原因，在诉讼中前后说法不一致：一审陈述答辩意见时主张，不能办房屋过户手续不是大连某建设公司原因，是业主方的原因，所以不存在故意不抵顶，是客观原因造成的。这一主张是大连某建设公司自认抵顶条件并不具备。但在一审法院对大连某建设公司的询问中，该公司又称未抵房是因为吴某某不配合，对房源不满意，特别对约定的房源不满意，二审中又称一直可以按合同约定抵顶，是吴某某不要房子。这些说法是又在主张已具备抵顶条件，但是吴某某不想抵顶，不予协助。以上主张前后矛盾，且没有证据加以证明，故无法予以采信。

综上，《租赁合同》约定的合同期限已经届满，吴某某向大连某建设公司提起诉讼，但时至今日，大连某建设公司仍无证据证明其可以继续履行"以房抵顶租金"的约定，加之该约定本身又存在实际履行的障碍，故本案已不具备按照该约定实际履行的条件，一审判决大连某建设公司给付吴某某租金14 589 200.8 元正确，应予维持。大连某建设公司的上诉请求缺乏事实及法律依据，二审法院不予支持。

关于大连某建设公司"不承担加付租金"的诉请能否支持一节。《租赁合同》第六条第一项约定：合同期满后，大连某建设公司如未在规定的期限内办理续租手续，吴某某除按大连某建设公司实际租用天数并照原合同规定收取租金外，每天加收逾期租金总额的千分之二。大连某建设公司认为，该条款对承租方大连某建设公司显失公平，应予撤销，但该公司在法定期限内并未行使撤销权，故对其该项主张不应予以支持。《租赁合同》明确约定，如需延长合同，应在合同期满后十五天内重新办理续租手续。鉴于双方当事人对延长合同有重新办理续租手续的特别约定，但实际双方并未办理延期续租的任何手续，故大连某建设公司关于"不签订合同视为租赁继续，原合同继续履行"的主张缺乏事实依据。大连某建设公司还主张，合同到期后，该公司一直要求按照原合同延期，吴某某不同意，该主张没有证据证明，再审法院不予采信。因双方未按合同约定办理延期续租手续，故吴某某按照《租赁合同》第六条第一项的约定，除了向大连某建设公司主张租金外，还要求大连某建设公司按照"每天加收逾期租金总额的千分之二"的标准给付加收费用，具有合同依据，且按照上述标准计算的加收费用总额超过300万元，但吴某某只主张50余万元，故一审判决支持吴某某的这一诉请亦无不当。辽宁省高级人民法院作出（2014）辽民二终字第00210号民事判决：

驳回上诉，维持原判。

【再审申请及理由】

大连某建设公司再审称：1. 原判决认定的基本事实缺乏证据证明。双方签订《租赁合同》的前提是以房屋抵偿租金，并就租金的计算审核程序以及抵偿价格作出约定，原判决直接判令大连某建设公司给付租金，不符合双方约定。同时，大连某建设公司作为施工人，无法左右开发商对房屋进行登记等事项，这一点在签订合同时吴某某应当有所预判。因开发商原因不能办理房屋登记手续，并非大连某建设公司存在过错，且在起诉前吴某某拒绝以房屋抵租金，原判决认定大连某建设公司违约，没有事实依据。

合同中关于逾期未续签合同而加收租金的条款，是为大连某建设公司单方设定的纯义务性条款，且该条款的实现须经吴某某配合；原合同到期后，大连某建设公司一直与吴某某协商续签事宜，因其要求变更租金履行方式，双方未能达成一致；即使未续签合同，也应当按照违约给吴某某造成的实际损失来承担责任，吴某某的设备一直在计算租金，其实际损失为零，故不应再让大连某建设公司承担违约金。

2. 原判决适用法律确有错误。吴某某提供的合同违约责任条款系格式条款，根据《中华人民共和国合同法》（以下简称《合同法》）第四十条规定，应属无效条款。原判决依据该条款认定大连某建设公司承担违约责任，适用法律错误。

根据《合同法》第七十七条规定，变更合同内容须经双方协商一致，双方约定的履行方式是以房抵债，原判决无视双方意思自治，判令大连某建设公司支付现金，适用法律错误。同时，根据《合同法》第一百零七条规定，即便大连某建设公司违约，也应当是承担继续履行、采取补救措施的违约责任，一、二审法院不能直接改判变更合同约定的履行方式。

【再审法院查明的事实】

首先，虽然双方原约定的租金履行方式是以房屋抵偿，但是双方同时约定抵偿时间为 2012 年 6 月 4 日至 2012 年 10 月 1 日，在此期间内，大连某建设公司未能按照合同约定提供 5 套房屋，以及为吴某某办理抵偿房屋的入住手续。在超过双方约定的抵偿时间，即 2012 年 10 月 1 日后，双方对于租金以房屋抵偿还是现金支付，未再行约定；其次，双方的《租赁合同》已于 2013 年 8 月 30 日期限届满，且直至 2014 年 7 月，双方原约定用于抵偿的房屋才取得《商品房预（销）售许可证》。

【再审裁判理由及结果】

大连某建设公司不仅在双方约定的抵偿期间内没有符合条件的房屋可以抵偿，在合同期限届满，甚至在吴某某向一审法院提起诉讼时，亦无符合条件的房屋可以抵偿，也不可能按照合同约定为吴某某办理房屋入住手续。因此，在双方原约定内容无法成就，以及双方并无再行约定的情形下，一、二审法院根据吴某某的请求，判决大连某建设公司以现金方式支付租金，符合法律规定和交易习惯，并无不当。

关于双方合同约定未续签租赁合同而加收租金条款的问题，《租赁合同》明确约定：如需延长合同，应在合同期满后十五天内重新办理续租手续；大连某建设公司如未在规定的期限内办理续租手续，吴某某除按大连某建设公司实际租用天数并照原合同收取租金外，每天加收逾期租金总额的千分之二。大连某建设公司认为该条款是为其单方设定的纯义务性条款，但其在法定期间内并未行使撤销权，该条款对其仍具有法律约束力，按照合同约定标准计算的加收费用总额超过 300 万元，但吴某某只主张 50 余万元，故一、二审判决对此予以支持并无不当。且如前所述，大连某建设公司主张未续签合同的原因是吴某某要求变更租金履行方式，责任在于吴某某的主张，亦缺乏事实依据，不能成立。原判决适用法律正确。关于大连某建设公司主张吴某某提供的合同违约责任部分属于格式条款，应当认定无效的问题，再审法院认为，格式条款是当事人为了重复使用而预先拟定，并在订立合同时未与对方协商的条款。大连某建设公司没有证据证明该条款是吴某某为了重复使用而预先拟定的，在订立合同时未与其协商的条款，故其此项主张不能成立。

关于一、二审判决是否违反当事人意思自治的问题，因双方约定的以房屋抵偿租金的时间是 2012 年 6 月 4 日至 10 月 1 日，在超过约定的抵偿期间后，租金以房屋抵偿还是现金支付，双方未再行约定，即双方没有达成合意。在双方没有达成合意的情况下，一、二审法院根据吴某某的请求，依照法律规定及交易习惯，判决大连某建设公司以现金方式支付租金，并未违反当事人意思自治原则。

综上，大连某建设公司的再审申请不符合《中华人民共和国民事诉讼法》第二百条第二项、第六项规定的情形。依照《中华人民共和国民事诉讼法》第二百零四条第一款之规定，裁定如下：

驳回大连某建设公司的再审申请。

【裁判要点】

合同约定到期未续签对租金进行调整，租金的计算与付款方式应按合同约定处理。

【裁判解析】

《中华人民共和国合同法》第二百三十六条规定，租赁期间届满，承租人继续使用租赁物，出租人没有提出异议的，原租赁合同继续有效，但租赁期限为不定期。合同中若已明确约定到期未续签后关于租赁费及违约金的计算标准，承租方应依照合同约定支付租赁费。《租赁合同》系双方真实意思表示，基于双方平等自愿的基础上签订，内容不违反法律规定，且没有可撤销的情形，是合法有效的合同。承租方在签订合同时，应当对合同进行仔细查看，熟知合同各项条款，且能够预知到如若违约应当承担的责任。在签订合同时承租方未提出异议，应当视为其对该合同各项权利义务的认可，应当按合同约定承担付款义务及违约责任。若承租方认为条款中存在出租方单方设定的纯义务性条款，应当法定期间内行使撤销权，否则该条款对其仍具有法律约束力。

本案中，合同约定到期后应办理续签手续，如未在规定时间内办理，按实际租用天数并照原合同收取租金，另每天加收逾期租金总额的千分之二。合同租赁期限届满后，承租方未在规定的期限内办理续租手续，继续使用租赁物且支付租金，关于加收租金的标准，承租方认为该条款是为其单方设定的纯义务性条款，但其在法定期间内并未行使撤销权，该条款对其仍具有法律约束力，且没有证据证明该条款是出租方为重复使用而预先拟定的格式条款，应当按照合同约定计算。

附例

辽宁省高级人民法院（2014）辽民二民终字第 00210 号

第 11 篇　合同约定未付清租费设备不予报停，后期租费应继续计算

【案件基本信息】

1. 裁判书字号

安徽省亳州市中级人民法院（2016）皖 16 民初 338 号民事判决书

安徽省高级人民法院（2018）皖民终 252 号民事判决书

最高人民法院（2018）最高法民申 5605 号民事判决书

2. 当事人

原告（二审上诉人、再审申请人）：某租赁公司

被告（二审上诉人、再审被申请人）：亳州市某置业公司

被告（二审上诉人、再审被申请人）：江苏某公司

第三人（二审被上诉人、再审被申请人）：薛某某

【一审法院查明的事实】

亳州市中级人民法院查明，江苏某公司开发位于亳州市谯城区某广场项目施工期间，曾于 2013 年 1 月 6 日作为乙方与某租赁公司作为甲方签订《机械设备租赁合同》一份，江苏某公司租赁某租赁公司塔机四台，用于某广场项目部 1#、2#、3#、4#楼的施工，并对租赁期限、进出场费、设备的月租金进行约定。2013 年 2 月 1 日，某租赁公司将四台塔机交付给江苏某公司使用。2013 年 3 月 1 日，江苏某公司与某租赁公司时任法定代表人石某某签订《塔机劳务合同》，约定塔机劳务费为每月每台 8500 元。2014 年 3 月 14 日，某租赁公司（甲方）与江苏某公司（乙方）签订《机械设备租赁合同》一份。合同中对租赁期限、租金结算方式及权利义务进行了约定。江苏某公司在合同乙方处盖章，雷某某、李某某、薛某某、梁某某在乙方处签字。石某某、某租赁公司在合同甲方处签字盖章。

2014 年 3 月 14 日，江苏某公司与某租赁公司又签订一份《塔机劳务合

同》，约定塔机劳务费为每月每台 6000 元。每月月底付清，付款时间从 2013 年 3 月 1 日开始计算。截至 2016 年 2 月 16 日，江苏某公司尚欠某租赁公司劳务费共计 576 326 元。

2014 年 3 月 15 日，石某某作为甲方与乙方薛某某签订《塔机产权确认书》，双方约定：1. 经甲乙双方共同协商，甲方自愿将塔机型号 QTZ50（5008），数量两台出售给乙方……

2014 年 3 月 15 日，石某某书写声明内容为：江苏某公司亳州分公司承建的某广场项目的塔机租赁合同、协议等一切协议以 2014 年 3 月 14 日与雷某某李某某、薛某某、梁某某的合同为准，之前及其它一切合同协议作废。

2015 年 11 月 25 日，江苏某公司向某租赁公司送达书面《通知》，告知其决定自 2015 年 11 月 25 日停止使用案涉四台塔机，租赁费用自租赁之日起计算至 2015 年 11 月 25 日。经一审庭审查明，案涉四台塔机实际使用时间至 2016 年 2 月 16 日。至今，四台塔机仍在亳州市某广场工地。四台塔机的租赁期从 2013 年 2 月 1 日计算至 2014 年 4 月 1 日共 14 个月，进场费 104 000 元，租赁费 896 000 元，共计 100 万元。2014 年 4 月 1 日之后至 2016 年 8 月 1 日，两台塔机的租赁费共计 512 000 元。截至 2015 年 7 月 1 日，江苏某公司共向某租赁公司支付塔机租赁费及进场费共计 62 万元。

薛某某认可自 2014 年 4 月 1 日至 2015 年 7 月 1 日已收到江苏某公司支付的两台塔机租赁费共计 47 万元。第三人薛某某主张截至 2017 年 4 月，江苏某公司尚欠两台塔机的租赁费 554 000 元及进场费 16 000 元，共计 57 万元。

某租赁公司的一审诉讼请求为：1. 亳州市某置业公司、江苏某公司、李某某、梁某某支付机械设备租赁费、进场费 1 988 000 元，2016 年 8 月 1 日以后的租赁费继续计算；2. 亳州市某置业公司、江苏某公司、李某某、梁某某支付使用原告员工的劳务费 576 326 元，截止到 2016 年 2 月 16 日；3. 要求亳州市某置业公司、江苏某公司、李某某、梁某某赔偿逾期支付两项欠款给某租赁公司造成的损失，按银行同期贷款利息计算，从某租赁公司起诉之日起至欠款还清止；4. 诉讼费由亳州市某置业公司、江苏某公司、李某某、梁某某承担。一审审理过程中，某租赁公司于 2016 年 9 月 22 日向一审法院申请撤回对李某某、梁某某的起诉，一审法院予以准许。2017 年 4 月 24 日，薛某某向一审法院提出书面申请，要求以有独立请求权的第三人参加诉讼，请求一审法院判令：江苏某公司偿还薛某某机械设备租赁费 57 万元，利息 94 050 元（按中国人民银行发布的同期同类贷款基准利率计算，自 2014 年 7 月 1 日至 2017 年 4 月 1 日止，后续利息计算至本息清偿之日）。

【一审裁判理由及结果】

亳州市中级人民法院认为，某租赁公司与江苏某公司之间签订的《机械设备租赁合同》，系双方当事人真实意思表示，未违反法律及行政法规的强制性规定，合法有效。根据《中华人民共和国合同法》第八条的规定：依法成立的合同，对当事人具有法律约束力。当事人应当按照约定履行自己的义务，不得擅自变更或者解除合同。依法成立的合同，受法律保护。双方当事人应按合同约定全面履行义务。某租赁公司按约定将塔机提供给江苏某公司使用后，其应按合同约定的租金支付标准及方式履行给付租金的义务。因亳州市某置业公司已将亳州市某广场工程发包给江苏某公司，且亳州市某置业公司并非案涉塔机的承租方，故某租赁公司要求亳州市某置业公司承担给付塔机租赁费等费用的诉讼请求，不予支持。

关于案涉塔机租赁费用的计算问题。根据租赁合同约定，租金从安装调试完毕开始计算至退租之日。对租金起算之日，应按塔机实际交付之日即自 2013 年 2 月 1 日起计算，对此予以确认。案涉塔机现仍在案涉工地上未拆卸，江苏某公司虽于 2015 年 11 月 25 日发出停工通知，但根据双方租赁合同对租金的约定：乙方（江苏某公司）通知甲方（某租赁公司）报停时（须提前十五天通知甲方），乙方必须结清租赁费，否则不予报停，租金继续计算。江苏某公司提供的证据不足以证明其已经按约履行给付租金义务以及塔机未拆卸的原因在于某租赁公司。故，某租赁公司的塔机租赁费应根据合同约定继续计算。截至 2016 年 8 月 1 日，某租赁公司主张的塔机租赁费及进场费共计应为 892 000 元。后续两台塔机的租赁费应按每月 16 000 元/台，从 2016 年 8 月 2 日开始计算至塔机拆除之日。

关于薛某某主张的两台塔机进场费及租赁费问题。2014 年 3 月 15 日，某租赁公司的法定代表人与第三人薛某某签订《塔机产权确认书》，该确认书系双方真实意思表示，且不违背法律、行政法规的强制性规定，合法有效，双方均应依约履行。薛某某已按约定向石某某支付了案涉的其中两台塔机的费用，故两台塔机的租赁收益应归薛某某。薛某某主张截至 2017 年 4 月，江苏某公司尚欠两台塔机的租赁费 554 000 元及进场费 16 000 元，共计 57 万元，有事实和法律依据，予以支持。

关于案涉塔机的劳务费问题。某租赁公司为江苏某公司提供机械劳务，双方所签订的《塔机劳务合同》系双方当事人真实意思表示，江苏某公司应按约定支付相应的劳务费。故对某租赁公司请求判令江苏某公司支付其劳务费的请求，予以支持。

关于某租赁公司及薛某某主张的利息问题。江苏某公司未按合同约定结算和支付租金，已构成违约，江苏某公司除应履行支付租金合同义务外，应承担相应的违约责任。因此，某租赁公司及薛某某要求江苏某公司支付租金逾期利息的诉讼请求，予以支持。

根据《中华人民共和国合同法》第八条、第六十条、第一百零七条、第二百二十六条、第二百二十九条，《最高人民法院关于适用〈中华人民共和国民事诉讼法〉的解释》第九十条、第一百零四条、第一百零五条规定，亳州市中级人民法院判决如下：

一、江苏某公司于判决生效后十日内支付某租赁公司截至 2016 年 8 月 1 日期间的塔机租赁费及进场费共计 892 000 元及该日后的租赁费（2016 年 8 月 1 日后的租赁费按两台塔机、每台每月 16 000 元，计算至塔机拆除之日止）并支付逾期付款利息（利息按银行同期贷款利率，自 2016 年 8 月 20 日起以欠付金额为本金，按月分段计算至费用清偿之日止）。

二、江苏某公司于判决生效后十日内支付某租赁公司劳务费共计 576 326 元及利息（利息按银行同期贷款利率，自 2016 年 8 月 20 日计算至费用清偿之日止）。

三、江苏某公司于判决生效后十日内支付薛某某塔机租赁费、进场费共计 57 万元及利息（利息按银行同期贷款利率，自 2015 年 7 月 1 日计算至费用清偿之日止）。

四、驳回某租赁公司及薛某某的其他诉讼请求。

【二审上诉请求及理由】

二审中，某租赁公司向安徽省高级人民法院新提交了亳州市谯城区人民法院的受理案件通知书 3 份，证明：石某某与薛某某之间存在经济上的往来，石某某以民间借贷为由，已向亳州市谯城区人民法院对薛某某提起民事诉讼，亳州市谯城区人民法院均已受理。鉴于各方对某租赁公司二审新提交证据的真实性均无异议，二审法院对某租赁公司二审新提交证据的真实性予以确认。

二审中，江苏某公司向二审法院新提交四组证据。证据一，石某某与雷某某、江苏某公司民间借贷纠纷案件庭审笔录，证明石某某在庭审中明确认可四台塔机中的二台塔机的租赁费为每台每月 16 000 元，另二台塔机的租赁费为每台每月 8252 元，一审法院认定四台塔机的租赁费均为 16 000 元错误。证据二，某租赁公司的时任法定代表人石某某于 2013 年 12 月 25 日出具的收条一张（载明收到 10 万元塔机租赁费）、某租赁公司的时任法定代表人石某某于 2013 年 2 月 5 日出具的欠条一张（载明：今欠梁某某开塔机工资款 27 000 元，石某某同意由江苏某公司代付该 27 000 元），证明除了江苏某公司一审举证的已支付款项外，江苏某公司还支付某租赁公司塔机租赁费 10 万元及塔机劳务费 27 000 元。证据三，江苏某公司向亳州市劳动保障监察综合执法大队提交的退还施工保障金的退款申请和人员工资登记表格，证明江苏某公司用申请退还的施工保障金支付给某租赁公司工人工资 20 万元。证据四，2016 年 9 月 23日亳州新报《公告》一份，证明案涉停用的塔机在安检部门检查时被认定存在重大安全隐患，江苏某公司再次以公告的形式告知某租赁公司将塔机拆除。证据五，《亳州市建设工程停工整改通知书》一份（该通知书加盖有亳州经济开发区规划建设局公章，落款日期为 2016 年 9 月 19 日），证明某租赁公司长期拒不拆除塔机，将塔机闲置于案涉工地。某租赁公司质证意见：证据一，真实性无异议，但所诉争的法律关系与江苏某公司无关。证据二，真实性无异议，但所涉款项在一审中已扣除。证据三，该 20 万元在一审中已作扣除。证据四，系江苏某公司单方公告，不予认可，不存在所谓重大安全隐患，案涉塔机至今仍在使用，尚未拆除。证据五，对真实性不予认可。某租赁公司对江苏某公司二审所举其他证据的质证意见同一审。亳州市某置业公司质证意见：同意江苏某公司的意见。薛某某质证意见：证据一，与本案有关联性；证据二、证据三，与薛某某无关；证据四，予以认可；证据五，对真实性予以认可。江苏某公司二审所举其他证据及证明目的均同一审。案涉各方对江苏某公司二审所举其他证据的质证意见均同一审。二审法院对江苏某公司二审新提交证据的真实性予以确认。

二审中，薛某某向二审法院新举证制作协议一份，证明薛某某 2014 年支付 102 000 元购买塔机的标准节等配套设备，用于案涉工地二台塔机的施工，案涉二台塔机的所有权人为薛某某，否则薛某某不可能出巨资购买相关设备。某租赁公司对该证据的真实性有异议，对证明目的不认可。江苏某公司及亳州市某置业公司对薛某某二审新提交的证据均无异议。二审法院认为薛某某二审新提交的证据与本案无关。薛某某二审所举证的其他证据及证明目的同一审，案涉各方对江苏某公司二审所举其他的证据的质证意见亦均同一审。

亳州市某置业公司一审及二审均未举证。

【二审查明的事实】

安徽省高级人民法院查明，2016 年 8 月 11 日，某租赁公司向安徽省滁州市谯城区人民法院提起本案诉讼。安徽省滁州市谯城区人民法院受理该案后，以该案涉及标的额较大、案情复杂为由，将该案报请安徽省高级人民法院审理，本院院于 2016 年 8 月 16 日作出同意移送决定书，该案于 2016 年 8 月 20 日移送至本法院审理。二审中，某租赁公司称其一审诉讼请求主张的塔机租赁费及进场费 1 988 000 元中不含塔机进场费仅指塔机租赁费，其一审并未主张塔机进场费。

2013 年 1 月 6 日的《机械设备租赁合同》，乙方（承租方），由黄某某、薛某某签字，并加盖有江苏某公司亳州项目部资料专用章，甲方（出租方）由某租赁公司的时任法定代表人石某某签字。该合同的主要内容为：一、QTZ50（5008）型号的塔机 2 台，每台每月的租金为 16 000 元；QTZ50（5008）型号的塔机 2 台，每台每月的租金为 8252 元……。2013 年 2 月 1 日的《施工塔机交付确认单》，交付方由某租赁公司的时任法定代表人石某某签字并加盖某租赁公司公章，使用接收方由雷某某、李某某、梁某某、薛某某签字，并加盖有江苏某公司亳州分公司公章。该确认单载明：交付塔机的型号为 QTZ50（5008）；交付使用地点为某项目部 1#、2#、3#、4#从北向南；交付使用时间为 2013 年 2 月 1 日；设备已安装调试完毕，自检合格，可交付使用，从即日起支付租金。2014 年 3 月 14 日的《机械设备租赁合同》，乙方（承租方），由雷某某、李某某、梁某某、薛某某签字，并加盖有江苏某公司亳州分公司公章，甲方（出租方）由某租赁公司的时任法定代表人石某某签字并加盖某租赁公司公章，该合同除将塔机进场费由 26 000 元/台调整为 8000 元/台外，其他内容与 2013 年 1 月 6 日的《机械设备租赁合同》的内容基本一致。2013 年 3 月 1 日《塔机劳务合同》，甲方由黄某某、薛某某签字，并加盖有江苏某公司亳州某广场项目部资料专用章，乙方由某租赁公司的时任法定代表人石某某签字，约定：每月每台塔机的劳务费为 8500 元；付款时间从 2013 年 3 月 1 日开始计费。2014 年 3 月 14 日的《塔机劳务合同》，甲方由雷某某、李某某、梁某某、薛某某签字，并加盖江苏某公司亳州分公司公章，乙方由石某某签字并加盖某租赁公司公章，该合同除将每月每台塔机的劳务费由 8500 元调整为 6000 元外，其他内容与 2013 年 3 月 1 日的《塔机劳务合同》的内容一致。

江苏某公司为了证明其已向某租赁公司支付的塔机租金数额，举证了以下 10 张由某租赁公司的时任法定代表人石某某签字的收据（金额共计 67 万元），某租赁公司对江苏某公司所举证上述收据的真实性及所支付款项均予以认可。此外，江苏某公司一审举证了一张 2014 年 4 月 14 日领款单（载明支付塔机租赁费和工人工资共计 10 万元），该领款单由某租赁公司的时任法定代表人石某某签字，某租赁公司对真实性及所支付款项予以认可，但认为 2014 年 4 月 14 日领款单中载明的 10 万元款项未区分出塔机租赁费和工人工资各自的金额，称其中 3 万元属塔机租赁费，另外 7 万元属工人工资（即劳务费）；江苏某公司则认为 2014 年 4 月 14 日领款单中载明的 10 万元款项中应是塔机租赁费和工人工资各为 5 万元。

江苏某公司为了证明已支付某租赁公司的塔机劳务费数额，举证了 3 张由某租赁公司的时任法定代表人石某某签字的收据（共计 19 万元），对该 3 张收据的真实性及支付的塔机劳务费款项，某租赁公司均予以认可。同时，江苏某公司认为，其向亳州市劳动保障监察综合执法大队申请退还保障金中 20 万元已用于支付某租赁公司塔机工人工资，某租赁公司对此予以认可。另外，二审庭审中，江苏某公司举证了一张由某租赁公司的时任法定代表人石某某书写的欠条（落款时间为 2016 年 2 月 5 日），该欠条载明欠梁某某开塔机工资款 27 000 元，石某某同意由江苏某公司向梁某某代付该欠款，某租赁公司对该欠条的真实性无异议；二审中，经二审法院向梁某某核实，梁某某认可江苏某公司已实际代某租赁公司支付了该 27 000 元工人工资。

2016 年 9 月 19 日，亳州经济开发区规划建设局就某广场项目向江苏某公司发出《亳州市建设工程停工整改通知书》，载明的内容主要为：塔机长期不使用，存在重大安全隐患，责令停止使用，立即拆除。2016 年 9 月 23 日，江苏某公司在亳州新报上刊载致某租赁公司的《公告》，载明的主要内容为：亳州市某广场工程项目，于 2016 年 9 月 19 日经上级安检部门进行在建工程安全生产检查发现该项目使用的四台塔机存在多处重大安全隐患，责令停止使用，立即拆除。某租赁公司一审举证了一份《建设工程安全·质量整改通知单》，该通知单载明的日期为 2016 年 9 月 20 日，加盖有江苏某公司亳州某广场项目部专用章，载明的主要内容为：根据 2016 年 9 月 19 日亳州市经开区安检办监督人员到施工现场进行在建工程安全施工检查，该工程所使用的塔吊存在重大安全隐患，责令塔吊停止使用、立即拆除。

【二审裁判理由及结果】

综合案涉各方的诉辩意见及举证、质证意见，安徽省高级人民法院认为本案二审的争议焦点为：1. 江苏某公司是否是案涉塔机租赁费及劳务费的支付义务主体；2. 薛某某是否有权收取案涉二台塔机租赁费；3. 江苏某公司应支付的塔机租赁费是多少；4. 江苏某公司应支付的塔机劳务费是多少；5. 江苏某公司欠付的塔机租赁费、劳务费数额及应支付的逾期付款利息是多少。

关于江苏某公司是否是案涉塔机租赁费及劳务费的支付义务主体的问题。江苏某公司认为，案涉塔机租赁合同及塔机劳务合同系实际施工人李某某、梁某某以江苏某公司亳州分公司的名义与某租赁公司签订，江苏某公司并非适格当事人，其不是案涉塔机租赁费及劳务费的支付主体。经查，一审中，某租赁公司举证了案涉某广场项目的《建设工程施工合同》及《补充协议》的复印件，该《建设工程施工合同》及《补充协议》载明的发包人与承包人分别为亳州市某置业公司与江苏某公司，加盖有亳州市某置业公司的公章及江苏某公司的合同专用章，江苏某公司的代表人处有雷某某的签名。一审质证时，江苏某公司与亳州市某置业公司均以某租赁公司未能提供《建设工程施工合同》及《补充协议》的原件为由，对其真实性不予认可。二审庭审中，江苏某公司与亳州市某置业公司均认可，亳州市某置业公司将案涉某广场项目发包给江苏某公司承建。二审法院认为，虽江苏某公司与亳州市某置业公司对某租赁公司提供的《建设工程施工合同》及《补充协议》的复印件不予认可，但该二公司认可亳州市某置业公司将案涉某广场项目发包给江苏某公司承建的事实，该二公司作为原件的持有者却未提供原件予以比对，依据证据规则，二审法院对以某租赁公司提供的《建设工程施工合同》及《补充协议》的复印件予以认可。在该《建设工程施工合同》及《补充协议》中，雷某某均以江苏某公司代表人的身份代表江苏某公司签订合同。案涉《施工塔机交付确认单》《机械设备租赁合同》及《塔机劳务合同》由雷某某签字，加盖有江苏某公司亳州分公司的公章，且租用的案涉塔机确实用于江苏某公司的施工工地现场。故，某租赁公司有合理理由相信雷某某系代表江苏某公司与其签订合同，案涉塔机租赁及劳务合同的相对方是江苏某公司。江苏某公司认为其不是案涉塔机租赁合同及塔机劳务合同的当事人，并非案涉塔机租赁费及劳务费的支付义务主体的主张不能成立。

关于薛某某是否有权收取案涉二台塔机租赁费的问题。案涉《塔机产权确认书》由薛某某与某租赁公司的时任法定代表人石某某签字确认，该确认书明确约定薛某某有案涉四台塔机中二台塔机的租赁费收取权，工程施工过程中，某租赁公司对江苏某公司向薛某某直接支付塔机租赁费的行为并未提出异议，且该确认书未约定薛某某付清全部塔机销售款后才有权收取塔机租赁费，故依据《塔机产权确认书》，薛某某有权向江苏某公司收取塔机租赁费。本案解决的是薛某某是否有权收取塔机租赁费的问题，至于薛某某是否付清二台塔机的销售价款，塔机所有权最终归谁所有并非本案的审理范围，可由当事人另行解决。

关于江苏某公司应支付的塔机租赁费是多少的问题。1. 关于塔机租赁费计算起始时间问题。某租赁公司与江苏某公司签订的《施工塔机交接确认书》明确载明，从交付使用时间2013年2月1日起开始支付塔机租金。2. 关于塔机租赁费的计算截止时间问题。某租赁公司一审申请出庭作证的塔机工人在庭审中称，其按照某租赁公司的要求开塔机至2016年阴历年前一个月即停工（临近2016年1月10日），某租赁公司对该二证人的当庭陈述均无异议，二审庭审后，江苏某公司亦认可案涉塔机于2016年1月10日停工，故二审法院认定案涉塔机于2016年1月10日停工。但由于江苏某公司此时未能结清塔机租赁费，按照双方约定，塔机租赁费应继续计算。江苏某公司未能按约结清塔机租赁费时，某租赁公司虽有权停工并可要求依约继续计算塔机租赁费，但此种状态不能无限持续，根据《中华人民共和国合同法》第一百一十九条的规定"当事人一方违约后，对方应当采取适当措施防止损失的扩大；没有采取适当措施致使损失扩大的，不得就扩大的损失要求赔偿。当事人因防止损失扩大而支出的合理费用，由违约方承担"，某租赁公司负有防止损失扩大的义务。2016 年 8 月 11 日，某租赁公司向人民法院起诉要求江苏某公司支付塔机租赁费等款项，反映出其欲通过人民法院的诉讼程序来终结双方的租赁关系从而结清塔机租赁费用。依据公平合理原则且综合考虑本案实际情况，二审法院认为塔机租赁费计算至某租赁公司提起诉讼之日较为妥当，应以该日作为计算塔机租赁费的截止时间。3. 关于每台塔机的租赁费价格标准问题。《机械设备租赁合同》第一条明确载明二台塔机的每台每月的租金价格为16 000 元，二台塔机的每台每月的租金价格为 8252 元；在某租赁公司于 2016年 1 月 10 日向江苏某公司出具的工人工资和塔机租赁费结算表中载明，二台塔机的每台每月的租金价格为 16 000 元，二台塔机的每台每月的租金价格为8252 元；在石某某诉雷某某、江苏某公司民间借贷纠纷一案的庭审中，某租赁公司的时任法定代表人石某某对案涉四台塔机租金的表述亦是二台塔机的每台每月的租金价格为 16 000 元，另外二台塔机的每台每月的租金价格为8252 元。故，依据现有证据，二审法院认定案涉四台塔机的租赁费价格标准为：二台塔机的每台每月的租金价格为 16 000 元，二台塔机的每台每月的租金价格为 8252 元。虽然依据《塔机产权确认书》，薛某某有权收取案涉二台塔机的租赁费，但并未明确该二台塔机的租赁费标准，故在案涉四台塔机型号一致，依据现有证据无法区分该四台塔机租金价格的情况下，基于公平合理原则，二审法院认定薛某某有权收取租赁费的二台塔机的租赁费价格为，一台每月的租赁费为 8252 元，一台每月的租赁费为 16 000 元，即薛某某每月可收取的塔机租赁费共计为 24 252 元，某租赁公司每月可收取的塔机租赁费亦为 24 252 元。因此，江苏某公司应向某租赁公司支付的塔机租赁费为1 025 859.6 元（24 252 元/月×42.3 月）；薛某某一审主张从 2013 年 3 月 25日起计算塔机租赁费至 2015 年 11 月 25 日，故江苏某公司应向薛某某支付塔机租赁费为 776 064 元（24 252 元/月×32 月）。

　　关于江苏某公司应支付的塔机劳务费是多少的问题。案涉《塔机劳务合同》明确约定，塔机劳务费从 2013 年 3 月 1 日起计算。案涉塔机于 2016 年 1月 10 日已停工，而案涉《塔机劳务合同》约定劳务费按实际发生时间计算，故应将塔机劳务费计算至 2016 年 1 月 10 日。虽 2013 年 3 月 1 日《塔机劳务合同》约定每月每台塔机的劳务价格为 8500 元，但 2014 年 3 月 14 日《塔机劳务合同》已将每月每台塔机的劳务价格变更为 6000 元，且某租赁公司的时任法定代表人石某某已声明案涉相关合同以 2014 年 3 月 14 日签订的合同为准，故二审法院认定每月每台塔机的劳务价格为 6000 元。因此，江苏某公司应向某租赁公司支付自 2013 年 3 月 1 日至 2016 年 1 月 10 日止的四台塔机的劳务费为 823 200 元（6000 元×34.3 个月×4 台）。

关于江苏某公司欠付的塔机租赁费、劳务费数额及应支付的逾期付款利息是多少的问题。首先，关于江苏某公司欠付某租赁公司的塔机租赁费、劳务费数额及应支付的逾期付款利息问题。某租赁公司对江苏某公司举证的 10 张收据载明的已支付的塔机租金 67 万元予以认可。此外，某租赁公司对收到 2014 年 4 月 14 日领款单中载明的 10 万元款项无异议，但认为其中仅有 3 万元为塔机租赁费，另外 7 万元为劳务费，而江苏某公司则认为应是塔机租赁费与劳务费各 5 万元。二审法院认为，因 2014 年 4 月 14 日领款单载明塔机租金和工人工资共计 10 万元，从领款单的文字表述无法直接判断塔机租金和工人工资所占比例，在无其他证据佐证的情况下，江苏某公司认为塔机租赁费与劳务费各 5 万元的主张应是合理的，故，二审法院认定该领款单载明的塔机租赁费、劳务费各为 5 万元。因此，江苏某公司的已付塔机租赁费为 72 万元（67 万元 + 5 万元），江苏某公司欠付某租赁公司的塔机租赁费为 305 859.6 元（1 025 859.6 元 – 720 000 元）。某租赁公司对江苏某公司举证的 3 张塔机劳务费收据载明的 19 万元劳务费予以认可，对江苏某公司诉称其向亳州市劳动保障监察综合执法大队申请退还保障金中 20 万元已用于支付某租赁公司劳务费的主张亦予以认可；某租赁公司于 2016 年 2 月 5 日委托江苏某公司向梁某某代为支付了 27 000 元劳务费，该 27 000 元应计入江苏某公司已付劳务费款项；另外，2014 年 4 月 14 日领款单中载明的 10 万元款项中的 5 万元亦应计入劳务费。故，江苏某公司已向某租赁公司支付的塔机劳务费为 467 000 元（19 万元 + 20 万元 + 5 万元 + 2.7 万元）。因此，江苏某公司欠付某租赁公司的塔机劳务费为 356 200 元（823 200 元 – 467 000 元）。江苏某公司未能及时向某租赁公司支付欠付塔机租赁费及劳务费，应向某租赁公司支付逾期付款利息。因双方对逾期付款利息的计付标准及起算时间并未约定，某租赁公司主张从 2016 年 8 月 20 日起按中国人民银行发布的同期同类银行贷款基准利率支付逾期付款利息至款清之日止，符合法律规定，二审法院予以支持。其次，关于江苏某公司欠付薛某某的塔机租赁费及应支付的逾期付款利息问题。江苏某公司应向薛某某支付的塔机租赁费为 776 064 元，而江苏某公司已支付薛某某的塔机租赁费为 47 万元，故江苏某公司欠付薛某某的塔机租赁费为 306 064 元（776 064 元－470 000 元）。江苏某公司未能及时向薛某某支付欠付塔机租赁费，理应向某租赁公司支付逾期付款利息。因江苏某公司与薛某某对逾期付款利息的计付标准及起算时间并未约定，薛某主张从 2014 年 7 月 1 日起计算逾期付款利息至款清之日止，依据不足，应从某租赁公司提起诉讼之日至款清之日止，按中国人民银行发布的同期同类贷款基准利率计算逾期付款利息。

综上，一审判决对江苏某公司欠付的塔机租赁费及劳务费数额认定不清，对逾期付款利息处理不当，二审法院予以纠正。依照《中华人民共和国民事诉讼法》第一百七十条第一款第（二）项、第一百七十五条之规定，安徽省高级人民法院判决如下：

一、撤销安徽省亳州市中级人民法院（2016）皖 16 民初 338 号民事判决。

二、江苏某公司于本判决生效后十日内支付某租赁公司塔机租赁费 305 859.6 元及逾期付款利息（以 305 859.6 元基数，按中国人民银行发布的同期同类贷款基准利率，自 2016 年 8 月 20 日起计算至款清之日止）。

三、江苏某公司于本判决生效后十日内支付某租赁公司塔机劳务费 356 200 元及逾期付款利息（以 356 200 元为基数，按中国人民银行发布的同期同类贷款基准利率，从 2016 年 8 月 20 日计算至款清之日止）。

四、江苏某公司于本判决生效后十日内支付薛某某塔机租赁费 306 064 元及逾期付款利息（以 306 064 元为基数，按中国人民银行发布的同期同类贷款基准利率，自 2016 年 8 月 11 日起计算至款清之日止）。

五、驳回某租赁公司及薛某某的其他诉讼请求。

【再审申请及理由】

某租赁公司不服二审判决，向最高人民法院申请再审称：1. 某租赁公司于 2018 年 4 月 30 日到案涉的施工现场发现塔机被薛某某等人强行拆除，为此报警求助，该报警记录是新证据，能够证明二审判决将塔机租赁费计算至

2016 年 8 月 20 日错误；2. 二审法院未查清塔机停机的原因及停工造成损失的情况下，直接依据《中华人民共和国合同法》第一百一十九条，认定某租赁公司负有防止损失扩大的义务，系适用法律错误。3. 本案是建筑设备租赁合同纠纷，薛某某与某租赁公司之间的纠纷另案解决，原审法院同意薛某某作为第三人参加诉讼，系违反法定程序，剥夺了再审申请人的辩论权。实际上，某租赁公司与薛某某之间就 2 台塔机的买卖合同并未成立，薛某某未向某租赁公司支付购机款。4. 江苏某公司与亳州市某置业公司在案涉工程项目上系合作关系，应当承担 4 台塔机的进场费、租赁费及劳务费等，原审判决认定亳州市某置业公司不承担责任，缺乏证据证明。故依据《中华人民共和国民事诉讼法》第二百条第一项、第二项、第六项、第九项之规定申请再审。

江苏某公司提交书面意见称，双方均认可 2016 年阴历年前塔机停工，租赁合同已经实际解除，某租赁公司负有拆除塔机的义务，江苏某公司和亳州市开发区建设局均通知其拆除，但某租赁公司拒不拆除，其行为已经构成违约，无权要求继续计算租金。原审事实清楚，适用法律正确，应当驳回某租赁公司的申请。

亳州市某置业公司、薛某某未提交书面意见。

【再审裁判理由及结果】

最高人民法院认为，本案的争议焦点为：1. 塔机租赁费应计算至何时；2. 薛某某应否作为第三人参加诉讼，其作为第三人参加诉讼是否影响某租赁公司的辩论权利；3. 亳州市某置业公司应否承担责任。

关于塔机租赁费计算的截止时间问题。原审查明，2013 年 2 月 1 日，某租赁公司将四台塔机交付给江苏某公司使用。根据双方机械设备租赁合同约定，租金从安装调试完毕开始计算至退租之日。双方还约定：江苏某公司通知某租赁公司报停时（须提前十五天通知甲方），江苏某公司必须结清租赁费，否则不予报停，租金继续计算。案涉塔机于 2016 年 1 月 10 日停工，由于江苏某公司未能结清塔机租赁费，某租赁公司有权停工并可要求江苏某公司依约继续计算塔机租赁费。但此种状态不能无限持续，《中华人民共和国合同法》第一百一十九条的规定"当事人一方违约后，对方应当采取适当措施防止损失的扩大；没有采取适当措施致使损失扩大的，不得就扩大的损失要求赔偿。当事人因防止损失扩大而支出的合理费用，由违约方承担"。江苏某公司未按时支付租赁费违反双方租赁合同的约定，但某租赁公司负有防止损失扩大的义务。因某租赁公司于 2016 年 8 月 11 日向人民法院起诉要求江苏某公司支付塔机租赁费等款项，反映出其欲通过诉讼程序来终结双方的租赁关系从而结清塔机租赁费用。且据二审查明，案涉塔机长期不使用，因安全隐患被有关部门要求立即拆除，故原审依据公平合理原则且综合考虑本案实际情况，认定塔机租赁费计算至某租赁公司提起诉讼之日，以该日作为计算塔机租赁费的截止时间并无不当。

　　某租赁公司再审审查时提交的亳州市公安局希夷派出所的接处警情况登记表显示其于 2018 年 4 月 30 日报警，此时，案件尚在二审审理过程中，某租赁公司无客观原因逾期提交，且该接处警情况登记表内容显示"石某某与薛某某发生经济纠纷，告知双方到有关部门处理"，该证据不符合民事诉讼法规定的再审新证据情形，且其内容亦不足以推翻原审查明的事实。故再审法院对某租赁公司关于原审租赁费计算错误的主张不予支持。

　　关于薛某某应否作为第三人参加诉讼，其作为第三人参加诉讼是否影响某租赁公司的辩论权利的问题。某租赁公司与江苏某公司于 2014 年 3 月 14 日签订的《机械设备租赁合同》第四条载明"声明：其中 2 台塔机由薛某某按揭 24 个月贷款，贷款付清后 2 台塔机所有权归薛某某所有。"江苏某公司在合同乙方处盖章，李某某、梁某某、薛某某、雷某某在乙方处签字。2014 年 3 月 15 日，石某某与薛某某签订《塔机产权确认书》，石某某自愿将两台型号为 QTZSO（5008）的塔机出售给薛某某，并约定了付款时间。后薛某某通过亳州市药都农村商业银行转账及现金支付方式共计支付石某某 473 000 元。据此，薛某某根据《中华人民共和国民事诉讼法》第五十六条第一款规定，作为有独立请求权第三人参加诉讼，主张租赁费有事实和法律依据。原审时，某租赁公司针对薛某某的诉讼请求发表了答辩意见，故某租赁公司主张薛某某作为第三人参加诉讼，剥夺了其辩论权利的主张不能成立。

　　关于亳州市某置业公司应否承担责任的问题。亳州市某置业公司将案涉某峰财富广场项目发包给江苏某公司承建，江苏某公司租赁某租赁公司的塔机用于某广场项目施工建设。亳州市某置业公司并非案涉塔机租赁合同的当事人，故某租赁公司要求亳州市某置业公司承担给付塔机租赁费等费用的诉讼请求没有事实和法律依据。

综上，某租赁公司的再审申请不符合《中华人民共和国民事诉讼法》第二百条第一项、第二项、第六项、第九项规定的情形。依照《中华人民共和国民事诉讼法》第二百零四条第一款，《最高人民法院关于适用〈中华人民共和国民事诉讼法〉的解释》第三百九十五条第二款规定，最高人民法院裁定如下：

驳回亳州市永安起重设备租赁有限公司的再审申请。

【裁判要点】

合同约定未付清租费不予报停，应当支付后期租赁费。

【裁判解析】

根据《中华人民共和国合同法》第八条的规定：依法成立的合同，对当事人具有法律约束力。当事人应当按照约定履行自己的义务，不得擅自变更或者解除合同。双方当事人应按合同约定全面履行义务。履行合同，就其本质而言，是指合同的全部履行。只有当事人双方按照合同的约定或者法律的规定，全面、正确地完成各自承担的义务，才能使合同债权得以实现，也才使合同法律关系归于消灭。因而，当事人全面、正确地完成合同义务，是对当事人履约行为的基本要求。只完成合同规定的部分义务，就是没有完全履行；任何一方或双方均未履行合同规定的义务，则属于完全没有履行。无论是完全没有履行，或是没有完全履行，均与合同履行的要求相悖，当事人均应承担相应的责任。

本案中，涉案租赁合同合法有效，合同中明确约定承租方通知出租方报停时须提前十五天通知，承租方必须结清租赁费，否则不予报停，租金继续计算。承租方在报停时租金未支付完毕，构成违约，应当遵守合同约定，继续计算、继续支付租金。而租金不宜一直计算，出租方在双方调解无望向法院提起诉讼时，即表明其想遏制损失，则出租方可以主张租赁期截止日期为提起诉讼时，其主张完全为了维护自身的利益，法院予以支持。

第 12 篇　未签订书面合同，出库单也未约定租金标准，仍应支付相应租金

【案件基本信息】

1. 裁判书字号

新疆维吾尔自治区昌吉回族自治州中级人民法院（2016）新 23 民初 143 号民事判决书

新疆维吾尔自治区高级人民法院（2018）新民终 36 号民事判决书

最高人民法院（2018）最高法民申 5109 号民事裁定书

2. 当事人

原告（二审被上诉人、再审被申请人）：张某英

被告（二审上诉人、再审申请人）：张某忠

被告：新疆某建筑安装工程有限责任公司

被告：江苏省某建筑安装公司

【基本案情】

2009 年 9 月，被告新疆某建筑安装工程有限责任公司承接了昌吉某项目工程之后，将该工程的部分工程转包给被告江苏省某建筑安装公司，双方签订了《建设工程内部施工承包协议书》。2009 年 9 月 30 日，被告江苏省某建筑安装公司与被告张某忠签订了《建设工程内部责任承包协议书》，聘用被告张某忠为该工程的负责人。被告张某忠聘用夏某为库管员，聘用孟某某为会计。从 2009 年 6 月至 7 月期间，夏某在原告张某英处拉用建筑设备，原告出具了设备出库单 5 张，后原告索要租赁费无果，于 2011 年 8 月以诈骗为由向昌吉市公安局报案。

被告张某忠在昌吉市公安局询问笔录中陈述："我挂靠的是江苏省某建筑安装公司，新疆某建筑安装工程有限责任公司承建的昌吉市某工程，我承包了这个工程的 1、2、3 号楼的建筑施工，我和新疆某建筑安装工程有限责任

公司之间是内部承包关系。夏某是我工地的库管员，在我的工地干了 4 个月，5 张出库单有夏某的签字，但不能确定是不是夏某本人的签字，如果是夏某本人的签字，那 5 张出库单就没有问题。"夏某在昌吉市公安局询问笔录中陈述："是张某忠让我去帮他租赁设备的，我代表张某忠去过两家租赁站，自 2009 年 6 月至 8 月，我在大佛寺后面的租赁站租赁过 5 次设备，租赁站是要过磅的，每次都要签字，有两次还有一个叫赵某的也签字了，我确定 5 张单子上的签字都是我本人的签字，我把设备拉到张某忠承包的工地，就在工地上使用了，到年底，工地停工了，租赁的设备还在工地，没有拆除。"孟某某在昌吉市公安局询问笔录中陈述："我是张某忠聘用的会计，在张某忠的工地工作，在施工中共与 3 家租赁站发生租赁关系，其中一个是姓常，这家的账已经结清，还有一家姓徐的老板，还有 3 万元没有结。还有一家的租赁物，是以吨数来计算钢管数量的，数量也多，我和账本对了一下，可以看出来，拉的设备数量和吨数小数点都能对上，而且从账上能看出来，这笔账到目前为止都没有结算，账本我今天带来了。"

2013 年 1 月 22 日原告申请对案件所涉及的建筑设备租赁费及租赁单价进行司法鉴定，一审法院委托新疆某价格有限责任事务所对 5 张出库单中的设备，从出库日期 2009 年 6 月 5 日至 2012 年 12 月 26 日止作了价格鉴定认定，其结论为"该建筑材料租赁价格为，2009 年 6 月 5 日至 2009 年 12 月 31 日，141 911.28 元；2010 年 1 月 1 日至 2010 年 12 月 31 日，292 319.19 元；2011 年 1 月 1 日至 2011 年 12 月 31 日，292 319.19 元；2012 年 1 月 1 日至 2012 年 12 月 26 日，288 314.48 元；共计 1 014 864.14 元。

【一审裁判理由及结果】

新疆维吾尔自治区昌吉回族自治州中级人民法院认为本案的争议焦点为：本案中双方当事人是否存在租赁关系；租赁关系成立，其承担责任的主体是谁；租赁费如何计算。

根据原告提交的出库单以及夏某在昌吉市公安局询问笔录中的陈述、孟某某在昌吉市公安局询问笔录中的陈述、被告张某忠在昌吉市公安局询问笔录中的陈述，综合各证据与本案事实的关联程度，各证据之间的联系，可以认定被告张某忠在该工程施工过程中指派库管员夏某到原告处租赁建筑设备并将该设备用于昌吉某项目（1 标段）工程的事实存在，原告张某英与被告张某忠之间存在建筑设备租赁合同关系，被告张某忠应当按照出库单的名称向原告归还租赁的设备及支付使用期间的租赁费，对原告要求被告张某忠承担租赁费并返还租赁设备的诉讼请求一审法院予以支持。

对于所租赁设备的租赁期限及租赁费如何确定的问题，因原告提供的出库单有该批建筑设备出库的时间，被告辩称大部分设备已经归还，但未提供相关证据证实，因此租赁期限应当自建筑设备出库之日算至原告起诉之日。新疆维吾尔自治区昌吉回族自治州中级人民法院已委托新疆某价格有限责任事务所对 5 张出库单中的设备，从出库日期 2009 年 6 月 5 日至原告主张之日 2012 年 12 月 26 日止，作了价格鉴定认定。根据该鉴定结论，再考虑新疆的冬季从当年 12 月 1 日起至第二年的 3 月，无法从事露天施工，且原告也同意扣除当年冬季不能施工的四个月（当年 12 月至次年 3 月）的租赁费。经合议庭评议，依照《中华人民共和国合同法》第六十条第一款、第一百零九条、第二百一十二条、第二百三十五条，《中华人民共和国民事诉讼法》第一百四十四条的规定，判决如下：

一、被告张某忠于本判决书生效后十日内支付原告张某英租赁费 701 830 元。

二、被告张某忠于本判决书生效后十日内归还原告张某英未归还的设备（以 5 张出库单为准）。

三、驳回原告张某英的其他诉讼请求。

【二审上诉请求及理由】

张某忠不服一审判决，向新疆维吾尔自治区高级人民法院提起上诉，请求：1. 撤销一审判决，驳回张某英的诉讼请求。2. 一、二审案件受理费由张某英负担。事实与理由：一、张某忠为江苏省某建筑安装公司的员工，指派夏某去张某英处借用建筑设备用于江苏省某建筑安装公司承包的建设工程，系职务行为，张某忠不应承担责任。二、一审法院认定张某忠与张某英存在租赁合同法律关系无任何根据。三、一审法院违反证据规则，采信非法证据公安笔录。综上，请求依法改判。

张某英辩称：1. 新疆某建筑安装工程有限责任公司承建了昌吉市石油花园的建筑，2009 年 9 月 26 日又将该工程以内部承包的方式转包给江苏省某建筑安装公司，2009 年 9 月 30 日江苏省某建筑安装公司又将该工程以内部承包的方式交由张某忠施工，根据相关法律规定，总承包人不能将工程建筑主体以任何形式分包他人，分包无效。因此该建设工程承包责任主体只有新疆某建筑安装工程有限责任公司，新疆某建筑安装工程有限责任公司与江苏省某建筑安装公司之间是内部管理关系，不能对抗第三人，该工程的承包责任主体是新疆某建筑安装工程有限责任公司。2. 江苏省某建筑安装公司与张某忠系内部施工合同，张某忠系自然人，不具备建筑施工的资质，其在施工中履行的是职务行为，租赁设备属实，使用人受益人是新疆某建筑安装工程有限责任公司，支付租赁费的义务应当由新疆某建筑安装工程有限责任公司、江苏省某建筑安装公司、张某忠共同承担。对张某忠主张其系职务行为的上诉意见予以确认。

新疆某建筑安装工程有限责任公司辩称：张某忠借用张某英设备的行为是代表江苏省某建筑安装公司的职务行为，不应当由张某忠个人承担责任，应由其所在单位承担责任。根据案件基本事实，昌吉石油花园项目是新疆某建筑安装工程有限责任公司在承包后以内部施工承包的方式将一部分工程转包给江苏省某建筑安装公司，故并非整体转包，新疆某建筑安装工程有限责任公司在整个工程施工中未实际参与，实际施工人是江苏省某建筑安装公司，江苏省某建筑安装公司在施工中借用了张某英的建筑设备，新疆某建筑安装工程有限责任公司不应当承担任何责任。

【二审法院查明的事实】

新疆维吾尔自治区高级人民法院二审，当事人未提交新证据。二审查明事实与一审查明事实一致。二审另查明，张某忠在（2013）昌中民二初字第12号案件（本案第一次一审）审理中辩称：张某英所诉不实，张某忠与张某英也无合同租赁关系。在2009年张某忠承建石油花园使用雷某的商砼混凝土，通过雷某借用了张某英的设施，张某忠从未和张某英商量租赁事宜并签订合同，张某忠和雷某商量到2009年11月向雷某归还该批设备，仅剩4.94吨钢材和13 600个扣件未归还。张某忠愿意承担该批设备2009年6月至11月的租金，并赔偿未归还46.42吨钢材和20 372个扣件。张某忠在该次审理中确认夏某不是新疆某建筑安装工程有限责任公司及江苏省某建筑安装公司的工作人员，系其雇佣的保管员。

2011年8月26日张某忠在昌吉市公安局刑警大队（以下简称公安机关）

询问笔录中确认孟某某系其工地上的会计，并称："在孟某某来工地之前，工地上面的账全部都是刘某某做的，孟某某查完账后，告诉我说在账本上有两张没有结算的账单，但是在记账凭证上面没有写清是和那家租赁的建筑设备，然后我就让孟某某到公安局来，孟某某到公安局来了以后，到办案民警处看来对方租赁站出事的出库单，发现我们工地上面两张记账凭证上面记载的卡扣数、钢管吨位数和对方提供的四张出库单上面记载的数目可以对上，但是对方有一张出库单上的钢管在我们工地的记账凭证上没有登记，而且在我们的记账凭证上面都标有'应付账款'，应付账款的意思就是我们应当向外支付的账款。"张某忠 2011 年 8 月 12 日的询问笔录中称"2009 年我们这个石油花园工程刚开工那阵，夏某是我工地上的库管员，他在我的工地上面干了 4 个月，到年底工程快停工的时候，夏某离开的我的工地"。夏某 2011 年 8 月 17日在公安机关询问笔录中称"当时我把建筑设备从租赁站拉出来以后，就送到工地上去了，拉过去以后，就在工地上面使用了，到年底的时候，工程需要停工，我离开工地的时候，那些建筑设备还在工地上，没有拆除"。夏某 2015 年 9 月 15 日在新疆维吾尔自治区沙湾县公证处公证证人证言称"最后一批钢管拉完后，我跟公司刘会计去租赁站对账，凡是我拉走的只要能与公司账目相符的就打'√'。后来归还的时候，我和刘会计一起去的，凡是已经还了的就在原'√'上打'╱'，就变成现在的'√（加╱）'符号，凡是未还的就保持原样不变，还是'√'，所以，凡是打'√（加╱）'就是还的"。对出库单保管联上的标记，张某忠称标记"√"系出库时设备与出库单一致打的标记，在标记"√"上打叉证明已经返还。但张某英称标记"√"系出库时设备与出库单一致打的标记，在其自行做账时为了不混淆，每完成一笔记录则在标记"√"上打叉，剩余没有打叉的是该页出库单内容少，不会混淆。

江苏省某建筑安装公司作为甲方与乙方李某、张某忠签订的《建设工程内部责任承包协议书》约定，甲方建立"江苏省某建筑安装公司（XJW）第八工程处昌吉石油花苑工程项目部"，聘任李某为负责人……二、承包方式。1. 甲方总承包，乙方包工、包料（甲方订购材料除外）责任承包（除本协议约定权限外，乙方仅具项目部内部管理权，无代表公司及项目经理处理对外事务或签约的权利，如有需要必须经公司书面授权。乙方未取得书面授权不得以公司或项目部名义对外签订任何经济协议，乙方签订的一切与经济相关的合同或协议如未经公司授权及加盖公司印章纯属乙方个人行为，甲方概不承认，并由此引起的经济、法律责任由乙方自行承担）。甲方实行统一管理，全面监控。乙方代理甲方履行与新疆某建筑安装工程有限责任公司的《建筑工程内部施工承包协议》有关工期、质量、安全、文明施工的条款规定，承担相关责任。乙方实行独立核算、自负盈亏。乙方包质量、包安全、包文明施工、包核算、包职工工资发放、包债权债务的清理。本协议李某、张某忠共同承担乙方的履约责任。……七、财务及利润分配。甲乙双方本着甲方按约定收取费用外，剩余归乙方所有的方法。……八、付款方式。……3. 合同或协议（公司授权并加盖印章）欠款、劳务工资、工程主要材料款、租赁费由公司财务凭乙方出具财务手续直接支付给对方。

【二审裁判理由及结果】

新疆维吾尔自治区高级人民法院认为，本案争议焦点为：1. 张某忠取得建筑设备的行为是否系职务行为。2. 张某忠与张某英之间是否系建筑设备租赁合同法律关系，是否应当支付租赁费。3. 一审法院是否错误采信非法证据。

关于张某忠借用或租赁建筑设备是否系职务行为的问题。首先，张某忠在公安机关确认其仅为挂靠江苏省某建筑安装公司，夏某亦为其自己所雇佣的人员，夏某陈述亦表明，其仅受到张某忠的委托进行租赁。其次，张某忠提交的江苏省某建筑安装公司与李某、张某忠签订的《建设工程内部责任承包协议书》承包方式中约定，乙方李某、张某忠包工包料进行施工，无权代表公司及项目经理处理对外事务或签约，如有需要必须经公司书面授权，本案中并无江苏省某建筑安装公司的书面授权。最后，出库单中并无江苏省某建筑安装公司的盖章，张某忠、夏某均未能出具江苏省某建筑安装公司的授权委托书，亦无证据证明张某忠系江苏省某建筑安装公司的工作人员。在取得设备时，张某忠并无任何确认夏某身份的证据。因此张某忠称其取得设备系职务行为无证据支持，不予采信。

关于张某忠与张某英之间是否系建筑设备租赁合同法律关系的问题。本案中，确认双方法律关系的证据仅为 5 张出库单及公安笔录中张某忠确认出库单载明的物品均记载在其应付账款中的陈述（未记载的一张出库单张某忠对真实性亦予以认可），出库单仅记载了出库物品数量、吨位数，应付账款中亦仅记录出库单载明的建筑设备，无明确应付款的数额，因此，双方租赁关系不明确，但张某忠在本案第一次一审开庭答辩时称愿意承担 2009 年 6 至 11 月的租金，故，对其自认部分予以确认。对 2010 年至 2012 年一审判决期间的费用，因建筑设备未返还，参照租赁费标准给付该期间的费用亦无不当，对此予以维持。

关于设备是否返还的问题，仅有双方对出库单保管联上的标记进行分析，双方的解释均具有合理性，根据举证责任分配，张某忠主张设备返还应承担举证责任，其不能提交设备返还的证据应承担举证不能的不利后果，即对张某忠称设备已经返还的抗辩不予采纳。夏某虽然在诉讼中出具公证证言，认为多数设备根据标记显示已经返还，但与其在公安机关陈述在 2009 年年底其离开工地的时候设备尚未拆除的陈述相互矛盾，故张某忠以夏某证言证明已归还大部分设备的意见，不予采纳。

关于一审法院是否错误采信证据的问题。张某忠明确"非法证据"为夏某、孟某某在公安机关的笔录，但庭审中张某忠对其在公安机关的笔录陈述内容真实性认可，其笔录中对孟某某所称涉案建筑设备记载在应付账款的内容予以确认，与夏某陈述部分事实相互对应，因此一审对笔录的采信并无不当。

综上所述，张某忠的上诉请求不能成立，应予驳回；一审判决认定事实清楚，适用法律正确，应予维持。依照《中华人民共和国民事诉讼法》第一百四十四条、第一百七十条第一款第一项规定，判决如下：

驳回上诉，维持原判。

【再审申请及理由】

张某忠申请再审称：1. 本案无租赁协议或合同，五张出库单中单价与金额一栏均为空白，本案双方不是租赁关系，二审判决认定错误。2. 本案一、二审判决采信证据不当，以租赁价格的鉴定意见计算租赁费用不当。

【再审裁判理由及结果】

最高人民法院经审理认为：张某忠虽与张某英未订立书面合同，但张某英出具有经双方签字的建筑设备租赁出库单，张某忠对使用该设备并无异议。依照等价有偿的原则，张某忠应当为其使用设备支付相应费用。张某忠虽称出库单并未载明租赁价格，使用属无偿借用，但张某忠未提交相应证据证明其主张，原审未予采信并无不当。关于原审依据鉴定结论认定租赁费的问题。

原审中，张某忠对鉴定结论并未提出异议。涉案鉴定结论虽系在另案诉讼中形成，但系人民法院委托鉴定部门作出，张某忠主张该鉴定结论不应作为证据采信的理由依据不足。综上，张某忠的再审申请不符合《中华人民共和国民事诉讼法》第二百条第二项规定的情形，故裁定驳回张某忠的再审申请。

【裁判要点】

出租方与承租方无书面合同或协议，出库单亦未载明租赁价格时，依照等价有偿原则计算租金。

【裁判解析】

等价有偿原则是民事主体在从事民事活动中要按照价值规律的要求进行等价交换的原则。除法律另有规定或合同另有约定者外，取得他人财产利益或得到他人的劳动服务必须向对方支付相应的价款或酬金。等价有偿原则是公平原则在有偿交易活动中的表现和要求，等价意味着经济利益的均衡，而公平原则所要求的利益均衡不局限于经济利益。

本案中，承租双方既未签订书面租赁合同，也未在出库单上载明租赁价格。承租方拒不支付租金，主张系无偿借用，依照等价有偿原则，承租方应当为其使用的设备支付相应费用。由于出库单上未载明租赁价格，出租方申请对案件所涉及的建筑设备租赁费及租赁单价进行司法鉴定，法院应依据该鉴定结论，结合当地气候特征，计算出案涉租赁费，要求承租方据此支付租赁费，依法维护了出租方的经济利益。

第13篇　租赁物资未予退还时，赔偿价格标准的认定

（一）赔偿标准应扣除折旧

【案件基本信息】

1. 裁判书字号

北京市第二中级人民法院（2017）京02民终9408号民事判决书

北京市高级人民法院（2018）京民申3376号民事裁定书

2. 当事人

原告（二审被上诉人、再审被申请人）：北京某租赁公司

被告（二审上诉人、再审申请人）：北京某建筑公司

【再审申请及理由】

再审申请人北京某建筑公司因与被申请人北京某租赁公司建筑设备租赁合同纠纷一案，不服北京市第二中级人民法院（2017）京02民终9408号民事判决，向北京市高级人民法院申请再审。北京市高级人民法院依法组成合议庭进行了审查，现已审查终结。

北京某建筑公司申请再审称，请求撤销一、二审判决，发回原审法院重审。理由为：1. 一审法院缺席判决，程序严重违法。一审法院在没有向我公司依法送达开庭通知，也没有穷尽其他所有送达方式的情况下，采用公告送达而缺席开庭，剥夺了我公司的答辩权、举证权和辩论权，程序明显违法。2. 欠付租赁费88 446.4元没有根据，出库单、入库单、录音材料、光盘和银行流水等均与事实不符，且无我公司一方任何的确认手续，最后双方包括租赁费和剩余管材买断费一共才51 790.71元。3. 二审法院虽然听取了双方的

意见和陈述，却违反双方的意思表示，在北京某建筑公司一方已认可放弃租赁费时，仍作出对我公司不利的判决。北京某建筑公司依据《中华人民共和国民事诉讼法》第二百条的规定申请再审。

【再审裁判理由及结果】

北京市高级人民法院经审查认为，根据查明的事实，北京某建筑公司向北京某租赁公司租赁设备，支付了部分租金，但剩余部分租赁设备未归还北京某租赁公司。北京某建筑公司主张买断了剩余部分租赁设备，但未提供充分证据证实双方对买断租赁设备达成一致意见。因北京某建筑公司一直未向北京某租赁公司返还剩余部分租赁设备，一、二审法院对于北京某租赁公司持续计算租赁费的诉讼请求予以支持，并无不当。北京某建筑公司在二审中明确表示无法返还剩余的租赁设备，二审法院依照租赁设备市场价格、折旧程度酌情认定尚未归还租赁设备的价值，判决北京某建筑公司予以赔偿，并无不当。一审法院审判程序亦无不当。北京某建筑公司的再审申请缺乏充分的事实与法律依据，不符合《中华人民共和国民事诉讼法》第二百条规定的情形，不予支持。

依照《中华人民共和国民事诉讼法》第二百零四条第一款，《最高人民法院关于适用〈中华人民和国民事诉讼法〉的解释》第三百九十五条第二款的规定，裁定如下：

驳回北京某建筑公司的再审申请。

【裁判要点】

未退还部分物资的赔偿价格标准，依照租赁设备市场价格、折旧程度酌情认定尚未归还租赁设备的价值。

（二）赔偿标准依照合同约定

【案件基本信息】

1. 裁判书字号

湖南省湘潭市岳塘区人民法院（2013）岳民商初字第 757 号民事判决书

湖南省湘潭市中级人民法院（2014）潭中民三终字第 92 号民事判决书

湖南省高级人民法院（2015）湘高法民再二终字第 155 号民事判决书

2. 当事人

原告（二审被上诉人、再审被申请人）：廖某某

被告（二审上诉人、再审申请人）：某集团公司

原审被告：某集团长沙分公司

【基本案情】

被告某集团长沙分公司系被告某集团公司设立的无独立法人资格的分公司。被告某集团长沙分公司因装修工程建设需租赁原告建筑器材，双方于2013 年 4 月 8 日签订了一份《建筑器材租赁合同》，约定：原告出租钢架管、扣件等建筑器材给被告，租用数量以发货单为准；租赁期预计自 2013 年 4 月 8 日起至 2013 年 8 月 30 日止；租期满 30 天结付租金，逾期未付租金，出租方按欠付金额的 3‰/天收取滞纳金，逾期 60 天未交纳租金，出租方有权解除合同，收回租赁物，并由承租方承担相应的经济损失。承租方丢失建筑器材应按所租赁建筑器材成本价值 120% 赔偿给出租方。合同签订后，2013 年 4 月 8 日至 2013 年 4 月 24 日，原告共计向被告发货钢架管 60 051m、扣件 39 400 套。2013 年 5 月 21 日，被告退还原告钢架管 3235.5m、扣件 2243 套。2013 年 6 月 3 日，被告按照合同约定的价格赔偿了原告钢架管 58m、扣件 51 套，共计 1234 元。截止至 2013 年 11 月 15 日，被告某集团长沙分公司尚欠原告租金共计 60 057 元。截至 2013 年 11 月 15 日，被告某集团长沙分公司尚有钢架管 56 757.5m、扣件 37 106 套未归还原告。原告多次催要租金未果，遂诉至法院，请求判如诉请。

【一审裁判理由及结果】

湖南省湘潭市岳塘区人民法院认为，原、被告之间签订的《建筑器材租赁合同》是双方真实意思表示，该合同合法有效，应当受法律保护。原告依约向被告出租了建筑器材，履行了全部合同义务，被告未按时支付租金，是引起此次纠纷的根本原因，应当承担本案的全部责任。根据《中华人民共和国合同法》第二百三十二条的规定，当事人对租赁期限没有约定或者约定不明确，经双方协商仍不能确定的，视为不定期租赁。当事人可以随时提出解除合同，但出租人解除合同应当在合理期限之前通知承租人。由于原、被告双方对租赁期间没有明确的约定，原、被告之间应当视为不定期租赁关系。

原告已通过诉讼的方式明确通知被告解除租赁合同，故原告要求解除双方签订的《建筑器材租赁合同》的诉讼请求，一审法院予以支持。原告要求被告支付截至 2013 年 11 月 15 日所欠租金 60 057 元的诉讼请求，合理合法，予以支持。由于原告未能提供证据证实被告承租原告的建筑器材确已丢失，故原告要求被告赔偿建筑器材款 1 356 907 元的诉讼请求，不予支持，被告可将租赁物退还给原告，如被告不能按时归还租赁物，可依照合同约定按租赁物价值的 120% 折价赔偿给原告，签订合同时双方约定丢失租赁物按照租赁物价值 120% 赔偿，是双方真实意思表示，故两被告辩称按照租赁物价值的 120% 赔偿不合理的辩称意见，不予采纳。原告要求被告承担 2013 年 11 月 16 日起的后续损失的诉讼请求，合理合法，予以支持，但数额应当合理计算。未支付租金 60 057 元的利息损失应按照中国人民银行同类贷款利率自 2013 年 11 月 16 日起计算至本判决生效之日止。被告应当按照租赁合同约定的租金支付标准（即 790.22 元/天）赔偿原告自 2013 年 11 月 16 日起至本判决生效之日止的因被告延期归还建筑器材产生的经济损失。因被告某集团长沙分公司系被告某集团公司设立的无独立人格的分公司，其经营活动应当由被告某集团公司承担相应的法律责任，故原告请求被告某集团长沙分公司对上述债务承担连带赔偿责任的诉讼请求，不予支持。综上，根据《中华人民共和国合同法》第一百零七条、第一百一十二条、第一百一十三条第一款、第二百二十二条、第二百三十二条，《中华人民共和国公司法》第十四条第一款之规定，岳塘区人民法院判决如下：

一、解除原告廖某某与被告某集团长沙分公司签订的《建筑器材租赁合同》。

二、被告某集团公司于本判决生效之日起五日内一次性支付原告廖某某租金 60 057 元，并支付欠付租金 60 057 元按中国人民银行同类贷款利率自 2013 年 11 月 16 日起至本判决生效之日止的利息损失。

三、被告某集团公司于本判决生效之日起五日内一次性归还原告廖某某所租赁的钢架管 56 757.5m，扣件 37 106 套，若被告某集团公司不能按时归还所租赁的钢架管、扣件，应当在本判决生效之日起十日内一次性赔偿原告廖某某建筑器材损失 1 356 907 元。

四、被告某集团公司按照 790.22 元/天的标准一次性赔偿原告廖某某自

2013 年 11 月 16 日起至本判决生效之日止的延期归还建筑器材的经济损失。

五、驳回原告廖某某的其他诉讼请求。

【二审上诉请求及理由】

某集团公司不服，向湖南省湘潭市中级人民法院提出上诉。其主要上诉理由是：原审判决判令上诉人按租赁的钢架管、扣件价值的 120% 赔偿给被上诉人廖某某 1 356 907 元，与市场价值差距过大，应予以改判。因本案案情复杂，争议较大，故一审判决程序违法，不应适用简易程序审理。请求二审法院依法予以改判或发还重审，一、二审诉讼费由被上诉人、上诉人各自承担一半。

廖某某答辩称：对于未归还的钢架管、扣件的赔偿，双方已在合同中明确约定，且这些器材的价格也是随着市场价格的变化而变动的，合同中约定的赔偿价格与市场价格差不多，没有违反公平原则。本案事实清楚，权利义务关系明确，上诉人也只对丢失租赁钢架管、扣件损失的赔偿数额进行上诉，一审适用简易程序没有违反法律规定。

【二审裁判理由及结果】

湖南省湘潭市中级人民法院认为，本案争议的焦点为：

1. 未归还的钢架管、扣件赔偿金额的认定问题。《中华人民共和国合同法》第二百二十二条规定，承租人应当妥善保管租赁物，因保管不善造成租赁物毁损、灭失的，应当承担损害赔偿责任。故上诉人某集团公司如未按约归还租赁器材，则应承担赔偿租赁器材的法律责任。对于赔偿金额的认定，被上诉人与原审被告所签订的《建筑器材租赁合同》是双方当事人真实意思表示，该合同合法有效，应受法律保护。合同中对租赁器材的成本价值进行了约定，同时还约定如租赁方丢失器材，出租方按租赁器材成本价值的 120% 收取赔偿款，故一审法院依据合同约定的赔偿标准判令上诉人承担赔偿责任符合法律规定，湘潭市中级人民法院予以维持。

2. 本案一审诉讼是否程序违法。上诉人某集团公司上诉提出本案一审不应适用简易程序审理。经审理，本案事实清楚、权利义务关系明确，各方当事人对租赁物的数量、租金的金额等无争议，上诉人仅对合同中约定的未归还钢架管、扣件赔偿条款有部分异议，故本案一审适用简易程序审理符合法律规定，上诉人提出的该项上诉理由不成立，湘潭市中级人民法院不予支持。

综上，原审判决认定事实清楚，审判程序合法，适用法律正确，处理恰当。依照《中华人民共和国民事诉讼法》第一百五十三条第一款（一）项之规定，湘潭市中级人民法院判决如下：

驳回上诉，维持原判。

【再审申请及理由】

某集团申请再审称：1. 判令某集团公司五日内一次性退还钢管架56 757.5m、扣件37 106套极不公平。临湘五仙山施工工地距离廖某某指定的归还地点约200公里，退还租赁物工作巨大，廖某某将租赁物送至施工工地用了十七天，要某集团五天内归还不切实际。且申请人收到判决之日是在2014年7月29日，从该日起的五日包含了周末，廖某某以法定休息日不工作为由拒绝收货，因此退货日期仅有3天。判决又令某集团公司必须一次性退还租赁物，即实际退还租赁物的时间仅为一天，违背客观实际。2. 判令如不按时归还租赁物，应当在判决生效之日起十日内一次性赔偿廖某某1 356 907元损失极不公平。"未按时归还租赁物"并不等同于"丢失租赁物"，某集团公司并未丢失租赁物，判令某集团公司承担赔偿责任不合理。一、二审有关未按时归还租赁物则必须按租赁物成本的120%赔偿损失的判决无异于强行交易租赁物。且一、二审判决重复计算损失，既判决某集团支付租赁物的延期归还租金，又判决某集团公司支付租赁物丢失的经济损失。请求撤销一、二审判决，依法改判或发回重审。

廖某某答辩称：廖某某与某集团之间形成了合法有效的合同关系，廖某某严格按照某集团的要求履行了合同义务。廖某某送货的时间较长，是因为送货时间是根据工程进度及某集团需求决定的，事实上，只要某集团需要，完全可一天送到。原审判决某集团五日内返还租赁物并无不当。建筑器材租赁属于动产租赁，出租方无法举证租赁物是否遗失或毁损，法院在判决标的物返还同时判令如在合理期限不能返还则按合同约定赔偿损失是正确的。本案也不存在重复计算的问题，器材赔偿是对器材本身损失的赔偿，租金损失是对器材可得利益损失的补偿，两者并不矛盾。请求维持一、二审判决，驳回某集团的再审申请。

再审期间，某集团提供了一系列二审判决后某集团履行本案生效判决的证据，包括廖某某下属人员对设备的签收、拒收情况以及法院强制执行的情况。

湖南省高级人民法院认为，上述证据与本案的审理没有关联性，因此不予采信。

【再审裁判理由及结果】

湖南省高级人民法院认为，本案再审争议的焦点是：

1. 关于原审判决归还钢架管等器材的时间是否恰当的问题。原审判决某集团五日内一次性退还钢架管等器材，表面上看时间确实比较仓促，但并非不具有操作性，只要集中投入更多的人力、物力即可。基于此，在一审判决要求某集团五日内一次性退还钢架管等器材时，某集团公司并未就此期限问题提出上诉，从另一方面印证了五日内归还并非不可能。目前引发某集团公司就此问题提出再审的缘由是因为廖某某在五天期限之后不同意接收钢架管等器材，这属于执行中的问题，与本案的审理没有关系。某集团关于原审判决五日内一次性退还钢架管等器材不合理的理由不能成立。

2. 关于原审判令如不按时归还租赁物，应当在判决生效之日起十日内一次性赔偿廖某某 1 356 907 元损失是否公平的问题。双方签订的《建筑器材租赁合同》约定，承租方丢失租用的器材，出租方按租用器材成本价值 120% 计收其赔偿费。由于本案租赁的是建筑器材，属于动产租赁，只有承租方才能知晓租赁物到底遗失与否，所以法院判决首先考虑的是归还租赁物，只有在判决规定的时间内不返还租赁物的情况下才按照合同的约定赔偿相应的价款，该判项既考虑了双方合同的约定，也平衡了双方的权益，不存在不公平的问题。

3. 关于既判决赔偿延期归还租赁物的经济损失，又判决赔偿租赁物器材损失，是否系重复计算的问题。原审判决第四项内容为"被告某集团公司按照 790.22 元每天的标准一次性赔偿原告廖某某自 2013 年 11 月 16 日起至本判决生效之日止的延期归还建筑器材的经济损失"，从该判决的"本院认为部分"看，其判决的从 2013 年 11 月 16 日至判决生效之日止的每天 790.22 元的延期归还器材的经济损失，系指在器材归还之前或赔偿款支付之前的时间仍应计算为器材租赁期间，该部分租金仍应支付。根据合同约定和建筑器材租赁的行业规矩以及常理来讲，偿还之前的期限应计算租金。至于判决赔偿租赁物器材损失，是指如果某集团公司没有按时归还器材，视为器材已经丢失，因此应赔偿器材本身灭失后的损失，与租金是两个不同的概念。

综上，原判事实清楚，适用法律正确，尽管在判决履行期限上有些瑕疵，但判决结果并无不当。某集团申请再审的理由不能成立。依照《中华人民共和国民事诉讼法》第二百零七条、第一百七十条第一款（一）项之规定，湖南省高级人民法院判决如下：

维持湘潭市中级人民法院（2014）潭中民三终字第92号民事判决。

【裁判要点】

合同中明确约定未退还部分物资的赔偿价格标准，系真实意思表示，以约定为准。

【裁判解析】

《中华人民共和国合同法》第二百三十五条规定：租赁期间届满，承租人应当返还租赁物。返还的租赁物应当符合按照约定或者租赁物的性质使用后的状态，如不能返还原物，则应按上述租赁物的市场价格折旧后予以赔偿。《中华人民共和国合同法》第二百二十二条规定，承租人应当妥善保管租赁物，因保管不善造成租赁物毁损、灭失的，应当承担损害赔偿责任。虽然《租赁合同》会约定租赁物的赔偿价格，但该赔偿属于填补损失，价格应与租赁物资如钢管、扣件、套管等的实际价值相应，租赁物的市场价处于波动状态，且租赁物经过多年使用，相应折旧应予以考虑，或依据专业鉴定评估机构出具的价格鉴定结论确定赔偿数额。在双方当事人没有申请对租赁物现值进行鉴定的情况下，考虑到租赁物的使用年限和折旧率，依照我国民法规定的公平、等价有偿、诚实信用的原则，应以损失发生时的市场价格为宜，租赁合同中租赁物资的损失发生时应以租赁期满或租赁合同被解除时，租赁物资被损坏、丢失导致不能返还的时间确定。

本章节观点一中，出租方主张承租方返还剩余部分租赁物于法有据。若无法返还，法院依照租赁设备市场价格、折旧程度酌情认定尚未归还租赁设备的价值，但考虑到折旧因素，法院酌情确定按市场价的折旧赔偿合情合理。

《中华人民共和国合同法》第二百一十九条：承租人未按照约定的方法或者租赁物的性质使用租赁物，致使租赁物受到损失的，出租人可以解除合同并要求赔偿损失。

对于未归还租赁物的租金应按照合同约定继续计算至归还完时为止，对于没有归还的租赁物如不能归还应予以赔偿的标准问题，由于该部分租赁物的归还时间尚不能确定，因此法院在司法实践中酌情按照合同约定的"租赁物资赔偿标准"计算赔偿价格并无不当。

本章节观点二中，原告与被告签订的《物资租赁合同》系双方当事人的真实意思表示，其内容不违反法律规定，合法、有效。双方当事人应当严格履行合同。合同约定如租赁方丢失器材，出租方按租赁器材成本价值的 120%收取赔偿款，出租方按合同的约定计算租赁物损失的诉讼请求符合法律的规定和双方的约定，由于本案租赁的是建筑器材，属于动产租赁，只有承租方才能知晓租赁物到底遗失与否，所以法院判决首先考虑的是归还租赁物，只有在判决规定的时间内不返还租赁物的情况下才按照合同的约定赔偿相应的价款，该判项既考虑了双方合同的约定，也平衡了双方的权益，不存在不公平的问题。故法院依据合同约定的赔偿标准判令承租方承担赔偿责任符合法律规定，并无不当。

附例

观点一　附例

云南省高级人民法院（2015）云高民三终字第 127 号

河南省高级人民法院（2017）豫民再 228 号

观点二　附例

湖南省高级人民法院（2015）湘高法民再二终字第 155 号

第14篇 承租方与第三人的内部承包协议不影响租赁关系的认定

【案件基本信息】

1. 裁判书字号

重庆市万州区人民法院（2015）万法民初字第09811号民事判决书

重庆市第二中级人民法院（2016）渝02民终1378号民事判决书

重庆市高级人民法院（2016）渝民申2601号民事裁定书

2. 当事人

原告（二审被上诉人、再审被申请人）：某租赁公司

被告（二审上诉人、再审申请人）：重庆市某建设公司

被告（二审被上诉人、再审被申请人）：某劳务公司

【一审法院查明的事实】

2013年7月29日，被告重庆市某建设公司法定代表人张某某以云阳县盘龙街道张某某联建房项目部的名义与被告某劳务公司签订《房屋建筑工程劳务承包合同》，约定云阳县盘龙街道张某某联建房工程劳务作业由被告某劳务公司承建；被告某劳务公司承担塔机进出场费、安装拆除费、塔机租金、塔机驾驶员和信号指挥员的工资，包括办理塔机使用证，其费用已含在所有劳务各分项工程中。同年9月16日，原告某租赁公司与被告重庆市某建设公司签订《塔机租赁合同》，约定被告重庆市某建设公司租赁原告某租赁公司QTZ63型塔机一台；每台每天租金300元整，超过独立高度需另增加标准节的，每天每节15元；被告重庆市某建设公司租赁的塔机租金每月结算本月租金给原告某租赁公司，若无故延期，出租方有权停止使用塔机或拆除，造成的损失由租赁方负责并承担所欠总金额日2%的资金利息。同时，租赁双方对塔机的保养和维修及安全等进行了约定。《塔机租赁合同》签订后，原告某租赁公司按约于2013年9月22日将安装调试完毕的塔机交付被告重庆市某建设

公司使用。2015 年 12 月 5 日颁发的重庆市建筑起重机械使用登记证及起重机安装改造重大维修监督检验报告载明云阳县盘龙街道张某某联建房 A 栋起重机使用单位为重庆市某建设公司。2015 年 7 月 31 日，被告某劳务公司确认截至 2015 年 7 月 31 日云阳县盘龙街道张某某等联建房塔机租金 368 855 元，损失赔偿款 46 000 元。其后至 2016 年 1 月 31 日，按合同约定被告重庆市某建设公司应付原告某租赁公司租金 113 160 元。该款经原告某租赁公司催收未果。现该设备仍由被告重庆市某建设公司使用。

另查明，诉讼中被告重庆市某建设公司提供 2013 年 9 月 16 日，原告某租赁公司与被告某劳务公司签订的《塔机租赁合同》复印件，除承租主体不一样外，其他约定内容同原告某租赁公司与被告重庆市某建设公司签订的《塔机租赁合同》一致。2014 年 7 月 5 日，云阳县盘龙镇张某某联建房项目部与被告某劳务公司签订《补充协议》，约定云阳县盘龙镇张某某联建房项目部一次性补给被告某劳务公司停工期间的设备设施租金、工人误工费总计 24.5 万元。

【一审裁判理由及结果】

塔机属建筑起重机械，按我国相关法律规定建筑起重机械使用单位应当自建筑起重机械安装验收合格之日起 30 日内，将建筑起重机械安装验收资料、建筑起重机械安全管理制度、特种作业人员名单等，向工程所在地县级以上地方人民政府建设主管部门办理建筑起重机械使用登记。本案所涉塔机在主管部门登记的使用单位为重庆市某建设公司，且其与原告某租赁公司签订的《塔机租赁合同》是双方当事人的真实意思表示，合同内容不违背国家法律法规的强制性规定，合同有效。合同履行中原告某租赁公司按约将安装调试合格的租赁设备交付被告重庆市某建设公司使用，被告重庆市某建设公司未按合同的约定支付租金违背诚实信用原则，原告某租赁公司要求被告重庆市某建设公司给付租金 482 015 元及赔偿损失 46 000 元的请求本院予以支持。合同双方约定的资金利息过高该院依法予以调整。诉讼中，补充协议的主体双方是二被告，该协议对原告某租赁公司无约束力，被告重庆市某建设公司辩称塔机使用单位为被告某劳务公司，设备租金应由被告某劳务公司承担的理由不成立。根据《中华人民共和国合同法》第一百零七条、第二百一十二条、第二百二十二条、第二百二十六条之规定，判决如下：

一、被告重庆市某建设公司在本判决生效后三日内给付原告某租赁公司租金 482 015 元，按月利率 2% 支付资金利息至付清之日止；其中租金 368 855 元从 2015 年 8 月 1 日起算，租金 19 065 元从 2015 年 9 月 1 日起算，租金 18 450 元从 2015 年 10 月 1 日起算，租金 19 065 元从 2015 年 11 月 1 日起算，租金 18 450 元从 2015 年 12 月 1 日起算，租金 19 065 元从 2016 年 1 月 1 日起算，租金 19 065 元从 2016 年 2 月 1 日起算；

二、被告重庆市某建设公司在本判决生效后三日内给付原告某租赁公司损失赔偿款 46 000 元；

三、驳回原告某租赁公司的其他诉讼请求。

【二审上诉请求及理由】

被告重庆市某建设公司不服一审判决，提起上诉称：一、一审判决认定被上诉人某劳务公司不承担设备租金错误，判决上诉人给付租金错误。

1. 《劳务承包合同》约定了设备租金由被上诉人某劳务公司承担。

2. 被上诉人之间订立了《塔机租赁合同》，塔机租金应当由实际使用人某劳务公司承担。

3. 本案的塔机实际使用人和费用结算均是某劳务公司。

4. 依据上诉人提交的《补充协议》可以看出设备租金系某劳务公司承担。

5. 被上诉人某租赁公司提供的《塔机租赁合同》不能作为定案的依据。

二、一审判决认定租金 482 015 元错误，认定损失 46 000 元错误。本案中的一审判决认定的租金和损失均不是上诉人进行结算，对其损失上诉人也没有进行确认，只是被上诉人某劳务公司确认的租金 368 855 元，损失 46 000 元，某劳务公司确认的金额对上诉人不具有约束力。既然一审判决认定补充协议对某租赁公司无约束力，难道某劳务公司确定的金额对上诉人具有约束力吗？审判员就同一事实在同一案件中作出不同的认定，这有违公平和公正。本案中一审判决有 113 160 元租金没有进行结算，也没有任何一方签字确认，一审判决自行予以认定，并判决上诉人支付错误。

三、一审判决按照月利率 2% 支付资金利息错误。首先是一审判决确定支付时间起点计算错误，本案中被上诉人在起诉之前没有向上诉人主张过权利，本案中存在两份有争议的合同，即使要支付利息，也只能从起诉之日开始计算利息。其次是一审判决按照每月 2% 支付资金利息过高，根据《最高人民法院关于适用〈中华人民共和国合同法〉若干问题的解释（二）》第二十九条第二款规定，违约金超过损失的百分之三十的，确定为过分高于造成的损失，本案利息不应超过中国人民银行同类同期贷款利率的 130%。

四、一审判决严重影响了上诉人的追偿权。本案中经过审理查明和证据证实，租金的最终承担者是被上诉人某劳务公司，本案中某劳务公司已经列为被告参加诉讼，那么人民法院应当直接判决某劳务公司承担责任，一审判决不支持上诉人一审抗辩，同时也没有说明或者释明上诉人承担责任后的追偿权，这将严重影响上诉人的追偿权，这样的判决不但浪费司法资源，也严重影响了上诉人的权利，有失公平与公正。上诉请求：1. 请求二审法院依法撤销重庆市万州区人民法院（2015）万法民初字第 09811 号民事判决书；2. 请求二审法院依法改判，并驳回被上诉人某租赁公司对上诉人的诉讼请求；3. 本案一、二审案件受理费由被上诉人承担。

【二审裁判理由及结果】

重庆市第二中级人民法院认为，本案的争议焦点为：1. 与某建筑公司签订《塔机租赁合同》的是重庆市某建设公司还是某劳务公司；2. 应否由重庆市某建设公司承担塔机租金和损失。

与某租赁公司签订《塔机租赁合同》的相对方是重庆市某建设公司，重庆市某建设公司应当承担本案的塔机租金和损失。

首先，建筑起重机械属于特种设备，我国建设主管部门对建筑起重机械的租赁、安装、拆卸、使用均实行严格的监督管理，建筑起重机械的租赁合同应当由施工总承包单位与出租单位及安装、拆卸单位签订租赁合同和安装、拆卸合同。重庆市某建设公司是具有建筑资质的施工单位，某劳务公司不具有建筑施工资质，不能与出租单位及安装、拆卸单位签订租赁合同和安装、拆卸合同。

其次，某租赁公司提交的《塔机租赁合同》上加盖的重庆市某建设公司印章是真实印章，某劳务公司的法定代表人姜某某是作为重庆市某建设公司的经办人在该合同上签名，证明是重庆市某建设公司授权姜某某以该公司名义与某租赁公司签订《塔机租赁合同》。从重庆市某建设公司法定代表人张某某与某劳务公司签订的《房屋建筑工程劳务承包合同》中约定，由某劳务公司承担塔机进出场费、安装拆除费和塔机租金等费用，该授权行为可以得到合理解释。重庆市某建设公司提交的另一份加盖的某劳务公司印章的《塔机租赁合同》，与某劳务公司提供的真实印章异同，无编码，不能认定某劳务公司与某租赁公司签订过《塔机租赁合同》。

再次，某租赁公司与重庆市某建设公司签订《塔机租赁合同》后，是以重庆市某建设公司名义办理塔机交接手续并整改安全事项，并且在某劳务公司于2015年7月退场后，塔机仍一直在云阳县盘龙街道张某某联建房工地上使用，证明是由重庆市某建设公司履行《塔机租赁合同》。

最后，虽然某劳务公司依据《房屋建筑工程劳务承包合同》的约定实际使用塔机，并对塔机租金和损失进行确认，但不能改变《塔机租赁合同》的相对方；《房屋建筑工程劳务承包合同》只对该合同双方产生约束力。某租赁公司主张的塔机租金、损失及违约金，符合《塔机租赁合同》的约定，应当得到支持。重庆市某建设公司在本案中承担塔机租金、损失及违约金，并不影响该公司与某劳务公司对《房屋建筑工程劳务承包合同》的结算。

综上，一审判决认定事实清楚、适用法律正确，重庆市某建设公司的上诉请求不能成立。二审法院依照《中华人民共和国民事诉讼法》第一百七十条第一款第（一）项的规定，判决如下：

驳回上诉，维持原判。

【再审申请及理由】

重庆市某建设公司申请再审称，1. 一审认定"重庆市某建设公司法定代表人张某某以云阳县盘龙街道张某某联建房项目部的名义与某劳务公司签订《房屋建筑工程劳务承包合同》"错误，误导人认为《房屋建筑工程劳务承包合同》发包人是重庆市某建设公司。2. 一审认定"重庆市某建设公司提交的另一份加盖的某劳务公司印章的《塔机租赁合同》，与某劳务公司提供的真实印章异同，无编码，不能认定某劳务公司与某租赁公司签订过《塔机租赁合同》"错误，该合同系从云阳县建设工程施工安全管理站调取，合同真实，法院否定该份合同违反案件基本事实和法律原理。3. 二审判决认为"某劳务公司不具有建筑施工资质，不能与出租单位及安装、拆卸单位签订租赁合同和安装、拆卸合同"对法律理解和适用错误。4. 一审认定申请人为《塔机租赁合同》的实际承租人缺乏事实基础和实质利益关联。申请人不是联建房项目的实际投资人，也不是施工总承包单位，没有任何利益动机为项目租赁塔机。5. 某劳务公司作为联建房项目的劳务承包人，有实质利益关联，是实际承租人，申请人与某建筑公司签订的《塔机租赁合同》仅是为了办理塔机备案登记手续，没有其他证据证明申请人实际履行了该合同。故依据《中华人民共和国民事诉讼法》第二百条的规定申请再审。

【再审裁判理由及结果】

重庆市高级人民法院经审查认为，本案系某租赁公司提交与重庆市某建设公司签订的《塔机租赁合同》，起诉请求重庆市某建设公司给付租金及赔偿损失。其主要争议焦点为租赁塔机的实际租赁人是重庆市某建设公司还是某劳务公司。某租赁公司提交的租赁合同系原件，双方对真实性无异议，某租赁公司对合同的签订盖章情况的陈述也合乎通常的市场交易流程，故可认定为重庆市某建设公司和某租赁公司的真实意思表示。相反，重庆市某建设公司在不能否定租赁合同真实性的情况下，虽然提交某劳务公司与重庆市某建设公司于 2013 年 9 月 16 日签订的《塔机租赁合同》复印件以证明是某劳务公司与某租赁公司建立塔机租赁合同关系。但经一审查明，合同签订后，重庆市某建设公司以使用单位身份申请，于 2015 年 12 月 5 日获得了重庆市建筑起重机械使用登记证。《起重机安装改造重大维修监督检验报告》也载明使用单位为重庆市某建设公司，加上涉案塔机的交接手续和相关安全事项整改均是重庆市某建设公司办理的，而在某劳务公司退场后，涉案塔机亦在使用，故重庆市某建设公司是案涉塔机的实际使用人。重庆市某建设公司提交的租赁合同是重庆市某建设公司为办理使用登记向安监站提供的，该份合同应由重庆市某建设公司持有，但根据某劳务公司与某租赁公司在庭审中对合同签订过程的陈述，重庆市某建设公司手中持有的合同是由某租赁公司签字盖章后交重庆市某建设公司的，在《塔机租赁合同》一式二份，一份在某租赁公司手里的情况下，对于重庆市某建设公司持有的租赁合同何以是某劳务公司的盖章，则应当由重庆市某建设公司自身作出合理说明。重庆市某建设公司不能作出合理说明的情况下，提交的租赁合同不能证明是某租赁公司的真实意思表示，不能否定重庆市某建设公司与某租赁公司签订的租赁合同的有效性。

原审另查明，重庆市某建设公司法定代表人张某某以云阳县盘龙街道张某某联建房项目部的名义与某劳务公司签订的《房屋建筑工程劳务承包合同》，约定"云阳县盘龙街道张某某联建房工程劳务作业由某劳务公司承建；某劳务公司承担塔机进出场费、安装拆除费、塔机租金、塔机驾驶员和信号指挥员的工资，包括办理塔吊使用证，其费用已含在所有劳务各分项工程中"。该合同是劳务承包合同双方对塔机相关费用的分担约定，只在合同双方之间产生效力，不影响重庆市某建设公司对外承担租赁费用后依约向某劳务公司主张，也不能由此认定约定的是某劳务公司租赁的案涉塔机，重庆市某建设公司提出由此认定某劳务公司是实际租赁人的理由，不能成立。同理，正是因为上述承包合同的约定，某劳务公司的法定代表人姜某某可以作为重庆市某建设公司的经办人在本案《塔机租赁合同》上签字；以及在使用过程中，对塔机租金及相关损失进行确认。

原审法院认为，"建筑起重机械属于特种设备，我国建设主管部门对建筑起重机械的租赁、安装、拆卸、使用均实行严格的监督管理，建筑起重机械的租赁合同应当由施工总承包单位与出租单位及安装、拆卸单位签订租赁合同和安装、拆卸合同。重庆市某建设公司是具有建筑资质的施工单位，某劳务公司不具有建筑施工资质，不能与出租单位及安装、拆卸单位签订租赁合同和安装、拆卸合同"。经再审法院调查，建设工程施工安全管理站在办理特种设备的安装、使用、拆卸行政审批和登记的过程中，确实存在对使用人具有建筑总承包资质的要求，结合该实际情况，一审在综合全案证据的基础上，认定重庆市某建设公司与某租赁公司建立租赁关系并无不当。

综上，重庆市某建设公司的再审申请不符合《中华人民共和国民事诉讼法》第二百条规定的情形。依照《中华人民共和国民事诉讼法》第二百零四条第一款，《最高人民法院关于适用〈中华人民共和国民事诉讼法〉的解释》第三百九十五条第二款规定，裁定如下：

驳回重庆市某建设公司的再审申请。

【裁判要点】

承租方与第三人之间的内部承包协议不能对抗租赁合同的效力，不影响租赁关系的认定。

【裁判解析】

合同的相对性原则是指"合同主要在特定的合同当事人之间发生法律约束力，只有合同当事人一方能基于合同向合同对方提出请求或提起诉讼，而不能向与其无合同关系的第三人提出请求，也不能擅自为第三人设定合同上的义务"。

本案中，劳务承包合同双方签订了《房屋建筑工程劳务承包合同》，依据合同性对性原则，该合同的主体是重庆市某建设公司和某劳务公司，该合同的主要内容是对塔机相关费用的分担约定，该合同只在合同双方之间产生效力，不影响合同其中一方对外承担租赁费用后依据劳务承包合同的约定向另一方主张相关费用。又因建筑起重机械属于特种设备，我国建设主管部门对建筑起重机械的租赁、安装、拆卸、使用均实行严格的监督管理，建筑起重机械的租赁合同应当由施工总承包单位与出租单位及安装、拆卸单位签订租赁合同和安装、拆卸合同。重庆市某建设公司是具有建筑资质的施工单位，某劳务公司不具有建筑施工资质，不能与出租单位及安装、拆卸单位签订租赁合同。据此可以认定重庆市某建设公司才能与出租单位签订租赁合同，建立租赁关系，重庆市某建设公司作为租赁合同的承租方应当承担给付租金及赔偿损失的责任。

附例

贵州省高级人民法院（2018）黔民申 1506 号

湖南省高级人民法院（2017）湘民申 2952 号

上海市高级人民法院（2017）沪民申 2379 号

上海市高级人民法院（2014）沪高民二（商）申字第 259 号

安徽省高级人民法院（2015）皖民二终字第 00143 号

广东省高级人民法院（2014）粤民申 1088 号

湖北省高级人民法院（2017）鄂民申 135 号

青海省高级人民法院（2014）青民二终字第 29 号

吉林省高级人民法院（2014）吉民申字第 107 号

新疆维吾尔自治区高级人民法院（2018）新民申 949 号

天津市高级人民法院（2018）津民申 2481 号

第 15 篇　代付款承诺方应依约承担付款义务

案例一

【案件基本信息】

1. 裁判书字号

安徽省黄山市屯溪区人民法院（2013）屯民二初字第 00107 号民事判决书

黄山市中级人民法院（2014）黄中法民二终字第 00005 号民事判决书

安徽省高级人民法院（2015）皖民申字第 00070 号民事裁定书

2. 当事人

原告（二审被上诉人、再审被申请人）：安庆某架业公司

被告（二审上诉人、再审申请人）：南京某安装公司

被告（二审上诉人、再审被申请人）：安徽某劳务公司

被告：亳州市某置业公司

【一审法院查明事实】

安徽省黄山市屯溪区人民法院查明：亳州市某置业公司系某小镇项目二期工程的建设单位。亳州市某置业公司与南京某安装公司签署某小镇项目总包施工合同后，2010 年 10 月 20 日，南京某安装公司就某小镇工程花园洋房项目（H1－H6、H9、H10、H12 号楼及其对应地下室），与安徽某劳务公司（其前身"某建筑劳务有限责任公司"）签订《建设工程施工劳务分包合同》，合同签订后，安徽某劳务公司即进场施工。2011 年 2 月 25 日，安徽某劳务公司与安庆某架业公司签订劳务分包合同即《建筑工程施工劳务分包合同（外脚手架工程）》，将与南京某安装公司签订的合同项下的外脚手架工程分包给安庆某架业公司。2012 年 8 月 2 日，安徽某劳务公司法定代表人康某某向安

庆某架业公司出具欠条一张，确认欠安庆某架业公司在某小镇南区的钢管租赁费及人工费共计玖拾贰万叁仟叁佰壹拾捌元整（￥923 318 元），该欠条加盖了安徽某劳务公司的公章。

2013 年 1 月 30 日，南京某安装公司向安庆某架业公司出具承诺书，承诺书载明："本公司自愿承诺安庆某架业公司与某劳务有限公司签订的某小镇工地钢管脚手架合同结算共计还欠人工费及钢管租赁费 92 万元整。由于本公司付款劳务公司工程款监管不力，本公司自愿承担劳务欠款 92 万元（玖拾贰万元整）。直接于 2013 年 1 月 31 日前支付于安庆某架业公司。"承诺书中的"某劳务有限公司"即安徽某劳务公司，南京某安装公司自愿承担了安徽某劳务公司欠付安庆某架业公司劳务款 92 万元。2013 年 1 月 31 日前，南京某安装公司向安庆某架业公司支付了 40 万元，余款 52 万元，南京某安装公司以在被迫的情况下出具承诺书为由，拒绝支付。后安庆某架业公司诉讼至法院，要求判决：1. 安徽某劳务公司、南京某安装公司支付钢管租赁费及人工费 52 万元；2. 亳州市某置业公司在欠付南京某安装公司工程价款范围内承担责任；3. 安徽某劳务公司支付利息（自 2012 年 8 月 3 日至款付清为止，按中国人民银行同期贷款计算）；4. 被告承担本案诉讼费。

【一审裁判理由及结果】

安徽省黄山市屯溪区人民法院认为本案争议焦点有：1. 南京某安装公司出具承诺书时是否受胁迫；2. 南京某安装公司是否应承担安徽某劳务公司对安庆某架业公司所欠债务；3. 安徽某劳务公司是否需要向安庆某架业公司支付迟延支付租赁费的利息的问题。

南京某安装公司与安徽某劳务公司就某小镇工程花园洋房项目签订《建设工程施工劳务分包合同》，系双方真实意思的表示，内容不违反法律、行政法规的强制性规定，应为合法有效。安庆某架业公司与安徽某劳务公司之间就某小镇工程花园洋房项目签订的《建筑工程施工劳务分包合同（外脚手架工程）》，虽违反了南京某安装公司与安徽某劳务公司签订《建设工程施工劳务分包合同》中约定"不得将本合同项下的劳务作业转包或再分包给他人"，但脚手架工程属于建设部《建筑业劳务分包企业资质标准》中劳务作业中的一种，故安庆某架业公司与安徽某劳务公司为建设工程分包合同关系。安庆某架业公司具有劳务作业法定资质，根据《最高人民法院关于审理建设工程施工合同纠纷案件适用法律问题的解释》第七条的规定，安徽某劳务公司、安庆某架业公司以其签订《建筑工程施工劳务分包合同》违反法律规定为由，认为无效的意见，不予支持，故双方签订的合同应为合法有效。各方均应全面依约履行各自的义务。

关于焦点一：一审法院认为南京某安装公司虽在出具承诺书后向公安机关报案，并提供清欠办出具的有关说明，但公安机关并未证实南京某安装公司出具承诺书是在安庆某架业公司胁迫情形下书写，也未对南京某安装公司报案材料中所涉问题作出相应处理；且清欠办在出具说明后重新提供公函，认为其所作的说明理解有误，不能作为案件的证据。因此，南京某安装公司提供的证据不足以证明其抗辩意见，南京某安装公司认为其受胁迫才出具承诺书的主张，不予采信。

关于焦点二：一审法院认为南京某安装公司所称的超付工程款的依据是审计事务所出具的安徽某劳务公司已完工程劳务费，虽该审计事务所系安徽某劳务公司、南京某安装公司共同指定的，但审计事务所对安徽某劳务公司已完工程量委托审计的材料，由南京某安装公司单方提供，且仅提供了施工图纸和截至 2012 年 7 月 25 日徽州小镇南区现场形象进度（土建），审计时南京某安装公司既未提交双方签订的合同，也未提交其与劳务班组确认安徽某劳务公司已完工程量的材料，审计意见中亦未涉及工程变更、签证内容，故该审计意见明显存有缺陷，不能作为南京某安装公司已超付工程款的依据，故南京某安装公司应向安庆某架业公司承担支付人工费及钢管租赁费的义务。

关于焦点三：《中华人民共和国合同法》第一百零七条规定：当事人一方不履行合同义务或者履行合同义务不符合约定的，应当承担继续履行、采取补救措施或者赔偿损失等违约责任。本案中，双方当事人虽在合同中对逾期付款的违约责任进行了约定，但安庆某架业公司有权依据法律规定或合同约定向安徽某劳务公司主张逾期付款利息，现安庆某架业公司要求安徽某劳务公司承担以中国人民银行同期贷款利率标准支付租赁费迟延支付的利息并无不妥，应予支持。安庆某架业公司诉请亳州市某置业公司在欠付南京某安装公司工程价款范围内承担责任，但安庆某架业公司未能提供亳州市某置业公司欠付工程价款的证据，故安庆某架业公司此诉请，不予支持。安徽某劳务公司经合法传唤无正当理由未到庭应诉，视为放弃庭审抗辩和质证的权利，并不影响法院依据安庆某架业公司、南京某安装公司提供的证据，在查明事实的基础上依法缺席判决。综上，依照《中华人民共和国合同法》第六十条第一款、第一百零七条、第一百零九条，《最高人民法院关于审理建设工程施工合同纠纷案件适用法律问题的解释》第七条，《中华人民共和国民事诉讼法》第六十四条第一款、第一百四十二条之规定，判决如下：

一、被告安徽某劳务公司、南京某安装公司于本判决生效之日起十日内支付原告安庆某架业公司钢管租赁费及人工费 52 万元。

二、被告安徽某劳务公司于本判决生效之日起十日内赔偿原告安庆某架业公司利息损失（自 2012 年 8 月 3 日至款付清为止，按中国人民银行同期同类人民币贷款基准利率计算）。

三、驳回原告安庆某架业公司其他诉讼请求。

【二审法院上诉请求及理由】

被告南京某安装公司对一审判决不服，提起上诉：1. 依法撤销安徽省黄山市屯溪区人民法院作出的（2013）屯民二初字第 00107 号民事判决第一项，并发回重审或改判；2. 依法驳回安庆某架业公司对南京某安装公司的诉讼请求；3. 本案一审、二审诉讼费由被上诉人承担。

事实和理由：

1. 一审法院证据认定不当，事实认定错误。《承诺书》是安庆某架业公司胁迫南京某安装公司所致，没有法律效力，不能作为定案证据；

2. 一审法院以南京某安装公司提供的、用于证明对安徽某劳务公司工程款超付的审计意见存有缺陷为由，即认定南京某安装公司应向安庆某架业公司承担支付义务，是错误的。

综上，一审法院的判决，事实认定错误，法律适用错误。

【二审法院查明事实】

二审中，南京某安装公司提交 2013 年 1 月 30 日的现场录音及录音整理书面材料一份。证明：南京某安装公司当时是受胁迫向安庆某架业公司出具承诺书的。

安庆某架业公司对该证据的质证意见为：该录音证据的真实性、合法性和关联性均无法证实；这是一份可以自由更改、由南京某安装公司自己保管的材料，不能作为二审新证据；如作为证人证言，证人应到庭接受质证，否则不具有真实性。

亳州市某置业公司的质证意见为：现场录音及录音整理书面材料应当属于新证据。

黄山市中级人民法院认证意见为：该证据的真实性无法确认，且不能达到南京某安装公司的证明目的，二审法院不予采信。

当事人提交的其他证据与一审相同，相对方质证意见也同于一审，二审法院认证意见与一审一致。二审法院对一审查明的事实予以确认。

二审法院认为：根据《中华人民共和国民法通则》《中华人民共和国合同法》相关规定，所谓"胁迫"，是指为达到非法的目的，采用某种方法造成他人精神上的巨大的压力或直接对他人肉体施加暴力强制的行为。如果以给法人的荣誉、名誉、财产等造成损害为要挟，迫使对方作出违背真实意思表示的，可以认定为对法人的胁迫行为。因受胁迫而为的民事行为违背了一方当事人的真实的意愿，受胁迫的一方当事人有权请求撤销。本案中，南京某安装公司按《承诺书》已支付 40 万元给安庆某架业公司，并未提供安庆某架业公司如何对其进行胁迫的充分证据，也未对《承诺书》行使撤销权，故，南京某安装公司主张《承诺书》系受安庆某架业公司胁迫所为的上诉理由不能成立；同时，南京某安装公司在《承诺书》中表明，自愿承担安徽某劳务公司欠付安庆某架业公司劳务款 92 万元，并于 2013 年 1 月 31 日前向安庆某架业公司支付了 40 万元，即南京某安装公司与安徽某劳务公司已成为安庆某架业公司债权的共同债务人，就《承诺书》中的 92 万元共同承担还款责任，该还款责任并不受南京某安装公司是否已超付安徽某劳务公司工程款的事实的影响。综上，南京某安装公司的上诉请求和理由因无充分证据予以佐证，于法无据，二审法院不予支持。一审法院认定事实清楚，判决正确。依照《中华人民共和国民事诉讼法》第一百七十条第一款第（一）项、第一百七十五条之规定，《诉讼费用交纳办法》第二十九条第一款之规定，判决如下：

驳回上诉，维持原判。

【再审申请及理由】

再审申请人南京某安装公司因与被申请人安庆某架业公司、安徽某劳务公司及一审被告亳州市某置业公司建筑设备租赁合同纠纷一案，不服黄山市中级人民法院（2014）黄中法民二终字第 00005 号民事判决，向安徽省高级人民法院申请再审。

南京某安装公司申请再审称：1. 本公司现场代表在《承诺书》原件背面右下角写有"受胁迫"三个字，但安庆某架业公司将《承诺书》下方整幅撕掉，系伪造证据。2. 二审法院对本公司二审提交的 2013 年 1 月 30 日录音及书面整理材料证据未进行调查核实和质证，程序违法。3. 本公司申请一、二审法院向黄山市住房与建设委员会、黄山市公安局等部门调查本公司因客观原因不能收集的证据，但一、二审法院未调查收集。4. 本公司出具《承诺书》的行为是单方民事行为，并非是订立合同，根据《中华人民共和国民法通则》的规定应认定该受胁迫的行为自始无效。二审法院适用《中华人民共和国合同法》的规定认为上述行为属于可撤销的民事行为，适用法律错误。根据《中华人民共和国民事诉讼法》第二百条第三项、第四项、第五项和第六项的规定，请求再审本案。

【再审裁判理由及结果】

1. 南京某安装公司主张安庆某架业公司将《承诺书》下方写有"受胁迫"三个字的部分撕掉，系伪造证据，但未提交充分证据证实。2. 南京某安装公司提交的录音及书面整理材料证据虽未被二审法院认定，但二审法院已经在庭审中组织质证，南京某安装公司关于录音及书面整理材料未经质证的申请再审主张无事实依据。3. 黄山市解决建设领域拖欠工程款问题联席会议办公室已向一审法院出具了《函》，一审法院也向黄山市公安局某派出所进行了调查询问，一、二审法院根据案件审理情况不再依职权调查并无不当。4. 南京某安装公司出具《承诺书》给安庆某架业公司，双方已就案涉债务承担形成合同关系，二审法院认为南京某安装公司若主张其受胁迫可行使撤销权亦无不当，且南京某安装公司未提交受胁迫的充分证据，故南京某安装公司关于二审法院适用法律错误的申请再审主张缺乏事实和法律依据。

综上，南京某安装公司的再审申请不符合《中华人民共和国民事诉讼法》第二百条第三项、第四项、第五项、第六项规定的情形，依照《中华人民共和国民事诉讼法》第二百零四条第一款之规定，裁定如下：

驳回南京某安装公司的再审申请。

案例二

【案件基本信息】

1. 裁判书字号

沈阳市中级人民法院（2013）沈中民三初字第164号民事判决书

辽宁省高级人民法院（2014）辽民二终字第00244号民事判决书

2. 当事人

原告（二审被上诉人）：北京某租赁公司

被告（二审上诉人）：沈阳某置业公司

被告（二审上诉人）：浙江某建工公司

【一审法院查明事实】

沈阳市中级人民法院查明：2011年6月30日，北京某租赁公司和浙江某建工公司、沈阳某置业公司签订《塔吊租赁三方合同》，合同约定北京某租赁公司为出租方，浙江某建工公司为承租方，沈阳某置业公司为见证方（建设方），租赁塔吊型号为D1100-63一台，月租费23.5万元，歇工期11.75万元。租赁塔吊型号为D800-42一台，月租费19.5万元，歇工期9.75万元。租赁期限为2011年7月5日至2013年6月20日，（建设方、出租方、承租方）三方办理开工手续或报停手续结账。若使用超出合同规定的时间，按实际发生时间计算，租赁费用及其他合同条款不变；对沈阳某置业公司责任及权限约定为：沈阳某置业公司为见证方，仅负责按合同约定的付款方式直接支付相应的款项给北京某租赁公司。其余该塔吊租赁合同的与塔吊有关的租赁、使用、管理及相关技术问题等均由浙江某建工公司和北京某租赁公司协商解决。明细报价中对拆除费（包括人工屋面吊、汽车吊及相应的进出场费等）约定为：塔吊D1100-63为45万元，塔吊D800-42为35万元。塔吊暂按2年计，18个月的工作期，6个月歇工期，结束后按实际发生计算，不足月的按天计算。付款方式约定为：费用按下述约定的付款方式，由浙江某建工公司书面确认后报送沈阳某置业公司，沈阳某置业公司直接支付相应的款项给北京某租赁公司。月租费支付方式为先用后付款，塔机使用满一个月后的10个工作日内支付上个月全额租费（歇工期支付方式同上）。拆除费在塔吊拆除完毕后10个工作日内全额支付。

依据 2011 年 7 月 11 日浙江某建工公司设立的项目部向北京某租赁公司出具《建设单位工程联系单》，某国际 A 城块 2#塔吊启用日期为 2011 年 7 月 8 日。

依据 2011 年 7 月 14 日浙江某建工公司设立的项目部向北京某租赁公司出具《建设单位工程联系单》，某国际 A 城块 3#塔吊启用日期为 2011 年 7 月 14 日。

浙江某建工公司从 2011 年 8 月 8 日至 2013 年 8 月 2 日分别就塔吊租赁截止时间为 2013 年 8 月 1 日期间发生的租赁费的《塔式起重机租赁费结算单》上签字、盖章确认。

2013 年 8 月 13 日，某国际城 A 地块项目工程部出具《建设单位工程联系单》，载明：浙江某建工公司决定 2#、3#塔吊从 2013 年 8 月 16 日早 8 时开始至 2013 年 9 月 15 日报停一个月。

2013 年 9 月 10 日，某房地产开发有限公司给北京某租赁公司出具《工作联系单》载明：某房地产开发有限公司承诺至 2013 年 10 月 10 日左右先行支付 2013 年 5 月份及 6 月份塔吊租赁费用。

2013 年 9 月 23 日，某国际城 A 地块项目工程部出具书面联系单，载明：某房地产开发有限公司决定 2#、3#塔吊继续报停一个月，具体报停时间从 2013 年 9 月 16 日开始至 2013 年 10 月 15 日。

2013 年 11 月 27 日，沈阳某置业公司向北京某租赁公司发出《关于要求塔吊立即撤场的告知函》，载明：根据贵公司、浙江某建工公司及我公司签订的《塔吊租赁三方合同》，塔吊的租赁期为 2011 年 7 月 5 日至 2013 年 6 月 20 日。截至今日，合同约定时间早已到期，现场也不再需要使用贵公司的塔吊，但是贵公司迟迟未将相关塔吊撤离现场，严重影响现场施工，也给现场施工造成诸多不便。故我公司特此发函，告知贵公司塔吊使用已于 2013 年 6 月 20 日结束，贵公司收到此告知函后应当立即派人将塔吊撤离现场，以减少对现场施工的影响。

沈阳某置业公司向北京某租赁公司支付款项截止时间至 2013 年 4 月 1 日之前的款项。沈阳某置业公司、浙江某建工公司欠付北京某租赁公司以下期间的租金：从 2013 年 1 月 19 日至 2013 年 11 月 27 日止欠付租金合计为：3 006 854 元。截至 2013 年 11 月 25 日，发生延期支付租赁费的利息款

6 万元。

另查明，某房地产开发有限公司是涉案工程项目中设立的公司，为建设方。一审法院审理中，北京某租赁公司在 2014 年 3 月到现场将塔吊撤离完毕。

北京某租赁公司诉请判令：1. 沈阳某置业公司、浙江某建工公司连带给付租赁费 3 031 590.43 元；2. 沈阳某置业公司、浙江某建工公司连带给付因迟延给付租赁费的利息损失（按照中国人民银行同期贷款利率标准计算，至 2013 年 11 月 25 日止的 65 964.62 元及之后计算至给付之日或者本案判决生效之日）；3. 沈阳某置业公司、浙江某建工公司连带给付拆除费 80 万元，三项合计：3 897 555.05 元；4. 沈阳某置业公司、浙江某建工公司承担本案的诉讼费用。

上述事实，有《塔吊租赁三方合同》《建设单位工程联系单》《塔式起重机租赁费结算单》《关于要求塔吊立即撤场的告知函》《建设单位工程联系单》《工作联系单》、双方当事人陈述及庭审笔录，经庭审质证，一审法院予以确认。

【一审裁判理由及结果】

沈阳市中级人民法院认为：北京某租赁公司与沈阳某置业公司、浙江某建工公司三方签订的《塔吊租赁三方合同》是三方当事人的真实意思表示，不违反我国法律规定，合法有效，合同内容对三方具有法律约束力。根据合同约定，浙江某建工公司为设备承租方，沈阳某置业公司为见证方，付款方式为由沈阳某置业公司在浙江某建工公司确认后直接支付相应的款项给北京某租赁公司。依据该约定，沈阳某置业公司有义务向北京某租赁公司支付款项。因此，北京某租赁公司要求沈阳某置业公司给付剩余租赁费，一审法院予以支持。对北京某租赁公司要求浙江某建工公司给付款项的问题，因本案为建筑设备租赁合同纠纷，浙江某建工公司为设备承租人，其有向设备出租人支付租赁费的义务，因此，北京某租赁公司请求浙江某建工公司支付租赁费，原审法院予以支持。因沈阳某置业公司、浙江某建工公司未能按期支付租赁费构成违约，应当承担给付剩余租赁费及承担延期支付租赁费的违约责任。

关于塔吊租赁费金额的问题。合同约定租赁期限为 2011 年 7 月 5 日至

2013 年 6 月 20 日，（建设方、出租方、承租方）三方办理开工手续或报停手续结账，若使用超出合同规定的时间，按实际发生时间计算，租赁费用及其他合同条款不变。依据北京某租赁公司向法院提交的涉案工程项目部于 2013 年 9 月 23 日出具的书面材料内容看，即塔吊报停联系单显示继续报停一个月，具体报停时间从 2013 年 9 月 16 日开始至 2013 年 10 月 15 日。据此认定，二被告在此期间仍在使用涉案塔吊。沈阳某置业公司在 2013 年 11 月 27 日向北京某租赁公司发出了《塔吊撤场告知函》，因此塔吊租赁期截止时间应为 2013 年 11 月 27 日。

关于北京某租赁公司诉讼要求给付拆除费 80 万元的问题。合同约定拆除费用为：塔吊 D1100 - 63 费用为 45 万元，塔吊 D800 - 42 费用为 35 万元，合计金额 80 万元。合同同时约定在塔吊拆除完毕后 10 个工作日内支付全额拆除费用。本案审理中，北京某租赁公司已将塔吊全部拆除完毕，依据上述约定，二被告应当支付全额拆除费。北京某租赁公司请求给付拆除费 80 万元，一审法院予以支持。对于被告主张应当按照实际使用的长度确认给付拆除费的金额，没有事实和法律依据，一审法院不予认定。

综上，一审法院依照《中华人民共和国合同法》第一百零七条、二百一十二条、二百二十六条、二百二十七条之规定，判决如下：

一、沈阳某置业公司于本判决生效之日起 10 日内向北京某租赁公司支付塔吊租赁费 3 006 854 元。

二、沈阳某置业公司于本判决生效之日起 10 日内向北京某租赁公司支付租赁费的利息 6 万元（截止至 2013 年 11 月 25 日）。

三、沈阳某置业公司于本判决生效之日起 10 日内向北京某租赁公司支付 3 006 854 元的利息（从 2013 年 11 月 26 日起至本判决确定给付之日止，按照中国人民银行同期贷款利率计算）。

四、沈阳某置业公司于本判决生效之日起 10 日内向北京某租赁公司支付塔吊拆除费 80 万元整。

五、浙江某建工公司对上述款项承担共同给付责任。

六、驳回北京某租赁公司其他诉讼请求。

【二审法院上诉请求及理由】

被告沈阳某置业公司不服一审法院的民事判决，向辽宁省高级人民法院提起上诉：1. 撤销沈阳市中级人民法院（2013）沈中民三初字第 164 号民事判决；2. 依法驳回北京某租赁公司的诉讼请求；3. 本案一、二审诉讼费用由北京某租赁公司承担。

事实与理由：

一、原审法院认定事实不清。

从某国际城 A 地块（暂）工程施工总包的《补充协议文件》4.4.1 条可以看出，租赁案涉塔吊主要用于钢结构施工，受益人为某房地产开发有限公司。且北京某租赁公司出具的《塔式起重机租赁费结算单》的建设单位也为某房地产开发有限公司，而非沈阳某置业公司。案涉《塔吊租赁三方合同》中，承租人为浙江某建工公司，见证方为某房地产开发有限公司。且案涉塔吊也在某房地产开发有限公司的场地内使用。因此，案涉租赁塔吊的受益人为某房地产开发有限公司，根据公平合理原则，案涉塔吊租赁费等相关费用应由某房地产开发有限公司支付，而不应由非受益人的沈阳某置业公司支付。而一审法院未查明以上案件真相，属认定事实不清。未追加理应承担付款责任的某房地产开发有限公司参与本案诉讼，致误判。

二、原审计算租赁费、租赁利息及拆除费有误。

（1）北京某租赁公司委托北京首方律师事务所 2013 年 10 月 25 日向上诉人发出的律师函中指出拖欠的租赁费为 2 049 700 元，这一租赁费与判决租赁费 3 006 854 元相差甚大。《塔吊租赁三方合同》约定塔吊的租赁期限至 2013 年 6 月 20 日止，实际案涉塔吊也在 2013 年 6 月中旬停止使用。因此，2013 年 6 月 20 日至 2013 年 11 月 27 日期间的租赁费不应计算。实际北京某租赁公司应收取的租赁费为 716 667 元。（2）《塔吊租赁三方合同》未对租赁费利息进行约定，因此，即便上诉人应支付案涉塔吊租赁费，也不应支付租赁费利息。（3）《塔吊租赁三方合同》第七条第（四）项约定：两个塔吊的进出场费分别为 14 万元和 10 万元；该条第七项约定：两个塔吊的拆除费（包括人工屋面吊、汽车吊及相应的进出场费等）分别为 45 万元和 35 万元。上述第七条第四项和第七项对案涉塔吊的进出场做了重复约定，而第四项已明确进出场费合计为 24 万元，该款项在第七项中应予扣除。综上所述，一审法院认定事实不清，计算案涉塔吊租赁费、租赁费利息及拆除费有误。

被告浙江某建工公司不服一审法院的民事判决，向辽宁省高级人民法院提起上诉称：1. 二审法院在查明事实的基础上发回重审或依法改判上诉人对北京某租赁公司全部诉讼请求不承担付款责任；2. 本案一审、二审诉讼费用由北京某租赁公司及沈阳某置业公司承担。

【事实与理由】

一、一审法院判令我方对欠付北京某租赁公司的塔吊租赁费 3 006 854 元及逾期付款利息与沈阳某置业公司一起承担共同给付责任，缺乏事实与法律依据。（1）判令上诉人承担欠付租金的给付责任，缺乏事实与法律依据。依据上诉人与北京某租赁公司、沈阳某置业公司三方之间签订的《塔吊租赁三方合同》第六条"丙方的责任及权限"及第八条"付款方式"中的第一款约定，上述三方租赁合同中租赁费的付款义务人均为本案的沈阳某置业公司，而非浙江某建工公司。一审法院依据《合同法》第二百一十二条"租赁合同是出租人将租赁物交付承租人使用、收益，承租人支付租金的合同"的规定，认为上诉人作为承租人，有义务向北京某租赁公司支付租赁费并承担违约责任，显然是对《合同法》第二百一十二条的错误理解与适用。一审法院在无视上诉人与北京某租赁公司、沈阳某置业公司之间意思表示一致情况下作出的排除上诉人支付显然是错误的。（2）判令上诉人与沈阳某置业公司对欠付租金及逾期利息承担共同给付责任，缺乏事实与法律依据。我国《合同法》中没有关于"共同给付责任"的规定，判令上诉人承担共同给付责任缺乏法律依据，参照民法理论上的共同责任的概念，共同责任分为按份责任与连带责任，若一审法院认为上诉人与沈阳某置业公司之间构成按份责任，则应当明确认定的事实与法律依据，并确认各方责任份额，若一审法院认为上诉人与沈阳某置业公司之间构成连带责任，则同样应当明确认定的事实与法律依据。上诉人认为，本案沈阳某置业公司才是讼争《塔吊租赁三方合同》的实际承租人，理应由其单独承担付款责任。上诉人在讼争工程中不需要使用最大起重限额 10 吨的大型塔吊，该塔吊主要用途是用于沈阳某置业公司直接发包给案外人浙江某网架股份有限公司的。上诉人之所以会成为《塔吊租赁三方合同》的承租人，是因为根据住建部《建筑起重机械备案登记办法》的规定，建筑起重机械（包括塔吊）必须在验收合格后 30 天内向工程所在地县级以上人民政府建设行政主管部门办理使用登记，而上诉人作为讼争工程的施工总承包单位，是法定的办理建筑起重机械使用登记的主体，办理使用登记时又必须向建设行政主管部门提供所谓的《租赁合同》，为方便起见，才有了上诉人在合同中作为承租人，而付款义务人却约定为工程的建设方沈阳某置业公司的情况。故上诉人并非实际上的承租人，也无需承担支付租赁费的责任。

二、一审法院认定租赁费金额及安装费、拆除费金额有误。（1）租赁费部分：根据《塔吊租赁三方合同》第八条"付款方式"第一项的约定，租赁费金额应当由上诉人以书面方式确认后报送沈阳某置业公司处，由沈阳某置业公司直接支付相应的款项给乙方。北京某租赁公司在一审期间提供的证据显示，上诉人最后一次以书面方式确认的租费为 2013 年 7 月 2 日至 2013 年 8 月 1 日的租费。一审法院将案外人某房地产开发有限公司出具的工作联系单作为 2013 年 8 月 1 日以后至 2013 年 11 月 27 日租费的计算依据，要求由上诉人及沈阳某置业公司承担，缺乏事实与法律依据。某房地产开发有限公司是具有民事主体资格的独立企业法人，其向北京某租赁公司出具的工作联系函、联系单要求北京某租赁公司报停设备，并承诺支付租金，系向北京某租赁公司发出的要约行为，北京某租赁公司接受了某房地产开发有限公司支付的款项，并按照工作联系函、联系单的要求履行了义务属于以履行要约主要条款的方式作出的诺成行为，应当构成北京某租赁公司与某房地产开发有限公司的新的租赁合同关系，对此期间发生的租赁费用，与上诉人浙江某建工公司无关。（2）安装费、拆除费部分：根据《塔吊租赁三方合同》第九条"其他说明"第五项条约定"安装费包括场内外运输费塔吊安装到 210 米和所有护墙和护墙套安装顶升费用，检测备案等一切费用"，现场塔吊实际上仅升节至 50 米左右，并没有履行安装到 210 米并完成所有护墙及护墙套安装顶升的合同义务，一审法院按 210 米高塔吊标准足额计取安装费，显然属于认定事实错误。而《塔吊租赁三方合同》第九条"其他说明"第六项虽然没有明确约定拆卸费是从 210 米高处拆卸的费用，但根据上述第五项的约定以及本塔吊租赁合同的以完成设计 42 层超高层建筑物施工的合同目的，利用当然解释及目的解释的方法，不难得出合同约定的合计 80 万元人民币的拆卸费用系拆除 210 米高塔吊的费用的结论。一审法院置明显的漏洞于不顾，径行判令上诉人及沈阳某置业公司承担 80 万的塔吊拆除费用，显然属于严重的认定事实错误。

【二审法院查明事实】

辽宁省中级人民法院除对一审判决认定的事实予以确认外，另查明：《塔吊租赁三方合同》第三条约定租赁期限：暂估为 2011 年 7 月 5 日至 2013 年 6 月 20 日，（建设方、出租方、承租方）三方办理开工手续或报停手续结账若使用超出合同规定的时间，按实际发生时间计算，租赁费用及其他合同条款不变。第七条第四项约定进出场费：D1100 - 63 塔吊 14 万元、D800 - 42 塔吊 10 万元；第七项约定拆除费（包括人工屋面吊、汽车吊及相应的进出场费等）：D1100 - 63 塔吊 45 万元、D800 - 42 塔吊 35 万元。

又查明：北京某租赁公司与浙江某建工公司对账确认的《沈阳项目塔吊租费结算表》中记载有：截止至 2013 年 11 月 15 日租赁费共计 10 309 499.67 元。沈阳某置业公司在《关于给北京某租赁公司付款明细说明》中确认：暂付租赁费 7 385 409.24 元。北京某租赁公司同意沈阳某置业公司关于 2013 年 2 月 19 日至 2013 年 4 月 1 日应为 1 个月零 10 天而非 1 个月零 11 天的抗辩，放弃其中租赁费 3 236.33 元。2013 年 11 月 16 日至 2013 年 11 月 27 日 12 天的歇工期的租赁费为 86 000 元。

再查明：沈阳某置业公司、浙江某建工公司在一审 2014 年 6 月 9 日的询问中对北京某租赁公司主张的截止至 2013 年 11 月 25 日止欠息 6 万元予以认可。

以上事实，有《塔吊租赁三方合同》《关于给北京某租赁公司付款明细说明》《沈阳项目塔吊租费结算表》、一、二审询问笔录在卷佐证，业经质证，足资认定。

【二审裁判理由及结果】

辽宁省高级人民法院认为本案争议焦点有：1. 关于租赁费的支付主体问题；2. 关于租赁费的计算期限问题；3. 关于租赁费的金额及利息问题；4. 关于拆除费是否重复计算的问题。

关于焦点 1：三公司签订的《塔吊租赁三方合同》中已明确约定，浙江某建工公司为承租方，沈阳某置业公司为见证方；付款方式为由浙江某建工公司确认后报送沈阳某置业公司，沈阳某置业公司直接支付相应的款项给北京某租赁公司。所以，一审判决沈阳某置业公司给付租赁费，并无不当。对于沈阳某置业公司关于"案涉租赁塔吊的受益人为某房地产开发有限公司，租赁费等相关费用应由某房地产开发有限公司支付"的上诉理由。因现行法律没有规定租赁费用由租赁物的受益人支付，三方在租赁合同中也未约定租赁费用由某房地产开发有限公司支付。所以，沈阳某置业公司的这一上诉理由没有事实及法律依据，沈阳某置业公司作为约定的负责支付租赁款项的义务人，应依约履行支付租赁费用。故对沈阳某置业公司的这一上诉理由，不予支持。

依据《中华人民共和国合同法》第二百一十二条"租赁合同是出租人将租赁物交付承租人使用、收益，承租人支付租金的合同"的规定，浙江某建工公司作为承租人，是法定的履行给付租赁费的义务人；在三方签订的《塔吊租赁三方合同》中，也没有排除浙江某建工公司支付租金的义务。故浙江某建工公司关于"其不应承担给付租金的责任，原审法院曲解法律，将租金给付义务强加给上诉人"的上诉理由没有事实及法律依据，对其这一上诉理由，亦不予支持。另，三方在租赁合同中没有约定沈阳某置业公司与浙江某建工公司支付租金的比例份额，而是约定"由浙江某建工公司确认后报送沈阳某置业公司，沈阳某置业公司直接支付相应的款项"。显然双方承担的是"连带给付"租金的义务。故对浙江某建工公司认为给付租金是"按份给付"还是"连带给付"无所适从，缺乏法律依据的上诉理由，亦不予支持。

关于焦点2：沈阳某置业公司上诉认为，租赁费应计算至2013年6月20日止；浙江某建工公司上诉认为，租赁费应计算至2013年8月1日止。虽然沈阳某置业公司、浙江某建工公司、北京某租赁公司三方在《塔吊租赁三方合同》中约定租赁期限是2011年7月5日至2013年6月20日，但标注租赁期限为"暂估"，且注明"若使用超出合同规定的时间，按实际发生时间计算，租赁费用及其他合同条款不变"。另外，从2013年8月13日某国际城A地块项目工程部出具的《建设单位工程联系单》："决定2#、3#塔吊从2013年8月16日早8时开始至2013年9月15日报停一个月"、2013年9月23日该项目工程部又出具的《建设单位工程联系单》："决定2#、3#塔吊继续报停一个月，具体报停时间从2013年9月16日开始至2013年10月15日"及2013年9月10日某房地产开发有限公司给北京某租赁公司出具的《工作联系单》："我司在某国际城A地项目2#、3#塔吊租赁公司（北京某租赁公司）若能保证项目在2013年9月中旬正常进场施工，我司承诺至2013年10月10日左右先行支付 2013 年 5 月份及 6 月份塔吊租赁费用"的内容来看，浙江某建工公司租赁 2#、3# 塔吊的期限，不仅限于至 2013 年 8 月 1 日止，直至 2013 年 11 月 27 日，沈阳某置业公司才向北京某租赁公司发出《关于要求塔吊立即撤场的告知函》。依据三方在《塔吊租赁三方合同》第三条的约定，原审认定沈阳某置业公司向北京某租赁公司发出告知函的时间 2013 年 11 月 27 日为租赁期限截止时间，并无不当。故沈阳某置业公司、浙江某建工公司上诉认为租赁费应计算至 2013 年 6 月 20 日或 2013 年 8 月 1 日止均没有事实及法律依据，二审法院对双方的这一上诉理由均不予支持。

关于焦点 3：依据《沈阳项目塔吊租费结算表》，截止至 2013 年 11 月 15 日的租赁费共计 10 309 499.67 元，从 2013 年 11 月 16 日至 11 月 27 日 12 天歇工期的租赁费为 86 000 元，故沈阳某置业公司、浙江某建工公司共应付北京某租赁公司租赁费 10 395 499.67 元。现沈阳某置业公司已付租赁费 7 385 409.24 元，北京某租赁公司又认可放弃租赁费 3 236.33 元，故沈阳某置业公司、浙江某建工公司尚欠北京某租赁公司租赁费 3 006 854 元。原审对此事实的认定无误，应予维持。

对于沈阳某置业公司关于"《塔吊租赁三方合同》未对租赁费利息进行约定，不应支付租赁费利息"的上诉理由。虽然沈阳某置业公司、浙江某建工公司、北京某租赁公司三方在《塔吊租赁三方合同》中未约定欠付租赁费的违约责任，但沈阳某置业公司、浙江某建工公司在一审 2014 年 6 月 9 日的询问中对北京某租赁公司主张的截止至 2013 年 11 月 25 日止欠息 6 万元予以认可，故原审判决沈阳某置业公司、浙江某建工公司共同给付北京某租赁公司截止至 2013 年 11 月 25 日的租赁费利息 6 万元，并无不当。但原审判决沈阳某置业公司、浙江某建工公司共同给付"从 2013 年 11 月 26 日起至本判决确定给付之日止，按照中国人民银行同期贷款利率计算的利息"，事实及法律依据不足，本院予以调整为自北京某租赁公司起诉之日即 2013 年 12 月 11 日起开始计付利息。

关于焦点 4：沈阳某置业公司上诉称"拆除费重复约定，应在第七项约定中扣除 24 万元"。经查，《塔吊租赁三方合同》第七条第四项中约定的进出场费是指 D1100－63 塔吊、D800－42 塔吊的进出场费，而该条第七项中约定的是拆除费，其中的进出场费特别注明了是人工屋面吊、汽车吊的进出场费。

二者"进出场费"的指向不同，实施的项目也不同，一个是本案所涉租赁塔吊的进出场，一个是为拆除租赁塔吊使用人工屋面吊、汽车吊的进出场费用。故三方对拆除费并未重复约定，不应扣除，对沈阳某置业公司的这一上诉理由，不予支持。

对于浙江某建工公司关于"一审法院按210米高塔吊标准足额计取安装费、拆除费，显然属于认定事实错误"的上诉理由。沈阳某置业公司、浙江某建工公司、北京某租赁公司三方签订的《塔吊租赁三方合同》虽然是对210米高的两个塔吊的租赁，但三方并未有安装费、拆除费按塔吊的实际使用高度计算的约定。故一审法院按三方约定的拆除费予以判决，并无不当，对浙江某建工公司的这一上诉理由，亦不予支持。

综上，依照《中华人民共和国民事诉讼法》第一百六十九条第一款、第一百七十条第一款第（二）项之规定，判决如下：

一、维持沈阳市中级人民法院（2013）沈中民三初字第164号民事判决主文第一、二、四、五项。

二、变更沈阳市中级人民法院（2013）沈中民三初字第164号民事判决主文第三项为"自2013年12月11日起，按中国人民银行同期贷款利率计付至本判决确定的给付之日止"。

三、撤销沈阳市中级人民法院（2013）沈中民三初字第164号民事判决主文第六项。

四、驳回北京某租赁公司其他诉讼请求。

上述义务人如未按本判决指定的期间履行给付金钱义务，应当按照《中华人民共和国民事诉讼法》第二百五十三条的规定，加倍支付迟延履行期间的债务利息。

【裁判要点】

合同代付款承诺书合法有效，代付款一方应承担付款义务。

【裁判解析】

商事实践中第三人承诺"代替"债务人履行债务，至少具有三重含义，即第三人代为履行、债务加入或者债务转移。何种含义为当事人之间的真实意思表示，须结合债权人表态、当事人事后实际履行债务的情况等因素，并以保护债权人利益为原则，进行综合判断。若第三人仅仅代付过债务人部分款项，而没有第三人承诺的，则不构成前三重含义，不对债务人的其他费用承担付款责任。

债务加入是指第三人加入到债的关系中，与原债务人一起向债权人承担责任的现象。债务加入并不导致原债务人退出债务关系，这是债务加入与债务转移的最大差别。债务转移是指第三人取代原债务人的地位而承担全部或部分债务。债务加入也不同于连带责任保证，连带责任保证债务是从债务，并且适用保证期间的规定，而债务加入中原债务人和第三人承担的是同一债务，并无保证期间的适用。

一、司法实践中关于债务加入的争议问题

（一）关于债务加入的认定标准

在第三人加入到债务关系的情况下，如果第三人与债权人并未明确约定是否免除原债务人义务，由于权利的放弃必须明示，因此，除从协议中的文字和履行行为可以推断出免除原债务人义务，否则视为不免除原债务人义务。

（二）关于债务加入的责任形式

有三种观点：1. 完全属于一种道德义务，没有对价关系，其是否履行不受法律的约束，第三人不负民事责任。2. 目前我国法律对债务加入的形式和责任均未规定，因而不能定性为连带责任，第三人应与债务人负并列的清偿责任。3. 由于第三人与原债务人所承担的是相同的、不分先后的偿还责任，其性质与连带责任最为接近，因此，第三人应与原债务人负连带责任。

二、最高人民法院关于债务加入的裁判规则

总结最高人民法院债务加入司法案例，关于债务加入的裁判规则如下：

（一）债务加入关系中第三人承担连带清偿责任。

（二）债务加入法律关系中，在债务已过诉讼时效期间的情形下，如债务承担协议系只在债权人与第三人之间签订，第三人可行使原债务人的诉讼时效抗辩权；如果债务承担协议系三方签订，第三人则不能行使。

（三）当事人承诺共同对债权人债权负责的，构成债务加入，应向债权人共同承担还款责任。

（四）判断第三人愿意承担债务的承诺构成保证还是债务加入，应根据具体情况确定。如第三人承担债务的意思表示中有较为明显的保证含义，可以认定为保证；如没有，则应当从保护债权人利益的立法目的出发，认定为债务加入。

（五）第三人在债务合同上签字确认但并未约定承担的还款比例，事后债务人、第三人分别向债权人偿还部分债务的，应当认定为债务加入，第三人与债务人对于全部债务共同承担还款责任。

（六）第三人向债权人承诺承担债务人义务的，如果没有充分的证据证明债权人同意债务转移给该第三人或者债务人退出债务关系，不宜轻易认定构成债务转移，一般应认定为债务加入。第三人向债权人表明债务加入的意思后，即使债权人未明确表示同意，但只要其未明确表示反对或未以行为表示反对，仍应当认定债务加入成立，债权人可以依照债务加入关系向该第三人主张权利。

在法律没有明确规定的前提下，当事人之间有约定的从约定，约定的越清楚，可操作性越强，发生纠纷的可能性就越低。因此，法院在审理债务纠纷案件时，如果当事人约定债务加入的内容确定清楚应尊重约定内容的法律效力，若当事人之间约定不明确，法院应尽量根据当事人之间的文件往来、实际履行等因素综合判断，挖掘当事人之间的真实意思表示据以作出裁决。

结合案例一和案例二，其都构成了债务加入，区别在于案例一是在合同履行过程中债权人（安庆某架业公司）与第三人（南京某安装公司）达成债务加入合意，案例二是在合同签订时债权人（北京某租赁公司）、债务人（浙江某建工公司）与第三人（沈阳某置业公司）之间的三方债务加入协议。因为在债务加入的场合，第三人与债务人承担的是同一债务，并且原债务人并不脱离债务关系，第三人与债权人未明确约定免除债务人义务的，除依协议中的文字和履行行为可以推断出免除债务人义务，否则视为不免除债务人义务。据此第三人应与债务人负共同还款责任。

附例

贵州省高级人民法院（2016）黔民申 1553 号

贵州省高级人民法院（2014）黔高民申字第 641 号

山东省高级人民法院（2016）鲁民申 312 号

江苏省高级人民法院（2016）苏民申 5742 号

第16篇　当事人的起诉行为视为行使合同解除权

【案件基本信息】

1. 裁判书字号

湖南省湘潭市岳塘区人民法院（2013）岳民商初字第757号民事判决书

湖南省湘潭市中级人民法院（2014）潭中民三终字第92号二审民事判决书

湖南省高级人民法院（2015）湘高法民再二终字第155号民事判决书

2. 当事人

原告（二审被上诉人、再审被申请人）：廖某

被告（二审上诉人、再审申请人）：湖南某建设集团有限公司

原审被告：某长沙分公司

【基本案情】

被告某长沙分公司系被告湖南某建设集团有限公司设立的无独立法人资格的分公司。被告某长沙分公司因装修工程建设需租赁原告建筑器材，双方于2013年4月8日签订了一份《建筑器材租赁合同》，约定：原告出租钢架管、扣件等建筑器材给被告，租用数量以发货单为准；租赁期预计自2013年4月8日起至2013年8月30日止；钢架管的租金为每天0.01元/m，扣件租金为每天0.006元/套；钢架管的成本价值为16元/m，扣件的成本价值为6元/套。租期满30天结付租金，逾期未付租金，出租方按欠付金额的3‰/天收取滞纳金，逾期60天未交纳租金，出租方有权解除合同，收回租赁物，并由承租方承担相应的经济损失。承租方丢失建筑器材应按所租赁建筑器材成本价值120%赔偿给出租方。合同签订后，2013年4月8日至2013年4月24日，原告共计向被告发货钢架管60 051米，扣件39 400套。2013年5月21日，被告退还原告钢架管3235.5m，扣件2243套。2013年6月3日，被告按

照合同约定的价格赔偿了原告钢架管58m、扣件51套，共计1234元。截止至2013年11月15日，被告某长沙分公司尚欠原告租金共计60 057元。截至2013年11月15日，被告某长沙分公司尚有钢架管56 757.5m，扣件37 106套未归还原告。原告多次催要租金未果，遂诉至法院，请求判如诉请。

【一审裁判理由及结果】

湖南省湘潭市岳塘区人民法院认为，原、被告之间签订的《建筑器材租赁合同》是双方真实意思表示，该合同合法有效，应当受法律保护。原告依约向被告出租了建筑器材，履行了全部合同义务，被告未按时支付租金，是引起此次纠纷的根本原因，应当承担本案的全部责任。根据《中华人民共和国合同法》第二百三十二条的规定，当事人对租赁期限没有约定或者约定不明确，经双方协商仍不能确定的，视为不定期租赁。当事人可以随时提出解除合同，但出租人解除合同应当在合理期限之前通知承租人。由于原、被告双方对租赁期间没有明确的约定，原、被告之间应当视为不定期租赁关系。原告已通过诉讼的方式明确通知被告解除租赁合同，故原告要求解除双方签订的《建筑器材租赁合同》的诉讼请求，一审法院予以支持。原告要求被告支付截至2013年11月15日所欠租金60 057元的诉讼请求，合理合法，予以支持。由于原告未能提供证据证实被告承租原告的建筑器材确已丢失，故原告要求被告赔偿建筑器材款1 356 907元的诉讼请求，不予支持，被告可将租赁物退还给原告，如被告不能按时归还租赁物，可依照合同约定按租赁物价值的120%折价赔偿给原告，签订合同时双方约定丢失租赁物按照租赁物价值120%赔偿，是双方真实意思表示，故两被告辩称按照租赁物价值的120%赔偿不合理的辩称意见，不予采纳。原告要求被告承担2013年11月16日起的后续损失的诉讼请求，合理合法，予以支持，但数额应当合理计算。未支付租金60 057元的利息损失应按照中国人民银行同类贷款利率自2013年11月16日起计算至本判决生效之日止。被告应当按照租赁合同约定的租金支付标准（即790.22元/天）赔偿原告自2013年11月16日起至本判决生效之日止的因被告延期归还建筑器材产生的经济损失。因被告某长沙分公司系被告湖南某建设集团有限公司设立的无独立人格的分公司，其经营活动应当由被告某集团公司承担相应的法律责任，故原告请求被告某长沙分公司对上述债务承担连带赔偿责任的诉讼请求，不予支持。综上，根据《中华人民共和国合同法》第一百零七条、第一百一十二条、第一百一十三条第一款，第二百二十二条、第二百三十二条，《中华人民共和国公司法》第十四条第一款之规定，岳塘区人民法院判决如下：

一、解除原告廖某与某长沙分公司签订的《建筑器材租赁合同》。

二、被告湖南某建设集团有限公司于本判决生效之日起五日内一次性支付原告廖某租金 60 057 元，并支付欠付租金 60 057 元按中国人民银行同类贷款利率自 2013 年 11 月 16 日起至本判决生效之日止的利息损失。

三、被告湖南某建设集团有限公司于本判决生效之日起五日内一次性归还原告廖某所租赁的钢架管 56 757.5m，扣件 37 106 套，若被告湖南某建设集团有限公司不能按时归还所租赁的钢架管、扣件，应当在本判决生效之日起十日内一次性赔偿原告廖某建筑器材损失 1 356 907 元。

四、被告湖南某建设集团有限公司按照 790.22 元/天的标准一次性赔偿原告廖某自 2013 年 11 月 16 日起至本判决生效之日止的延期归还建筑器材的经济损失。

五、驳回原告廖某的其他诉讼请求。

【二审裁判结果】

湖南某建设集团有限公司不服，向湖南省湘潭市中级人民法院提出上诉，湘潭市中级人民法院认为，本案争议的焦点为：1. 未归还的钢架管、扣件赔偿金额的认定问题；2. 本案一审诉讼是否程序违法。二审法院对一审法院关于解除双方之间租赁合同的判决事项予以肯定，不再审理。

【再审裁判结果】

湖南某建设集团有限公司不服，向湖南省高级人民法院提出再审申请，湖南省高级人民法院认为，本案再审争议的焦点是：1. 关于原审判决归还钢架管等器材的时间是否恰当的问题；2. 关于原审判令如不按时归还租赁物，应当在判决生效之日起十日内一次性赔偿廖某损失是否公平的问题。3. 关于既判决赔偿延期归还租赁物的经济损失，又判决赔偿租赁物器材损失，是否系重复计算的问题。再审法院对解除双方租赁合同的判决，认为合法合理，予以肯定，不再审查。

【裁判要点】

合同解除权可通过诉讼方式行使，当事人向法院提起诉讼的行为即视为行使合同解除权。

【裁判解析】

合同解除权是指合同订立后尚未履行或尚未完全履行前，合同一方当事人基于法定或特定的事由，单方意思表示就能解除合同的权利，该权利的行使会使合同权利义务发生消灭的法律后果。合同解除权系形成权，权利人依据自己的单方意思表示就可以使民事法律关系发生变更或消灭的权利，即形成权的行使只取决于权利人的单方意志，而不需要经过对方的同意。

通过诉讼的方式解除合同可分两种情况分析：

一、未约定解除权行使期限。根据《中华人民共和国合同法》第二百三十二条的规定，当事人对租赁期限没有约定或者约定不明确，经双方协商仍不能确定的，视为不定期租赁。当事人可以随时提出解除合同，但出租人解除合同应当在合理期限之前通知承租人。本案中，由于原、被告双方对租赁期间没有明确的约定，原、被告之间应当视为不定期租赁关系。关于解除合同的通知问题，《中华人民共和国合同法》规定，解除权人可以自行通知对方解除合同。但法律没有禁止解除权人可以通过诉讼的方式解除合同。同时，通过向法院起诉解除合同，也即通过法院对起诉状的送达告知被告解除合同，该行为也应视为通知的一种。《中华人民共和国合同法》第九十六条规定当事人一方依照本法第九十三条第二款、第九十四条的规定主张解除合同的，应当通知对方，合同自通知到达对方时解除。该条只规定合同解除权的行使必须通知相对人，但对于以什么样方式的行使通知并无明确规定，只要能实现解除合同的意思表示到达相对人的方式即符合法律的规定。相对解除权本人的书面、口头通知，起诉行为更具有通知的效力，因为载有解除合同意思表示的起诉状系原告行使解除权利的载体，法院将其送达给被告，以使被告能够更加充分全面熟知权利人想要解除合同的意思表示，达到了通知的目的，因此原告通过诉讼的方式明确通知被告解除租赁合同，说明其在合理期限之前通知了被告，故原告要求解除双方签订的《建筑器材租赁合同》的诉讼请求并无不当。

二、约定解除权行使期限。根据《中华人民共和国合同法》第九十五条之规定："法律规定或者当事人约定解除权行使期限，期限届满当事人不行使的，该权利消灭。"解除权是形成权，其除斥期间从解除权发生之日起算，且不因任何事由而中止、中断或者延长。双方合同中虽约定了解除条件和时限的，但如果一方违约行为一直延续，并未消除，另一方通过诉讼行使解除合同的权利，该权利并不因主张权利而受除斥期间的限制。一方通过诉讼的方式向另一方起诉要求解除合同，实际上是以诉讼的方式通知另一方解除合同，该通知方式并没有损害另一方的利益。因此合同解除可以通过诉讼或仲裁的方式解除，只要解除权人在起诉状中载明了解除合同的意思表示，在起诉状送达向违约方时，也可产生合同解除的效果。

第 17 篇　非合同约定人员提货事实的
认定及责任承担

（一）已对账确认，责任由承租方承担

【案件基本信息】

1. 裁判书字号

浙江省宁波市江北区人民法院（2012）甬北商初字第 635 号民事判决书

浙江省宁波市中级人民法院（2013）浙甬商终字第 685 号民事判决书

浙江省高级人民法院（2014）浙民申字第 50 号民事裁定书

2. 当事人

原告（二审上诉人，再审被申请人）：郑某某

被告（二审上诉人，再审申请人）：某建设有限公司

【一审法院查明的事实】

宁波市江北区人民法院查明：2010 年 10 月 5 日双方签订《租赁合同》一份，约定某建设有限公司向郑某某租赁钢管、扣件等建筑设备，钢管、扣件、弹簧套管的日租费，租赁期限等，某建设有限公司方的收、发料负责人为郑某与江某某。该合同第七条约定"租金结算办法。发出天数至归还天。甲方（郑某某）与乙方（某建设有限公司）在 2011 年 11 月初对帐，发票（或用其他材料发票充帐，具体由张某某负责）由甲方单位开具，并在 2011 年 11 月初送至乙方后在 2011 年 11 月底之前付清"，第八条约定"付款期限。租金及装、卸、运、修理、材料等费，乙方交纳时间为每月到月后三天内汇到甲方帐户"。签约时，某建设有限公司的委托代理人盛某某在合同上签字，并加盖了某建设有限公司公司公章。某建设有限公司系某公司厂房、宿舍工程项目

的施工方。张某某系该项目的实际承包人。

合同履行期间，郑某某向某建设有限公司承建某公司项目工地交付了部分租赁物资，某建设有限公司亦归还了部分租赁物资，但某建设有限公司未支付任何租杂费。审理中，原告、某建设有限公司均确认已经交付的物资数量，上述租赁物资分别由郑喜某、江某某、盛某某在 27 份发料单上签字，某建设有限公司已经归还的租赁物资均由郑某在 47 份收料单上签字。

2010 年 12 月份、2011 年 3 月份，郑某等人以某工地发生丢失租赁物资先后三次向公安机关报案。

郑某某就本案纠纷曾于 2012 年 1 月 13 日向本院提起诉讼，庭审中郑某某申请的证人陈某、黄某、王某、郑某出庭作证。该案审理期间，郑某某申请撤诉，本院以（2012）甬北商初字第 106 号民事裁定书予以准许。

【一审裁判理由及结果】

浙江省宁波市江北区人民法院审理认为，郑某某、某建设有限公司签订的《租赁合同》系双方真实意思表示，内容不违反法律、行政法规的强制性规定，应为合法有效，对当事人具有约束力。合同履行中，郑某某已向某建设有限公司交付租赁物资，某建设有限公司使用租赁物资后负有按期支付租杂费的义务。根据《租赁合同》约定，关于付款期限共有三个条款，即第七条、第八条、第十一条，从文义来看，第七条、第十一条与第八条存在矛盾。综合条款先后，因第十一条在后，该条款已推翻了第八条的约定，故某建设有限公司支付租杂费的期限应按照合同第七、十一条来确定。合同第七条表明，郑某某、某建设有限公司应于 2011 年 11 月初对账，郑某某根据对账确定的发票金额送至某建设有限公司处，某建设有限公司应于 2011 年 11 月底付清。可见，对账、开发票系支付租杂费的前提。郑某某不能提供证据证明其已与某建设有限公司对账，而双方因为部分发料单的效力问题存在重大分歧，客观上已无自行完成对账的可能，故双方的账目应以本院认定的为准。现郑某某放弃部分诉请，要求租杂费、违约金计算至第一次开庭之日即 2013 年 1 月 9 日，对某建设有限公司并无不利，且与江北区人民法院认定双方账目情况日期一致，予以确认。本案账目确定后，郑某某应按约向某建设有限公司提供发票，某建设有限公司收到发票后应及时支付相应租杂费。鉴于此，对郑某某要求某建设有限公司支付违约金的诉请不予支持，对郑某某要求某建设有限公司返还租赁物资的诉请予以支持。另，《租赁合同》约定 0.24 米套管（有弹簧）以 10 元每只标准赔偿。但郑某某诉请的租赁物资赔偿计算标准明显过高，江北区人民法院依法酌情予以调减。

一审法院判决如下：

一、某建设有限公司自收到郑某某开具的 1 104 279.83 元发票后的三十日内支付郑某某租杂费 1 104 279.83 元；

二、某建设有限公司于本判决生效后三十日内返还郑某某钢管 14 745.40 米，扣件 63 089 只，0.2 米套管（有弹簧）682 只，0.4 米套管（有弹簧）315 只，0.5 米套管（有弹簧）258 只，0.6 米套管（有弹簧）14 只，若不能按期如数返还，则按钢管 12 元/米，扣件 5.5 元/只，0.2 米套管（有弹簧）4.5 元/只，0.4 米套管（有弹簧）6.5 元/只，0.5 米套管（有弹簧）8.5 元/只，0.6 米套管（有弹簧）10.5 元/只赔偿；

三、驳回郑某某其他诉讼请求。

【二审上诉请求及理由】

郑某某对一审判决不服，提起上诉：1. 请求撤销原审判决第一项，改判某建设有限公司支付郑某某租费 1 117 785.73 元，杂费 102 531.89 元，违约金 563 775.10 元；2. 请求撤销原审判决第二项，改判某建设有限公司归还郑某某钢管 20 487.90 米，扣件 72 899 只，0.20 米弹簧套管 882 只，0.40 米弹簧套管 435 只，0.50 米弹簧套管 258 只，0.60 米弹簧套管 14 只，若不能按期如数返还，则按钢管 20 元/米，扣件 8 元/只，0.20 米弹簧套管 6 元/只，0.40 米套管弹簧 10 元/只，0.50 米弹簧套管 12 元/只，0.60 米弹簧套管 14 元/只进行赔偿。

【事实与理由】

一、对郑某某向某公司工地交付租赁物的数量认定错误。郑某某在《租赁合同》签订后，自 2010 年 11 月 16 日至 2011 年 9 月 22 日共向某公司工地交付钢管 182 587.60 米，扣件 140 970 只，套管 6937 只，由《租赁合同》指定的收、发料负责人郑某对账后签字确认。在郑某确认的发料对账单中已经明确包括 2010 年 12 月 9 日由江某某妻子代签的发料单载明的租赁物，即钢管 5742.50 米，扣件 9810 只，套管 320 只，结合郑某某第一次起诉时的证人证言，足以形成证据链证明郑某某交付的该批租赁物用于某公司工程。原审法院将该批租赁物予以剔除，违背客观事实。

二、原审法院认定租赁物赔偿价格过高与事实不符。郑某某、某建设有限公司已在《租赁合同》中就租赁物的赔偿价格予以明确，且某建设有限公司在原审中也愿意承担合同责任。同时，在郑某某向某建设有限公司交付租赁物时，租赁物的价格确如合同所约定的价格，不存在租赁物赔偿价格过高的问题。如某建设有限公司未能归还租赁物，应按合同约定的租赁物赔偿价格进行赔偿。

三、某建设有限公司存在违约行为，应按合同约定承担违约责任。双方签订的《租赁合同》第八条对某建设有限公司的付款期限作了明确约定，而第十一条对违约责任作了约定，在某建设有限公司未按第八条约定支付租杂费的情况下，某建设有限公司理应按第十一条的约定承担违约责任。《租赁合同》第七条仅是对租杂费结算方法的约定，并非对租杂费付款时间的约定。根据该三条的约定可以明确，某建设有限公司在使用租赁物后应在每月到月后三天内汇款支付上个月的费用，总费用在2011年11月结算，并由郑某某开具给某建设有限公司总计应支付费用的发票后，再由某建设有限公司支付结算后的应付余款。

四、双方签订的《租赁合同》合法有效，合同约定的租赁物赔偿价格也符合合同签订时的市场价格，不存在损害某建设有限公司利益的情形。根据合同法第四条、第八条的规定，在某建设有限公司未能归还租赁物时，应按合同约定的租赁物赔偿价格进行赔偿。某建设有限公司在原审庭审中表示愿意承担合同责任，未提出租赁物赔偿价格过高的问题，是对赔偿价格的确认。原审法院无任何依据说明租赁物赔偿价格明显过高或违反相关法律规定，用自由裁量权调低赔偿价格，是对郑某某合法权利及合同约定权利的损害，也是对意思自治原则的非法干预，更是对民事诉讼不告不理原则的违反。某建设有限公司违反《租赁合同》的约定，根据合同法的规定及合同约定，应承担违约责任。综上，原判认定事实、适用法律均有误。

某建设有限公司对一审判决不服，提起上诉：1. 请求撤销原审判决第一、二项，改判某建设有限公司支付郑某某租杂费600 956.80元（其中租金577 746.70元，杂费23 210.10元）；某建设有限公司返还郑某某扣件22 249只，如不能按期如数返还，则按5.50元/只进行赔偿。

事实与理由：

原审法院将无授权人员的收料行为所产生的法律后果判决由某建设有限

公司承担，加重某建设有限公司负担，有违基本事实和法律公平。

一、2010年11月5日的《租赁合同》并非某建设有限公司、郑某某的真正合意，不是双方协商一致的结果。原审判决后，某建设有限公司找到了郑某某于2010年11月15日提供的加盖宁波市某钢管租赁站印章的《租赁合同》，郑某某在当时曾与某建设有限公司协商过钢管等材料的租赁事宜。从该份合同的内容来看，与涉案的2010年11月5日的《租赁合同》基本相同。当时因对郑某某提供的价格及违约责任等条款不能接受，故某建设有限公司最终未与郑某某签订《租赁合同》。从该合同载明的时间来看，2010年11月15日的《租赁合同》比2010年11月5日的《租赁合同》晚10天。如果某建设有限公司、郑某某于2010年11月5日已经签订《租赁合同》，按照常理，郑某某不可能于2010年11月15日再与某建设有限公司协商租赁事实。很显然，2010年11月5日的《租赁合同》是有人盗盖某建设有限公司合同专用章所形成，且存在时间倒签的情形。

二、原审法院在审理中已经查明，张某某系某公司工程项目的实际承包人。某建设有限公司对该工程项目没有直接参与管理，对工地的情况并不了解也无法进行控制，包括对涉案钢管等材料的租赁事宜。原审判决后，某建设有限公司找到了张某某、某建设有限公司签订的承包合同及提交给某建设有限公司的承包资料，该资料显示张某某也只是对江某某、盛某某授权，且授权范围为办理相关财务手续、代为领取工程款、借款签字。对于陈某、黄某、王某则无任何授权。在原审中，陈某、黄某、王某都作为证人出庭作证，并表明其签收租赁物没有获得任何人的授权。从原审判决来看，2010年12月9日发料单的性质与陈某、黄某、王某签字的发料单一样，也属于无权代理人签收的情况，原审法院已经认定某建设有限公司无须对该份发料单负责。

综上，某建设有限公司、郑某某本无签订《租赁合同》的合意，因某建设有限公司管理不善导致合同专用章被盗盖而不得不按《租赁合同》约定承担责任，某建设有限公司也是受害者。另一方面，作为合同一方当事人的郑某某明知陈某、黄某、王某没有授权，仍将租赁物交由其签收，且事后一直隐瞒着某建设有限公司，具有明显的过错。因此，原审法院在认定责任时，理应严格按照《租赁合同》认定某建设有限公司应承担的责任范围，对于超出《租赁合同》之外的行为所产生的法律后果不应判决由某建设有限公司承担。

【二审法院查明的事实】

对双方当事人各自提出的异议，二审法院认为：郑某某未向本院提供新的证据。某建设有限公司向本院提供据下列证据：证据1.2010年11月15日租赁合同3份，拟证明宁波市江北某租赁站已经盖章的3份合同均在某建设有限公司，时间在2010年11月5日之后，某建设有限公司未与郑某某签订过《租赁合同》，该《租赁合同》系某建设有限公司的合同专用章被盗盖形成。证据2.承包合同1份、授权委托书2份及江某某、盛某某的身份证复印件各1份，拟证明某建设有限公司与张某某之间是承包关系，张某某是实际施工人，江某某、盛某某系张某某的委托代理人。二审法院经审查认为，某建设有限公司提供的证据1不能证明某建设有限公司拟证明的事实，证据2与本案无直接关联，不予认定。

二审中，某建设有限公司向二审法院提交鉴定申请书1份，要求对郑某某提供的标注时间为2010年11月5日的《租赁合同》的形成时间是否为2010年11月5日前后进行司法鉴定。郑某某认为，某建设有限公司未在二审举证期间提出鉴定申请，且某建设有限公司要求对《租赁合同》的形成时间进行鉴定缺乏法律基础和事实依据，应驳回其鉴定申请。二审法院经审查认为，某建设有限公司对《租赁合同》上的某建设有限公司印章的真实性无异议，且未提供证据证明该印章系他人盗盖，该印章的加盖时间对《租赁合同》的成立并无影响，因此对某建设有限公司的鉴定申请，不予准许。

【二审裁判理由及结果】

宁波市中级人民法院认为本案争议焦点有：1. 关于非合同约定的提货人员签收的收料单应如何认定的问题；2. 关于租赁物赔偿标准应如何认定的问题；3. 关于违约金应如何计算的问题。

郑某某提供的落款时间为2010年12月9日的发料单上的"江某某"非江某某本人所签，且没有充分的证据证明该发料单载明的钢管5742.50米，扣件9810只，套管320只，用于某公司工程，原审法院对该发料单的真实性不予认定，并无不当。双方签订的《租赁合同》对租赁物的赔偿价格虽有约定，但约定的价格明显高于原审判决时的市场价格，原审法院对租赁物的赔偿价格适当予以调低，并不违反法律规定。对于租费的支付期限，双方在

《租赁合同》的第七条、第八条、第十一条中的约定存在矛盾，原审法院按各条文的先后顺序并根据各条文的具体内容，确定租费的对账时间为 2011 年 11 月初，租费的支付期限为郑某某将租费发票开具给某建设有限公司后的一定期限，符合双方的约定。因双方未在 2011 年 11 月初进行对账，郑某某也未在 2011 年 11 月 30 日前将租费发票开具给某建设有限公司，郑某某要求某建设有限公司支付 2010 年 11 月 16 日至 2013 年 1 月 9 日的违约金，不符合合同约定。某建设有限公司提出其 2010 年 11 月 5 日未与郑某某签订过《租赁合同》，该《租赁合同》是有人盗盖某建设有限公司合同专用章所形成，且存在时间倒签的情形，但未提供相应的证据予以证明，难以采信。双方签订的《租赁合同》虽约定某建设有限公司的盛某某为某建设有限公司的委托代理人，郑某、江某某为收、发料负责人，而郑某某提供的部分发料单的签收人为陈某、黄某、王某，但陈某、黄某、王某属于某建设有限公司某工地的工作人员，某建设有限公司未提供证据证明其签收的发料单载明的租赁物用于其他工程或某公司工程不需要这些租赁物，且如果不认定这些租赁物，则某建设有限公司所归还的租赁物多于收到的租赁物，原审法院根据高度盖然性的证明标准，认定陈某、黄某、王某签收的租赁物用于某公司工程，并不违反客观事实。

综上，原审法院对本案事实认定清楚，适用法律正确，判决并无不当。郑某某、某建设有限公司的上诉请求，均理由不足，难以支持。依照《中华人民共和国民事诉讼法》第一百七十条第一款第（一）项之规定，宁波市中级人民法院判决如下：

驳回上诉，维持原判。

【再审申请及理由】

再审申请人某建设有限公司因与被申请人郑某某建筑设备租赁合同纠纷一案，不服浙江省宁波市中级人民法院（2013）浙甬商终字第 685 号民事判决，向浙江省高级人民法院申请再审。

某建设有限公司申请再审称，1. 原判决认定事实的主要证据系伪造。涉案《租赁合同》的真伪关系到本案租赁合同关系是否成立，以及某建设有限公司责任承担，请求对该二份《租赁合同》重新作全面审查，查清郑某某串通他人盗盖某建设有限公司合同专用章伪造《租赁合同》的事实。2. 原判决认定的事实缺乏证据证明。本案签收过郑某某租赁物资发料单的人数众多，已查证的人员有盛某某、郑喜某、江某某、陈某、黄某、王某等六人，原审将该六人签署过的发料单所涉建筑物资均认定为某建设有限公司向郑某某租赁，无足够证据支持。虽然标注时间为 2010 年 11 月 5 日的《租赁合同》中载明委托代理人为盛某某，收料人员为郑喜某、江某某，但某建设有限公司与郑某某未签订过该《租赁合同》，某建设有限公司对相关约定、授权并不知情。即使某建设有限公司因在合同专用章监管上存在疏漏需要承担一定责任，承担范围也应限于对该《租赁合同》授权的盛某某、郑喜某、江某某三人签收的租赁物资承担责任。原判决将陈某、黄某、王某三人签收的物资也判令某建设有限公司承担不当。3. 原判决所依据的主要是《中华人民共和国合同法》关于租赁合同法律关系的规定，却忽略了民事代理这一重要法律关系。郑某某对于陈某、黄某、王某三人没有获得授权的事实非常清楚，却在发生无权代理后未及时告知某建设有限公司，具有明显过错。原判决对郑某某称系江某某妻子于 2010 年 12 月 9 日所签的收料单认为属于无权代理，某建设有限公司不需承担责任；却对性质相同的陈某、黄某、王某签名的收料单判令某建设有限公司承担责任，法律适用不一致。某建设有限公司依据《中华人民共和国民事诉讼法》第二百条第二项、第三项、第六项之规定申请再审。

【再审裁判理由及结果】

一、关于案涉 2010 年 11 月 5 日的《租赁合同》是否系伪造。某建设有限公司称该合同上的合同专用章系被郑某某与人串通盗盖，但就此事实主张未能提供证据证明，难以采信。鉴于郑某某对标注时间为 2010 年 11 月 15 日的《租赁合同》的真实性不予认可，某建设有限公司据此认为 2010 年 11 月 5 日的《租赁合同》系伪造的主张不能成立。

二、关于盛某某、郑喜某、江某某、陈某、黄某、王某等六人签收发料单的效力问题。1. 盛某某系某建设有限公司签订案涉《租赁合同》的委托代理人，郑喜某、江某某为该《租赁合同》明确指定的收发料人员；且某建设有限公司在原审中亦对盛某某、郑喜某、江某某三人签收的租赁物资予以认可。因此，该三人签收租赁物资的行为效力依法及于某建设有限公司。2. 陈某、黄某、王某三人在案涉工程项目中虽然并无收发料的相关授权委托，但三人均系案涉工程的施工员，在郑某某就其与某建设有限公司建筑设备租赁合同纠纷第一次起诉时的庭审中，该三人及郑某安均出庭作证称系江某某、郑喜某让他们签收发料单，且三人所签发料单与郑喜某和郑某某方签署的发料对帐单互相印证。原判决据此对陈某、黄某、王某三人签收的物资判令由某建设有限公司承担承租人责任并无不当。

三、鉴于案涉《租赁合同》中明确约定郑喜某系某建设有限公司的收发料人员，某建设有限公司依法应对经郑喜某签字确认的发料对账单上所载全部租赁物资承担相应责任。2010年12月9日的发料单亦属该发料对单确认范围之内，故某建设有限公司本应对该份发料单承担责任。现某建设有限公司以原审未判决其对该份发料单承担责任为由，主张其不应对陈某等三人所签收的租赁物资承担责任，理由不能成立。

综上，某建设有限公司的再审申请不符合《中华人民共和国民事诉讼法》第二百条第二项、第三项、第六项规定的情形。依照《中华人民共和国民事诉讼法》第二百零四条第一款之规定，裁定如下：

驳回某建设有限公司的再审申请。

【裁判要点】

虽有非合同约定人员签收的收料单，但已对账确认，责任由承租人承担。

（二）非合同约定人员曾与合同约定人员共同提货，推断为有权代理

【案件基本信息】

1. 裁判书字号

安徽省滁州市中级人民法院（2013）滁民二初字第00058号民事判决书

安徽省高级人民法院（2013）皖民二终字第00497号民事判决书

2. 当事人

原告（二审上诉人）：江苏某钢管租赁公司

被告（二审上诉人）：某建设安徽公司

被告（二审上诉人）：某建设公司

【一审法院查明的事实】

安徽省滁州市中级人民法院经审理查明，2011年5月24日，某建设安徽

公司（甲方、承租方）与江苏某钢管租赁公司（乙方、出租方）签订《机械（设备）钢管、扣件租赁合同》，约定某建设安徽公司向江苏某钢管租赁公司租赁钢管、扣件，租赁期限从 2011 年 6 月至 2012 年 12 月，实际租赁期以某建设公司滁州市某大酒店项目部外墙脚手架拆除 15 日内为限（即以实际出库及入库时间为准）；租赁物使用地点为滁州市某大酒店工地；并约定了租赁物价格；租赁费的支付和结算约定为：地下室施工到完成时 15 日内支付租金的70%，第一次付款后，以后每两个月支付租金的 70%，以此类推；甲方工程最后脚手架拆除完毕两个月内结清所有费用；每期合同款项支付前 10 天内，乙方应向甲方开具同等金额的税务发票；违约责任约定：甲方未按期支付租金的，每日赔偿万分之五，至结清欠款为止；甲方不能履行合同约定，乙方有权终止合同送回租赁物；合同生效后，乙方无故未按合同将租赁物交付甲方使用的，按每天 1000 元承担违约金（乙方签字认可）；甲方现场指定收料员，由陈某某签字后生效。合同中还约定了租赁物的交付及验收、双方的权利义务等其他内容。

合同签订后，江苏某钢管租赁公司陆续向某建设安徽公司承建的滁州市某大酒店工程提供钢管、扣件等。江苏某钢管租赁公司出具的发货单中均注明租用单位名称为某建设安徽公司，其中 2012 年 2 月 17 日前由陈某某一人签收，2012 年 3 月 14 日后，由陈某某及蔡某忠等人签收。2011 年 8 月 8 日至 2013 年 1 月 8 日，某建设安徽公司陆续向江苏某钢管租赁公司归还部分钢管及扣件等。截至 2013 年 3 月 31 日，某建设安徽公司尚欠部分物资未还。经江苏某钢管租赁公司核算，产生的租赁租金为 2 236 655.88 元。2011 年 9 月 3 日的收货单记载回收钢管数量为 4565.53 米，江苏某钢管租赁公司结算清单记载为 4468.10 米，江苏某钢管租赁公司少计算了某建设安徽公司归还的97.43 米钢管；2011 年 11 月 8 日的收货单记载回收钢管数量为 4336.30 米，江苏某钢管租赁公司结算清单记载为 4396.30 米，江苏某钢管租赁公司多计算了某建设安徽公司归还的 60 米钢管；2012 年 12 月 20 日的收货单记载回收钢管数量为 3194.70 米，江苏某钢管租赁公司结算清单记载为 3287.90 米，江苏某钢管租赁公司多计算了某建设安徽公司归还的 93.20 米钢管。某建设安徽公司共支付江苏某钢管租赁公司租赁费 80 万元。

另查明：2011 年 6 月 9 日，江苏某钢管租赁公司向某建设安徽公司提供

20厘米套管，并在发货单中注明每天租金0.01元/根。2011年6月23日，江苏某钢管租赁公司向某建设安徽公司提供双头套管，并在发货单中注明每天每个租金0.012元。江苏某钢管租赁公司结算清单中计算双头套管的日租金为0.008元/根。2011年7月22日，江苏某钢管租赁公司向某建设安徽公司提供顶托，在发货单中注明每根每天0.01元租金，维修费每根1元。

【一审裁判理由及结果】

滁州市中级人民法院认为，本案争议焦点是：江苏某钢管租赁公司所主张的租赁费是否全部是双方在履行《机械（设备）钢管、扣件租赁合同》中产生的；某建设公司、某建设安徽分公司支付江苏某钢管租赁公司全部租赁费用的条件是否成就。对此，滁州市中级人民法院综合分析评判如下：

某建设安徽公司与江苏某钢管租赁公司签订的《机械（设备）钢管、扣件租赁合同》系双方当事人真实意思表示，内容不违反法律法规的强制性规定，合法有效，双方当事人应严格按合同的约定履行各自的义务。江苏某钢管租赁公司按合同的约定向某建设安徽公司承建的滁州市某大酒店工程提供了钢管、扣件等设备，某建设安徽公司亦应当按合同约定的期限给付租金。《机械（设备）钢管、扣件租赁合同》中约定陈某某为某建设安徽公司在滁州市某大酒店工程项目中签收材料的收料员，江苏某钢管租赁公司所提供的发货单中均有陈某某的签名，且发货单中也注明了租用单位为某建设安徽公司，故江苏某钢管租赁公司所提供的发货单中的租赁设备均是某建设安徽公司所租用，产生相应的租赁费也应由某建设公司、某建设安徽公司承担。某建设公司、某建设安徽公司所举的证据不能否定陈某某签收的2012年3月14日后的设备非用于滁州市某大酒店工程项目，其抗辩理由不能成立，不予支持。

双方在合同履行中虽未对租赁物及租赁费进行对账确认，但江苏某钢管租赁公司制作的结算清单中的数据与发货单、收货单及入库单除少数有差异外，其他能相互印证，因此，对结算清单与发货单及入库单相同的数据予以确认，对有差异的部分以收货单中记载的数据为准。2011年9月3日，江苏某钢管租赁公司少计算了某建设安徽公司归还的97.43米钢管，该部分的租金应扣除。2011年11月8日、2012年12月20日，江苏某钢管租赁公司多计算了某建设安徽公司归还的60米钢管、93.2米钢管。至2012年12月20日，江苏某钢管租赁公司多计算某建设安徽公司归还的钢管超出了其少计算已归还钢管的数额，故江苏某钢管租赁公司应扣除 2011 年 9 月 3 日至 2012 年 12 月 20 日期间的 97.43 米钢管的租金，数额为 136.79 元（97.43 米 × 0.013 元／天／米 × 108 天）。2011 年 11 月 8 日、2012 年 12 月 20 日，江苏某钢管租赁公司少计算了部分租金，视为其放弃自己的权利。故截至 2013 年 3 月 31 日，某建设安徽公司租用江苏某钢管租赁公司钢管、扣件等设备的租金数额为 2 236 519.09 元（2 236 655.88 元 – 136.79 元），扣除某建设安徽公司已支付的 80 万元，某建设公司、某建设安徽公司欠江苏某钢管租赁公司租金数额 1 436 519.09 元。江苏某钢管租赁公司主张的其他费用，因无证据予以证明，故不予支持。

滁州市中级人民法院依照《中华人民共和国合同法》第八条、第六十条、第九十四条、第九十七条、第一百零七条、第一百一十四条、第二百二十七条的规定，判决如下：

一、解除江苏某钢管租赁公司与某建设安徽公司签订的《机械（设备）钢管、扣件租赁合同》。

二、某建设安徽公司、某建设公司于判决生效之日起十日内给付江苏某钢管租赁公司租赁费 1 436 519.09 元。

三、某建设公司、某建设安徽公司赔偿江苏某钢管租赁公司违约金（以 1 436 519.09 元，按日万分之五计算，自 2013 年 4 月 23 日起，至判决确定的给付之日止）。

四、某建设公司、某建设安徽公司于判决生效之日起三十日内返还江苏某钢管租赁公司钢管 62 246.9 米、十字扣件 32 656 只、转向扣件 7362 只、直接扣件 12 569 只、20 厘米套管 330 根、顶托 102 根、双头套 695 根，并继续支付自 2013 年 4 月 1 日起该部分设备的租赁费用至返还之日止。

五、驳回江苏某钢管租赁公司的其他诉讼请求。

【二审上诉请求及理由】

江苏某钢管租赁公司某建设安徽公司、某建设公司均不服安徽省滁州市中级人民法院（2013）滁民二初字第 00058 号民事判决书，提出上诉：请求在原审判决主文第二项基础上，增加判决某建设安徽公司及某建设公司给付其其他费用 57 646.70 元，并承担一、二审诉讼费用。

一审法院应当根据《机械（设备）钢管、扣件租赁合同》约定，判令某建设公司、某建设安徽公司承担螺栓损失 14 792.50 元、扣件清理上油费 42 854.20 元，合计 57 646.70 元。

上诉人某建设公司安徽公司、某建设公司不服安徽省滁州市中级人民法院（2013）滁民二初字第 00058 号民事判决书，提出上诉：请求二审法院撤销原审判决的第二、三、四项，依法改判，并判令由江苏某钢管租赁公司承担本案一、二审诉讼费用。

事实和理由：由于江苏某钢管租赁公司提供的发货单中的租赁设备中还包括向滁州市某安装有限公司金日高科项目部出租的设备，故一审判决认定江苏某钢管租赁公司提供的发货单中的租赁设备均是他们所租用，系认定事实错误，因而判决其支付租赁费用 1 436 519.09 元、返还钢管 62 246.9 米、十字扣件 32 656 只、转向扣件 7362 只、直接扣件 12 569 只、20 厘米套管 330 根、顶托 102 根、双头套 695 根，并继续支付该部分设备的租赁费用错误。

【二审裁判理由及结果】

安徽省高级人民法院认为本案争议焦点有：1. 某建设安徽公司、某建设公司应否支付江苏某钢管租赁公司其他费用 57 646.70 元；2. 江苏某钢管租赁公司一审中提供的从 2012 年 3 月 14 日到 4 月 30 日共 17 张发货单中的租赁设备是否均为某建设安徽公司、某建设公司所租用。

关于焦点一，某建设安徽公司与江苏某钢管租赁公司所签订的《机械（设备）钢管、扣件租赁合同》中明确约定了扣件清理费，虽然没有直接写明承担主体，但结合该租赁合同补充条款的约定及租赁合同特点，可以认定扣件清理费应由承租方某建设安徽公司承担。江苏某钢管租赁公司主张其他费用所依据的 33 张单据系其一审提交的证据二中的证据，原审法院对此证据效力已予认定，但又认定江苏某钢管租赁公司主张其他费用无证据证明而不予支持，显属不当。因此，结合案涉租赁合同及 33 张收货单据，江苏某钢管租赁公司主张其他费用即螺栓损失 14 792.50 元、扣件清理费 42 854.20 元，有事实根据，应予支持，其此节上诉理由成立。

关于焦点二，由于陈某某系江苏某钢管租赁公司与某建设安徽公司所签《机械（设备）钢管、扣件租赁合同》中承租人某建设安徽公司指定的收料员，故其签收江苏某钢管租赁公司提供钢管、扣件等的行为系其履行合同义务的行为。2012 年 3 月 14 日到 4 月 30 日共 17 张发货单中，虽然有蔡某忠或蔡某峰的签名，但这 17 张发货单中同时均有陈某某的签名，且都发生在《机械（设备）钢管、扣件租赁合同》约定的租赁期间内，故某建设公司、某建设安徽公司所举证据不能证明陈某某和蔡某忠或蔡某峰签收的 17 张发货单中的租赁设备没有用于滁州市某大酒店工程项目，原审法院认为该 17 张发货单中的租赁设备均系某建设安徽公司所租用，产生的相应租赁费也应由某建设公司、某建设安徽公司承担并无不当。因此，某建设公司、某建设安徽公司的此节上诉理由因缺乏事实根据，不予采纳。

据此，依据《中华人民共和国民事诉讼法》第一百七十条第一款第（一）项和第（二）项、第一百七十五条之规定，安徽省高级人民法院判决如下：

一、维持安徽省滁州市中级人民法院（2013）滁民二初字第 00058 号民事判决第一、三、四、五项，即一、解除江苏某钢管租赁有限公司与某建设安徽公司签订的《机械（设备）钢管、扣件租赁合同》；三、某建设公司、某建设安徽公司赔偿江苏某钢管租赁有限公司违约金（以 1 436 519.09 元，按日万分之五计算，自 2013 年 4 月 23 日起，至本判决确定的给付之日止）；四、某建设公司、某建设安徽公司于本判决生效之日起三十日内返还原告江苏某钢管租赁有限公司钢管 62 246.9 米、十字扣件 32 656 只、转向扣件 7362 只、直接扣件 12 569 只、20 厘米套管 330 根、顶托 102 根、双头套 695 根，并继续支付自 2013 年 4 月 1 日起该部分设备的租赁费用至返还之日止。五、驳回江苏某钢管租赁有限公司的其他诉讼请求。

二、变更安徽省滁州市中级人民法院（13）滁民二初字第 00058 号民事判决第二项中"某建设安徽公司、某建设公司于本判决生效之日起十日内给付江苏某钢管租赁有限公司租赁费 1 436 519.09 元"为：某建设安徽公司、某建设公司于本判决生效之日起十日内给付江苏某钢管租赁有限公司租赁费 1 436 519.09 元、螺栓损失赔偿费 14 792.50 元、扣件清理费 42 854.20 元。

【裁判要点】

非约定人员与约定人员共同提过货物，推断为有权代理。

【裁判解析】

非合同约定人员签收的收料单，该收料单上的货物产生的租赁费应当由承租方承担责任。

观点一中虽由非合同约定人员签收的收料单，但已对账确认，支付租金的责任应当由承租人承担。因为，首先涉案租赁合同的签订是双方当事人真实意思表示，合法有效，对双方具有法律约束力，应当按照合同约定履行义务；其次涉案合同所涉及的租赁物资均用于承租方所承建的工地，虽然合同约定有提货人员，但是不能排除合同约定的人员有时不在工地或工地负责人让非合同约定人员去出租方处提取所用租赁物资，存在部分收料单上是非合同约定人员的签字，但实际上所签收的物资仍是在涉案工地上使用；最后出租方制作的结算单是根据出入库单上物资的数量和时间、合同约定的租赁物的单价计算得出的，该结算单亦经承租方的负责人签字确认，双方当事人对结算单上租赁物资产生的租赁费及未退物资的租赁数量均予以认可，承租方负责人在结算单上的签字行为已是对非合同约定人员签收的收料单的行为的追认，对该部分物资的使用亦予以认可。

综上，涉案出入库单虽由非合同约定人员签收的，但该部分物资仍是用于承租方所承建的工地，且结算单有承租方负责人的签字，双方对涉案租赁物资的租金及数量均予以对账确认，涉案物资所产生的租赁费应当由承租方承担。

观点二中非约定人员与约定人员共同提过货物，推断为有权代理。因为，虽然合同约定有提货人员，但其有时会不在工地，为了之后签收货物方便会让非合同约定人员及经常在工地的合同约定人员的工作人员签收出入库单，因此会存在部分收料单上有非合同约定人员和合同约定人员的共同签字或单独签字。部分收料单上共同签字的行为是一种对非合同约定人员在收料单上签字代为接收货物的民事行为的追认，且承租方的负责人对此应当是知情并予以默许的，所以该非合同约定人员有单独签收收料单的权限。对于出租方而言，非合同约定人员的签字是在合同约定人员许可的情况下做出的民事行为，该非合同约定人员签收的收料单上的物资也是用于承租方承建的工地，所以该部分收料单上的物资所产生的租赁费应当由承租方承担支付的法律责任。

综上，涉案出入库单虽由非合同约定人员签收的，但该非合同约定人员的民事行为承租方已予以追认，其有签收收料单的权限，且该部分收料单上的物资是用于承租方所承建的工地，因此，涉案物资所产生的租赁费应当由承租方承担。

附例

观点一　附例

辽宁省高级人民法院（2017）辽民申 4400 号

陕西省高级人民法院（2017）陕民申 1308 号

辽宁省高级人民法院（2015）辽审一民申字第 416 号

新疆维吾尔自治区高级人民法院（2018）新民申 1232 号

第 18 篇　合同签订人与租赁物资实际使用人不符，合同义务由签订人承担

【案件基本信息】

1. 裁判书字号

上海市闵行区人民法院（2013）闵民二（商）初字第 1794 号民事判决书

上海市第一中级人民法院（2014）沪一中民四（商）终字第 2102 号民事判决书

上海市高级人民法院（2015）沪高民二（商）申字第 70 号民事裁定书

2. 当事人

原告（二审被上诉人、再审被申请人）：上海某实业公司

被告（二审上诉人、再审申请人）：某工程公司

一审第三人（二审被上诉人、再审被申请人）：杨某某

一审第三人（二审被上诉人、再审被申请人）：吴某某

【一审法院查明的事实】

上海市闵行区人法院查明，2011 年 4 月 1 日，以某工程公司为甲方、吴某某为乙方签订《投资建设协议书》，约定甲方将承建的腰铺北苑二期工程交由乙方包工包料承包，甲方提供公司资质、营业执照等办理项目工程所需的有关证件，乙方负责办理有关施工手续，费用由乙方负担等主要内容。该协议书由某工程公司、某工程公司滁州分公司加盖公章，吴某某签字。

2011 年 5 月 23 日，以上海某实业公司为甲方、某工程公司为乙方订立《租赁合同》，约定乙方向甲方租赁钢管、扣件、套管等物资，租赁期限：自 2011 年 5 月 23 日起至 2012 年 3 月 30 日止。租赁期届满后，乙方继续使用原租赁物或仍要求发料，原租赁合同继续有效，租赁期限为不定期。双方发生争议，由合同签订地闵行法院受理。合同的签章处甲方由上海某实业公司加盖了合同专用章，乙方由吴某某、＊＊＊签字并由某工程公司滁州分公司加

盖了公章，委托代理人处由吴某某、杨某某签字。合同签订后，某工程公司于 2011 年 5 月 25 日通过银行汇兑方式向上海某实业公司支付了 5000 元，备注为钢管押金。

2011 年 5 月 27 日，以某工程公司滁州分公司为甲方、杨某某为乙方签订《合同》一份，约定由乙方承包腰铺北苑二期工程的脚手架搭设。合同的签章处甲方由其代表陈某某签字（未加盖公章），乙方由杨某某签字。合同签章处的下方双方以手写形式达成补充协议，对工期和付款方式作了补充约定。

2011 年 11 月 4 日，某工程公司滁州分公司向上海某实业公司支付了100 000元，备注为钢管租金。

2012 年 6 月 4 日，上海某实业公司以某工程公司为被告向原审法院提起（2012）闵民二（商）初字第 1106 号诉讼，诉称自 2011 年 5 月 25 日至 2011年 12 月 26 日止，某工程公司归还了部分租赁物并支付部分租金等，尚有租赁物仍在使用中，故要求其支付租金等费用并承担相应违约责任。6 月 20 日，双方达成和解协议，并在原审法院主持下达成调解并作出民事调解书。该民事调解书主文载明：上海某实业公司、某工程公司一致确认截至 2012 年 5 月31 日，某工程公司结欠上海某实业公司租金等租赁费用 738 506.89 元；双方确认截至 2012 年 5 月 31 日，尚有部分租赁物仍在某工程公司处使用，上海某实业公司不再向某工程公司或其委托代理人杨某某供应任何物资。该民事调解书生效后，某工程公司通过其滁州分公司向上海某实业公司履行了相应的付款义务。

2012 年 6 月 1 日至 2012 年 12 月 19 日期间，上海某实业公司陆续收到了归还的租赁物，还料经手人为＊＊＊、杨某某（相应收料单上备注转＊＊＊、＊＊＊项目部等内容）。嗣后，经核实，上海某实业公司发现实际在 2011 年12 月 24 日至 2012 年 4 月 14 日期间，其曾收到归还的租赁物，还料经手人为＊＊＊（相应收料单上备注转发＊＊＊工地等内容），该部分归还的租赁物未在双方形成的和解协议中予以扣除，故也未能在（2012）闵民二（商）初字第 1106 号民事调解书中体现。

2013 年 4 月 19 日，某工程公司滁州分公司与杨某某就腰铺北苑二期工程9#、10#楼外架拆除问题达成协议，代表某工程公司滁州分公司签字的为其分公司负责人＊＊＊＊。

2013 年 11 月 1 日，南谯区腰铺镇人民政府出具证明一份，载明某工程公司承建腰铺北苑安置小区二期工程，钢管脚手架在 2013 年 5 月 2 日前由杨某某组织拆除并将钢管、扣件全部清运完毕。

根据摄于 2011 年 8 月 22 日的照片显示，南谯区腰铺北苑安居小区项目工程现场施工铭牌上载明的项目技术负责人为＊＊＊，架子工为杨某某。

上海某实业公司因某工程公司未归还剩余租赁物并支付相应租金等费用，故涉讼。

【一审裁判理由及结果】

上海市闵行区人民法院认为，从系争《租赁合同》形式上看，其列明的承租人为某工程公司，而在承租人的签章处则既有吴某某、＊＊＊的签字也有某工程公司滁州分公司的盖章，同时吴某某、杨某某在委托代理人处签字。在实际履行过程中，某工程公司支付了合同押金，某工程公司滁州分公司支付了部分租赁费用。因此，上海某实业公司将某工程公司作为诉讼对象提起本案诉讼，并无不妥，某工程公司的主体资格适格。

本案的争议焦点在于系争租赁物承租人的认定。某工程公司认为租赁物的实际承租人为吴某某和杨某某，其无义务履行系争《租赁合同》，对于该主张法院不予支持，理由如下：首先，某工程公司与吴某某之间的纠纷属于内部关系，与本案的租赁关系是不同的法律关系，不能以此对抗《租赁合同》的出租人，即上海某实业公司。其次，《租赁合同》中明确杨某某为委托代理人。并在上海某实业公司、某工程公司在（2012）闵民二（商）初字第1106号案件庭前自行达成的和解协议中再次确认了杨某某委托代理人的身份，并特别约定"甲方不再向乙方或其委托代理人杨某某供应任何物资"，系某工程公司对杨某某除作为签订合同的委托代理人之外，对其履行收发租赁物等行为事后进行了追认，该和解协议系双方真实意思表示，而原审法院作出的民事调解书正是在此基础上形成的。杨某某在负责建筑设备租赁时所为法律行为的后果，应由某工程公司承担。至于某工程公司与杨某某之间纠纷，也属于其内部关系，与本案无关，原审法院在本案中不做处理，某工程公司可另行起诉向其主张相应的权利。

综上，上海某实业公司、某工程公司之间存在建筑设备租赁合同关系，且合法有效，双方均应按约定履行各自的权利义务。双方在（2012）闵民二

（商）初字第 1106 号民事调解书中确认尚有租赁物仍在某工程公司处使用中。某工程公司作为承租人仍应按照《租赁合同》的约定履行相应的付款义务并归还剩余租赁物，故上海某实业公司要求某工程公司支付相应租赁费用并归还剩余租赁物的诉讼请求，于法有据，法院予以支持。对于上述案件中遗漏计算的部分，上海某实业公司愿意在本案中做相应扣除，并无不妥，法院予以准许。《租赁合同》中对赔偿价格进行了约定，对于上海某实业公司主张的按每日千分之一计算的违约金比例，某工程公司提出即使要承担违约责任，违约金也过高。对此，原审认为双方在《租赁合同》中约定的违约金比例为每日千分之三，上海某实业公司虽主动作了调整，但在考量违约金计算标准是否合理时，要兼顾违约金的补偿性，同时还要衡量某工程公司违约行为的恶意程度，即造成实际违约的事实情况等因素。原审认为每日千分之一的比例仍系过高，某工程公司要求调整的意见可予采纳，原审按照本案的实际情况，酌定按每日万分之六的比例计算违约金较为妥当、合理。

第三人吴某某经原审法院合法传唤无正当理由拒不到庭参加诉讼，系其放弃相应的诉讼权利，因此产生的法律后果由其自行承担。据此，上海市闵行区人民法院依照《中华人民共和国民事诉讼法》第一百四十四条、《中华人民共和国合同法》第六十条第一款、第一百零七条、第一百零九条、第一百一十四条第一款、第一百一十四第二款、第二百二十二条、第二百二十六条、第二百三十五条、第二百三十六条之规定，于 2014 年 7 月 25 日作出如下判决：

一、某工程公司于判决生效之日起十日内支付上海某实业公司 2012 年 6 月 1 日起至 2013 年 9 月 30 日止的租金 594 707.05 元。

二、某工程公司于判决生效之日起十日内支付上海某实业公司违约金 104 687.55 元及以 594 707.05 元为本金，自 2013 年 10 月 4 日起至判决生效日止，按照每日万分之六的比例计算的违约金。

三、某工程公司于判决生效之日起十日内归还上海某实业公司钢管 39 301.30 米、扣件 24 329 只、套管 1558 只，并支付自 2013 年 10 月 1 日起至判决确定归还之日内的实际归还之日止，按照钢管 0.02 元/天/米、扣件/套管 0.01 元/天/只计算的租金损失，不能归还部分按照钢管 15 元/米、扣件/套管 5 元/只折价赔偿。

【二审上诉请求及理由】

某工程公司不服上海市闵行区人民法院判决，向上海市第一中级人民法院提起上诉，请求撤销原审判决，发回重审或者改判驳回上海某实业公司的原审诉讼请求。其主要上诉理由为：1. 吴某某、杨某某系《租赁合同》的承租人，并非原审所述的内部承包关系；某工程公司对该《租赁合同》无任何义务，原审认定某工程公司系承租人错误。2.（2012）闵民二（商）初字第1106号民事调解书系某工程公司在受胁迫下达成，并非当事人的真实意思表示，原审将该民事调解书作为定案依据，系适用法律错误。

被上诉人上海某实业公司辩称，某工程公司与上海某实业公司之间存在租赁合同关系，故不同意某工程公司的上诉理由。

被上诉人杨某某辩称，某工程公司是承租人，杨某某并非承租人，某工程公司在使用租赁物过程中已支付部分租赁费，可见租赁关系发生于上海某实业公司和某工程公司之间。

【二审裁判理由及结果】

上海市第一中级人民法院认为，本案主要争议是某工程公司是否系涉案《租赁合同》的承租人，应否承担合同义务。

首先，2011年5月23日签订的《租赁合同》的甲方是上海某实业公司，乙方是某工程公司，在乙方处盖有某工程公司滁州分公司印章，合同约定的租赁物也用于某工程公司承建的腰铺北苑二期工程，故可以认定上海某实业公司、某工程公司系该《租赁合同》的主体。其次，合同签订后，某工程公司于2011年5月、11月向上海某实业公司支付了钢管押金5000元和钢管租金100 000元，某工程公司称其系代杨某某、吴某某支付，但该主张没有证据证明。再次，在（2012）闵民二（商）初字第1106号案中，上海某实业公司同样依据涉案《租赁合同》向某工程公司主张租金等费用。该案达成了调解协议，嗣后某工程公司亦已履行了该调解协议，表明某工程公司对其与上海某实业公司之间存在租赁合同关系是认可的。某工程公司现主张该调解协议系其受胁迫所签订，其并非《租赁合同》的当事人，没有事实依据。最后，吴某某及杨某某与某工程公司的内部包关系并无不当。合同的成立并不能否定某工程公司与上海某实业公司基于《租赁合同》建立起来的建筑设备租赁合同关系。基于上述分析，上海市第一中级人民法院认定某工程公司系涉案

《租赁合同》的承租人，某工程公司的上诉理由缺乏事实和法律依据，二审法院不予采纳。至于吴某某、杨某某是否违反他们与某工程公司之间的合同约定，从而造成某工程公司相关权益受损，因与本案并非同一法律关系，故不属本案审理范围，某工程公司可另行主张权利。

综上所述，上海市第一中级人民法院依照《中华人民共和国民事诉讼法》第一百七十条第一款第（一）、（二）项、第一百七十五条之规定，判决如下：

一、维持上海市闵行区人民法院（2013）闵民二（商）初字第 1794 号民事判决主文第一、二项。

二、变更上海市闵行区人民法院（2013）闵民二（商）初字第 1794 号民事判决主文第三项为：某工程公司于判决生效之日起十日内归还上海某实业公司钢管 39 301.30 米、扣件 24 329 只、套管 1558 只，并支付自 2013 年 10月 1 日起至判决确定归还之日止，按照钢管人民币 0.0169 元/天/米、扣件/套管人民币 0.01105 元/天/只计算的租金损失，不能归还部分按照钢管人民币 15 元/米、扣件/套管人民币 5 元/只折价赔偿。

【再审申请及理由】

某工程公司不服上海市第一中级人民法院判决向上海市高级人民法院申请再审称：本案系争租赁物的实际使用人为吴某某及杨某某，某工程公司系投资方、见证方。原审法院错误将某工程公司认定为系争租赁物承租人，而杨某某和上海某实业公司共谋虚假诉讼侵吞某工程公司工程款，转嫁责任给某工程公司。原审法院将调解书的内容作为证据使用，不符合法律规定。系争租赁物实际并不在某工程公司处，不应由某工程公司承担责任。据此，原审判决认定事实不清，适用法律不当，根据《中华人民共和国民事诉讼法》第二百条第（一）项、第（二）项、第（六）项的规定，请求再审。

【再审裁判理由及结果】

上海市高级人民法院认为，本案系争的《租赁合同》合同双方载明系上海某实业公司、某工程公司，亦盖有某工程公司滁州分公司印章，原审法院认定某工程公司系《租赁合同》的承租人，并无不当。而吴某某和杨某某与某工程公司之间的约定，与本案并非同一法律关系，原审法院不予审理，合法有据。原审法院详尽阐述了判决理由，再审法院予以认可，不再赘述。某工程公司主张其并非系争租赁物的承租人等，缺乏事实和法律依据，再审法院不予支持。原审判决查明事实清楚，适用法律正确。

综上，某工程公司的再审申请不符合《中华人民共和国民事诉讼法》第二百条第（一）项、第（二）项、第（六）项规定的情形。上海市高级人民法院依照《中华人民共和国民事诉讼法》第二百零四条第一款之规定，裁定如下：

驳回某工程公司的再审申请。

【裁判要点】

当租赁合同的签订人与物资实际使用人不一致时，由合同签订人承担责任。

【裁判解析】

租赁合同的合同签订人与租赁物的实际使用人不一致时，应遵循合同相对性原则，由合同签订人承担合同义务，实际使用人不承担合同义务，因为案件所涉及的法律关系与实际使用人无关，即租赁合同的缔约方并非实际使用人。合同签订人与出租人签订租赁合同，合同内容真实合法有效，合同签订人应受合同的约束。关于合同签订人与实际使用人之间的内部求偿关系，与租赁合同并非同一法律关系，与出租方无关。

合同相对性原则是合同制度的奠基石，贯穿于合同设立、变更、移转、消灭的整个过程，也是债权区别于物权的重要标准。合同相对性包括主体的相对性、内容的相对性、责任的相对性。其中责任的相对性，是指违约责任只能在合同关系的当事人之间发生。因此若轻易否定合同相对性，令合同当事人不担责而令第三方担责，对合同任何一方都可能有失公允。租赁合同当事人未对租赁物的实际使用人提起诉讼，人民法院经审查后，若认为租赁物的实际使用人与案件处理结果有法律上的利害关系的，可以通知其作为第三人参加诉讼。

附例

辽宁省高级人民法院（2017）辽民申2121号

第19篇　出租方怠于回收租赁物资， 扩大损失部分由其承担

【案件基本信息】

1. 裁判书字号

山西省汾西县人民法院（2014）汾民初字第78号民事判决书

山西省临汾市中级人民法院（2014）临民终字第994号民事判决书

山西省高级人民法院（2016）晋再2号民事判决书

2. 当事人

原告（二审上诉人、再审被申请人）：某租赁站

被告（二审被上诉人、再审被申请人）：四川某工程局

被告（二审上诉人、再审申请人）：四川某工程局某项目部

【一审法院查明的事实】

某租赁站起诉至山西省汾西县人民法院，请求：依法判令二被告支付原告租金3 229 582.03元及违约金，赔偿丢损物资损失309 669.94元，并承担本案的诉讼费用。

山西省汾西县人民法院查明：2012年4月25日原告租赁站与被告四川某工程局下属的被告项目部签订了《租赁合同》，由原告向被告项目部承建的霍永高速公路东段路基第十一标段出租建筑物资供项目部使用。合同对租赁物资名称、数量、用途、租赁期限、押金、租金及其支付方式、维修保管、违约金及供、退货方式均作出约定。合同签订后，原告自2012年4月29日至同年8月11日共计分31次向被告项目部供货。被告项目部所承建的霍永高速公路山云大桥"c50现浇预应力混凝土箱梁"左右第三梁分别于2012年8月5日、9月4日完成施工，并于2012年10月20日经霍永高速公路东段路基第三监办验收。原告自2012年8月22日开始陆续收回租赁物资，由原告负责租赁车辆，被告项目部负责装车并支付运费。同年9月13日，原告与被告

项目部就租赁等费用进行了结算，截至 2012 年 9 月 10 日被告项目部共欠原告租赁费 787 427.45 元、清理上油费用 294.65 元、损坏维修等费用 1652 元。

同时查明：被告项目部分别于 2012 年 9 月 26 日、9 月 30 日、10 月 24 日向租赁站业务经理杜某发送短信及邮件，催促其将租赁物资拉走，至 2012 年 12 月 10 日原告共拉货 26 次，2013 年 5 月 10 日后原告又开始继续拉货，直到同年 6 月 14 日才将全部租赁物资回收完毕。其间丢损租赁物资价值 309 669.94 元。自 2012 年 5 月 11 日至 2014 年 1 月 26 日，被告项目部分八次共计向原告付款 57.5 万元，其中 5000 元为单独支付运费。被告项目部除单独支付 5000 元运费外，还应支付原告运费 215 403 元，清理上油费及损坏维修费用 50 189.4 元，两项合计 265 592.4 元。截至 2012 年 9 月 26 日，被告项目部共计应向原告支付租赁费 914 937.54 元，减去被告项目部已支付的 57 万元，还应支付 344 937.54 元。

【一审裁判理由及结果】

山西省汾西县人民法院审理认为：原告租赁站与被告项目部在自愿、平等协商的基础上签订了建筑物资租赁合同，双方本应全面适当履行合同所约定义务。但被告项目部未按合同约定及时、足额向原告支付押金及租金等费用，原告租赁站在被告项目部多次催促下仍未及时收回其所出租物资，双方均构成违约，对因此造成的损失应由双方自行承担，即原告自行承担因延迟回收租赁物资产生的租金，被告自行承担因保管该物资而产生的相关费用，对丢损部分双方各承担 50% 的责任，即双方各负担 154 834.97 元，关于租赁期限的截止时间，以被告项目部第一次发短信催促的 2012 年 9 月 26 日为宜。至于迟延支付租赁费的违约金一节，因原告自认为违约金的约定过高，要求按银行同期同类贷款利率四倍计算，法院考虑鉴于双方均有违约事实，根据公平原则和诚实信用原则予以衡量，以自 2012 年 9 月 27 日起按中国人民银行同期同类贷款利率计算为妥。对于被告项目部应付给原告的运费及清理上油等费用，也应自原告租赁物资拉运完毕之次日即 2013 年 6 月 15 日起支付银行利息。另因被告项目部系被告工程局的临时分支机构，不具备独立的企业法人资格，因此，被告项目部应首先在自己的财产范围内承担民事责任，不足部分由被告工程局承担补充赔付责任。

综上，依据《中华人民共和国合同法》第六十条、第一百零七条、第一百一十四条、第一百二十条、第二百二十二条、第二百二十六条及《中华人民共和国公司法》第十四条之规定判决如下：

一、被告四川某工程局某项目部在本判决生效后十日内支付原告某租赁站建筑物资租赁费 344 937.54 元，支付运输费、清理上油等费用 265 592.4元，并分别支付自 2012 年 9 月 27 日与 2013 年 6 月 15 日起至实际支付日的利息，利率按中国人民银行同期贷款利率计算，另外赔偿原告丢损物资损失 154834.97 元。

二、被告四川某工程局承担补充赔付责任。

【二审上诉请求及理由】

原告租赁站不服一审判决，提起上诉，请求：1. 撤销山西省汾西县人民法院（2014）汾民初字第 78 号民事判决书；2. 依法改判被上诉人增加支付上诉人租赁费 2 619 052.09 元及违约金，增加赔偿丢损物资损失 154 834.97 元；维持被上诉人支付上诉人运输费、清理上油费等 265 592.4 元及支付利息的内容；3. 一、二审的诉讼费由被上诉人承担。

【二审裁判理由及结果】

民事活动应当遵循诚实信用原则。上诉人租赁站与上诉人项目部所签订的建筑物资租赁合同合法有效，双方当事人应当全面履行合同所约定义务。针对上诉人项目部的上诉请求，二审法院认为上诉人项目部未按合同约定及时、足额向上诉人支付押金及租金等费用构成违约，对因保管租赁物资而产生的相关费用应自行承担责任。对丢损租赁物资部分的损失，根据合同约定，上诉人项目部在租赁期内对租用物资负有妥善保管的义务，如有丢失损坏，应当照价赔偿。故上诉人项目部对丢损租赁物资部分的损失应承担赔偿责任，二审法院对上诉人项目部的上诉请求不予支持。针对上诉人租赁站主张的租金请求，二审法院认为，关于租金数额涉及租赁期限的截止时间，根据合同约定，合同的有效期自乙方（项目部）提货之日起至退清全部租赁物资及结清全部欠款为止，乙方所租赁物资按实际天数结算租金，综合双方实际履行情况分析，本院认为，一审简单地以上诉人项目部第一次发短信的 2012 年 9月 26 日认定为租期的截止日不符合双方履行合同的实际，2012 年 9 月 13 日亦不是双方的最终结算日期，本院根据双方当事人合同的实际履行情况、当地道路交通状况、季节等因素综合考虑租赁期限的截止时间认定为 2012 年 11 月 15 日较为客观。根据当事人双方提供的结算清单，租赁物资每月平均租金约 20 万元，结合当事人双方违约事实、过错程度等因素上诉人项目部应当在原审基础上增加租赁费 30 万元给付上诉人租赁站为宜。上诉人租赁站未及时收回其所出租物资，虽然有一定的客观原因，主观上也有一定过错，应当承担相应的责任，即上诉人租赁站自行承担 2012 年 11 月 15 日以后至 2013 年 6 月因延迟回收租赁物资产生的相应损失，二审法院对上诉人租赁站的该部分上诉请求亦不予支持。综上，原审判决对租赁费及丢损物资损失判处不当，依法应予纠正。

为了保护当事人的合法权益，依据《中华人民共和国民事诉讼法》第一百四十四条、第一百七十条第一款第（二）项，第一百七十四条、第一百七十五条之规定，山西省临汾市中级人民法院改判如下：

一、变更山西省汾西县人民法院（2014）汾民初字第 78 号民事判决为上诉人四川某工程局某项目部在本判决生效后十日内支付上诉人某租赁站建筑物租赁费 644 937.54 元，支付运输费、清理上油等费用 265 592.4 元，并分别支付自 2012 年 11 月 16 日与 2013 年 6 月 15 日起至实际支付日的利息，利率按中国人民银行同期贷款利率计算；

二、上诉人四川某工程局某项目部赔偿上诉人某租赁站丢损物资损失 309 669.94 元。

三、被上诉人四川某工程局承担补充赔付责任。

【再审申请及理由】

四川某工程局某项目部不服临汾市中级人民法院（2014）临民终字第 994 号民事判决，向山西省高级人民法院申请再审。请求：撤销临汾市中级人民法院（2014）临民终字第 994 号民事判决；依法改判某项目部不承担 2012 年 9 月 10 日以后的租赁费 30 万元、不赔偿某租赁站物资丢失损失 309 669.94 元；诉讼费用由某租赁站承担。

事实与理由：

1. 原判决认定的基本事实缺乏证据证明。

某项目部为承建霍永高速公路山云大桥租用租赁站的建筑物资，双方于 2012 年 4 月 25 日签订了《建筑物资租赁合同》，梅某某系某项目部的代理人。

某项目部为承租人，某租赁站为出租人。按照建筑设备租赁行业交易习惯，结合《建筑物资租赁合同》"所租赁物资按实际天数结算租金"之意思表示，该建筑物资租赁合同应认定为不定期租赁合同。即租赁期限应从建筑物资到达山云大桥施工现场之日起至某项目部要求拉回租赁物资的通知到达租赁站的合理期限止。为防止出租人迟延从施工现场拉走租赁物资引发租赁费用争议，承租人在接到出租人的租赁物资退场通知后，及时组织双方相关人员就租赁物资的品种、数量及租金、维修费用进行结算，并由双方相关人员在结算清单上签字以明确经济责任。结算单据签字后，出租人应及时派车将租赁物资取回入库或直接送往下一个施工现场，承租人仅负责组织工人、机械将租赁物资装车、承担运输费用等协助义务。租赁期内若租赁物资毁损丢失，由承租人照价赔偿。本案中，鉴于某项目部所承建的霍永高速公路山云大桥"c50 现浇预应力混凝土箱梁"左右第三梁分别于 2012 年 8 月 5 日、9 月 4 日完成施工，某项目部不需要继续使用某租赁站所租赁物资。根据工程施工顺序先拆左幅支架，后拆右幅支架，因场地狭小，只有在左幅拆完并拉走大部分后，右幅支架才有场地存放之现状，双方认同租赁物资截止日为 2012 年 9 月 10 日，据此，某租赁站杜某制好（租期）2012 年 4 月 29 日至 9 月 10 日"某租赁站结算清单"，某项目部王某某 2012 年 9 月 13 日在该结算清单上签了字，租金 787 427.45 元、清理上油费 294.65 元、损坏维修费 1946.65 元，以上三项合计 789 668.75 元。某项目部 2012 年 5 月 11 日至 2014 年 1 月 26 日分 8 次向某租赁站支付租赁费 57.5 万元，某项目部还应向某租赁站支付租金 212 427.5 万元。而二审法院无视 2012 年 9 月 13 日双方签字认可的结算清单，对行业习惯置若罔闻，置某租赁站于 2012 年 8 月 22 日第 1 次退货、某项目部 2012 年 9 月 26 日、9 月 30 日之短信催告拉走租赁物、某租赁站于 2012 年 9 月 13 日、9 月 14 日等从施工现场拉走租赁物资之无争议事实于不顾，二审根据"当地道路交通状况、季节等因素综合考虑租赁期限的截止时间认定为 2012 年 11 月 15 日较为客观"，凭空臆造租赁物资月平均租金约 20 万元，在双方当事人对（2014）汾民初字第 78 号民事判决不服均上诉的情况下，在一审基础上增加租赁费 30 万元。可见，二审法院不是以事实为依据，不是以租赁物资的品种、数量及日租金按实际天数结算租金，而是凭空臆造租赁期。

2. 原判决适用法律确有错误。

某项目部和某租赁站在自愿、平等协商的基础上签订了《建筑物资租赁合同》，该合同是双方当事人真实意思的表示，合法有效，双方认同租赁物资截止日为 2012 年 9 月 10 日。某项目部王某某在某租赁站杜某制好的某租赁站结算清单上签字。法院应认定租赁物资截止日为 2012 年 9 月 10 日。根据《中华人民共和国合同法》第二百二十二条"承租人应当妥善保管租赁物，因保管不善造成租赁物毁损、灭失的，应当承担损害赔偿责任"之规定，某项目部在租赁期内负有保管租赁物之义务，但租赁期届满（截止日）后，承租人履行了后合同义务，即催告出租人派车拉回租赁物资的通知到达出租人后，租赁物资的管护义务当然回归出租人，因出租人怠于拉回租赁物资造成租赁物资丢失的，出租人应承担租赁物因迟延取回而丢失的风险。双方当事人均认可丢失租赁物资损失 309 669.94 元，（2014）汾民初字第 78 号民事判决认定租赁期限的截止时间以某项目部第一次发短信催促的 2012 年 9 月 26 日为宜，认可某项目部 9 月 26 日以后看管租赁物资的事实，判决某项目部承担丢损租赁物资损失 50% 赔偿责任，即某项目部赔偿某租赁站丢损物资损失154 834.97元。而（2014）临民终字第 994 号民事判决中法官根据"当地道路交通状况、季节等因素综合考虑"认定租赁期限的截止时间为 2012 年 11月 15 日，却有意忽视了租赁期结束后出租人对租赁物的管护义务，改判某项目部承担丢失租赁物资损失全部赔偿责任，即某项目部赔偿某租赁站丢损物资损失 309 669.94 元。租赁期限截止后，某项目部虽没有管护租赁物资的法定义务和约定义务，但考虑到租赁物资堆放在完工现场，荒郊野外、人烟稀少，无仓库保管条件，为了出租人的利益，某项目部对没有拉走的租赁物资集中堆放，采取围栏措施，架设夜间照明灯，雇佣人员看护，某项目部已尽到了善良管理人的义务，故某项目部对物资丢失的损失不应承担赔偿责任。《中华人民共和国民事诉讼法》第一百五十二条规定判决书应当写明判决结果和作出该判决的理由。判决书内容包括："……（二）判决认定的事实和理由、适用的法律和理由……"所谓适用的法律是指"判决书中用来作为判决准绳的实体法律规定"。裁判应当对诉求方的法律主张积极进行回应。本案中，某租赁站和四川某工程局某项目部不服一审判决均提起了上诉，（2014）临民终字第 994 号民事判决作为生效的判决，仅援引了程序性依据，而没有援引和列明实体法律规定。二审判决违反了以事实为依据、以法律为准绳的原则。综上，某项目部的再审申请符合《中华人民共和国民事诉讼法》第二百条第二、第六项的规定，请求依法改判支持其再审请求。

【再审法院查明的事实】

山西省高级人民法院再审查明，在本案二判决后，某项目部作为原告，以某租赁站为被告向山西省汾西县人民法院提起诉讼，要求某租赁站支付本案所涉的租赁合同履行中发生的自 2012 年 9 月至 2013 年 6 月间为管护租赁建筑物资发生的材料费、机械费、人工费等共计 851 043 元。汾西县人民法院以本案二审生效判决已对该诉求进行了处理，其起诉属于重复起诉为由，以（2015）汾民初字第 37 号民事裁定驳回了某项目部起诉，某项目部上诉后，临汾市中级人民法院于 2015 年 7 月 7 日作出（2015）汾民初字第 37 号民事裁定，以相同的理由，驳回了某项目部的起诉。其他事实与一、二审查明的事实基本一致。

【再审裁判理由及结果】

山西省高级人民法院再审认为，根据双方提交的证据，一、二审查明事实结合开庭审理的情况，分析如下：

一、双方无争议事实：1. "云山大桥 C50 现浇预应力混凝土箱梁"左右第三梁完成施工的时间为 8 月 5 日和 9 月 4 日。2. 双方对 2012 年 4 月 29 日至 9 月 10 日期间的租金、清理上油及维修费进行了结算，共计 789 374.1 元。并于同年 9 月 13 日在结算清单上签字。3. 双方认可的丢失物资损失为 309 669.94 元。4. 某项目部分别于 9 月 26 日、9 月 30 日、10 月 24 日向某租赁站的负责人发送短信及邮件，催促将租赁物资拉走。

二、双方争议的焦点问题。1. 租赁时间以何时截止即租赁期间的问题。某项目部主张以双方 2012 年 9 月 10 日结算并于同月 13 日双方签字确认的时间为租赁截止期间，某租赁站主张为 2013 年 6 月全部拉走租赁物资的时间为租赁截止时间。一审以第一次发短信催告的时间即 9 月 26 日，二审以 11 月 15 日为截止时间。2. 租赁物丢失造成的损失是由于某项目部的原因还是租某租赁站怠于拉走的原因，责任应当由谁承担？

三、对争议焦点问题的分析及对责任承担认定。1. 对租赁期间的认定。从大桥施工的需求以及双方送退货的时间来看，某项目部租用某租赁站的物资是一个动态过程，即租赁物资的数量随着时间变化在改变。结合相关短信、邮件、照片等证据及 10 月 20 日经霍永高速公路东段路基第三监办验收等事实，考虑合理的清退时间，租赁物资的最终截止时间认定为 10 月 20 日较为客观，二审认定为 11 月 15 日没有依据。2. 对租赁费用的计算。由于租赁物资的数量是一个动态过程，双方提供的证据很难对租赁物资的数量作出准确的认定。最迟截止至 10 月 10 日，绝大部分甚至全部的租赁物资已具备了清退条件，某项目部催促某租赁站回收租赁物资的事实存在。虽然 10 月 10 日之前的符合清退条件的物资的数量无法作出准确的认定，但可以确定租赁物资的数量是一个递减的过程，同时考虑二审从一审认定的租赁期间从 9 月 26 日延至 11 月 15 不当的情况，二审在一审的基础上增加 30 万元明显过高，应当适当降低，确定在 10 万元为宜。3. 丢失物资的责任问题。合同约定"乙方（梅某某即某项目部负责人）负责把货退回并由甲方（某租赁站）到乙方施工地点收货，运费由乙方承担，装车费由乙方承担，卸车费由甲方承担。"因此，从合同的约定来看，是由某租赁站到武通路桥项目施工地点收货。2012 年 9 月 10 日，双方就此之前的租赁、清理上油费、损坏维修费等费用进行了结算，并于同年 9 月 13 日进行签字确认。直至 2013 年 6 月某租赁站将全部租赁物资收回，双方认可丢失物资的损失 309 669.4 元。这些物资是在什么时间丢失的，是在租赁期截止时间之内，还是在租赁期截止时间之后？结合本案实际分析，在施工期内，施工队伍人数众多，在施工队伍撤离之前丢失的可能性较小，在施工队伍撤离之后丢失的可能性较大。从 2012 年 10 月 10 日的照片上显示，尽管某项目部采取了拉铁丝网，搭帐篷雇人看管等方式，已经尽了一定的谨慎看管义务，但在看护中造成租赁物质的丢失，应当承担一定的责任。从某租赁站在 2012 年 10 月 5 日至 10 月 31 日的 26 天内时间未拉走租赁物资以及直到第二年 6 月才全部拉走，且某项目部在 9 月 26 日的短信中已经告知怠于回收租赁物资的风险及损失，可以认定某租赁站怠于拉走租赁物物资的事实存在，属于不履行合同义务或者履行合同义务不符合约定的情形，因丢失租赁物资的造成损失与某租赁站履行合同义务不符合约定有一定关系。同时，因某租赁站怠于拉走租赁物物资，四川某工程局某项目部对租赁物资采取了拉铁丝网，搭帐篷雇人看管等方式，也存在一定损失。对于该损失，某项目部在另案起诉中未获到支持。综合考虑以上因素，二审将该损失判决全部由四川某工程局某项目部承担不符合本案事实和实际，一审判决的双方各承担一半较为适当，再审法院予以确认。

综上，原审判决认定事实不清，责任承担不当，应予纠正，某项目部再审的请求部分成立，再审法院部分予以支持，根据《中华人民共和国合同法》第二百二十二条、第二百三十一条、第一百零七条、第一百一十二条、第一百一十九条、第一百二十条，《中华人民共和国民事诉讼法》第二百零七条、第一百七十条第一款第（二）项、第一百七十五条的规定，判决如下：

一、撤销临汾市中级人民法院（2014）临民终字第994号民事判决和汾西县人民法院（2014）汾民初字第78号判决；

二、四川某工程局某项目部在本判决生效后十日内支付某租赁站建筑物租赁费444 937.54元，支付运输费、清理上油等费用265 592.4元，并分别支付自2012年10月21日与2013年6月15日起至实际支付日的利息，利率按中国人民银行同期贷款利率计算；

三、四川某工程局某项目部赔偿某租赁站丢损物资损失154 834.97元；

四、四川某工程局承担补充赔付责任；

五、驳回某租赁站的其他诉讼请求；

六、驳回四川某工程局某项目部的其他再审请求。

【裁判要点】

出租方怠于行使自己的权利，对物资及租金扩大部分损失一般由出租方自担，承租方有过错的，依据双方过错承担相应赔偿责任。

【裁判解析】

违约损害赔偿是指当事人一方不履行或者不按约定履行合同义务而给对方当事人造成损失时，依照法律规定或者合同约定所应当承担的赔偿责任。违约损害赔偿范围应坚持全面赔偿原则。根据《中华人民共和国合同法》的基本精神，损失的范围包括积极损失和可得利益，即既要赔偿一方当事人的直接损失，又要兼顾其可得利益。但是，要使违约损害赔偿达到公平合理，一味地强调违约方的赔偿义务也是有失公平的。所以违约损害赔偿的范围应该在遵循完全赔偿原则下进行综合判断。

本案中，工程完工以后，承租方为节省租赁费用，通常情况下会及时通知出租人尽快清退租赁物资。出租人在接到承租人的通知且已达到清退物资条件的情况下，要积极主动地与承租人方核对物资数量，并办理相关清退手续；因出租人在租赁合同期间怠于行使自己的权利，不履行合同义务或者履行合同义务不符合约定的情形下，扩大了物资及租金的损失，又因承租方项目部虽然对未清退的租赁物资已经尽了一定的谨慎看管义务，但在看护中造成租赁物资的丢失，也应当承担一定的责任。双方当事人对物资和租金损失的扩大均存在过错，该部分损失依据双方过错按照比例承担相应的赔偿责任。

附例

云南省高级人民法院（2015）云高民三终字第 127 号

安徽省高级人民法院（2018）皖民终 252 号

广东省高级人民法院（2017）粤民申 3476 号

广东省高级人民法院（2013）粤民申 4109 号

广东省高级人民法院（2015）粤高法民二申字第 1055 号

福建省高级人民法院（2016）闽民申 1788 号

第 20 篇　租赁物灭失，租金应否继续计算

（一）承租方未告知租赁物灭失情况，应继续计算租金

【案件基本信息】

1. 裁判书字号

云南省昭通市中级人民法院（2014）昭中民初字第 127 号民事判决书

云南省高级人民法院（2015）云高民三终字第 127 号民事判决书

2. 当事人

原告（二审上诉人）：韩某某

被告（二审被上诉人）：某房地产公司

【一审法院查明事实】

2009 年 9 月 7 日，韩某某与某房地产公司签订《架料租赁合同》，韩某某将钢管、扣件、钢模等建筑材料租赁给某房地产公司使用，双方对出租物资的规格型号、数量、租赁时间、租金、违约责任以及不能归还的赔偿价格等进行了约定。2011 年 12 月 22 日，某房地产公司经办人余某某与韩某某经办人何某、戴某某就租赁材料的数量和租赁费用进行结算，双方签订了《会泽某房地产公司租金材料情况》的结算单，确认某房地产公司至 2011 年 12 月 22 日，支付戴某某租金 85 万元，欠 248 799.01 元；支付何某租金 169.49 万元，欠 1 095 969 元，合计欠付韩某某租金 1 344 768.01 元。2012 年 1 月 16 日至 2013 年 2 月 3 日，某房地产公司通过银行汇款向韩某某支付租赁费 225 万元，韩某某经办人戴某某经手收取 35 万元。韩某某在结算后合计收取某房地产公司租金 260 万元。某房地产公司租赁管架的工程于 2011 年 4 月完工，

其至今没有归还韩某某的租赁材料，经双方共同确认按全新价格计算为 130 万元。

【一审裁判理由及结果】

云南省昭通市中级人民法院审理认为，租赁合同是出租人将租赁物交承租人使用收益，承租人支付租金的合同。本案诉讼双方签订的《架料租赁合同》，是双方真实意思的表示，双方应当按照合同约定自觉履行。韩某某按照合同约定向某房地产公司提供了租赁物，履行了合同义务，而某房地产公司在租赁物使用完毕后至今没有归还韩某某的租赁物并拖欠韩某某租金，已构成违约，应当承担违约责任。韩某某要求解除租赁合同的主张予以支持。某房地产公司要求对其经办人余某某的笔迹进行鉴定，由于余某某下落不明，不能提取样本比对，缺乏鉴定条件，某房地产公司也无其他证据支持其主张，对此一审法院不予支持。对于双方关于租金计算截止期限、违约金和租赁物折价等争议焦点，一审法院作出如下评判：

1. 关于租金的计算期限。韩某某主张某房地产公司租赁韩某某材料后至今没有归还，租金应当连续计算至租赁物完全归还之日止；一审法院认为，双方合同第三条第一项约定"租赁时间不满六月的按六月计算租金，超过六个月的按实际使用天数计算租金……"，第六条约定"材料赔偿：乙方租金未付清前所差材料不能进行赔偿结算，材料继续计租，乙方所差材料的租金结算至材料全部归还或支付全部材料赔偿款时止"。本案中，双方并未约定租赁期限，只约定了"不满六个月的按六个月计算，超过六个月的按实际天数计算租金"。某房地产公司租用管架的工程于 2011 年 4 月完工，2011 年 12 月 22 日双方进行对账结算，确认了某房地产公司差欠韩某某的租赁费为 134.476 801 万元；2012 年 1 月 16 日至 2013 年 2 月 3 日，某房地产公司向韩某某支付租赁费 225 万元，结算后韩某某经办人戴某某收取 35 万元，结算后某房地产公司合计支付租金 260 万元。2013 年 2 月 3 日之后某房地产公司再没有向韩某某支付过租金。韩某某在明知某房地产公司使用管架的工程已经完工，租赁物的直接使用人余某某已经下落不明，2013 年 2 月 3 日至 2014 年 11 月起诉前一年零九个月时间内，在某房地产公司既不支付租赁费也不归还租赁物的情况下，韩某某既不要求某房地产公司归还租赁物也不主张支付拖欠的租金，主观上具有放任损失扩大的行为。鉴于此，一审法院支持租赁费计算至 2013

年1月止。某房地产公司辩称租金只能计算至2011年11月22日，韩某某要求支付租金至所有材料归还时止的主张，一审法院均不予支持。

2. 关于租赁物的折价。某房地产公司由于不能原物归还韩某某的租赁物，应当折价赔偿。经一审法院组织双方对账，共同确认租赁物如果按现行全新价格计算为130万元。韩某某主张按照八折计算100万，某房地产公司辩称只能按照五折计算折价65万元。鉴于本案租赁物已经灭失，不能进行鉴定评估，双方不能就租赁材料折价达成一致意见，一审法院确定租赁物按双方认可的全新价格130万元计算，折旧价为80万元。

3. 关于违约金。双方合同第八条约定"如乙方有下列行为之一者，甲方有权解除合同并同时收取租用材料总价值30%的违约金：未经甲方同意擅自转卖、转租、转借或不按合同规定使用物资的"。某房地产公司在租赁物使用完毕后不能归还韩某某的租赁物已经构成违约，应当承担违约责任。根据《最高人民法院关于适用〈中华人民共和国合同法〉若干问题的解释（二）》第二十九条第二款规定，"当事人约定的违约金超过造成损失的百分之三十的，一般可以认定为合同法第一百一十四条第二款规定的过分高于造成的损失"，据此，双方约定的违约金30%并未超过这一限度。按照灭失的租赁物价值80万元计算，由某房地产公司向韩某某承担30%的违约金24万元。

4. 关于某房地产公司向韩某某支付租金260万元还是325万元的争议。一审法院认为，上述借款有某房地产公司持有韩某某出具的借条，也有相同日期某房地产公司向银行汇款给韩某某的存根，银行的汇款数额与借款金额吻合，某房地产公司将借条与汇款单重复计算主张，一审法院确认某房地产公司向银行汇款给韩某某回执记录的100万元款项与借条对应的100万元借款属于同一笔款项。所以，某房地产公司在2011年12月22日双方结算后向韩某某支付租赁费不是325万元而是225万元。

综合以上四个争议焦点，双方的抵扣结果为：某房地产公司欠韩某某租金2 355 439.77元＋800 000元（租赁物折价）＋240 000元（违约金）＝3 395 439.77元；某房地产公司支付韩某某的租金为2 600 000元。两项抵扣后，某房地产公司还应当支付韩某某795 439.77元。

一审法院判决如下：

一、解除韩某某与某房地产公司签订的《架料租赁合同》；

二、由某房地产公司支付韩某某租金、违约金和租赁物损失共计795 439. 77元（于判决生效之日起十日内给付）；

三、驳回韩某某其他诉讼请求。

【二审上诉请求及理由】

原告韩某某对一审判决不服，提起上诉：1. 撤销（2014）昭中民初字第127号民事判决第二项，并改判如下：（1）某房地产公司支付截至2014年11月12日尚欠的租金1 200 964. 28元，并支付自2014年11月13日起至租赁物返还完毕或赔偿款付清之日止的租金损失每日2348. 18元；（2）某房地产公司支付租赁物赔偿款1 948 266. 2元；（3）某房地产公司支付违约金292 239. 93元。2. 某房地产公司承担本案一、二审全部诉讼费用。二审庭审中，韩某某将其上诉请求"判令某房地产公司支付租赁物赔偿款1 948 266. 2元"变更为"判令某房地产公司支付租赁物赔偿款100万元"。

事实与理由：

原判认定事实有误，判决失当。

1. 原判认定某房地产公司租用管架的工程于2011年4月完工，没有事实依据。

2. 原判认定韩某某"明知被告使用管架的工程已经完工，租赁物的直接使用人余某某已经下落不明"与事实不符，首先，某房地产公司使用管架的工程是否完工，韩某某无从知晓，韩某某也从未得到任何通知。相反，在此期间某房地产公司尚有大量租赁物未返还并继续与韩某某结算、支付租金；其次，某房地产公司占用上诉人租赁物的事实存在，故某房地产公司工程完工与否，不影响某房地产公司占用租赁物时依约依法应承担的支付租金的义务；再次，本案诉争合同相对人系韩某某与某房地产公司，认定某房地产公司的合同经办人余某某系租赁物的直接使用人既没有事实依据，同时也突破了合同相对性原则，因此认定有误。

3. 原判认定"在被告既不支付租赁费也不归还租赁物的情况下，原告既不要求被告归还租赁物也不主张支付拖欠的租金，主观上具有放任损失扩大的行为"，属于事实认定错误，进而判决不予支持自2013年2月起至租赁物返还完毕或赔偿款付清之日的后续租金，导致判决失当。

4. 原判认定"双方共同确认租赁物按现行全新价格计算为130万元，原告主张照八折计算 100 万元"，与事实不符，进而判决失当。

被上诉人某房地产公司答辩认为：实际租赁韩某某涉案材料的是余某某，某房地产公司虽然在合同上签字盖章，但对整个事情是不太清楚的。另外某房地产公司已经向韩某某支付过 325 万元的租赁款，但一审法院只认定付了 260 万元，原审认定存在错误。此外，韩某某主张的租赁物赔偿金过高，某房地产公司不能接受，租赁物的赔偿金应参照目前的市场价格。综上，请求驳回韩某某的上诉请求。

对原审判决查明的事实，上诉人韩某某提出以下异议：本案中没有证据证明某房地产公司租赁管架的工程于 2011 年 4 月完工，故对原审认定的该项事实不予认可。被上诉人某房地产公司提出以下异议：1. 原审认定韩某某在结算后合计收取某房地产公司租金 260 万元是错误的，韩某某实际收到的租金是 325 万元。一审法院没有认定 2012 年 8 月 16 日的韩某某的经办人何某和戴某某现金借走的 50 万元和 2012 年 1 月 16 日戴某某现金借走的 15 万元是错误的。2. 原审认定双方共同确认租赁材料按全新价格计算为 130 万元是错误的，某房地产公司没有确认过该事实。

【二审法院查明的事实】

对原审查明的其他事实，双方当事人均未提出异议，云南省高级人民法院予以确认。对双方当事人各自提出的异议，二审法院认为：第一，本案中，某房地产公司并未提交证据证明其使用租赁架料的工程在 2011 年 4 月完工，且从原审中韩某某提交的《会泽某房地产公司租金、材料情况》来看，双方在结算中对租赁物租金一直计算至 2011 年 12 月。故原审认定"被告租赁管架的工程于 2011 年 4 月完工"缺乏证据证明。第二，从一审法院的询问笔录里可看出韩某某已认可 2012 年 1 月 16 日戴某某借走的 15 万元，一审法院也已将该 15 万元算进了某房地产公司已付韩某某的 260 万元租金中。对于 2012 年 8 月 16 日何某和戴某某出具借条的 50 万元，该笔借款与某房地产公司法定代表人唐某某同日通过银行汇款向何某转款的 50 万元金额和日期能够相互对应，应认定为同一笔款项。对于该笔 50 万元，一审法院也已经算进了某房地产公司已付韩某某的 260 万元租金中。故某房地产公司关于原审判决少认了该两笔款项共计 65 万元的异议不能成立。第三，经查阅卷宗，在一审法院的询问笔录中，某房地产公司确实陈述表示认可租赁物全新的价格为 130 万元。

某房地产公司所提出上述异议不能成立。

【二审裁判理由及结果】

云南省高级人民法院认为二审争议焦点为：1. 关于某房地产公司所欠韩某某租金应如何计算的问题；2. 关于租赁物赔偿金应如何计算的问题；3. 关于违约金应如何计算的问题。

1. 关于某房地产公司所欠韩某某的租金应如何计算的问题

（1）关于租期

根据《中华人民共和国合同法》第二百一十二条的规定，租赁合同是出租人将租赁物交付承租人使用、收益，承租人支付租金的合同。本案中，双方当事人通过签订《架料租赁合同》，建立了租赁法律关系。在《架料租赁合同》中，双方并未明确约定租赁时间，故按照《中华人民共和国合同法》第二百三十二条的规定，双方的租赁应视为不定期租赁。对于租金如何计算，双方在合同第三条第一项进行了约定，即"租赁时间不满六月的按六月计算租金，超过六月的按实际使用天数计算租金"，故根据合同约定，某房地产公司对租期超过6个月的部分应按其实际使用天数向韩某某支付租金。

从本案已查明的事实在看，从2009年9月7日双方签订租赁合同，韩某某将租赁物交付某房地产公司使用后，至今某房地产公司未向韩某某归还租赁物。某房地产公司认为在2011年4月，其工程完工后未再使用租赁物，且租赁物目前已经丢失，故租金只应计算至2011年4月。而韩某某则主张某房地产公司一直未归还租赁物，故租金应计算至租赁物返还之日或赔偿款付清之日止。从在案证据反映的事实来看，首先，在2011年12月22日，双方当事人对2009年至2011年12月止的租金进行了结算，确认某房地产公司欠韩某某租金为1 344 768.01元。2012年1月16日至2013年2月3日，某房地产公司共向韩某某支付租金260万元，其中用于抵扣2009年至2011年12月的租金1 344 768.01元，抵扣后剩余1 255 231.99元。对为何会多付1 255 231.99元，某房地产公司表示不清楚，而韩某某则表示是某房地产公司用来支付2012年1月份后的租金。本院认为，在2011年12月结算后，双方并未协商终止履行合同，相反，至少到2013年2月3日，某房地产公司还以向韩某某支付租金的实际行为表明双方的租赁合同继续履行。故本案中，某房地产公司无论在原审中主张租赁关系只能算到2011年11月22日，还是二审中主张应计算到

2011 年 4 月，均与查明的事实相悖，其关于租赁期限只应计算到 2011 年 11 月 22 日或 2011 年 4 月的主张均不能成立。

从案件查明事实来看，在 2013 年 2 月 3 日以后，某房地产公司没有再向韩某某支付租金，同时也没有向韩某某归还租赁物。对于 2013 年 2 月至 2014 年 11 月，某房地产公司是否应向韩某某支付租金的问题。本院认为，虽然某房地产公司在 2013 年 2 月 3 日以后没有再向韩某某支付过租金，但该事实并不能当然说明双方的租赁关系截止至 2013 年 2 月 3 日。理由如下：第一，双方签订的是无固定期限的租赁合同，在韩某某向一审法院起诉要求解除合同之前，双方的租赁合同仍处于有效状态。韩某某将租赁物交付给某房地产公司后，无论某房地产公司使用与否，其均应向韩某某履行支付租金的义务。第二，某房地产公司主张租赁物在 2011 年 11 月份灭失，故某房地产公司没有再使用租赁物，其也不应再向韩某某支付租金。对此，本院认为，首先，本案中能够确认的事实是某房地产公司至今一直未向韩某某返还租赁物，至于租赁物是否确实已经灭失以及灭失的具体时间，某房地产公司并未提交证据加以证明。其次，某房地产公司在 2013 年 2 月 3 日还向韩某某支付过租金的事实表明，某房地产公司关于租赁物在 2011 年 11 月份就已经灭失的主张完全不符合客观事实和逻辑。再次，即使如某房地产公司所言租赁物已经灭失，但某房地产公司并没有提交证据证明其曾经将租赁物灭失的情况及时告知了韩某某，以便韩某某及时采取恰当的方式维护权利，防止损失的扩大。某房地产公司虽主张韩某某对租赁物灭失的情况是知晓的，但其也没有提交证据证明，而韩某某也否认知晓租赁物灭失的情况。故在本案中，某房地产公司不能证明韩某某知晓租赁物灭失，以及是由于韩某某怠于维护权利，导致了租金损失的扩大，故一审法院将租金损失扩大的过错全部归咎于韩某某，只将租金计算到 2013 年 1 月的做法错误，应予纠正。

本案双方当事人签订的是不定期租赁合同，按照《中华人民共和国合同法》第二百三十二条的规定，当事人可以随时解除合同。而在双方租赁关系存续期间，某房地产公司既未主动提出解除合同，或要求对方撤走租赁物，同时也未主动向对方返还租赁物或告知对方租赁物灭失的情况，在此情况下，韩某某有理由相信某房地产公司一直在使用租赁物，应向其支付租金。故韩某某要求某房地产公司支付至 2014 年 11 月 12 日租金的主张有事实和法律依据，应予支持。但根据《架料租赁合同》第三条第三款的约定"每月底乙方（某房地产公司）派人到甲方单位（韩某某）结算租金一次，若乙方拖欠租金甲方有权收回乙方所租用材料，并拒绝再收发乙方材料。"在案事实显示，某房地产公司最后一次向韩某某支付租金是 2013 年 2 月 3 日。韩某某作为出租人，在承租人未按合同约定的时间向其支付租金时，应采取合同约定的方式维护其权利。在至其起诉前的一年多时间里，韩某某未向某房地产公司催要租金，也未采用合同约定的措施维护其权利，故韩某某对租金损失的扩大也有一定过错，应承担一定责任。

综上，双方当事人对租金损失的扩大均存在过错，应各自承担一半责任。另外，某房地产公司在韩某某原审起诉后，已明确表示租赁物已经丢失，无法再向韩某某返还租赁物，故韩某某要求某房地产公司应继续向其支付租金至租赁物返还完毕，或赔偿款付清之日止无事实和法律依据，应不予支持。

（2）关于租金计算方式

本案中双方当事人对租赁物的具体数量没有争议，均认可租赁架料的具体数量。根据租赁物的数量和合同约定的日租金，可以计算出租赁物每天的租金是 2348.53 元。具体计算方式如下：钢管 52 319.1 米 × 0.0115 元/米/天 = 601.670 元；扣件 81 400 套 × 0.01 元/套/天 = 814 元；钢模 1287.645 平方米 × 0.17 元/平方米/天 = 218.900 元；角模 3520.5 米 × 0.08 元/米/天 = 281.64 元；V 型卡 144 108 只 × 0.003 元/只/天 = 432.324 元；以上合计 601.669 元 + 814 元 + 218.899 元 + 281.64 元 + 432.324 元 = 2348.53 元。韩某某主张日租金为 2348.18 元/天，少于 2348.53 元/天，本院对韩某某的主张予以尊重。2012 年 1 月 1 日到 2014 年 11 月 12 日共 1046 天，租金为 2 456 196.28 元。本案中租赁双方均存在过错，应各自承担一半租金，即某房地产公司应承担 1 228 098.14 元。

本案双方当事人认可某房地产公司欠韩某某 2009 年至 2011 年 12 月的租金为 1 344 768.01 元，故本案中某房地产公司总共应付的租金数额为 1 344 768.01 元 + 1 228 098.14 元 = 2 572 866.15 元。

2. 关于租赁物的赔偿金应如何计算的问题

《中华人民共和国合同法》第二百二十二条规定，承租人应当妥善保管租赁物，因保管不善造成租赁物毁损、灭失的，应当承担损害赔偿责任。某房地产公司明确表示租赁物已无法找到，不能向韩某某返还。故某房地产公司应对韩某某承担租赁物无法返还的损害赔偿责任。对于租赁物的赔偿价格，双方在《架料租赁合同》中进行了明确约定，即合同第五条约定"……丢失损坏的材料按合同的赔偿单价或根据当时市场价格的100%赔偿。"故韩某某主张按照合同约定的赔偿价格计算赔偿金有事实依据。按照双方认可的租赁架料每种产品的数量和合同约定的赔偿价格，可计算出租赁物的赔偿款为1 948 266.2元，具体算法如下：钢管52 319.1米×20元/米=1 046 382元；扣件81 400套×6.8元/套/=553 520元；钢模1287.645平方米×140元/平方米=180 270.3元；角模3520.5米×15元/米=52 807.5元；V型卡144 108只×0.8元/只=115 286.4元；总计1 046 382元+553 520元+180 270.3元+52 807.5元+115 286.4元=1 948 266.2元。韩某某在二审庭审中变更诉讼请求，仅主张租赁物赔偿款100万元。本院认为韩某某对部分赔偿金的放弃属于对自己权利的处分，不违反法律规定，应予尊重。故本案租赁物赔偿金应确定为100万元。

原审判决中认定租赁物全新价格为130元，再折旧为80万元来确定租赁物的赔偿金无事实和法律依据。而某房地产公司主张按合同中的"计算标准"通过单位换算来计算赔偿金的主张亦不能成立。

3. 关于违约金如何计算的问题

《架料租赁合同》第八条约定"如乙方有下列行为之一者，甲方有权解除本合同并同时收取租用材料总价值30%违约金（即按合同约定材料赔偿价值金额计算）：1. 乙方未能按合同约定，按时向甲方付周转材料租金"；合同第三条约定"……每月底乙方派人到甲方单位结算租金一次，若乙方拖欠租金甲方有权收回乙方所租用材料，并拒绝再收发乙方材料。"本案中，某房地产公司未按合同约定的时间向韩某某支付租金，构成违约，按照合同约定应承担违约责任。对于违约金的计算，韩某某表示合同中虽然约定违约金按租用材料总价值的30%计算，但在本案其只要求对方承担租用材料总价值15%的违约金。据此，本案某房地产公司应承担的违约金为：1 948 266.2元×15%=292 239.93元。

综上，某房地产公司应承担的租金为2 572 866.15元，租赁物赔偿款为1 000 000元，违约金为292 239.93元，上述三项共计3 865 106.08元。某房地产公司已向韩某某支付的租金为 2 600 000 元，相互抵扣后，某房地产公司还应向韩某某支付 3 865 106.08 元 – 2 600 000 元 = 1 265 106.08 元。

综上所述，韩某某的部分上诉理由有事实和法律依据，应予支持。原判认定事实基本清楚，但适用法律不当，应予改判。据此，依照《中华人民共和国民事诉讼法》第一百七十条第一款第（二）项之规定，判决如下：

一、维持云南省昭通市中级人民法院（2014）昭中民初字第 127 号民事判决第一项、第三项；

二、撤销云南省昭通市中级人民法院（2014）昭中民初字第 127 号民事判决第二项；

三、某房地产公司于本判决生效之日起十日内向韩某某支付租金、违约金、租赁物赔偿金共计人民币 1 265 106.08 元。

一、二审案件受理费各 39 612 元，由某房地产公司各承担 11 883.6 元，由韩某某各承担 27 728.4 元。

本判决为终审判决。

【裁判要点】

在租赁物已经灭失，但承租方未及时告知出租方的情况下，应当继续计算租金。

（二）双方已进行结算的，不再计算租金

【案件基本信息】

1. 裁判书字号

宁夏回族自治区银川市金凤区人民法院（2015）金民初字第 846 号民事判决书

银川市中级人民法院（2016）宁 01 民终 1523 号民事判决书

宁夏回族自治区高级人民法院（2018）宁民申 171 号民事裁定书

2. 当事人

原告（二审上诉人、再审申请人）：王某某

被告（二审被上诉人、再审被申请人）：梁某某

被告（二审被上诉人、再审被申请人）：某建筑公司分公司

被告（二审被上诉人、再审被申请人）：某建筑公司

【一审法院查明的事实】

王某某一审诉讼请求：解除原、被告签订的《建筑器材租赁合同》；被告支付原告租赁费 275 428 元、违约金 7 万元，共计 345 428 元；被告赔偿原告丢失租赁物损失 413 591.5 元；本案案件受理费由被告承担。

宁夏回族自治区银川市金凤区人民法院经审理查明，2010 年 9 月 15 日，被告某建筑公司分公司因组织施工宁夏××县工程，设立某建筑公司分公司望远建材商贸物流园项目部与原告签订《建筑器材租赁合同》一份，双方合同约定：由某建筑公司分公司承租原告的建筑器材，租金计收自提货之日起至退货之日止，以日计算；租金每月月底结算一次，并付清当月租金，如逾期未交租金，按日加收原欠租金总额 5‰的滞纳金，不受年度限制；租赁器材丢失的，被告照价支付租金并按原值的 100% 予以赔偿；合同有效期自被告提货之日起至全部退货后，租金结清双方无争议时合同终止。在租赁合同中，被告梁某某以代理人身份签字，并加盖某建筑公司分公司望远建材商贸物流园项目部印章予以确认。合同签订后，原告依约向被告项目工地提供租赁物。自 2010 年 9 月 15 日至 2010 年 10 月 30 日，原告向被告提供扣件 108 00 个、钢模板 197.295 平方米、顶丝 800 根、钢管 14 935 米。后被告退还原告钢管 2891.5 米、模板 167.895 米，未退还模板 29.4 米、钢管 12 043.5 米、顶丝 800 根、扣件 10 800 个。2011 年 4 月 13 日，被告某建筑公司分公司将从原告处租赁 8935.5 米钢管，顶丝 800 根转给金都公司使用。2011 年 10 月 19 日，金都公司退还原告租赁物，其中包括被告某建筑公司分公司转交其使用 8935.5 米钢管，800 根顶丝。截至 2012 年 1 月 19 日，被告某建筑公司分公司累计支付原告租赁费 28 万元。后金都公司未支付原告租赁费引起诉讼，2014 年 5 月 13 日，一审法院作出（2014）金民初字第 32 号民事判决书，确认金都公司多退还原告钢管 8928.4 米、顶丝 824 根。后金都公司针对多退还租赁物提起诉讼，2014 年 10 月 21 日，一审法院作出（2014）金民商初字第 288 号民事判决书，判决原告王某某返还金都公司钢管 8928.4 米、顶丝 824 根，该租赁物现在原告处。原告认为，被告未退还其租赁物，亦未支付租赁费，故诉至法院，请求判如所请。

【一审裁判理由及结果】

宁夏回族自治区银川市金凤区人民法院认为，被告某建筑公司分公司委托被告梁某某以某建筑公司分公司望远建材商贸物流园项目部的名义与原告签订的《建筑器材租赁合同》系双方真实意思表示，内容于法不悖，为有效合同，双方当事人均应按照约定全面履行自己的义务。被告某建筑公司分公司设立的项目部系该分公司的内设临时机构，对外不能独立承担民事责任，被告梁某某以被代理人的名义实施的民事法律行为，故该租赁合同产生的权利义务关系由被告某建筑公司分公司承受。原告按约向被告某建筑公司分公司提供租赁物，某建筑公司分公司亦应按照合同约定支付租赁费并返还租赁物。原告与被告某建筑公司分公司于2012年1月19日对租赁物及丢失租赁物进行结算，即双方合同终止，不存在解除的情形。被告某建筑公司分公司将其租赁原告的8935.5米钢管及800根顶丝转交金都公司使用，金都公司又于2011年10月19日将该租赁物退还于原告王某某的事实由金都公司出具的收条及（2014）金民商初字第32号判决书予以确认。被告某建筑公司分公司租赁部分租赁物实际已由金都公司代替其退还于原告。虽然已生效的（2014）金民商初字第288号判决书判决确认原告王某某退还多收金都公司钢管8928.4米、顶丝824根，但该租赁物现仍在原告处，自金都公司退还原告租赁物后，原告并未产生实际损失。自租赁之日起，截至2011年10月19日，被告某建筑公司分公司租赁原告800根顶丝产生租赁费13 440元，14 935米钢管产生租赁费71 966.27元。2012年1月19日，原告与某建筑公司对其租赁物进行最后结算，租赁费应计算至2011年冬季停工即11月15日止。被告某建筑公司分公司租赁原告钢管除去金都公司退还原告钢管8928.4米，剩下3115.1米（12 043.5米－8928.4米）自2011年10月20日至2011年11月15日产生租赁费为1619.9元，钢模板自2010年9月15日至2011年11月15日产生租赁费为369.94元，扣件自2010年9月21日至2011年11月15日产生租赁费为租赁费为40 413.6元，以上租赁费共计127 809.71元（13 440元＋71 966.27元＋1619.9元＋369.94元＋40 413.6元）。未退还租赁物折价赔偿损失为：钢管12 043.5米，扣除金都公司归还8928.4米，剩下3115.1米，折价为77 877.5元（3115.1米×25元每米）；顶丝已由金都公司全部返还于原告；模板29.4米，折价为4704元（29.4平方米×160元每平方米）；扣件

10 800 个，折价为 75 600 元（10 800 个 × 7 元每只），共计 158 181.5 元（77 877.5 元 + 4704 元 + 75 600 元）。以上租赁费及未退还租赁物折价赔偿损失两项合计为 285 991.21 元（127 809.71 元 + 158 181.5 元），扣除被告某建筑公司已支付 28 万元，被告某建筑公司分公司仍需支付原告租赁费 5991.21 元（285 991.21 元 – 280 000 元）。原告主张的违约金过高，调整为按照欠付租金总额的 30% 计算为 1797.36 元（5991.21 元 × 30%）。被告某建筑公司分公司系被告某建筑公司的分支机构，不具备独立承担民事责任的主体资格，其民事责任依法由被告某建筑公司承担。原告要求被告梁某某支付租赁费的主张，因原告未向法庭提交被告梁某某与被告某建筑公司分公司系挂靠关系的证据，故对于原告该项主张不予支持。依照《中华人民共和国合同法》第六十条第一款、第一百零七条、第一百一十四条、第二百二十二条、第二百二十六条、第二百三十五条，《中华人民共和国公司法》第十四条第一款，《最高人民法院关于适用〈中华人民共和国合同法〉若干问题的解释（二）》第二十九条和《最高人民法院关于适用〈中华人民共和国民事诉讼法〉的解释》第九十条之规定，判决如下：

一、被告某建筑公司于本判决生效之日起三日内支付原告王某某租赁费、租赁物折价损失 5991.21 元及违约金 1797.36 元，共计 7788.57 元；

二、驳回原告王某某的其他诉讼请求。

【二审上诉请求及理由】

上诉人王某某不服宁夏回族自治区银川市金凤区人民法院（2015）金民初字第 846 号民事判决，提出上诉：1. 依法撤销（2015）金民初字第 846 号民事判决，依法改判被上诉人向上诉人支付租赁费 275 428 元、违约金 70 000 元、赔偿租赁物损失 413 591.5 元，共计 607 672.5 元；2. 一、二审诉讼费由被上诉人承担。

事实和理由：

一审法院认定事实不清。一审法院将本案混淆到（2014）金民商初字第 32 号案件、（2014）金民商初字第 288 号案件中，擅自将（2014）金民商初字第 288 号案件的判决结果冲抵到本案的诉讼结果中，存在严重违反案件证据和法律规定的情况。

1. （2014）金民商初字第 32 号、288 号案件所对应的诉讼主体不同、案由不同、判决结果的履行义务主体不同。2. 如果金都公司与被上诉人某建筑公司分公司之间存在 2011 年 4 月 13 日的证明，金都公司没有必要向法院提起（2014）金民商初字第 288 号案件的诉讼。3. 一审法院依据某建筑公司分公司出示的伪造的无效证据，将（2014）金民商初字第 32 号、288 号案件与本案混淆在一起来算账，根本不顾及三个案件的独立性。4. 从某建筑公司分公司向上诉人支付的 28 万元租赁费的行业惯例来看，承租人不可能在租赁合同履行过程中，将产生的全部租赁费付清，并一次性将未退还的租赁物全部赔偿。

【二审裁判理由及结果】

二审中，双方均未提交新的证据，对一审判决查明的案件事实，二审予以确认。

银川市中级人民法院认为，上诉人与被上诉人对双方形成租赁合同关系不持异议，双方均应按照约定全面履行自己的义务。对于上诉人所提一审法院认定事实不清的上诉理由，经查，原判认定合同签订后，王某某依约提供租赁物，自 2010 年 9 月 15 日至 2010 年 10 月 30 日，共提供扣件 10 800 个、钢模板 197.295 平方米、顶丝 800 根、钢管 14 935 米，某建筑公司分公司未退还模板 29.4 米、钢管 12 043.5 米、顶丝 800 根、扣件 10 800 个。2011 年 4 月 13 日，某建筑公司分公司将其中 8935.5 米钢管，顶丝 800 根转给金都公司使用。金都公司又于 2011 年 10 月 19 日将该租赁物退还于王某某的事实有金都公司出具的收条及（2014）金民商初字第 32 号判决书予以确认。某建筑公司分公司租赁部分租赁物实际已由金都公司代替其退还于原告。虽然已生效的（2014）金民商初字第 288 号判决书判决确认王某某退还多收金都公司钢管 8928.4 米、顶丝 824 根，但该租赁物现仍在王某某处，自金都公司退还租赁物后，王某某并未产生实际损失。依据上述事实，原判确认某建筑公司分公司支付王某某租赁费及违约金的数额合理适当。上诉人所提上诉理由缺乏事实及法律依据，不能成立，二审法院不予支持。原审判决认定事实清楚，适用法律正确。依照《中华人民共和国民事诉讼法》第一百七十条第一款第（一）项、第一百七十四条、第一百七十五条之规定，判决如下：

驳回上诉，维持原判。

【再审申请及理由】

王某某不服银川市中级人民法院（2016）宁 01 民终 1523 号民事判决，

向宁夏回族自治区高级人民法院申请再审称，1.（2014）金民商初字第 32 号、（2014）金民商初字第 288 号民事判决对应的诉讼主体、案由、判决结果的履行义务主体不同，一、二审法院将前述两个案件的判决结果冲抵到本案的诉讼结果中，违反案件证据和法律规定。2. 某建筑公司分公司提交的 2011 年 4 月 13 日证明是伪造的无效证据，不能作为证据证明某建筑公司分公司与宁夏某建筑公司公司之间存在转租的事实。3. 某建筑公司分公司向王某某付款 28 万元时双方合同处于继续履行中，不存在一、二审法院认定的 28 万元包含丢失租赁物的赔偿款 158 181.5 元。4. 某建筑公司分公司与王某某之间于 2010 年 9 月 15 日签订的《建筑器材租赁合同》至今未解除，合同仍处于继续履行状态。现依据《中华人民共和国民事诉讼法》第二百条第二项规定申请再审。

【再审裁判理由及结果】

再审法院经审查认为，一、二审已查明，某建筑公司分公司将其租赁王某某的 8935.5 米钢管及 800 根顶丝转交宁夏某建筑公司公司使用。已生效的（2014）金民商初字第 288 号判决书确认宁夏某建筑公司公司多向王某某退还钢管 8928.4 米、顶丝 824 根，故判决王某某将宁夏某建筑公司公司多退还的钢管 8928.4 米、顶丝 824 根返还给宁夏某建筑公司公司。2015 年 6 月 20 日，宁夏某建筑公司公司向一审法院出具《证明》一份，载明"我公司多退还给王某某的租赁物，实为某建筑公司分公司应退还的租赁物"。同日，宁夏某建筑公司公司向某建筑公司分公司出具《情况说明》一份，承诺"我公司多退还的租赁物确属你公司租赁王某某的租赁物，我公司不再要求王某某退还。"一审法院依据宁夏某建筑公司公司的《证明》和《情况说明》，认定宁夏某建筑公司公司多退还的钢管 8928.4 米、顶丝 824 根即为某建筑公司分公司退还的租赁物。宁夏某建筑公司公司在《情况说明》中明确表示，不再要求王某某返还宁夏某建筑公司公司多退还的租赁物，一审法院可以将（2014）金民商初字第 288 号判决书确认的租赁物在本案中进行折抵。王某某认为某建筑公司分公司提交的 2011 年 4 月 13 日的证明是伪造的无效证据，不能作为证据证明某建筑公司分公司与宁夏某建筑公司公司之间存在转租的事实，但未提供确实充分的证据予以证明，其申诉理由不能成立。王某某主张其与某建筑公司分公司于 2010 年 9 月 15 日签订的《建筑器材租赁合同》至今未解除，合同仍处于继续履行状态，但双方对租赁物及丢失租赁物进行了结算，合同即终止。

综上所述，王某某的再审申请不符合《中华人民共和国民事诉讼法》第二百条第二项规定的情形。本院依照《中华人民共和国民事诉讼法》第二百零四条第一款、《最高人民法院关于适用〈中华人民共和国民事诉讼法〉的解释》第三百九十五条第二款的规定，裁定如下：

驳回王某某的再审申请。

【裁判要点】

对租赁物及租金结算后，不再支持支付租金。

【裁判解析】

租赁合同双方未明确约定租赁期限时，按照《中华人民共和国合同法》第二百三十二条的规定，双方的租赁应视为不定期租赁。

观点一中承租方主张租赁物灭失，故其没有再使用租赁物，也不应再向出租方支付租金。对此，在双方租赁关系存续期间，承租方既未主动提出解除合同，或要求对方撤走租赁物，同时也未主动向对方返还租赁物或告知对方租赁物灭失的情况，在此情况下，出租方有理由相信承租方一直在使用租赁物，应向其支付租金。

出租人在承租人未按合同约定的时间向其支付租金时，未采取合同约定的方式维护其权利，其对租金损失的扩大也有一定过错，应承担一定责任。

综上，双方当事人对租金损失的扩大均存在过错，应各自承担一半责任。

观点二中，双方签订的租赁合同未解除，合同仍处于继续履行状态，但双方对租赁物及丢失租赁物进行了结算，合同即终止。自转租租赁物退还后，出租方并未产生实际损失。因此，承租方不应向出租方支付退还租赁物的租金。

附例

观点一　附例

北京市高级人民法院（2018）京民申 3376 号

观点二　附例

黑龙江省高级人民法院（2018）黑民申 2250 号

第 21 篇　租赁物转租后合同义务的承担

【案件基本信息】

1. 裁判书字号

重庆市璧山区人民法院（2015）璧法民初字第 00140 号民事判决书

重庆市第一中级人民法院（2016）渝 01 民终 4317 号民事判决书

重庆市高级人民法院（2016）渝民申 2221 号民事裁定书

2. 当事人

原告（二审被上诉人、再审被申请人）：廖某

被告（二审上诉人、再审申请人）：王某

被告（二审被上诉人、再审被申请人）：遵义某建设工程有限公司

【一审法院查明的事实】

重庆市璧山区人民法院一审查明：2012 年 4 月 8 日，以原告廖某为业主的璧山县某建筑工程设备租赁站向鲍某、李某出具授权委托书，授权二人处理该租赁站的所有事宜，包括签订租赁合同、租赁钢管扣件等材料的收发货、租金的结算及租赁物赔偿等。2013 年 4 月 9 日，以原告廖某为业主的璧山县某建筑工程设备租赁站作为出租方（甲方），被告王某为承租方（乙方），双方签订了《璧山县某建筑工程设备租赁站合同》，合同尾部出租方载明为璧山县某建筑工程设备租赁站，法定代理人为鲍某，委托代理、经手人为李某，承租方落款处及其法定代表人和提货人处均载明为被告王某。且该合同约定乙方工程名称，施工地址为习水县黑鹿路林业局，乙方在办完租赁手续后交纳押金（保证金）壹万元；并约定了各种设备的详细租金，租金从甲方发货当日起（不足三月按三月计算）至乙方退回日止计算，每月底核算账目并向甲方据实支付本月租金，且不得超过下月二日支付上月租金，否则甲方有权单方解除合同并限期强制收回所有租赁物资，并计算超期租赁金和违约滞纳

金，强制收回物资的所有费用由乙方承担；约定合同期满，乙方必须按甲方出库单上的实际规格、尺寸、长度和质量，全部退还于甲方库房。如逾期不退还又不补签合同的，乙方应按丢失处理，全额赔偿支付给甲方并计算超期时间的租赁金。如果有损坏、缺少、保管不当等造成租赁物资不能如数退还的，均按以上协议标准进行赔偿同时完清所有租金和费用，但不能超过十五日。逾期乙方按日所欠金额的0.6%向甲方支付违约滞纳金与延期租赁金；还约定如在执行中发生违约和争议，双方不能够协商解决的由甲方所在地重庆市璧山县人民法院申诉解决。

还查明，2013年11月23日，以被告王某为甲方，袁某代表被告遵义某建设工程有限公司为乙方，鲍某代表原告为丙方，三方签订了《外架转租协议》，该协议载明："经三方协商达成一致，甲方现将黑鹿岩国有林场危旧房改造工程二标段3#4#楼外架转租给乙方，从2013年11月24日起，相应租金由乙方负责，租金以甲方与璧山县某建筑工程设备租赁站租用协议价格为准，暂定五万米，租金由乙方直接付给丙方，多退少补，数量以租赁站库房实收为准，归还时甲乙丙三方到场，租用天数以实际使用天数为准，所有损耗赔偿、撤除费用全由甲方负责。租金2014年1月15日左右支付。乙方付工程款给甲方时，通知璧山县某建筑工程设备租赁站到场。本协议一式三份，甲乙丙三方各持一份，签字生效。"

还查明，在庭审中，原告陈述称，袁某是被告遵义某建设工程有限公司承建的习水县国有林场危旧房改造工程项目的负责人，故在外架转租协议中是由袁某代表被告遵义某建设工程有限公司签字，并加盖有被告遵义某建设工程有限公司项目部印章，三方约定从2013年11月24日起将被告王某在原告处承租的所有钢管、扣件转租给被告遵义某建设工程有限公司，但因是被告王某将已搭建好的外架转租给被告遵义某建设工程有限公司，搭好的外架并未确定具体数量，所以协议中仅是暂定钢管5万米，2014年1月20日左右，就不需要外架了。由于《璧山县某建筑工程设备租赁站合同》是原告与被告王某签订的，故被告王某应承担《外架转租协议》连带责任；被告遵义某建设工程有限公司则称习水县国有林场危旧房改造工程系该司承建，但袁某仅是从该司分包主体工程，而并非该司人员。外架转租协议中载明的租赁物已搭成外架，无法确定具体数量，所以当时约定由被告王某拆除并退还，但数量差与袁某无关，且 2014 年 1 月 15 日就具备了返还租赁物资条件，袁某不再使用外架，并已由被告王某拆除完，因此袁某应承担租金的转租期间应为从 2013 年 11 月 24 日起至 2014 年 1 月份止，而该期间的租金袁某亦已付清；被告王某则称，自己承建的是习水县国有林场危旧房改造工程中的土建项目，是在袁某处分包的，因租赁物已转租给袁某和项目部，不可能由其负责归还，外架转租协议中也没有约定由其归还，2013 年 12 月 1 日起至 2014 年 11 月 30 日止这期间的租金是原告与袁某的关系，与其无关，转租租赁物的归还义务以及转租期间的损失也应由袁某、被告遵义某建设工程有限公司承担。

另，在庭审中，原告称被告遵义某建设工程有限公司已向其支付租金 56 350 元，并表示截至 2014 年 1 月 26 日，被告遵义某建设工程有限公司在原告处转租租赁物资所产生的租金等费用，该司已全部付清。

另查明，在合同的履行方面，依据原告廖某举示的《璧山县某建筑工程设备租赁站合同》《外架转租协议》、租用钢管明细表以及退还钢管明细表等证据，经一审法院核算，从 2013 年 4 月 13 日起至 2013 年 11 月 14 日止被告王某在原告处共计租用钢管 125 169.5 米，扣件 51 370 套，被告王某并从 2013 年 7 月 3 日起至 2014 年 9 月 3 日止对租赁物资予以部分退还，累计向原告归还钢管 113 864.4 米，扣件 46 705 套，尚欠原告钢管 11 305.1 米，扣件 4665 套未退还。另，在庭审中原告还表示租赁物资的具体数量以法院核实为准，如法院核实后超出其主张部分原告自愿放弃，如少于其主张部分就以法院核实的为准。

【一审裁判理由及结果】

重庆市璧山区人民法院一审认为：债务理当清偿。原告与被告王某签订的《璧山县某建筑工程设备租赁站合同》以及原告与被告遵义某建筑工程有限公司、王某签订的《外架转租协议》，上述协议内容不违反法律法规的禁止性规定，属有效合同，对双方当事人均具有约束力，双方均应按照约定履行自身义务，被告遵义某建筑工程有限公司虽辩称本案所涉租赁合同和外架转租协议均与该司无关，外架转租协议是袁某的个人行为，且外架转租协议上加盖的印章也非该司所有等，但却并未举示充分的证据予以佐证，且结合被告遵义某建筑工程有限公司认可习水县国有林场危旧房改造工程系由该司承建等一审法院查明的相关事实，一审法院对被告遵义某建筑工程有限公司的上述辩称意见不予以采信。

关于外架转租期间的认定，一审法院认为，原告所主张的租金以未退还租赁物资的数量为基数，从 2014 年 1 月 27 日起计算至 2014 年 11 月 30 日止是合乎法律规定的，同时原告也陈述称 2014 年 1 月 20 日左右便不需要外架，并由二被告先后对租赁物资进行了退还；原告依据原、被告所提交的有关证据，并结合庭审中原、被告双方的相关陈述，一审法院认定外架转租期间为从 2013 年 11 月 24 日起至 2014 年 1 月 26 日止，且该转租期间的租金被告遵义某建筑工程有限公司已按照《外架转租协议》的相关约定向原告付清，因此原告廖某诉请被告遵义某建筑工程有限公司在本案中承担相关合同责任的依据不充足，一审法院不予支持。

关于转租物资的退还及赔偿义务的承担主体，对此，一审法院认为，承租人经出租人同意将租赁物资转租的，承租人与出租人之间的租赁合同继续有效，第三人对租赁物造成损失的，承租人应当赔偿损失，结合《外架转租协议》仅明确约定租金由被告遵义某建筑工程有限公司直接向原告方支付，同时约定"所有损耗赔偿、撤除费用全由甲方负责"以及 2014 年 1 月 26 日外架转租已截止且被告遵义某建筑工程有限公司已付清转租期间的租金等相关事实，并结合原、被告双方在庭审中的有关陈述，一审法院依法认定被告王某应当承担转租后对租赁物资的退还、赔偿等义务。

针对原告的各项主张，依据《中华人民共和国合同法》第八条、第六十条第一款、第一百零七条、第一百一十四条、第二百一十二条、第二百二十二条、第二百二十四条、第二百二十六条以及第二百二十七条之规定，判决如下：

一、原告廖某与被告遵义某建设工程有限公司、王某之间 2013 年 11 月 23 日签订的《外架转租协议》于本判决生效之日解除。

二、被告王某于本判决生效后五日内向原告廖某支付租金 60 179.9 元。

三、被告王某于本判决生效后五日内向原告廖某退还钢管 11 305.1 米、扣件 4665 套。若不能退还，则按钢管 12 元/米、扣件 4 元/套的标准予以赔偿。

四、被告王某于本判决生效后五日内向原告廖某支付违约金 5000 元。

五、驳回原告廖某的其他诉讼请求。

【二审上诉请求及理由】

原告王某不服一审判决，向重庆市第一中级人民法院提起上诉，请求撤销一审判决，发回重审。

主要事实和理由：

1. 一审程序违法，应追加案外人袁某为被告；

2.《外架转租协议》签订之后，租赁物资的退还及租金和违约金都不应由上诉人承担。

【二审裁判理由及结果】

重庆市第一中级人民法院认为本案争议焦点有：（一）一审程序是否违法，是否应追加案外人袁某为被告；（二）上诉人是否应承担租赁物资的退还及支付租金和违约金。

关于焦点一：上诉人称必须追加案外人袁某为被告，否则无法查清案件事实，但袁某并非本案任何合同的相对方，其在《外架转租协议》乙方处签字并非个人行为，而是代表遵义某建筑工程有限公司签订，一审判决据此未追加袁某为被告并无不当，其审判程序并未违法。

关于焦点二：三方签订的《外架转租协议》仅明确约定租金由遵义某建筑工程有限公司直接向廖某支付，同时约定"所有损耗赔偿、撤除费用全由甲方负责"以及 2014 年 1 月 26 日外架转租已截止，且遵义某建筑工程有限公司已付清转租期间的租金等相关事实，一审判决结合各方当事人在庭审中的有关陈述，认定由上诉人王某承担转租后对租赁物资的退还、赔偿等义务并无不当，上诉人称其不应承担租赁物资退还及支付租金和违约金的理由不能成立。

综上，原判认定事实清楚，适用法律正确，程序合法。依照《中华人民共和国民事诉讼法》第一百七十条第一款第（一）项之规定，判决如下：

驳回上诉，维持原判。

【再审申请及理由】

王某申请再审称：1. 一、二审判决认定王某、廖某与遵义某建筑工程有限公司签订的《外架转租协议》系转租协议，王某与廖某签订的《璧山县某建筑工程设备租赁站合同》（以下简称《建筑设备租赁合同》）继续有效错误，《外架转租协议》的签订，应当视为王某将《外架转租协议》约定的租赁物退还给了出租人廖某。一、二审判决适用《中华人民共和国合同法》第二百二十四条关于转租合同的规定判决本案也是错误的。2. 一、二审判决认定王某向廖某租赁了钢管 125 169.5 米、扣件 51 370 套错误，该部分租赁物系遵义某建设工程有限公司自行租赁的，不应计算在王某租赁的钢管和扣件范围内。王某依据《中华人民共和国民事诉讼法》第二百条的规定申请再审。

【再审裁判理由及结果】

重庆市高级人民法院认为本案争议焦点有：（一）《外架转租协议》签订后，《建筑设备租赁合同》是否继续有效，王某某是否应当承担《建筑设备租赁合同》约定的返还钢管和扣件的义务；（二）一、二审判决是否将涉案钢管 125 169.5 米、扣件 51 370 套计入王某租赁的钢管和扣件范围内。

关于焦点一：一、《外架转租协议》签订后，《建筑设备租赁合同》继续有效，王某应当承担《建筑设备租赁合同》约定的返还钢管和扣件的义务。理由如下：根据《中华人民共和国合同法》第二百二十四条的规定，承租人经出租人同意，可以将租赁物转租给第三人。承租人转租的，承租人与出租人之间的租赁合同继续有效，第三人对租赁物造成损失的，承租人应当赔偿损失。根据本案查明的事实，王某（甲方）、遵义某建筑工程有限公司（乙方）与廖某（丙方）签订的《外架转租协议》明确约定："……甲方现将黑鹿岩国有林场危旧房改造工程二标段 3 号 4 号楼外架转租给乙方……租金由乙方负责，租金以甲方与璧山县某建筑工程设备租赁站租用协议价格同等……租金由乙方直接付给丙方，……所有损耗赔偿、撤除费用全由甲方负责……。"据此，从名称上看，《外架转租协议》系"转租"协议；从内容看，《外架转租协议》明确约定，《建筑设备租赁合同》的承租人王某将其租赁的钢管和扣件搭成的外架转租给遵义某建筑工程有限公司使用，转租外架的所有损耗赔偿、撤除费用全由王某负责。由此，《外架转租协议》符合转租合同的法律特征，一、二审判决根据《中华人民共和国合同法》第二百二十四条关于转租合同的规定，认定《外架转租协议》签订后，《建筑设备租赁合同》继续有效，王某仍然应当承担《建筑设备租赁合同》约定的返还钢管和扣件的义务并无不当。王某提出《外架转租协议》的签订，应当视为王某将《外架转租协议》涉及的租赁物退还给了出租人廖某的申请再审理由不能成立。

关于焦点二：一、二审判决并未将涉案钢管 125 169.5 米、扣件 51 370
套计入王某租赁的钢管和扣件范围内。理由如下：《最高人民法院关于适用
〈中华人民共和国民事诉讼法〉的解释》第九十条规定，"当事人对自己提出
的诉讼请求所依据的事实或者反驳对方诉讼请求所依据的事实，应当提供证
据加以证明，但法律另有规定的除外。在作出判决前，当事人未能提供证据
或者证据不足以证明其事实主张的，由负有举证证明责任的当事人承担不利
的后果。"王某虽提出一、二审判决将涉案钢管 125 169.5 米、扣件 51 370 套
计入其租赁的钢管和扣件范围内，但其未提供证据予以证明，应当承担举证
不能的法律后果。并且经本院审查，一审中，廖某当庭表示在本案中放弃涉
案钢管 125 169.5 米、扣件 51 370 套在本案中的返还请求，一、二审判决亦
未将涉案钢管 125 169.5 米、扣件 51 370 套计入王某租赁的钢管和扣件范围
内，故王某的该项申请再审理由不能成立。

综上，王某的再审申请不符合《中华人民共和国民事诉讼法》第二百条
规定的情形。依照《中华人民共和国民事诉讼法》第二百零四条第一款、《最
高人民法院关于适用〈中华人民共和国民事诉讼法〉的解释》第三百九十五
条第二款之规定，裁定如下：

驳回王某的再审申请。

【裁判要点】

转租协议签订后，原租赁合同继续有效，第三人对租赁物造成损失的，
由承租方承担损害赔偿责任。

【裁判解析】

转租是指承租人不退出租赁关系，而将租赁物出租给次承租人使用收益
的行为。转租后承租人虽然仍是租赁关系的当事人，但实际上是将租赁物有
偿地再转移给第三人即次承租人使用收益，而租赁物如何进行使用收益，对
出租人有着直接的利害关系。《中华人民共和国合同法》第二百二十四条的规
定，承租人经出租人同意，可以将租赁物转租给第三人。承租人转租的，承
租人与出租人之间的租赁合同继续有效，第三人对租赁物造成损失的，承租
人应当赔偿损失。《中华人民共和国合同法》第二百二十二条的规定，承租人
应当妥善保管租赁物，因保管不善造成租赁物毁损、灭失的，应当承担损害

赔偿责任。

合法转租时，当事人之间的法律关系为：（1）出租人与承租人之间的租赁关系，不因转租而受影响，他们之间仍发生原来的权利义务关系。承租人并应因次承租人应负责的事由所生的损害向出租人负赔偿责任，只要发生了该损害事实并可归责于次承租人，承租人就应负赔偿责任。（2）承租人为转租人，其与次承租人之间的转租关系与一般租赁关系并无区别。（3）出租人与次承租人之间，并不存在直接的法律关系，但次承租人应当直接向出租人履行承租人应当履行的义务，出租人也可以直接向次承租人行使转租人得行使的权利，在这些情况下发生债的第三人履行问题。就次承租人而言，负有保管租赁物的义务，不尽保管义务以致租赁物发生毁损灭失等损害时，应向出租人负赔偿责任，承租人为连带债务人；对出租人负有侵权损害赔偿义务，如其对租赁物构成侵权行为时，出租人可直接向其请求损害赔偿，出租人与承租人为连带债权人；在租赁关系终止时，次承租人对于出租人负有返还租赁物的义务，此时承租人仍是连带债务人；除经特别约定，次承租人对出租人不负租金支付义务。（4）转租是以承租人存有租赁权为基础的，在承租人的租赁权因合法终止等原因消灭时，次承租人不能向出租人主张租赁权。如因此次承租人不能得到租赁权而受有损害时，次承租人也只能向承租人请求赔偿。

本案中，《外架转租协议》明确约定第三人直接向出租方支付租金，同时约定所有损耗赔偿、撤除费用全由原承租方负责，且第三人已经履行支付转租期间租金的义务，上述事实完全符合有关转租合同的法律规定，故承租人应依据协议约定承担转租后对租赁物资的退还、赔偿等义务。

附例

重庆市高级人民法院（2013）渝高法民申字第 00846 号

第 22 篇　原承租方中途退场后，租赁合同后续义务承担主体的确认

【案件基本信息】

1. 裁判书字号

鸡西市鸡冠区人民法院（2014）鸡冠商初字第 295 号民事判决书

黑龙江省鸡西市中级人民法院（2015）鸡商民终字第 12 号民事判决书

黑龙江省高级人民法院（2016）黑民申 911 号民事裁定书

2. 当事人

原告（二审上诉人、再审申请人）：赵某某

被告（二审被上诉人、再审被申请人）：鸡西市某米业公司

被告（二审被上诉人、再审被申请人）：王某某

【一审法院查明的事实】

鸡西市鸡冠区人民法院判决认定，原告赵某某与被告王某某分别于 2012 年 10 月 18 日、2012 年 10 月 25 日、2012 年 10 月 26 日、2012 年 11 月 7 日、2012 年 11 月 9 日签订五份建筑设备租赁合同。其中，2012 年 10 月 18 日租赁合同中租赁物为 2 米钢管 600 根、3 米钢管 300 根、6 米钢管 1000 根、扣件 2600 个、铁跳板 400 块、步步紧 300 个（2012 年 10 月 24 日租赁，标注在 2012 年 10 月 18 日租赁合同中）；2012 年 10 月 25 日租赁合同中租赁物为 3 米钢管 300 根、4 米钢管 300 根、扣件 1700 个；2012 年 10 月 26 日租赁合同中租赁物为铁跳板 200 块。2012 年 11 月 7 日租赁合同中租赁物为扣件 1000 个。2012 年 11 月 9 日租赁合同中租赁物为 4 米钢管 200 根、3 米钢管 100 根、扣件 200 个。租赁合同中未约定租赁期限。租赁物租金标准为钢管每米每天 0.03 元，扣件每个每天 0.02 元，铁跳板每块每天 0.25 元，步步紧每个每天 0.07 元。上述租赁物每日租金合计 186 元。签订合同当日，由宋某青清点租

赁物，被告王某某雇宋某程将租赁设备运至被告鸡西市某米业公司粮仓工地，设备用于该工地工程施工。2012 年 11 月中旬，被告王某某离开工地，但其向原告租赁的设备仍用于工地施工。被告王某某未向原告支付租金。原告向被告王某某、鸡西市某米业公司索要租赁物及租金未果，故诉至法院，要求二被告连带返还 2 米钢管 600 根、3 钢管 700 根、4 米钢管 500 根、6 米钢管 1000 根、步步紧 300 个、铁跳板 600 块、扣件 5500 个；连带支付原告租金 186 000 元（合同中所有租赁物一日租金合计 186 元，自签订合同之日起计算 300 天）。

【一审裁判理由及结果】

鸡西市鸡冠区人民法院认为，原告与被告王某某于 2012 年 10 月 18 日、2012 年 10 月 25 日、2012 年 10 月 26 日、2012 年 11 月 7 日、2012 年 11 月 9 日签订的五份建筑设备租赁合同系双方的真实意思表示，且未违反法律规定，故合法有效。原告已经将合同中约定的租赁物交付被告王某某。因租赁合同未约定租赁期限，按照《中华人民共和国合同法》第二百三十二条之规定，应视为不定期租赁，原告作为出租人有权随时要求被告王某某返还设备并支付租金，在起诉状副本送达被告王某某后，已履行了合理期限通知的义务，故一审法院对原告要求被告王某某返还 2 米钢管 600 根、3 钢管 700 根、4 米钢管 500 根、6 米钢管 1000 根、步步紧 300 个、铁跳板 600 块、扣件 5500 个并支付租金 186 000 元的诉讼请求予以支持。被告王某某在经一审法院合法传唤后，无正当理由拒不到庭参加诉讼，应视为对其诉讼权利的放弃，应当承担相应的法律后果。因原告未提交证据证实与被告鸡西市某米业公司存在租赁合同关系，原告要求被告鸡西市某北京某建筑公司返还租赁设备并支付租金的诉讼请求，没有事实和法律依据，故对原告该诉讼请求不予支持。依据《中华人民共和国民事诉讼法》第九十二条、第一百四十四条，《中华人民共和国合同法》第六十条、第一百零七条、第二百一十二条、第二百一十六条、第二百二十六、第二百三十二条，《最高人民法院关于民事诉讼证据的若干规定》第二条之规定，判决如下：

一、被告王某某在本判决生效之日起五日内返还原告赵某某 2 米钢管 600 根、3 钢管 700 根、4 米钢管 500 根、6 米钢管 1000 根、步步紧 300 个、铁跳板 600 块、扣件 5500 个；

二、被告王某某在本判决生效之日起五日内支付原告赵某某租金 186 000 元；

三、驳回原告赵某某的其他诉讼请求。

【二审上诉请求及理由】

原告赵某某对一审判决不服，提起上诉称：1. 王某某于 2012 年 10 月 18 日至 11 月 9 日分五次同上诉人签订租赁设备合同，并将租赁设备运到被上诉人鸡西市某米业公司。2012 年 11 月 15 日王某某离开工地，上诉人向鸡西市某米业公司要求拉回设备，许某以设备还在使用中为由未将设备返还给上诉人。上诉人要求鸡西市某米业公司支付使用期间（2012 年 12 月至 2013 年 9 月）的租赁费，而一审法院却隐瞒篡改以上事实。2. 承担责任主体错误，鸡西市某米业公司承认自己继续使用上诉人设备，承租方由王某某变更为鸡西市某北京某建筑公司。

【二审裁判理由及结果】

鸡西市中级人民法院认为，本案争议焦点为鸡西市某米业公司是否与赵某某形成租赁关系，鸡西市某米业公司是否应返还赵某某租赁设备及给付租赁费。上诉人与王某某签订建筑设备租赁合同，并未与被上诉人鸡西市某米业公司签订建筑设备租赁合同，根据合同相对性原则，王某某为合同一方主体系承租人，上诉人称鸡西市某米业公司承认自己继续使用上诉人所有的设备，承租方主体由王某某变更为鸡西市某米业公司。对此鸡西市某米业公司否认，称其并未与上诉人之间形成设备租赁关系。二审法院认为，合同的成立应是双方真实意思表示，鸡西市某米业公司否认与上诉人存在租赁关系，且上诉人提供的证据不足以证实其主张。故上诉人称与鸡西市某米业公司存在租赁关系要求该公司返还租赁设备给付租赁费的请求不应予以支持。综上，上诉人的上诉理由不能成立，一审判决认定事实清楚，适用法律正确，应予维持。依照《中华人民共和国民事诉讼法》第一百七十条第一款第一项之规定，判决如下：

驳回上诉，维持原判。

【再审申请及理由】

再审申请人赵某某不服鸡西市中级人民法院民事判决，向黑龙江省高级人民法院申请再审。

赵某某申请再审称：王某某于2012年10月18日至11月9日分五次与赵某某签订设备租赁合同，约定赵某某租给王某某钢管等设备，每天租金620元。赵某某按约定将全部设备运至某米业公司粮仓施工现场投入使用。2012年11月15日，王某某将粮仓上部圈梁打完后即离开工地，剩余工程由某米业公司自行施工。王某某及赵某某曾分别要求将设备运回，某米业公司经理许某某以工程未完工为由拒绝交出设备。王某某离开工地后，租赁设备一直由某米业公司管理和使用，承租方由王某某变更为某米业公司，与王某某没有关系，且该公司经理许某某同意支付租金。虽然双方没有签订书面合同，但口头约定也有效，某米业公司应返还设备、支付租金。依据《中华人民共和国民事诉讼法》第二百条第二项的规定申请再审。

【再审裁判理由及结果】

再审法院认为：本案争议的租赁物是王某某与赵某某签订的建筑设备租赁合同，根据合同相对性原则，王某某系承租主体。虽然赵某某认为王某某离开工地后，租赁设备一直由某米业公司管理和使用，承租方由王某某变更为某米业公司，但某米业公司否认与赵某某存在租赁关系，且赵某某并未提供充分证据证实与某米业公司存在租赁关系。故一审对赵某某要求某米业公司返还设备及给付租赁的请求不予支持，并无不当。

综上，赵某某的再审申请不符合《中华人民共和国民事诉讼法》第二百条第二项规定的情形。依照《中华人民共和国民事诉讼法》第二百零四条第一款，《最高人民法院关于适用〈中华人民共和国民事诉讼法〉的解释》第三百九十五条第二款规定，裁定如下：

驳回赵某某的再审申请。

【裁判要点】

原承租方中途退场后，租赁合同后续义务由原承租方承担，不得突破合同相对性原则。

【裁判解析】

合同相对性原则是合同的重要原则，是合同规则和制度的奠基石。该原则是指合同主要在特定的合同当事人之间发生法律约束力，只有合同当事人一方能基于合同向合同对方提出请求或提起诉讼，而不能向与其无合同关系的第三人提出请求，也不能擅自为第三人设定合同上的义务，合同债权也主要受合同法的保护。现行的《中华人民共和国合同法》第八条"依法成立的合同，对当事人具有法律约束力。当事人应当按照约定履行自己的义务，不得擅自变更或者解除合同"，也确定了合同相对性原则在合同法上的地位。本章节案例中，原租赁合同双方签订的五份建筑设备租赁合同系双方的真实意思表示，且未违反法律规定，租赁合同合法有效。合同签订后，原承租方中途离开工地，租赁物另有他人管理和使用，出租方主张承租方变更为后管理使用人，但其并未与后管理使用人签订案涉租赁合同，合同双方当事人并未变更，原承租方仍为合同一方当事人，因此，应由原承租方承担合同责任，履行合同义务。

附例

河南省高级人民法院（2017）豫民申 84 号

第23篇　合同约定分期支付租金，承租方违约时，出租方可提前要求支付全部租金

【案件基本信息】

1. 裁判书字号

江苏省苏州市虎丘区人民法院（2013）虎商初字第0285号民事判决书

江苏省苏州市中级人民法院（2014）苏中商终字第0424号民事判决书

江苏省高级人民法院（2015）苏审二商申字第00062号民事裁定书

2. 当事人

原告（二审被上诉人、再审被申请人）：陆某某

被告（二审上诉人、再审申请人）：上海某脚手架工程有限公司

被告（二审上诉人、再审申请人）：镇江市某建筑安装工程有限公司

【一审法院查明的事实】

虎丘区人民法院经审理查明：苏州市高新区某钢模租赁站（以下简称某租赁站）系个体工商户，其业主为陆某某。

2011年4月18日，某租赁站（甲方）与上海某脚手架工程有限公司（乙方）签订《财产租赁合同》一份，该合同约定：乙方宜嘉湖花园项目工程，因施工需要租用建筑施工物资。押金五万元，以收据为准。第三条约定租费每月25日结算一次，乙方如在次月10日前未能付清，视为违约，甲方有权终止合同收回租赁物并要求乙方承担租费百分之二十五的滞纳金。第四条约定甲方送货到工地现场，运费由乙方承担，还货乙方承担运费。第九条约定租赁日期自2011年4月18日起到2013年4月18日（具体按工程实际使用时间计算）。第十条约定物资进场乙方指定镇江禹山路宜嘉湖庭工地杭某签收，并视为所租赁物资量合格。第十一条约定租赁期内乙方不履行支付甲方租赁费，违约应付甲方25%的滞纳金，租赁期满后即办理租赁结算，如乙方需继续租用，应在合同到期前一个星期内办理续用手续，如不办理续租手续，

甲方有权随时收回租赁物，超期租赁费及清理、上油保养费、赔偿费按合同约定执行。结算结束后，甲方应将押金金额及时退还乙方。如乙方需要开发票，应补贴给甲方租赁费总额8.5%。第十四条其他约定事项：每两个月乙方支付甲方租赁费60%，如不支付，甲方有权停止供货，一切损失由违约方负责。其他租赁费到每年年终结清。该合同上甲方处盖有某租赁站公章及陆某某签字，乙方处盖有上海某脚手架工程有限公司公章及葛某某签字，担保方处盖有镇江市某建筑安装工程有限公司公章及黄某某、张某某签字。

合同签订后，上海某脚手架工程有限公司向某租赁站支付了50 000元押金。某租赁站依约向上海某脚手架工程有限公司提供租赁物资，供货时间自2011年5月3日至2012年3月15日。自2011年12月29日起，上海某脚手架工程有限公司开始归还租赁物资。双方分别于2012年1月2日、3月5日、5月16日、9月7日、11月10日、12月31日进行结算，杭某在上述结算单上签字确认。截至2012年底，共计发生租赁费2 214 758.77元，上海某脚手架工程有限公司共计付款785 200元。至起诉时，尚余钢管8147.9米，扣件37 490只未归还。2013年9月22日，上海某脚手架工程有限公司又向某租赁站归还1045.7米。2013年1月1日至2013年9月22日，共计发生租赁费102 617.79元。

【一审裁判理由及结果】

虎丘区人民法院认为：某租赁站与上海某脚手架工程有限公司、镇江市某建筑安装工程有限公司之间签订的财产租赁合同系各方的真实意思表示，且不违反法律、行政法规的强制性规定，是合法有效的，各方均应按约履行。某租赁租赁站依约提供了租赁物资，上海某脚手架工程有限公司应当按约支付租赁费，镇江市某建筑安装工程有限公司亦应该按约承担担保责任。陆某某系某租赁站的业主，其有权向上海某脚手架工程有限公司、镇江市某建筑安装工程有限公司主张合同权利。

第一，关于租赁费及租赁物资数量的结算，虎丘区人民法院认为，按照双方签订的财产租赁合同第十条的约定，杭某系合同指定的签收人员，其签收视为所租赁物资量合格。庭审中，法庭组织双方进行对账，陆某某根据上海某脚手架工程有限公司、镇江市某建筑安装工程有限公司提出的对于陆某某送货单、验货清单以及结算单上的异议部分作了相应的调整，包括发货部分：1. 2011 年 7 月 18 日扣减 6.3 米钢管；2. 2011 年 9 月 22 日一只大架损坏，相应扣减扣件 22 只；3. 2011 年 10 月 11 日扣件损坏，按比例扣减 43 只；4. 2011 年 10 月 16 日扣件损坏，按比例扣减 30 只；5. 2011 年 12 月 7 日钢管 372.4 米系上海工地的，从本案中扣减。还货部分：1. 2012 年 4 月 22 日扣件应为 6472 只；2. 2012 年 9 月 19 日归还钢管增加漏算的 921.9 米。除上述调整外，上海某脚手架工程有限公司、镇江市某建筑安装工程有限公司未能提供证据证明还存在其他与送货单、验货清单以及结算单不符的事实。陆某某并依据发货单及验货清单的实际记载，将 2011 年 12 月 29 日归还钢管由 2898.4 米调整为 3077 米，将 2011 年 11 月 16 日发货部分扣件 4500 只调整为 4470 只。故法院依据调整后的租赁物资数量及租赁天数认定租赁费及未归还的租赁物资。另，关于上海某脚手架工程有限公司提供的证据 9 所载明的 11 975 只扣件，双方在庭审中明确该部分扣件不是陆某某提供给上海某脚手架工程有限公司的租赁物资，当时交给陆某某时是要求代卖抵扣工程款。上海某脚手架工程有限公司又陈述称其之后变更为要求将该部分扣件当作归还的租赁物资，但对此并无证据证明其通知了陆某某，陆某某亦不予认可。因此，虎丘区人民法院认为，该部分扣件非本案所涉的租赁物资，双方可另行处理。

截至 2012 年底，共计发生租赁费 2 214 758.77 元，上海某脚手架工程有限公司共计付款 785 200 元，尚欠 1 429 558.77 元租赁费未支付。2013 年 1 月 1 日至 2013 年 9 月 22 日，共计发生租赁费 102 617.79 元。陆某某并确认租赁费计算至 2013 年 9 月 22 日，之后不再计算。故截至 2013 年 9 月 22 日，上海某脚手架工程有限公司结欠陆某某租赁费为 1 532 176.56 元。关于租赁费的支付时间，财产租赁合同第十四条的约定每两个月支付租赁费 60%，其他租赁费到每年年终结清。依据该约定，至 2012 年底，上海某脚手架工程有限公司应支付而未支付的租赁费为 1 429 558.77 元，已经超过全部应支付租赁费的五分之一，故陆某某有权要求上海某脚手架工程有限公司一并支付结欠的全部租赁费 1 532 176.56 元。因陆某某同意将上海某脚手架工程有限公司支付的 50 000 元押金抵作租赁费，故上海某脚手架工程有限公司应支付给陆某某的租赁费为 1 482 176.56 元。

另，至起诉时，上海某脚手架工程有限公司尚余钢管 8147.9 米，扣件 37 490 只未归还。2013 年 9 月 22 日，上海某脚手架工程有限公司又向某租赁站归还 1045.7 米，尚有钢管 7102.2 米、扣件 37 490 只未归还。上海某脚手架工程有限公司应当按约归还上述租赁物资，如不能归还，则应按照合同约定的价格进行赔偿。

第二，关于上海某脚手架工程有限公司、镇江市某建筑安装工程有限公司提出的由于钢管质量问题导致加密多用钢管、扣件所产生的租金、运费及加固的人工费应当在租赁费中扣减的答辩意见。法院认为，该答辩意见系主张赔偿损失的请求而不属于减少价款的请求，上海某脚手架工程有限公司、镇江市某建筑安装工程有限公司应当另行以诉讼方式进行主张。

第三，关于违约金的计算。庭审中，陆某某将违约金的计算调整为以 2012 年底应支付而未支付的租赁费 1 429 558.77 元为基数计算 20% 的违约金，即 285 911 元，之后不再主张。法院认为陆某某主动调低违约金系其自愿行使诉讼权利，予以支持。

第四，关于截断 600 支钢管的赔偿款。庭审中，陆某某对该项诉讼请求予以撤回，法院亦予以准许。

第五，关于要求镇江市某建筑安装工程有限公司对上海某脚手架工程有限公司的上述债务承担连带清偿责任的诉请。镇江市某建筑安装工程有限公司辩称陆某某和上海某脚手架工程有限公司双方在合同履行中变更了主合同，增加了镇江市某建筑安装工程有限公司的负担，所以镇江市某建筑安装工程有限公司不应承担担保责任。虎丘区人民法院认为，镇江市某建筑安装工程有限公司系本案所涉财产租赁合同的担保方，因合同未对其保证方式作明确约定，故其应按照连带责任保证承担保证责任。陆某某与上海某脚手架工程有限公司在合同的履行中并未变更主合同，亦未加重镇江市某建筑安装工程有限公司的保证责任。因此，对镇江市某建筑安装工程有限公司的上述辩称意见不予采纳。

综上，依照《中华人民共和国合同法》第一百零七条、第一百一十四条、第一百六十七条第一款、第一百七十四条、第二百二十二条、第二百二十六条、第二百三十五条，《中华人民共和国担保法》第十八条、第十九条，《最高人民法院关于审理买卖合同纠纷案件适用法律问题的解释》第四十四条、第四十五条，《中华人民共和国民事诉讼法》第十三条、第六十四条第一款，《最高人民法院关于民事诉讼证据的若干规定》第二条的规定，虎丘区人民法院判决如下：

一、上海某脚手架工程有限公司应于本判决生效之日起十日内向陆某某支付租赁费 1 482 176.56 元及违约金 285 911 元，两项合计 1 768 087.56 元。

二、上海某脚手架工程有限公司应于本判决生效之日起十日内向陆某某归还钢管 7102.2 米、扣件 37 490 只；如不能归还，则应按照钢管每米 15 元、扣件每只 5.5 元的价格折价赔偿给陆某某。

三、镇江市某建筑安装工程有限公司对上海某脚手架工程有限公司上述第一、二项下的债务承担连带清偿责任。

【二审上诉请求及理由】

上海某脚手架工程有限公司不服原审判决，向苏州市中级人民法院提起上诉称：1. 合同签订后，陆某某于 2011 年 5 月 3 日开始供货，后监理发现脚手架钢管老化，氧化严重，管壁厚度不合格，要求更换较好的钢管或退场，如果这样，陆某某、上海某脚手架工程有限公司将会有极大损失并影响施工进度。因退场损失太大，经三方沟通协商，采用加固解决，陆某某表示愿意承担加固费用，但事后否认。陆某某在工程尚未完工时，催促上海某脚手架工程有限公司经办人在结算书上签名，并谎称具体数量到时可调整。此后又不愿进行对账，上海某脚手架工程有限公司多次约陆某某对账，要求归还部分钢管，陆某某避而不见。原审审理过程中，其亦先同意核对账目、接收钢管，但事后又拒绝，其行为违背诚信。2. 陆某某起诉时还不具备条件：租赁合同尚未期满，租赁物数量还没有核对，双方尚未进行结算，合同还在履行中。2011 年 12 月 14 日的单据不认可，且认为另有 11 975 个扣件应扣除，且因钢管管壁薄导致增加的费用不应由其承担。按照合同约定，款项应先付 60%，年底付 40%。3. 原审判决适用法律不当，且该合同是陆某某提供的格式合同，其第三条、第十一条与第十四条自相矛盾。原审法院未查延迟支付的原因，陆某某于 9 月 22 日收的钢管应在 2013 年 2 月收取，是其拒收而推迟，原审判决租赁费支付至 9 月 22 日，明显偏袒陆某某。综上，请求驳回陆某某诉讼请求或发回重审，一、二审诉讼费用由陆某某承担。

被上诉人陆某某答辩称：设备租赁合同的出租方是某租赁站，承包方是上海某脚手架工程有限公司，担保方是镇江市某建筑安装工程有限公司。其在一审中提供了钢管扣件的合格检验报告，同时上海某脚手架工程有限公司法定代表人葛某某买了几车钢管，如果不合格的钢管产品，上海某脚手架工程有限公司不可能购买，而且上海某脚手架工程有限公司在签订前几天到场地看货后再签订合同，所以钢管都是合格的。根据合同第十条的规定，上海某脚手架工程有限公司提出的钢管质量不合格没有道理。所以原审判决合理合法，请求法院维持原审判决，驳回上海某脚手架工程有限公司的上诉请求。

镇江市某建筑安装工程有限公司不服原审判决，向苏州市中级人民法院提起上诉称：1. 陆某某主张全部租金缺乏诉权。2. 认定2013年2月之后仍发生租赁费用，缺乏事实和法律依据。3. 由于钢管、扣件质量问题而增加的租金等相关费用，应该在陆某某主张的金额中扣除。4. 上海某脚手架工程有限公司未归还的钢管、扣件不应按合同价赔偿。5. 2012年6月13日陆某某签收的11 975只扣件及因2011年12月14日的发货单没有杭某的签字确认，其中的3369.90米钢管、3030只扣件必须在总数中扣除并扣减租金。6. 上海某脚手架工程有限公司不存在违约，不应支付违约金。7. 即使违约，陆某某主张的违约金也太高应予减少。8. 保证人不应该承担保证责任。上海某脚手架工程有限公司继续使用不合格的钢管、扣件，必然增加租赁物的费用，可以认为上海某脚手架工程有限公司与陆某某已协议变更了主合同，并增加了保证人的负担，此变更未征得保证人的书面同意，故保证人依法不再承担保证责任。且主合同当事人双方串通，骗取保证人提供保证。综上，原审判决认定事实不清，适用法律不当，庭审时归纳当事人陈述的审理程序违法请求二审法院查明事实，支持镇江市某建筑安装工程有限公司的请求，即撤销原判发回重审或依法改判，本案诉讼费用由陆某某承担。

上海某脚手架工程有限公司答辩称：对镇江市某建筑安装工程有限公司称上海某脚手架工程有限公司和陆某某之间有串通的观点不同意，其他没有异议。

被上诉人陆某某答辩称：镇江市某建筑安装工程有限公司说2011年12月14日的钢管扣件签收单，杭某不在，由他的同事李某某签署的，其他签的单子也有李某某签的，所以镇江市某建筑安装工程有限公司的上诉没有道理。

【二审裁判理由及结果】

苏州市中级人民法院认为：本案各方当事人所签的财产租赁合同合法有效，各方均应按约履行相应的义务。关于上海某脚手架工程有限公司租赁的数量，各方确认除对 2011 年 12 月 14 日的发货单所载物品及 2012 年 6 月 13 日陆某某收下的 11 975 只扣件性质有争议外，其余均无异议，苏州市中级人民法院予以确认。

对于各方争议的 2011 年 12 月 14 日的发货单，虽然在发货清单上没有杭某的签字，仅有李某某的签名，但在其他发货清单中亦有李某某签字的情况，且杭某在 2012 年 1 月 2 日的结算单上，对该发货单所载明的租赁物一并予以了确认。杭某作为合同指定的收货人员，其在结算单上确认数量的行为应认定为有权代理。故上海某脚手架工程有限公司、镇江市某建筑安装工程有限公司主张 2011 年 12 月 14 日的发货单所载物品应予扣减，依据不足，不予采信。对于 2012 年 6 月 13 日陆某某收下的 11 975 只扣件，上海某脚手架工程有限公司一审庭审中确认当时交给陆某某时要求其代卖，该陈述得到陆某某的确认，但上海某脚手架工程有限公司表示之后又与陆某某商定将此部分扣件当作归还的租赁物，未提供证据证明，故原审法院认定该部分扣件非本案所涉的租赁物，双方可另行处理，并无不当。

因上海某脚手架工程有限公司主张的租赁物钢管壁厚不符合约定的情形属于外观可以直接发现的事实，上海某脚手架工程有限公司在接受陆某某交付租赁物时并未提出异议，且在陆某某自 2011 年 5 月至 2012 年 3 月的供货期间中，上海某脚手架工程有限公司未能举证曾就壁厚问题提出异议，故陆某某交付的租赁物应视为上海某脚手架工程有限公司已验收合格，符合租赁合同的约定。事后监理公司向上海某脚手架工程有限公司指出壁厚不符规定，与陆某某交付的租赁物是否符合租赁合同的约定无直接的关联。因此，上海某脚手架工程有限公司主张质量问题及鉴定申请，不予支持。

关于上海某脚手架工程有限公司的债务履行期限是否已经届满。虽然合同约定租赁期限为 2 年，依据合同第十四条的约定，第二个月支付租赁费 60%，其他租赁费到每年年终结清，陆某某起诉时有部分租赁费尚未到期，但至 2012 年底，上海某脚手架工程有限公司应付而未付的租赁费已远远超过其理应支付的租赁费的五分之一，且目前合同约定的付款期限已届满，故陆某某现主张全部租赁费并未违反法律规定。现陆某某一审中明确租赁费计算至上海某脚手架工程有限公司最后归还租赁物的时间，即 2013 年 9 月 22 日，系其对自己权利的处分，上海某脚手架工程有限公司、镇江市某建筑安装工程有限公司认为原审法院不应将租金计算至2013年9月22日，依据不足，不予采信。对于上海某脚手架工程有限公司不能归还的租赁物，原审法院根据合同约定的赔偿单价确定赔偿价款，并无不当。上海某脚手架工程有限公司未能根据合同约定按时支付租赁费，应承担相应的违约责任。根据合同约定，租赁期内上海某脚手架工程有限公司不履行支付租赁费义务，应支付给陆某某25%的违约金，现陆某某主张以2012年底应支付而未支付的租赁费为基数按20%计算违约金，并未违反法律规定。本案中陆某某与上海某脚手架工程有限公司在合同履行中并未变更主合同，镇江市某建筑安装工程有限公司认为陆某某、上海某脚手架工程有限公司串通，依据不足，故镇江市某建筑安装工程有限公司主张其不应承担保证责任的理由，不能成立。

综上，原审判决认定事实基本清楚，适用法律正确，上海某脚手架工程有限公司、镇江市某建筑安装工程有限公司的上诉理由均不能成立，不予采纳。依照《中华人民共和国民事诉讼法》第一百七十条第一款第（一）项的规定，苏州市中级人民法院判决如下：

驳回上诉，维持原判。

【再审申请及理由】

上海某脚手架工程有限公司申请再审称：1. 杭某在2012年1月2日的结算单上签名时，在其中一张上注明如有差错可作调整。一审判决认为杭某在总单上签名进而认定杭某未签名的发货单，缺乏事实依据。二审判决未提及杭某注明的内容，偏袒当地当事人。2. 上海某脚手架工程有限公司于2012年6月13日交付陆某某11 975只扣件冲抵所借扣件，后反悔想卖，后又想冲抵。一、二审判决颠倒先后顺序，且如是出卖应当有单价，一审庭审记录有误。3. 关于钢管壁薄问题，工程监理要求必须整改，而陆某某多次打招呼，上海某脚手架工程有限公司遂加固整改达标，二审判决认定产品是否合格与监理通知和整改无直接关联，与事实不符。4.1400余米钢管应在春节前后收取，因陆某某拒收而推迟，一、二审判决认定租赁费结算至2013年9月22日错误。5. 陆某某的钢管壁薄、扣件小，应按质论价，二审判决按合同价赔偿不当。6. 陆某某拒绝对账结算，二审判决上海某脚手架工程有限公司承担延期付款违约金不当，且违约金的构成及计算均不透明。7. 一、二审判决适用法律错误。本案系租赁合同纠纷，一审判决引用买卖合同条款。陆某某提供的格式合同中第三条、第十一条为格式条款与双方特别约定的第十四条非格式条款矛盾。《中华人民共和国合同法》第二百二十七条也规定承租人未支付或延迟支付租金的，应查明有无正当理由。根据《中华人民共和国民事诉讼法》第二百条第（二）项、第（六）项的规定，申请对本案再审。

镇江市某建筑安装工程有限公司申请再审称：1. 合同约定应在 2013 年年底结算，但双方未对租金进行结算，陆某某主张全部租金缺乏诉权，且杭某作为上海某脚手架工程有限公司收货人只能签收租赁物，其在结算单上签字不能作为陆某某主张租金的依据。2. 租赁物在 2013 年 2 月底已陆续偿还结束，不能偿还的作为损失处理，故陆某某起诉时就要求赔偿损失。2013 年 9 月 22 日偿还的钢管只能折抵赔偿款。一、二审判决认定 2013 年 2 月之后仍发生租赁费用，缺乏事实和法律依据。3. 由于钢管、扣件质量问题而增加的租金等相关费用，应该在陆某某主张的标的中扣除。4. 陆某某的钢管、扣件质量不合格，故损失的钢管、扣件应按质论价，不应按合同价赔偿。5. 2012 年 6 月 13 日陆某某签收的 11 975 只扣件应在未还总数中扣除。6. 因陆某某的钢管、扣件不合格，监理单位要求整改，经上海某脚手架工程有限公司与陆某某协商，但未对多用的钢管、扣件费用达成协议，责任在陆某某。上海某脚手架工程有限公司不存在违约，不应支付违约金。7. 本案中的损失就是租金利息，故即使存在违约，陆某某主张的违约金也太高应予减少。8. 上海某脚手架工程有限公司继续使用不合格的钢管、扣件，必然增加租赁物的费用，可以认为上海某脚手架工程有限公司与陆某某已协议变更主合同，并增加了保证人的负担，但未征得保证人的书面同意，故保证人依法不再承担保证责任。且主合同当事人双方串通，骗取保证人提供保证。镇江市某建筑安装工程有限公司不应承担保证责任。9. 二审只有一名审判员参与庭审，程序错误。根据《中华人民共和国民事诉讼法》第二百条第（二）项、第（六）项的规定，申请对本案再审。

陆某某提交意见称：陆某某与上海某脚手架工程有限公司签订的租赁合同合法有效，上海某脚手架工程有限公司违反合同义务应承担相应责任。上海某脚手架工程有限公司认为陆某某的出租物存在质量问题引起租金增加，没有证据支撑，其未归还的租赁物应按约赔偿。11 975 只扣件属代卖废品，不应在租赁扣件数量中扣除。上海某脚手架工程有限公司违约应承担违约金，

一、二审中陆某某也自愿将违约金比例降低至 20%。合同履行中上海某脚手架工程有限公司从未提出质量异议，合同内容亦未变更，镇江市某建筑安装工程有限公司应承担担保责任。上海某脚手架工程有限公司将过多的短钢管运到陆某某的租赁站，损害陆某某权益，陆某某要求其运回工地被拒后才拒签。二审程序合法。请求驳回上海某脚手架工程有限公司、镇江市某建筑安装工程有限公司的再审申请。

【再审裁判理由及结果】

江苏省高级人民法院认为：陆某某与上海某脚手架工程有限公司、镇江市某建筑安装工程有限公司签订的《财产租赁合同》系各方当事人真实意思表示，合法有效，各方当事人均应按合同约定履行所负义务。上海某脚手架工程有限公司作为承租人，迟延给付租金，未能完全归还租赁物，应根据合同约定承担相应的责任。

关于租赁物数量，各方当事人二审中确认存在争议的为 2011 年 12 月 14 日的发货单所载物品及 2012 年 6 月 13 日陆某某收下的 11 975 只扣件。2011 年 12 月 14 日的发货单虽非合同指定收货人杭某的签名，但结算单已列明该发货单内容，杭某亦在结算单上签字确认。杭某虽在结算单上注明"如有误差可调整"，但上海某脚手架工程有限公司、镇江市某建筑安装工程有限公司并未提交证据推翻该发货单及结算单所载内容。且在该发货单上签字的李某某在租赁合同履行中亦曾在其他发货单中签收租赁物。故一、二审判决未采信上海某脚手架工程有限公司、镇江市某建筑安装工程有限公司提出的该发货单应予扣减的抗辩理由，并无不当。上海某脚手架工程有限公司、镇江市某建筑安装工程有限公司认为上海某脚手架工程有限公司于 2012 年 6 月 13 日将镇江市某建筑安装工程有限公司的 11 975 只扣件交付陆某某冲抵租赁物总数，但陆某某认为该批扣件系上海某脚手架工程有限公司交与其代卖不是冲抵。对此，经上海某脚手架工程有限公司法定代表人、委托代理人、镇江市某建筑安装工程有限公司委托代理人签字的一审庭审笔录中载明，上海某脚手架工程有限公司明确确认该部分扣件系交与陆某某代卖，后要求冲抵，但陆某某仅认可代卖事宜，并不认可冲抵一事。上海某脚手架工程有限公司、镇江市某建筑安装工程有限公司亦明确表示对以该部分扣件冲抵租赁物数量的主张，没有书面证据。据此，一、二审判决认定该部分扣件与本案无涉，各方应另行处理,并无不当。

关于租赁物质量问题,上海某脚手架工程有限公司、镇江市某建筑安装工程有限公司一审中虽提交监理公司出具的通知单、证明等证据,但并未提交证据证明曾向出租方陆某某提出异议。镇江市某建筑安装工程有限公司二审中亦陈述除监理公司出具的手续外,没有其他证据证明存在质量问题及陆某某知道此事。故上海某脚手架工程有限公司、镇江市某建筑安装工程有限公司应承担举证不能的法律后果。镇江市某建筑安装工程有限公司认为上海某脚手架工程有限公司与陆某某协议变更主合同,增加镇江市某建筑安装工程有限公司的负担,亦不能成立。根据《财产租赁合同》第十条的约定,租赁物经杭某签收的视为"所租赁物资量合格",而杭某在签收租赁物时并未向陆某某提出质量异议。故一、二审判决认定陆某某交付的租赁物应视为上海某脚手架工程有限公司已验收合格,并无不当。

关于租金计算截止期限,陆某某主张租金计算至上海某脚手架工程有限公司最后归还租赁物的时间,即 2013 年 9 月 22 日,上海某脚手架工程有限公司、镇江市某建筑安装工程有限公司认为租赁物在 2013 年 2 月底即已归还结束,其中 1400 余米钢管因陆某某拒收而推迟,故租金不应计算至 2013 年 9 月 22 日。《中华人民共和国合同法》第二百三十六条规定,租赁期间届满,承租人继续使用租赁物,出租人没有提出异议的,原租赁合同继续有效,但租赁期限为不定期。上海某脚手架工程有限公司作为承租人,租赁期限满后,负有返还租赁物的义务,上海某脚手架工程有限公司未归还租赁物,应视为该公司对租赁物的继续使用,并应按合同约定标准支付相应租金至实际归还之日或判决确定的归还之日止。陆某某主张租金计算至 2013 年 9 月 22 日止,系对其权利的处分,一、二审判决予以支持,并无不当。

关于违约金问题,上海某脚手架工程有限公司作为承租人,按约给付租金系其基本义务,但直至陆某某提起本案诉讼,一、二审作出判决时,仍有大部分租金尚未支付,足以认定该公司违反了合同主要义务,应承担相应的违约责任。该公司认为陆某某拒绝对账结算,故该公司不应承担违约金的再审申请理由,不能成立。本案租赁合同虽约定违约金为未付租金的 25%,但陆某某一审中已主动将主张的违约金调整为以 2012 年底未付租金为基数,按 20% 计算,降低了违约金数额。结合上海某脚手架工程有限公司未履行合同主要义务的事实，一、二审判决上海某脚手架工程有限公司承担陆某某主张的上述违约金，并无不当。

关于法律适用，《中华人民共和国合同法》第一百七十四条规定，法律对其他有偿合同有规定的，依照其规定；没有规定的，参照买卖合同的有关规定。第一百六十七条规定，分期付款的买受人未支付到期价款的金额达到全部价款的五分之一的，出卖人可以要求买受人支付全部价款或者解除合同。上海某脚手架工程有限公司至2012年底共计发生租金2 214 758.77元，根据租赁合同第十四条的规定，上海某脚手架工程有限公司应每两个月支付60%，但上海某脚手架工程有限公司仅支付785 200元，该公司未支付的租金数额已远远超出其应付租金的五分之一。故陆某某提起本案诉讼时，虽有部分租金给付期限尚未届满，但陆某某根据《中华人民共和国合同法》第一百六十七条、第一百七十四条的规定，有权要求上海某脚手架工程有限公司支付全部租金。上海某脚手架工程有限公司、镇江市某建筑安装工程有限公司认为陆某某起诉时缺乏诉权，一、二审判决适用法律错误，不能成立。

关于二审程序，第二审人民法院审理上诉案件，并不必须开庭审理，本案二审审理中，通过由审判员组织各方当事人进行询问、调查的方式审理，符合法律规定。镇江市某建筑安装工程有限公司申请再审认为二审程序违法，不能成立。

综上，上海某脚手架工程有限公司、镇江市某建筑安装工程有限公司的再审申请不符合《中华人民共和国民事诉讼法》第二百条第（二）项、第（六）项规定的情形。依照《中华人民共和国民事诉讼法》第二百零四条第一款之规定，江苏省高级人民法院裁定如下：

驳回上海某脚手架工程有限公司、镇江市某建筑安装工程有限公司的再审申请。

【裁判要点】

合同约定分期支付租金，承租方违约，出租方可以要求解除合同，并要求承租方支付全部租金。

【裁判解析】

分期付款买卖合同，是指买受人将应付的总价款，在一定期间内分次向出卖人支付的买卖合同。其根本特征在于买受人在接受标的物后不是一次性支付价款，而是将价款分成若干份，分不同日期支付。分期付款买卖在某种意义上也属于一种赊购，但买受人在接受标的物之后，不是在一定期限内一次性地支付价款，而是在一定期限内分批次地支付。

《中华人民共和国合同法》第一百六十七条规定：分期付款的买受人未支付到期价款的金额达到全部价款的五分之一的，出卖人可以要求买受人支付全部价款或者解除合同。第一百七十四条规定：法律对其他有偿合同有规定的，依照其规定；没有规定的，参照买卖合同的有关规定。据此，分期付款建筑物资租赁合同参照分期付款买卖合同的法律规定处理。当约定分期支付租金，而承租方严重违约时，出租方可要求解除合同，并提前要求支付租金。根据该条规定，即使出租方起诉时有部分租赁费尚未到期，但若承租方应付而未付的租赁费远远超过其理应支付的租赁费的五分之一，且目前合同约定的付款期限已届满时，当事人可以主张全部租赁费。

本案中，案涉合同约定分期支付租金（合同约定租赁期限为2年，依据合同第十四条的约定，第二个月支付租赁费60%，其他租赁费到每年年终结清），出租方起诉时虽然有部分租赁费尚未到期，但承租方已严重违约，应付而未付的租金远远超过其理应支付的租金的五分之一，其行为构成对出租一方当事人权利的极大侵害，且合同约定的付款期限已届满，故出租方现主张解除合同并要求支付全部租金并未违反法律规定，法院予以支持。

附例

江苏省高级人民法院（2015）苏民申第00062

安徽省高级人民法院（2013）皖民二终字第00497号

第24篇　合同约定先开具发票后支付租金的效力

【案件基本信息】

1. 裁判书字号

安徽省滁州市中级人民法院（2013）滁民二初字第00058号民事判决书

安徽省高级人民法院（2013）皖民二终字第00497号民事判决书

2. 当事人

原告（二审上诉人）：江苏某租赁公司

被告（二审上诉人）：某建设公司

被告（二审上诉人）：某建设集团安徽分公司

【一审法院查明的事实】

2011年5月24日，某建设集团安徽分公司（甲方、承租方）与江苏某租赁公司（乙方、出租方）签订《机械（设备）钢管、扣件租赁合同》，合同签订后，江苏某租赁公司陆续向某建设集团安徽分公司承建的滁州市某大酒店工程提供钢管、扣件等。江苏某租赁公司出具的发货单中均注明租用单位名称为某建设集团安徽分公司，其中2012年2月17日前由陈某某一人签收，2012年3月14日后，由陈某某及蔡某某等人签收。2011年8月8日至2013年1月8日，某建设集团安徽分公司陆续向江苏某租赁公司归还部分钢管及扣件等。截至2013年3月31日，某建设集团安徽分公司尚欠江苏某租赁公司钢管62 246.9米、十字扣件32 656只、转向扣件7362只、直接扣件12569只、20厘米套管330根、顶托102根、双头套695根未还。经江苏某租赁公司核算，产生的租赁租金为2 236 655.88元。2011年9月3日的收货单记载回收钢管数量为4565.53米，江苏某租赁公司结算清单记载为4468.10米，其少计算了某建设集团安徽分公司归还的97.43米钢管；2011年11月8日的收货单记载回收钢管数量为4336.30米，江苏某租赁公司结算清单记载为

4396.30 米，其多计算了某建设集团安徽分公司归还的 60 米钢管；2012 年 12 月 20 日的收货单记载回收钢管数量为 3194.70 米，江苏某租赁公司结算清单记载为 3287.90 米，其多计算了某建设集团安徽分公司归还的 93.20 米钢管。某建设集团安徽分公司共支付江苏某租赁公司租赁费 80 万元。

另查明：2011 年 6 月 9 日，江苏某租赁公司向某建设集团安徽分公司提供 20 厘米套管，2011 年 6 月 23 日提供双头套管，2011 年 7 月 22 日，提供顶托。

【一审裁判理由及结果】

安徽省滁州市中级人民法院一审认为：根据双方当事人的举证、质证及诉辩意见，本案争议焦点是：江苏某租赁公司所主张的租赁费是否全部是双方在履行《机械（设备）钢管、扣件租赁合同》中产生的；某建设公司、某建设集团安徽分公司支付江苏某租赁公司全部租赁费用的条件是否成就；某建设公司、某建设集团安徽分公司向江苏某租赁公司支付的违约金应如何计算。对此，一审法院综合分析评判如下：

某建设集团安徽分公司与江苏某租赁公司签订的《机械（设备）钢管、扣件租赁合同》系双方当事人真实意思表示，内容不违反法律法规的强制性规定，合法有效，双方当事人应严格按合同的约定履行各自的义务。江苏某租赁公司按合同的约定向某建设集团安徽分公司承建的滁州市某大酒店工程提供了钢管、扣件等设备，某建设集团安徽分公司亦应当按合同约定的期限给付租金。合同中约定陈某某为某建设集团安徽分公司在滁州市某大酒店工程项目中签收材料的收料员，江苏某租赁公司所提供的发货单中均有陈某某的签名，且发货单中也注明了租用单位为某建设集团安徽分公司，故江苏某租赁公司所提供的发货单中的租赁设备均是某建设集团安徽分公司所租用，产生相应的租赁费也应由某建设公司、某建设集团安徽分公司承担。

双方在合同履行中虽未对租赁物及租赁费进行对账确认，但江苏某租赁公司制作的结算清单中的数据与发货单、收货单及入库单除少数有差异外，其他能相互印证，因此，对结算清单与发货单及入库单相同的数据予以确认，对有差异的部分以收货单中所记载的数据为准。2011 年 9 月 3 日，江苏某租赁公司少计算了某建设集团安徽分公司归还的 97.43 米钢管，该部分的租金应扣除。2011 年 11 月 8 日、2012 年 12 月 20 日，江苏某租赁公司多计算了某建设集团安徽分公司归还的 60 米钢管、93.2 米钢管。至 2012 年 12 月 20 日，江苏某租赁公司多计算某建设集团安徽分公司归还的钢管超出了其少计算已归还钢管的数额，故江苏某租赁公司应扣除 2011 年 9 月 3 日至 2012 年 12 月 20 日期间的 97.43 米钢管的租金，数额为 136.79 元（97.43 米 × 0.013 元/天/米 × 108 天）。2011 年 11 月 8 日、2012 年 12 月 20 日，江苏某租赁公司少计算了部分租金，视为其放弃自己的权利。故截至 2013 年 3 月 31 日，某建设集团安徽分公司租用江苏某租赁公司钢管、扣件等设备的租金数额为 2 236 519.09 元（2 236 655.88 元 – 136.79 元），扣除某建设集团安徽分公司已支付的 80 万元，某建设公司、某建设集团安徽分公司欠江苏某租赁公司租金数额 1 436 519.09 元。江苏某租赁公司主张的其他费用，因无证据予以证明，故不予支持。

《机械（设备）钢管、扣件租赁合同》约定，租赁费的支付和结算为：地下室施工到完成时 15 日内支付租金的 70%，第一次付款后，以后每两个月支付租金的 70%，以此类推。某建设集团安徽分公司租赁江苏某租赁公司的设备至 2013 年 3 月 31 日，产生的租赁费为 2 236 519.09 元。根据合同约定，某建设公司、某建设集团安徽分公司应付 70% 的租金数额为 1 565 563.36 元，而某建设公司、某建设集团安徽分公司仅支付 80 万元，其行为构成违约，应当承担违约责任。《机械（设备）钢管、扣件租赁合同》约定，甲方不能履行合同约定，乙方有权终止合同送回租赁物。故江苏某租赁公司请求解除合同、支付全部租赁费用的请求符合合同约定，予以支持。合同解除后，某建设公司、某建设集团安徽分公司应当支付江苏某租赁公司租赁费，故其辩称租赁费的付款条件未成就的理由不能成立，不予支持。

《机械（设备）钢管、扣件租赁合同》约定，甲方未按期支付租金的，每日赔偿万分之五，至结清欠款为止。某建设公司、某建设集团安徽分公司未按合同约定期限支付租赁费用，其行为构成违约，应当承担违约责任，但江苏某租赁公司主张按 10% 计算损失，不符合合同约定。违约损失应按合同约定的万分之五的标准计算。江苏某租赁公司未能举证证明某建设公司、某建设集团安徽分公司逾期付款的具体时间，故违约损失自其起诉之日即 2013 年 4 月 23 日起计算。

合同解除后，某建设公司、某建设集团安徽分公司租赁江苏某租赁公司的设备应当予以返还，故对江苏某租赁公司要求某建设公司、某建设集团安徽分公司返还其钢管62 246.90米、十字扣件32 656只、转向扣件7362只、直接扣件12 569只、20厘米套管330根、顶托102根、双头套695根，并继续支付自2013年4月1日起该部分设备的租赁费用至返还之日的诉讼请求，予以支持。

综上，原审法院依照《中华人民共和国合同法》第八条、第六十条、第九十四条、第九十七条、第一百零七条、第一百一十四条、第二百二十七条的规定，作出如下判决：

一、解除江苏某租赁公司与某建设集团安徽分公司签订的《机械（设备）钢管、扣件租赁合同》。

二、某建设集团安徽分公司、某建设公司于判决生效之日起十日内给付江苏某租赁公司租赁费1 436 519.09元。

三、某建设公司、某建设集团安徽分公司赔偿江苏某租赁公司违约金（以1 436 519.09元，按日万分之五计算，自2013年4月23日起，至判决确定的给付之日止）。

四、某建设公司、某建设集团安徽分公司于判决生效之日起三十日内返还江苏某租赁公司钢管62 246.9米、十字扣件32 656只、转向扣件7362只、直接扣件12 569只、20厘米套管330根、顶托102根、双头套695根，并继续支付自2013年4月1日起该部分设备的租赁费用至返还之日止。

五、驳回江苏某租赁公司的其他诉讼请求。

【二审上诉请求及理由】

江苏某租赁公司、某建设集团安徽分公司及某建设公司均不服原审法院上述民事判决，分别向安徽省高级人民法院提起上诉。

江苏某租赁公司上诉称：根据《机械（设备）钢管、扣件租赁合同》约定，某建设公司、某建设集团安徽分公司还应承担螺栓损失14 792.50元、扣件清理上油费42 854.20元，合计57 646.70元，故请求在原审判决主文第二项基础上，增加判决某建设集团安徽分公司及某建设公司给付其其他费用57 646.70元，并承担一、二审诉讼费用。

某建设集团安徽分公司、某建设公司上诉称：1.由于江苏某租赁公司提供的发货单中的租赁设备中还包括向滁州市城南建筑安装有限公司金日高科项目部出租的设备，故一审判决认定江苏某租赁公司提供的发货单中的租赁设备均是他们所租用，系认定事实错误，因而判决其支付租赁费用 1 436 519.09 元、返还钢管 62 246.9 米、十字扣件 32 656 只、转向扣件 7362 只、直接扣件 12 569 只、20 厘米套管 330 根、顶托 102 根、双头套 695 根，并继续支付该部分设备的租赁费用错误。2. 因江苏某租赁公司在其付款前没有履行提供发票的义务，其有权暂不付款，故一审法院判决其支付违约金错误。综上，请求二审法院撤销原审判决的第二、三、四项，依法改判，并判令由江苏某租赁公司承担本案一、二审诉讼费用。

江苏某租赁公司在二审庭审中提供了三组证据：证据一、一审已提交的某建设集团安徽分公司的收货单 33 张，证明某建设集团安徽分公司、某建设公司应支付 57 646.70 元的其他费用；证据二、编号为 00993432 的税务发票一张，证明江苏某租赁公司已按照合同约定向某建设公司出具了相应的发票；证据三、2013 年 2 月 7 日某建设集团安徽分公司付款 20 万元的中国民生银行电子回单（用于支付钢管租赁费）一张，结合证据二证明江苏某租赁公司已按约定在收取货款前就已提供了发票，但某建设集团安徽分公司没有按合同约定支付与发票金额对应的款项。

【二审法院查明的事实】

安徽省高级人民法院经审查认为：证据一系江苏某租赁公司一审已举证据，二审法院认证意见同于一审；江苏某租赁公司所举证据二、三均与本案缺乏关联性，故均不予采信。

某建设集团安徽分公司、某建设公司在二审庭审中共同提供两组证据：

证据一，情况说明、业务账单、送货单、滁州某混凝土有限公司的营业执照，证明滁州某混凝土有限公司向金日高科厂房工地供应混凝土，金日高科厂房项目部指定收料员蔡某某签收材料，蔡某某代表金日高科厂房项目部多次在混凝土送货单上签字，故蔡某某系金日高科厂房项目部的人员；证据二，收货单 2 张，证明某建设集团安徽分公司于 2013 年 7 月 21 日归还了钢管 3334.8 米，于 2013 年 7 月 23 日归还了扣件 4155 只。

二审法院经审查认为：证据一因缺乏与本案的关联性，且江苏某租赁公司亦不认可，故对其不予采信；对某建设集团安徽分公司在本案诉讼期间所归还的钢管、扣件，江苏某租赁公司已表明可以在本案裁判生效后的执行环节中予以抵扣，故对证据二不在本案中予以认定。

各方当事人所举其他证据与原审相同，相对方质证意见也同于原审，二审法院认证意见与原审一致。

安徽省高级人民法院二审对原审法院查明的事实予以确认。

二审另查明：某建设集团安徽分公司（甲方、承租方）与江苏某租赁公司（乙方、出租方）签订的《机械（设备）钢管、扣件租赁合同》第十条第五项中约定："甲方使用乙方的租赁物如转让、变卖、抵押、损坏、丢失，赔偿如下：……扣件丢失损坏每只赔偿6元，螺栓丢失损坏每套赔偿0.5元。"另补充条款约定：1. 钢管进场费由乙方承担，还钢管费用由甲方承担。2. 钢管、扣件租金截止时间：以乙方出、入库单上的时间为准，甲方损耗部分的租赁物在7天内结算清楚并赔偿到位后租金停止计算。3. 扣件清理费0.2元/只。

【二审裁判理由及结果】

安徽省高级人民法院认为：综合各方当事人举证、质证及诉辩意见，本案二审争议焦点为：1. 某建设集团安徽分公司、某建设公司应否支付江苏某租赁公司其他费用57 646.70元；2. 江苏某租赁公司一审中提供的从2012年3月14日到4月30日共17张发货单中的租赁设备是否均为某建设集团安徽分公司、某建设公司所租用；3. 某建设集团安徽分公司、某建设公司尚欠江苏某租赁公司多少租赁费用，应返还其多少钢管、扣件等；4. 某建设集团安徽分公司、某建设公司是否违约，若违约，应如何承担违约责任。

关于焦点一，某建设集团安徽分公司与江苏某租赁公司所签订的《机械（设备）钢管、扣件租赁合同》中明确约定了扣件清理费，虽然没有直接写明承担主体，但结合该租赁合同补充条款的约定及租赁合同特点，可以认定扣件清理费应由承租方某建设集团安徽分公司承担。江苏某租赁公司主张其他费用所依据的33张单据系其一审提交的证据二中的证据，原审法院对此证据效力已予认定，但又认定江苏某租赁公司主张其他费用无证据证明而不予支持，显属不当。因此，结合案涉租赁合同及33张收货单据，江苏某租赁公司主张其他费用即螺栓损失14 792.50元、扣件清理费42 854.20元，有事实根据，应予支持，其此节上诉理由成立。

关于焦点二，由于陈某某系所签《机械（设备）钢管、扣件租赁合同》

中承租人某建设集团安徽分公司指定的收料员，故其签收江苏某租赁公司提供钢管、扣件等的行为系其履行合同义务的行为。2012 年 3 月 14 日到 4 月 30 日共 17 张发货单中，虽然有蔡某某或蔡某峰的签名，但这 17 张发货单中同时均有陈某某的签名，且都发生在《机械（设备）钢管、扣件租赁合同》约定的租赁期间内，故某建设公司、某建设集团安徽分公司所举证据不能证明陈某某和蔡某某或蔡某峰签收的 17 张发货单中的租赁设备没有用于滁州市某大酒店工程项目，原审法院认为该 17 张发货单中的租赁设备均系某建设集团安徽分公司所租用，产生的相应租赁费也应由某建设公司、某建设集团安徽分公司承担并无不当。因此，某建设公司、某建设集团安徽分公司的此节上诉理由因缺乏事实根据，二审法院不予采纳。

关于焦点三，因江苏某租赁公司一审中提供的从 2012 年 3 月 14 日到 4 月 30 日共 17 张发货单中的租赁设备均为某建设集团安徽分公司所使用，故原审法院根据江苏某租赁公司提供的有陈某某签收的单据，判决某建设集团安徽分公司、某建设公司给付江苏某租赁公司租赁费 1 436 519.09 元及返还钢管 62 246.9 米、十字扣件 32 656 只、转向扣件 7362 只、直接扣件 12 569 只、20 厘米套管 330 根、顶托 102 根、双头套 695 根具有事实根据，某建设集团安徽分公司、某建设公司的此节上诉理由亦不能成立。

关于焦点四，由于某建设公司、某建设集团安徽分公司在履行《机械（设备）钢管、扣件租赁合同》中，没有按照该租赁合同约定的付款期限支付租金，故某建设集团安徽分公司、某建设公司的行为构成违约，应根据约定承担包括支付违约金在内的违约责任。某建设集团安徽分公司上诉称江苏某租赁公司应在付款前 10 日内开具同等金额的税务发票，但某建设集团安徽分公司支付租金的义务产生在先，且系租赁合同承租人的主要义务，某建设集团安徽分公司不仅没有提供其已按合同约定准备支付租金和要求江苏某租赁公司开具税务发票的相关证据，而且一直不认可其实际租赁的设备的数量，因此，某建设集团安徽分公司、某建设公司的此节理由不能成立。

综上，江苏某租赁公司上诉主张某建设公司、某建设集团安徽分公司依约应承担其他费用即螺栓损失 14 792.50 元、扣件清理费 42 854.20 元，有事实根据，应予支持，原审判决对其该部分主张没有支持不当，应予纠正。某建设公司、某建设集团安徽分公司的上诉理由因缺乏事实依据，均不能成立。

据此，安徽省高级人民法院依据《中华人民共和国民事诉讼法》第一百七十条第一款第（一）项和第（二）项、第一百七十五条之规定，判决如下：

一、维持安徽省滁州市中级人民法院（2013）滁民二初字第00058号民事判决第一、三、四、五项，即一、解除江苏某租赁公司与某建设公司安徽分公司签订的《机械（设备）钢管、扣件租赁合同》；三、某建设公司、某建设公司安徽分公司赔偿江苏某租赁公司违约金（以1 436 519.09元，按日万分之五计算，自2013年4月23日起，至本判决确定的给付之日止）；四、某建设公司、某建设公司安徽分公司于本判决生效之日起三十日内返还原告江苏某租赁公司钢管62 246.9米、十字扣件32 656只、转向扣件7362只、直接扣件12 569只、20厘米套管330根、顶托102根、双头套695根，并继续支付自2013年4月1日起该部分设备的租赁费用至返还之日止。五、驳回江苏某租赁公司的其他诉讼请求。

二、变更安徽省滁州市中级人民法院（2013）滁民二初字第00058号民事判决第二项中"某建设公司安徽分公司、某建设公司于本判决生效之日起十日内给付江苏某租赁公司租赁费1 436 519.09元"为：某建设公司安徽分公司、某建设公司于本判决生效之日起十日内给付江苏某租赁公司租赁费1 436 519.09元、螺栓损失赔偿费14 792.50元、扣件清理费42 854.20元。

【裁判要点】

当事人约定付款前先开具发票的，该约定无效，未开具发票不免除付款义务。

【裁判解析】

第一、从发票的功能上看，根据《发票管理办法》第三条："本办法所称发票，是指在购销商品、提供或者接受服务以及从事其他经营活动中，开具、收取的收付款凭证。"《增值税专用发票使用规定》第四条规定："专用发票由基本联次或者基本联次附加其他联次构成，基本联次为三联：发票联、抵扣联和记账联。发票联，作为购买方核算采购成本和增值税进项税额的记账凭证；抵扣联，作为购买方报送主管税务机关认证和留存备查的凭证；记账联，作为销售方核算销售收入和增值税销项税额的记账凭证。其他联次用途，由一般纳税人自行确定。"可以知道发票不是纳税凭证，而是收付款凭证。

第二、从发票的强制性上看，开具发票无论是否约定，都是收款方的法定义务，具有强制性，若当事人之间有约定且与法律规定不一致，则该约定无效。

第三、从义务的履行顺序上看，先履行抗辩权是指根据合同约定或法律规定，负有先履行义务的一方当事人，届期未履行义务或履行义务严重不符合约定条件时，相对方为保护自己的期限利益或为保证自己履行合同的条件而中止履行合同的权利。根据《中华人民共和国合同法》第六十七条规定："当事人互负债务，有先后履行顺序，先履行一方未履行的，后履行一方有权拒绝其履行要求。先履行一方履行债务不符合约定的，后履行一方有权拒绝其相应的履行要求。"从该规定可以看出，先履行抗辩权的成立要件其中之一是须因同一双务合同而互负债务，且该债务具有对价关系。

第四、从给付关系上看，合同从给付义务与合同主给付义务不构成对价关系。双务合同中，一方当事人愿意负担给付义务，是期待对方当事人因此负担对待给付义务。给付与对待给付有着不可分离的关系，这便是双务合同的牵连性，也是先履行抗辩权的理论基础。因此，行使先履行抗辩权要求当事人互负的债务具有对价、牵连关系，否则双方当事人在利益关系便会失去平衡，有悖于公平理念。合同主给付义务与合同从给付义务之间不构成对价关系。因为主给付义务是合同关系所固有、必备的，决定着合同关系的基本类型，因此主给付义务的履行与合同目的的实现紧密相关，而从给付义务没有完全的独立性，只是辅助主给付义务更好的实现。因此主给付义务与从给付义务之间不构成对价关系，一方当事人不能仅以对方当事人不履行从给付义务为由行使先履行抗辩权。

本案中，某建设集团安徽分公司称江苏某租赁公司应在付款前 10 日内开具同等金额的税务发票，对方没有按约定开具发票，自己未付款并不违约，该主张是不可能被支持的。因为出具发票的义务属于合同从给付义务的范畴，而非合同主要义务，支付租金的义务产生在先，且系租赁合同承租人的主要义务，江苏某租赁公司未先开具发票无法与某建设集团安徽分公司支付租金义务构成对待给付，不能构成承租方拒付租赁费的先履行抗辩权。因此，虽当事人之前事先约定先开具发票后付款，但该约定是无效的，未开具发票不能免除付款义务。

第 25 篇　冬季干寒地区停工期间是否应付租赁费

（一）合同没有约定的，按照行业交易习惯，冬季停工期间不应计算租赁费

【案件基本信息】

1. 裁判书字号

宁夏回族自治区彭阳县人民法院（2017）宁 0425 民初 1959 号民事判决书

宁夏回族自治区固原市中级人民法院（2018）宁 04 民终 118 号民事判决书

宁夏回族自治区高级人民法院（2018）宁民申 868 号民事裁定书

2. 当事人

原告（二审被上诉人、再审被申请人）：宁夏某建筑公司

被告（二审上诉人、再审申请人）：马某某

被告：宁夏某公路公司

被告：某县交通运输局

【一审法院查明事实】

2016 年 7 月 10 日，宁夏某建筑公司的工作人员王某某与马某某签订混凝土搅拌设备租赁合同，约定将宁夏某建筑公司所有的型号 JS1000 混凝土成套搅拌设备出租给马某某，租赁期限 2016 年 7 月 10 日至 2016 年 9 月 10 日，租赁费 3 万元，超出租赁期限，每月支付租赁费 1 万元。租赁物由马某某负责运输，运输途中安全由马某某负责。合同签订后，宁夏某建筑公司向马某某交付了租赁物。2016 年 7 月 27 日，马某某支付租赁费 3 万元。租赁期间届满

后，马某某未按约定返还租赁物。

【一审裁判理由及结果】

宁夏回族自治区彭阳县人民法院认为，宁夏某建筑公司与马某某签订的租赁合同系有效合同。王某某作为宁夏某建筑公司的工作人员，以公司名义签订的合同，应由宁夏某建筑公司作为当事人提起诉讼。该公司主张租赁期限届满，双方约定继续履行合同，马某某予以否认，宁夏某建筑公司未提供证据证实，不予认定。合同期限已经届满，合同权利义务终止。宁夏某建筑公司要求解除合同，无法律依据。合同的权利义务终止，不影响合同中结算和清理条款的效力。宁夏某建筑公司向马某某提供了租赁物，马某某应按约定期限支付租赁费并返还租赁物。合同约定由马某某提取租赁物，负责运输途中安全，但对租赁物使用结束后由谁负责运输并未约定，按照交易习惯，租赁物使用结束后应由承租方将租赁物返还给出租方，故马某某负有将租赁物返还给宁夏某建筑公司的义务。马某某主张多次要求宁夏某建筑公司将租赁物拉走，宁夏某建筑公司称其他工程使用时，再直接从其工地拉走，该公司予以否认，马某某也未提供证据证实，对其抗辩意见不予采纳。合同约定超出租赁期限，每月支付 1 万元的租赁费，符合法律规定。宁夏某公路公司、某县交通运输局不是合同当事人，根据合同相对性原则，不应承担责任。宁夏某公路公司经一审法院合法传唤无正当理由拒不到庭参加诉讼，视为对其抗辩权利的放弃，依法缺席判决。综上所述，宁夏某建筑公司要求马某某返还租赁物并支付损失的诉讼请求成立，予以支持。宁夏某建筑公司要求宁夏某公路公司、某县交通运输局承担责任的诉讼请求，不予支持。据此，依照《中华人民共和国民法总则》第一百一十九条、第一百七十条第一款，《中华人民共和国合同法》第六十条第一款、第六十一条、第九十八条、第一百一十四条第一款、第二百二十六条、第二百三十五条和《中华人民共和国民事诉讼法》第一百四十四条之规定，判决如下：

一、马某某返还宁夏某建筑公司型号 JS1000 混凝土成套搅拌设备 1 套。

二、马某某自 2016 年 9 月 11 日起每月支付占用租赁物费用 1 万元至租赁物返还之日。

三、驳回宁夏某建筑公司的其他诉讼请求。

【二审法院上诉请求及理由】

被告马某某不服宁夏回族自治区彭阳县人民法院（2017）宁0425民初1959号民事判决，提起上诉：1. 撤销原判，改判驳回宁夏某建筑公司一审诉讼请求；2. 一、二审诉讼费用由宁夏某建筑公司承担。

事实和理由：

一审判决认定事实错误。马某某与宁夏某建筑公司签订的《混凝土搅拌设备租赁合同》未给马某某设定租赁物使用结束后的返还义务，合同到期后，马某某没有要继续租赁该设备的意思表示，而且多次要求宁夏某建筑公司将租赁物拉走，但该公司的法定代表人周某福称把设备先放在原地，等其他工程要用时，再直接从原地拉走，该公司至今没有将设备拉走，还要求马某某承担2016年9月11日之后的占用租赁物费用。双方签订的租赁合同中明确该设备原总价值为15万元，一审判决由马某某自2016年9月11日起每月支付占用租赁物费用1万元至租赁物返还之日，将10月份至次年4月份无法施工的时间计算在内，远超过设备本身的原价值及使用时间，明显不公平。

【二审法院查明事实】

宁夏回族自治区固原市中级人民法院认定如下：马某某申请的证人周某某不能证明其多次催促宁夏某建筑公司的法定代表人周某福将设备从工地拉走的相关事实，对其主张的证明目的不予确认。宁夏某建筑公司提供其公司法定代表人周某福和马某某2017年11月19日通话录音的视听资料能够证明，通话中周某福要求马某某将搅拌设备给其送回，马某某未明确否认的事实，系补强一审案件事实的证据，应予采信。据此，一审判决认定事实清楚，二审法院予以确认。

【二审裁判理由及结果】

二审法院认为，建筑设备租赁合同是指出租人将建筑设备提供给承租人使用、收益，承租人定期给付约定租金，并于合同终止时将设备完好地归还出租人的合同。宁夏某建筑公司向马某某提供了租赁物，马某某应按约定期限支付租赁费并返还租赁物。合同约定由马某某提取租赁物，负责运输途中安全，但对租赁物使用结束后由谁负责运输并未约定，按照《中华人民共和国合同法》第二百三十五条规定：租赁期间届满，承租人应当返还租赁物。即使按照行业交易习惯，租赁物使用结束后也应由承租方将租赁物返还给出租方，故马某某负有将租赁物返还给宁夏某建筑公司的义务。马某某至今未返还，应承担违约责任。马某某主张其多次要求宁夏某建筑公司将租赁物拉走，宁夏某建筑公司当时称其他工程使用时，再直接从其工地拉走，对此该公司予以否认，马某某一审未提供证据证明，二审申请的证人周某富也不能证明其主张成立，故对其抗辩主张不予采纳。双方在合同中明确约定租赁期限为两个月，但同时约定超出租赁期限，每超一个月按 1 万元收取租赁费，依次累计。该约定不违反法律规定，一审按双方当事人约定的标准判决租赁费符合法律规定。但是按照当地气候特点和行业习惯每年 11 月 15 日起至次年 3 月 15 日期间，属于建筑行业的冬季停工期，混凝土成套搅拌设备无使用条件，故此期间的租赁费应暂停计算，一审判决未考虑此情况不当，二审法院依法予以纠正。马某某的该项上诉理由成立，二审法院予以支持。

综上所述，马某某的上诉请求部分成立。二审法院依照《中华人民共和国民事诉讼法》第一百七十条第一款第二项、第一百四十四条规定，判决如下：

一、维持宁夏回族自治区彭阳县人民法院（2017）宁 0425 民初 1959 号民事判决第一项，即"马某某返还宁夏某建筑公司型号 JS1000 混凝土成套搅拌设备 1 套"。

二、撤销宁夏回族自治区彭阳县人民法院（2017）宁 0425 民初 1959 号民事判决第二项，第三项即"马某某自 2016 年 9 月 11 日起每月支付占用租赁物费用 1 万元至租赁物返还之日""驳回宁夏某建筑公司的其他诉讼请求"。

三、马某某自 2016 年 9 月 11 日起支付占用租赁物费用每月 1 万元至租赁物返还之日，但 2016 年 11 月 15 日至 2017 年 3 月 15 日和 2017 年 11 月 15 日至 2018 年 3 月 15 日期间共 8 个月时间不予计算租赁费用；上述给付内容于本判决生效后十日内履行完毕。

四、驳回宁夏某建筑公司的其他诉讼请求。

【再审申请及理由】

再审申请人马某某不服宁夏回族自治区彭阳县人民法院（2017）宁 0425 民初 1959 号民事判决及宁夏回族自治区固原市中级人民法院（2018）宁 04 民终 118 号民事判决，向宁夏回族自治区高级人民法院申请再审。

马某某申请再审称：马某某与宁夏某建筑公司签订的《混凝土搅拌设备

租赁合同》未给马某某设定租赁物使用结束后送回至宁夏某建筑公司的义务。合同到期后,马某某没有继续租赁设备的意思表示,而且多次要求宁夏某建筑公司将租赁物拉走,宁夏某建筑公司都没有拉回去,因此马某某没有理由承担 2016 年 9 月 11 日之后占用租赁物的费用。2018 年 9 月 5 日马某某已经自担费用将设备返还给了宁夏某建筑公司。租赁设备总价值才 15 万元,二审判决马某某支付租赁费至返还之日,远超过设备本身的价值,对马某某来说,明显不公平。

【再审裁判理由及结果】

再审法院经审查认为,宁夏某建筑公司按照租赁合同约定向马某某提供了租赁物,马某某应按照合同约定期限支付租赁费并返还租赁物。合同约定由马某某提取租赁物并负责运输途中安全,但对于租赁物使用结束后由谁负责运输并未约定。马某某主张租赁物使用结束后其多次要求宁夏某建筑公司将租赁物拉走,并在二审中提交了周某富证人证言拟证明其该项主张,但宁夏某建筑公司对此不予认可,周某富的证人证言不能证明其主张。二审判决认为即使按照行业交易习惯,租赁物使用结束后也应由承租方将租赁物返还给出租方,故马某某负有将租赁物返还给宁夏某建筑公司的义务,马某某至今未返还,应承担违约责任,该认定并无不当。双方在租赁合同中约定超出租赁期限,每超一个月按 1 万元收取租赁费,依次累计,一、二审判决马某某按照月租金 1 万元的标准向宁夏某建筑公司支付占用租赁设备期间的使用费,有合同依据。二审法院考虑到当地气候特点和行业习惯,每年 11 月 15 日起至次年 3 月 15 日期间属于建筑行业的冬季停工期,混凝土成套搅拌设备无使用条件,对此期间的租赁费暂停计算,也充分考虑到了马某某的利益,马某某关于二审判决对其不公平的理由不能成立。马某某申请再审的理由不符合《中华人民共和国民事诉讼法》第二百条第二项规定的情形。依照《中华人民共和国民事诉讼法》第二百零四条第一款,《最高人民法院关于适用〈中华人民共和国民事诉讼法〉的解释》第三百九十五条第二款规定,裁定如下:

驳回马某某的再审申请。

（二）合同有约定的，依照合同约定处理

【案件基本信息】

1. 裁判书字号

吐鲁番市人民法院（2014）吐民初字第1093号民事判决书

吐鲁番地区中级人民法院（2015）吐中民一终字第171号民事判决书

新疆维吾尔自治区高级人民法院（2016）新民再204号民事判决书

2. 当事人

原告（二审被上诉人、再审被申请人）：刘某某

被告（二审被上诉人）：新疆某公司（原新疆某股份公司）

被告（二审上诉人、再审申请人）：石河子市某建筑公司

【一审法院查明事实】

吐鲁番市人民法院查明：2006年8月20日，石河子市某建筑公司（乙方）委托其员工×××、刘某某与吐鲁番市某机械租赁站（甲方）签订一份《建筑设备租赁合同》。合同约定：一、乙方在租用材料前必须向甲方预交押金，押金为设备总价的50%，所交押金不能作为租金，只能在货物送达后作为最后一个月的租金结算，多退少补。甲方如在五日内不能给乙方退还多余的押金，应承担退还押金的贷款利息，并加千分之五的违约金。二、乙方租用货物的数量按租赁条据为准，租赁清单经双方签字即具有法律效力。租赁期不满一个月按一个月计算，一个月以上的按实际天数计算。材料送还完毕立即结清全部租赁费，价格可下浮20%，反之不优惠。三、租赁期自2006年8月20日至租赁物全部归还并结清租赁费后合同终止。四、租赁物所用工地：联达公司电厂工程。……六、乙方每月必须结清当月租金，推迟半个月价格上浮50%……。十、报停事项：乙方所租用的货物如在冬季不能施工的情况下，乙方需要报停，应给甲方写出书面报停报告，经甲方同意加盖公章，或签字后方可生效（注：报停时必须把当年的租金全部付清），押金另计，如果没有办理报停手续的一律不予报停，租金继续计算……。十一、违约责任：合同生效后，甲乙双方按合同规定条款执行，按付款日期结算，拖延结算付

款的应按银行贷款利息计算，并加总额日息千分之五的违约金……。十二、双方材料返还并结清租金后，本合同自行失效。新疆某公司为石河子市某建筑公司提供担保。石河子市某建筑公司委托代理人×××、刘某某在合同上签字并加盖工程部公章。合同签订前后，自 2006 年 6 月 8 日至 2007 年 6 月 6 日石河子市某建筑公司委托人×××、刘某某先后租赁并归还刘某某租赁物品数量在庭审中双方经核对确认，产生租金共计 367 469.4 元（未归还的租赁物，租金计算至 2011 年 8 月 3 日）。归还的各型号钢模板缺少挡撑 219 处。石河子市某建筑公司先后两次给付刘某某现金 34 714 元，以转账方式给付 10 000 元，合计给付租赁费 44 714 元。石河子市某建筑公司对租金计算截止时间、冬季是否计算租赁费以及利息有异议。

【一审裁判理由及结果】

吐鲁番市人民法院认为：2006 年 8 月 20 日，石河子市某建筑公司委托×××、刘某某与吐鲁番市某机械租赁站（业主为刘某某）签订的《建筑设备租赁合同》内容合法，是双方真实意思表示，一审法院予以认定。石河子市某建筑公司租赁刘某某建筑设备的时间、品名、数量以及归还的时间，均有刘某某与石河子市某建筑公司委托×××、刘某某签字的出库单和入库单证实，并在法庭经双方核实，双方对已归还物品的数量没有异议，予以确认。另，刘某某在与被告石河子市某建筑公司签订租赁合同时虽然盖了吐鲁番市某机械租赁站字号章，但刘某某实际是个体业主，其以个人名义起诉，不违反国家法律规定，新疆某公司认为主体有误的理由不成立，不予支持。对石河子市某建筑公司主张的诉讼时效已过问题，一审法院认为，双方签订的租赁合同明确约定，材料返还并结清租金后，合同自行失效，也就是说，合同没有约定具体终止时间，石河子市某建筑公司在履行合同时一直没有将租赁物全部归还刘某某，刘某某的部分租赁物还在石河子市某建筑公司处，刘某某自向法院提起诉讼时视为该租赁物合同终止，故石河子市某建筑公司辩解六个月的担保期限已过，其不应承担担保责任的理由不成立，不予支持。石河子市某建筑公司欠刘某某租赁费 367 469.4 元（详见租赁费计算清单），石河子市某建筑公司于 2006 年 7 月 28 日至 2006 年 12 月 8 日 3 次向刘某某支付租赁费 44 714 元，刘某某虽对其中的 10 000 元不予认可，但未向法庭提供证据予以证明，对抗辩理由不予采信，一审法院确认石河子市某建筑公司已归还租赁费 44 714 元，两项相抵后，实际还欠 322 755.4 元，刘某某向石河子市某建筑公司主张 285 714.21 元，没有损害他人利益，予以认定。另，刘某某要求石河子市某建筑公司赔偿利息损失是合理的，但计算有误，按照中国人民银行 2007 年 7 月公布的中长期贷款基准高利率 7.37% 计算（3－5 年），从 2007 年 7 月 1 日至 2011 年 8 月，利息共计 86 099.97 元（年利率 7.38% ÷ 12 个月 ×49 个月 ×285 714.21 元），刘某某主张利息损失 65 784.65 元。没有损害他人利益，予以认定。此外，石河子市某建筑公司对赔偿钢模板损坏 219 处每处 3 元的修理费计 657 元，没有异议，予以确认。对刘某某主张的返还剩余租赁物的请求，予以支持。对石河子市某建筑公司实际上多还了刘某某物资。因石河子市某建筑公司对多归还的部分未提出反诉，法院对多归还的物资，不做处理。综上所述，依照《中华人民共和国民法通则》第一百零六条、第一百零八条、第一百一十一条、《中华人民共和国担保法》第十二条、第二十一条之规定，判决如下：

1. 新疆某公司欠刘某某租赁费 285 714.21 元、赔偿利息损失 65 784.65 元、赔偿钢模板损坏的修理费 657 元，合计 352 155.86 元，在本判决生效后十日内付清。由新疆某公司承担连带给付责任。

2. 新疆某公司归还租赁刘某某接头 5 个、3015 型钢模板 164 块、2575 型钢模板 16 块、1015 型钢模板 14 块、1506 型钢模板 1 块、1012 型钢模板 15 块、2512 型钢模板 2 块，在本判决生效后十日内退还完毕。

【二审法院查明事实】

石河子市某建筑公司不服一审判决，向吐鲁番地区中级人民法院提出上诉称：1. 本案已过诉讼时效，应驳回刘某某的诉讼请求，支持石河子市某建筑公司提出的本案已过诉讼时效抗辩。具体理由如下：1. 石河子市某建筑公司在一审及上诉书中已提出诉讼时效抗辩，法院就应该支持该抗辩，依据《最高人民法院关于审理民事案件适用诉讼时效制度若干问题的规定》第一条"当事人可以对债权请求权提出诉讼时效抗辩"、第三条"当事人未提出诉讼时效抗辩，人民法院不应对诉讼时效问题进行释明及主动适用诉讼时效的规定进行裁判"、第四条"当事人在一审期间未提出诉讼时效抗辩，在二审期间提出的，人民法院不予支持"。2. 刘某某无证据证明在 2011 年 4 月 26 日前诉讼时效中断，请求法院支持石河子市某建筑公司提出的诉讼时效的抗辩。3. 双方签订的是无固定期限租赁合同，依据《中华人民共和国合同法》第二百二十六条规定"租赁期间一年以上的，应当在每届满一年时支付"，刘某某应于每一个租赁期满一年时及时向石河子市某建筑公司索要租赁物和租金，应于2007年6月7日至2008年6月7日届满一年时，索要租赁物和租金，但其在2007年6月7日至2011年4月26日这四年期间一直未主张。依据《中华人民共和国合同法》第一百一十九条规定"当事人一方违约后，对方应当采取适当的措施防止损失的扩大；没有采取适当措施致使损失扩大的，不得就扩大的损失要求赔偿"。刘某某在2007年6月7日以后长达四年的时间里未主张权利，因此不得就扩大部分损失向石河子市某建筑公司要求赔偿，因此石河子市某建筑公司只认可刘某某2010年4月26日至2011年4月26日期间一年的租金。4. 依据《中华人民共和国民法通则》第一百三十六条第三项的规定"延付或拒付租金适用于一年的诉讼时效"，刘某某应于2008年6月6日前起诉，但其却在2011年4月26日才起诉，已过诉讼时效。5. 石河子市某建筑公司在2007年6月6日已将租赁物归还完毕，并明确表示不再租用。刘某某起诉时间应为2007年6月7日至2008年6月7日，但其在这段时间未起诉，直到2011年4月26日才到法院起诉，已超过法律一年的时效，虽有诉讼权但无胜诉权。2. 双方签订的租赁合同，是在合同双方没有纠纷的情况下算账用的，在合同双方有纠纷的情况下望二审法院依法判决。3. 一审判决书第一项"被告……承担连带给付责任"，第二项"被告……2512型钢模板"，石河子市某建筑公司认为该两项判决是错误的，没有事实依据。4. 刘某某扣押石河子市某建筑公司的87块3015型钢模，石河子市某建筑公司找车去拉这87块钢模和多还的租赁物，但刘某某以石河子市某建筑公司欠租金为由不让拉，即进行扣押。望二审法院针对这一事实明查。5. 一审法院未相抵相关的租赁物，造成租金计算错误。相抵的物品都有入库收条，刘某某一审诉状中也同意相抵。全国各地的建筑设备租赁站对租赁物，同品种的钢管以长度计量，角模以长度计量，扣件以个计量，钢模以面积计量，只要钢管、角模总长度够数，就算已还完，扣件总数量够数，就算还完，只要钢模总面积够数，就算已还完，这是行规。一审法院未将已还完成的租赁物相抵，一直计算租金，属于重复计算。综上，请求二审依法判令：1. 支持石河子市某建筑公司关于诉讼时效的抗辩；2. 依法撤销一审判决第一、二项；3. 判令刘某某承担

一、二审案件诉讼费。被上诉人刘某某答辩称：1. 关于时效问题不存在。因为刘某某第一次起诉是以公司名义进行的起诉，石河子市某建筑公司称不能以公司名义进行起诉，要求以个人名义起诉，第二次刘某某以个人名义起诉。且双方在租赁合同中明确租赁物什么时间还完，什么时间合同终止，所以不存在时效问题。2. 租赁费是否多算的问题。在一审中双方均对原审判决查明部分无异议，因为双方在租赁合同中明确约定，冬季不能算租赁费，有个前提，如果不能施工要向刘某某打报告，经刘某某同意加盖公章，或者签字生效，且要结清当年租金。石河子市某建筑公司没有结清当年租金且刘某某也未签字认可，所以冬季不能施工期间的租赁费应当计算。3. 石河子市某建筑公司没有按照合同约定的规格交付钢管，其它规格的钢管虽然存在多收取的情况，但因石河子市某建筑公司未全额支付租赁费，所以多收取的归还的租赁物应属于抵押，并不是置换。请求二审法院依法维持原判，驳回上诉。被上诉人新疆某公司答辩称，新疆某公司作为担保人，关于本案未做过多的调查，请求二审法院依法支持石河子市某建筑公司的诉请。

二审另查明：在庭审中双方经核对确认：3015 型钢模板 1680 块，归还 1641 块，未归还 39 块；2575 型钢模板 16 块，归还 16 块；产生租金共计 367 469.4 元（未归还的租赁物，租金计算至 2011 年 8 月 3 日）。

再查明，刘某某在 2011 年 8 月 3 日起诉一审的诉讼请求是：1. 判令石河子市某建筑公司与新疆某公司连带支付拖欠的建筑设备租赁费 285 714.21 元（此款不包括已付款），支付欠款利息 65 784.65 元。2. 判令石河子市某建筑公司与新疆某公司赔偿损坏的租赁物 657 元（该设备经维修花费了 657 元）。3. 判令石河子市某建筑公司返还剩余租赁物。4. 判令石河子市某建筑公司与新疆某公司承担本案的诉讼费。

【二审裁判理由及结果】

吐鲁番地区中级人民法院认为，本案双方争议的焦点是：1. 刘某某起诉是否已过诉讼时效。2. 石河子市某建筑公司是否应当向刘某某支付租赁费 285 714.21 元以及利息损失 65 784.65 元。

关于刘某某起诉是否已过诉讼时效的问题。石河子市某建筑公司承租刘某某的建筑设备后至今未按照租赁物的种类、规格、型号全部归还。根据石河子市某建筑公司与刘某某签订的《建筑设备租赁合同》关于"本合同的租赁期限自 2006 年 8 月 20 日至货物全部还清，租赁费结算并支付完毕后合同终止"的约定，双方之间租赁合同继续有效，租赁关系持续存在，石河子市某建筑公司一直在占用租赁物，租赁关系存续期间租金不断产生，在法院依法就双方租赁合同纠纷作出终审判决时，视为双方签订的租赁合同终止。租赁合同终止时为诉讼时效起算的时点。故刘某某起诉石河子市某建筑公司及新疆某公司未过诉讼时效。石河子市某建筑公司关于本案已过诉讼时效的上诉理由，法院不予支持。石河子市某建筑公司上诉称，本案应当适用一年的诉讼时效，认为刘某某在石河子市某建筑公司欠付租金一年内应予索要或者向法院起诉，而刘某某在一年之后才起诉，已过诉讼时效的上诉理由，于法无据，法院不予采信。

关于石河子市某建筑公司是否应当向刘某某支付租赁费 285 714.21 元以及利息损失 65 784.65 元的问题。石河子市某建筑公司承租刘某某的建筑设备就应当根据双方签订的《建筑设备租赁合同》的约定支付租赁费。经查石河子市某建筑公司承租刘某某建筑设备共计产生租赁费 367 469.4 元。一审认定事实清楚，证据充分，应予维持。石河子市某建筑公司上诉称，冬季停工期间的租赁费不应支付的上诉理由，因石河子市某建筑公司与刘某某签订的《建筑设备租赁合同》中明确约定冬季不计算租赁费的前提是石河子市某建筑公司要向刘某某打报告，经刘某某同意加盖公章，或者签字生效，且要结清当年租金。石河子市某建筑公司没有结清当年租金且刘某某也未签字认可，所以冬季不能施工期间的租赁费仍应当继续计算。故该上诉理由，不予采信。石河子市某建筑公司又称，刘某某主张未归还的建筑设备租金计算至 2011 年 8 月 3 日不合理，且未将多归还租赁物进行抵销，致使租赁费计算不客观、不真实的上诉理由，因双方签订的《建筑设备租赁合同》约定货物归还时要和租赁清单相符，原质返还。故应当按照租赁清单返还承租物。虽然返还过程中确实存在某一种类型的建筑设备多返还的情况，但由于双方未达成抵销其他租赁物的书面协议，且一、二审时刘某某都不同意抵销。故此项上诉理由，不予采信。

二审时双方当事人对均认可石河子市某建筑公司借 3015 型钢模板 1680块，归还 1641 块，未归还 39 块；借 2575 型钢模板 16 块，归还 16 块的事实，故一审判决此处错误，予以纠正。石河子市某建筑公司对多归还的建筑设备有权要求被刘某某予以返还，但因其在一审时未提出反诉，经二审法院释明后石河子市某建筑公司撤回了要求刘某某返还多收的建筑设备，故二审法院不做处理。

关于一审法院对石河子市某建筑公司多归还刘某某的物资与石河子市某建筑公司未归还刘某某的物资进行相抵，石河子市某建筑公司不予认可，且此种处理方式亦与双方签订的《建筑设备租赁合同》中关于货物归还时要和租赁清单相符，原质返还的约定相悖，予以纠正。

综上，原判认定事实不清，应予纠正。经该院审判委员会讨论决定，判决如下：

1. 维持吐鲁番市人民法院（2014）吐民初字第 1093 号民事判决第（一）项即"新疆欠刘某某租赁费 285 714.21 元，赔偿利息损失 65 784.65 元、赔偿钢模板损坏的修理费 657 元，合计 352 155.86 元。在本判决生效后十日内付清。由新疆某公司承担连带给付责任"。

2. 撤销吐鲁番市人民法院（2014）吐民初字第 1093 号民事判决第（二）项即"石河子市某建筑公司归还租赁刘某某：接头 5 个、3015 型钢模板 164 块、2575 型钢模板 16 块、1015 型钢模板 14 块、1506 型钢模板 1 块、1012 型钢模板 15 块、2512 型钢模板 2 块。在本判决生效后十日内退还完毕。由新疆某公司承担连带归还责任"。

3. 石河子市某建筑公司归还租赁刘某某：4m 长钢架管 12 根；3.5 米长钢架管未归还 146 根；1.5 米长钢架管 402 根；0.6m 长角模 25 根；接头 5 个；3015 型钢模板 39 块；1015 型钢模板 14 块；1506 型钢模板 1 块；1012 型钢模板 15 块；2512 型钢模板 2 块。在本判决生效后十日内退还完毕。由新疆某公司承担连带归还责任。

【再审申请及理由】

石河子市某建筑公司向新疆维吾尔自治区高级人民法申请再审称：1. 原审认定租赁合同直至刘某某向法院提起诉讼时才终止是错误的。石河子市某建筑公司截至 2007 年 6 月已全部还清租赁设备且多还了部分设备，刘某某收取建筑设备的行为表明双方此时已终止租赁合同。2. 原审认定租赁费金额有误。租赁费应当计算至合同实际终止的时间点 2007 年 6 月，另外刘某某收取了与合同约定的规格、型号不符的租赁物，且多收取了租赁物，该部分租赁物仍处于其掌控之下，由此产生的收益完全可以抵偿所谓"未归还租赁物"和租赁费。3. 刘某某的诉讼请求已过诉讼时效。租赁合同已于 2007 年 6 月终止，刘某某于 2011 年 4 月向法院提起诉讼明显已过法律规定的一年诉讼时效。综上，原审认定事实错误，适用法律有误，请求再审驳回刘某某的诉讼请求。

【再审裁判理由及结果】

新疆维吾尔自治区高级人民法院再审审理期间，各方当事人均未提交新证据，再审法院查明的事实与二审查明的事实基本一致。

再审法院再审另查明，刘某某第一次提起诉讼计算租赁费时，将石河子市某建筑公司多还的租赁设备与不能归还的同类设备进行了折抵。其中，6 米钢管多还 194 根，抵清未还 4 米钢管 12 根、3.5 米钢管 146 根、1.5 米钢管 402 根；1.5 米角模多还 12 根，抵清未还 0.6 米角模 25 根。上述租赁设备归还完毕时间分别为：钢管 2007 年 5 月 6 日，角模 2007 年 5 月 18 日。此外，多还 188 个扣件的时间为 2006 年 12 月 10 日。2006 年 7 月 24 日，石河子市某建筑公司多还 20×60 的钢模 3 块。钢模板日租金 0.2 元/块。

再审法院认为，本案争议焦点是：1. 刘某某提起诉讼是否超过诉讼时效；2. 广联公司是否尚欠刘某某租赁费。

关于刘某某提起诉讼是否超过诉讼时效的问题。《中华人民共和国民法通则》第一百三十七条规定，诉讼时效期间从知道或应当知道权利被侵害时起计算。本案中，石河子市某建筑公司与刘某某签订的《建筑设备租赁合同》约定"本合同的租赁期限自 2006 年 8 月 20 日至货物全部还清，租赁费结算并支付完毕后合同终止"，据此，只有在租赁物全部还清时，刘某某才能知道或者应当知道其权利是否受到侵害，此时才是诉讼时效的起算时间。由于石河子市某建筑公司在刘某某提起诉讼时尚未完全履行归还租赁物的合同义务，因此，其关于本案已过诉讼时效的再审理由不能成立，再审法院不予支持。

关于石河子市某建筑公司是否尚欠刘某某租赁费的问题。石河子市某建筑公司和刘某某对原审查明的实际租赁和已归还的租赁物明细不持异议，只是对未原物归还的租赁物是否折抵租赁费产生争议。再审法院认为，虽然石河子市某建筑公司未全部按照合同约定的规格、型号归还租赁物，但是其多返还的租赁物刘某某已经收取，并在第一次提起诉讼计算租赁费时按照同等数量进行了折抵。这种交易方式符合建筑设备租赁行业的交易习惯，且与租赁合同约定的"原质返还"并不矛盾。因此，在计算租赁费时，石河子市某建筑公司多返还的租赁物应当与未能返还的同类租赁物按同等数量进行相应折抵。具体计算如下：1. 2006 年 7 月 24 日多还 20×60 的钢模板 3 块，抵未还的 71 块钢模板中的 3 块（日租赁费 0.6 元，抵 1015 型号 3 块）。此后 3 块钢模板的租赁费不再计取。二审判决多计 2006 年 7 月 25 日至 2013 年 1 月 30 日期间 3 块钢模板租赁费 1428 元（0.6 元/天×2380 天）。2. 2006 年 12 月 10 日多还 188 个扣件，抵清未还的 5 个扣件（日租赁费 0.4 元）。此后扣件租赁费不再计取。二审判决多计 2006 年 12 月 11 日至 2013 年 1 月 30 日期间扣件租赁费 896.4 元（0.4 元/天×2241 天）。3. 2007 年 5 月 6 日多还 6 米钢管 194根，共 1164 米，抵清未还的钢管 1162 米（日租赁费 71.8 元）。此后钢管租赁费不再计取。二审判决多计 2007 年 5 月 7 日至 2013 年 1 月 30 日期间钢管租赁费 148 123.4 元（71.8 元/天×2063 天）。4. 2007 年 5 月 18 日多还 1.5 米角模 12 根，共 18 米，抵清未还的 0.6 米 25 根角模 15 米（日租赁费 3.75元）。此后角模的租赁费不再计取。二审判决多计 2007 年 5 月 19 日至 2013 年 1 月 30 日期间角模租赁费 7691.25 元（3.75 元/天×2051 天）。以上共计多计租赁费 158 139.05 元。据此，石河子市某建筑公司自承租时起至 2013 年 1 月 30 日共应支付租赁费 174 401.45 元（二审判决计 332 540.5 元 − 多计158 139.05元），扣减已支付的租赁费 44 714 元，尚欠 129 687.45 元，应予支付。原审法院计算租赁费数额有误，以此为基数计算的利息数额亦错误，应为39 081.31元（以原审法院计算的期限和利率为准）。

由于再审法院将多归还的租赁物与未归还的同类租赁物进行等量折抵，视为归还，因此，石河子市某建筑公司现尚有 68 块钢模板未归还，应予归还。

新疆某公司承担连带给付责任的范围以再审法院认定石河子市某建筑公司的责任范围为限。

综上，原审判决认定部分事实有误。依照《中华人民共和国民事诉讼法》第二百零七条、第一百七十条第一款第（二）项和《最高人民法院关于适用〈中华人民共和国民事诉讼法〉的解释》第四百零七条第二款之规定，判决如下：

一、撤销新疆维吾尔自治区吐鲁番市人民法院（2014）吐民初字第1093号民事判决和新疆维吾尔自治区吐鲁番地区中级人民法院（2015）吐中民一终字第171号民事判决；

二、新疆某公司于判决生效后十日内向刘某某支付租赁费129 687.45元，赔偿利息损失39 081.31元，赔偿钢模板损坏的修理费657元，合计169 425.76元。新疆某公司承担连带给付责任；

三、新疆某公司于判决生效后十日内向刘某某归还钢模板68块，其中：3015型39块、1015型11块、1506型1块、1012型15块、2512型2块。新疆某公司承担连带归还责任。

【裁判要点】

依据行业习惯干寒区建筑工程冬季停工期间不应支付租金。

【裁判解析】

1. 问题来源

我国南北纬度跨度较大，随着冬季的到来，北方地区大部分区域气温较低，特别是青海、西藏、新疆、黑龙江等冬季高寒区。而建筑工程施工过程中采用的钢筋、混凝土、固定胶等建筑材料受气温影响较大，如民用建筑混凝土，低于-5℃，初凝期超出行业标准值，影响了建筑物的使用寿命。

根据《建筑工程冬期施工规程（JGJ/T 104－97）》的规定，室外日平均气温连续5天稳定低于5℃即进入冬期施工。

因此，为了保证建筑的整体质量和寿命，很多建筑工地室外施工会全面停止。而在停工期间，建设施工方租赁的设备也会被闲置。那么在停工期间，由于建筑设备闲置没有使用，设备租赁方是否要正常给付设备出租方租金成了一个具有争议性的问题。

2. 争议情况

由于冬季停工，租用的设备未正常使用，对设备的磨损折旧等有限，且有时候工程停工并不是建设施工单位所决定的，是实际天气情况造成，属不可抗力，或是有相关部门规定停工。在同区域停工期间，即使其它项目也存在停工情况，同样的建筑设备一样不能使用，因此设备租赁方不应当支付停工期间的租赁费。上述案例一中，宁夏回族自治区固原市中级人民法院考虑到当地气候特点和行业习惯，每年11月15日起至次年3月15日期间属于建筑行业的冬季停工期，混凝土成套搅拌设备无使用条件，对此期间的租赁费暂停计算。

3. 论证分析

高寒区冬季停工十分常见，建筑设备租赁费用的给付可依据行业习惯进行，在高寒区冬季停工期间一般正常给付设备租赁费用，若有疑义，双方可进行协商，并在合同中明确规定。虽然冬季停工不付租金已成为建筑行业的行业习惯，但在案例二中，双方当事人对停付租金有特别约定，石河子市某建筑公司与刘某某签订的《建筑设备租赁合同》中明确约定冬季不计算租赁费的前提是石河子市某建筑公司要向刘某某打报告，经刘某某同意加盖公章，或者签字生效，且要结清当年租金。石河子市某建筑公司没有结清当年租金且刘某某也未签字认可，所以冬季不能施工期间的租赁费仍应当继续计算。在法律适用的原则当中，其中最重要的就是双方当事人如果有约定的按约定处理，如果双方当事人无约定的依据我国相关法律规定来解决，但是约定的前提是不违反有关法律规定。因此，因为案例二中双方当时人对停工期间的租金支付有特别约定且该约定不违反相关法律规定，理应按照双方当事人的具体约定处理本案中租金支付问题。

附例

新疆维吾尔自治区高级人民法院（2018）新民申 1232 号
新疆维吾尔自治区高级人民法院（2018）新民申 1328 号

案例附录

1. 最高人民法院				
序号	法院	案号	争议焦点	判决结果
1	最高人民法院	（2014）民申字第 2179 号	诉讼时效的适用	同一债务分期履行，诉讼时效从最后一期届满之日起计算
2	最高人民法院	（2014）民申字第 1552 号	已达成执行和解协议并已实际履行，能否再申请再审	若在执行和解协议中未声明不放弃申请再审的权利，应终结审查
3	最高人民法院	（2014）民申字第 642 号	已达成执行和解协议并已实际履行，能否再申请再审	若在执行和解协议中未声明不放弃申请再审的权利，应终结审查
4	最高人民法院	（2016）最高法民再 293 号	1. 债权转让的效力 2. 冬季报停期间的租金是否应继续计算 3. 事实租赁关系的认定	1. 第三人经债权人同意后，自愿承继债务人的债务并向债权人出具欠条，应认定为合法有效的债务转移 2. 双方在合同中约定未办理书面报停手续的，正常计取租金 3. 实际承租人退出施工后，他人继续使用其租赁物的，视为已形成事实上的租赁关系

5	最高人民法院	（2018）最高法民申 1752 号	1. 仅有结算清单能否作为结欠租金的依据 2. 公司与股东资产混同的认定及责任承担	1. 在结算清单欠款人处承租方已签字可作为认定租金的依据 2. 租金由股东个人账户支付，且未提供公司财务账册等证据，应当认定公司与股东财产混同，股东对涉案债务承担连带责任
6	最高人民法院	（2018）最高法民申 2666 号	表见代理的认定	主张成立表见代理的当事人应证明无权代理人客观上具有代理权的表象，还应证明自己善意且无过失地相信对方有代理权，否则不予认定
7	最高人民法院	（2017）最高法民申 1048 号	租赁合同上公章真实，但签订人系无权代理且与出租方串通将其他租赁物转入案涉租赁合同下，公司是否应承担合同责任	不承担
8	最高人民法院	（2015）民申字第 1216 号	怎样辨别物资是否已全部归还	"未退设备价值"项目中注明为"0"在无特别约定的情况下，应理解为没有未退物资
9	最高人民法院	（2014）民申字第 2066 号	1. 利息起算时间 2. 赔偿损失认定问题	1. 利息起算时间应按照租赁合同约定 2. 因承租方原因给出租方造成损失的，由承租方赔偿出租方的损失

10	最高人民法院	（2015）民申字第 1324 号	双方原约定付款方式无法成就且无再行约定，付款方式应如何认定	以现金方式支付租金
11	最高人民法院	（2016）最高法民申 451 号	1. 印章虚假的认定 2. 公安已立案侦查的伪造印章的刑事案件，是否影响涉及该印章签订的民事合同案件的办理	1. 在没有申请鉴定的情况下，可结合使用该印章签订的其它合同的事实来认定 2. 不影响
12	最高人民法院	（2015）民申字第 3402 号	挂靠方以被挂靠方名义签订租赁合同，被挂靠方应否承担责任	应承担
13	最高人民法院	（2018）最高法民申 530 号	合同是否实际履行的举证责任分配	谁主张谁举证
14	最高人民法院	（2018）最高法民辖 72 号	法院管辖	适用便于审理原则
15	最高人民法院	（2018）最高法民申 5605 号	约定未结清租赁费不予报停的效力	有效
16	最高人民法院	（2018）最高法民申 3089 号	承租方对合同印章不予认可的责任承担	合同签订人系工程负责人，应承担责任
17	最高人民法院	（2018）最高法民申 5109 号	未签订租赁合同，出库单亦未约定租金标准，应否支付租金	依据等价有偿原则，应支付租金

2. 北京市高院				
序号	法院	案号	争议焦点	判决结果
18	北京市高级人民法院	（2018）京民申 2677 号	承租方提交的出库单、入库单能否证明其已返还租赁物	能证明
19	北京市高级人民法院	（2018）京民申 3866 号	银行承兑汇票背书能否证明双方之间租赁关系的存在	不能证明
20	北京市高级人民法院	（2018）京民申 3226 号	租赁事实的认定	当双方当事人均不能提交直接证据证明租赁事实存在时，应根据案件情况判断一方提供证据的证明力是否明显大于另一方提供证据的证明力，并对证明力较大的证据证明的事实予以确认
21	北京市高级人民法院	（2018）京民申 3376 号	1. 当一直未返还剩余部分租赁设备时，是否应持续计算租金 2. 明确无法返还剩余租赁设备时，赔偿价格如何计算	1. 应持续计算租金 2. 无法返还剩余租赁设备时依照设备市场价格、折旧程度酌情认定尚未归还租赁设备的价值
22	北京市高级人民法院	（2018）京民申 3771 号	表见代理的认定	当事人不能提供充分证据证明个人是冒用其公司名义签订租赁合同时，应承担合同责任

续表

23	北京市高级人民法院	（2017）京民申 621 号	怎样认定个人行为与职务行为	发货单、退货单、对账单等证据上均显示合同的相对方为个人，且由个人账户付款时，不能证明租赁行为系职务行为，应认定为个人行为
24	北京市高级人民法院	（2017）京民申 336 号	举证责任的证明及后果承担	当事人对自己提出的诉讼请求所依据的事实或反驳对方诉讼请求所依据的事实有责任提供证据加以证明，没有证据或证据不足的，由负有举证责任的一方承担不利后果
25	北京市高级人民法院	（2017）京民申 141 号	诉讼时效问题	在租赁物仍在承租期间，合同尚未履行终结前，可以随时请求解除合同、返还租赁物
26	北京市高级人民法院	（2016）京民申 3838 号	逾期未返还租赁物时，在要求相应赔偿的情况下，能否同时要求承租方继续支付上述物资在未返还期间的租赁费	不予支持
27	北京市高级人民法院	（2016）京民申 2023 号	举证责任的证明及后果承担	当事人对自己提出的诉讼请求所依据的事实或反驳对方诉讼请求所依据的事实有责任提供证据加以证明，没有证据或证据不足的，由负有举证责任的一方承担不利后果

28	北京市高级人民法院	（2016）京民申 1797 号	租赁事实的认定	当双方当事人均不能提交直接证据证明租赁事实存在时，应根据案件情况判断一方提供证据的证明力是否明显大于另一方提供证据的证明力，并对证明力较大的证据证明的事实予以确认
29	北京市高级人民法院	（2016）京民申 121 号	无权代理的认定	公司员工以公司的名义签订租赁合同时，既没有公司的授权，合同上也没有公司的签字或盖章，视为无权代理
30	北京市高级人民法院	（2016）京民申 1035 号	无权代理的追认	无权代理人以公司名义签订租赁合同后，公司以自己行为实际履行了合同，视为对该合同的追认
31	北京市高级人民法院	（2016）京民申 1156 号	调解书的法律效力	调解书经双方当事人签收后即具有法律效力
32	北京市高级人民法院	（2015）高民申字第 02629 号	职务行为的认定	个人以其本人名义签订租赁合同时，未出具公司的授权亦未告知对方是公司的代理人，公司亦不能提供证据证明是其公司员工，不能认定签订此合同系职务行为
33	北京市高级人民法院	（2015）高民申字第 02326 号	合同效力问题	依法成立的合同对双方具有约束力

34	北京市 高级人民法院	（2015）高民 申字第 00576 号	对签订租赁合同的个人涉嫌伪造企事业单位印章的立案决定书能否定租赁合同的有效性；能否作为要求原审法院中止执行的理由	不能
35	北京市 高级人民法院	（2015）高民 申字第 00565 号	举证责任的证明及后果承担	当事人对自己提出的诉讼请求所依据的事实或反驳对方诉讼请求所依据的事实有责任提供证据加以证明，没有证据或证据不足的，由负有举证责任的一方承担不利后果
36	北京市 高级人民法院	（2014）高民 申字第 02632 号	1. 表见代理的认定 2. 项目部对外担保的效力及责任承担	当项目部和施工队以所属单位名义对外签订租赁合同和担保合同时，由其所属单位承担相应的合同责任
37	北京市 高级人民法院	（2014）高民 申字第 02509 号	1. 职务行为的认定 2. 租赁物实际承租使用的判别 3. 合同相对性原则	1. 公司的工作人员签订租赁合同的行为系履行职务行为 2. 送、退货单据日期不在工期内，不能否定对租赁物的承租使用
38	北京市 高级人民法院	（2014）高民 申字第 4505 号	职务行为的认定及责任承担	当事人主张与其签订租赁合同的个人系履行职务行为时应提供充足的证据证明其与个人所属公司之间存在租赁关系，否则不予支持

续表

39	北京市 高级人民法院	（2014）高民 申字第 03758 号	租赁合同中租金 的计算标准	租赁物的实际使用量明 显少于合同约定数量 时，应依据实际使用量 计算租金
40	北京市 高级人民法院	（2014）高民 申字第 01388 号	再审审查过程 中，再审申请人 能否撤回再审 申请	准许撤回
41	北京市 高级人民法院	（2014）高民 申字第 00794 号	职务行为的认定 及责任承担	由公司承担
42	北京市 高级人民法院	（2014）高民 申字第 01261 号	在租赁物未能退 场的情况下，出 租方能否要求承 租方支付租赁物 未能退场期间的 租金及赔偿损失	在出租方未能举证证明 是承租方的原因导致租 赁物未能退场的情况 下，不予支持
43	北京市 高级人民法院	（2014）高民 申字第 1732 号	表见代理及相对 人是否善意的 认定	相对人在签订和履行合 同过程中已尽到合理注 意义务即为善意

3. 贵州省高院

序号	法院	案号	争议焦点	判决结果
44	贵州省 高级人民法院	（2018）黔民 申 666 号	个人行为与职务 行为的认定	个人签订租赁合同且合 同和结算清单均无公司 印章，应由个人承担合 同责任
45	贵州省 高级人民法院	（2017）黔民 申 2728 号	无权代理人签订 租赁合同的身份 认定问题	裁定再审
46	贵州省 高级人民法院	（2018）黔民 申 667 号	印章虚假的责任 承担	若公司项目部实际使用 了涉案物资，应由公司 承担合同责任

47	贵州省 高级人民法院	（2017）黔民 申 3154 号	名为租赁实为分期付款的买卖合同的证明问题	自认为租赁后又主张为买卖合同，应提供分期付款等证据
48	贵州省 高级人民法院	（2017）黔民 申 909 号	二审法院书面审理是否属程序违法	合议庭认为不需要开庭审理的可以不开庭
49	贵州省 高级人民法院	（2018）黔民 申 64 号	土地承租方在出租方土地上修建不动产的拆迁款问题	归承租方
50	贵州省 高级人民法院	（2018）黔民 申 1506 号	1. 承租方内部关系能否对抗租赁合同 2. 已立案的印章伪造刑事案件是否影响案涉该印章签订的租赁合同民事判决结果	1. 不能对抗 2. 不影响
51	贵州省 高级人民法院	（2018）黔民 申 1355 号	项目部责任的承担	由设立项目部的公司承担相应责任
52	贵州省 高级人民法院	（2017）黔民 申 2825 号	项目部印章的真假责任承担	裁定再审
53	贵州省 高级人民法院	（2017）黔民 申 3059 号	项目部章表见代理的认定	个人持项目部章签订合同构成表见代理
54	贵州省 高级人民法院	（2017）黔民 申 2351 号	合同印章真假的举证责任	主张案涉合同的签章系伪造的一方应举证
55	贵州省 高级人民法院	（2017）黔民 申 910 号	二审法院书面审理是否属程序违法	合议庭认为不需要开庭审理的可以不开庭

续表

56	贵州省 高级人民法院	（2017）黔民 辖监 2 号	管辖权异议	裁定原法院继续审理
57	贵州省 高级人民法院	（2017）黔民 申 335 号	法人人格混同的 责任承担	承担连带责任
58	贵州省 高级人民法院	（2016）黔民 申 1373 号	项目部印章的法 律效力	合法有效，公司应对项 目部的行为负责
59	贵州省 高级人民法院	（2016）黔民 申 1688 号	项目部章的举证 责任	主张印章虚假的一方应 承担举证责任
60	贵州省 高级人民法院	（2016）黔民 申 1553 号	代付款承诺书的 效力	有效，出具承诺书的当 事人承担相应责任
61	贵州省 高级人民法院	（2016）黔民 申 1332 号	私刻项目部章的 举证责任	主张印章虚假的一方应 承担举证责任
62	贵州省 高级人民法院	（2014）黔高 民申字第 641 号	承诺代付款的责 任承担	出具承诺书的一方应承 担相应责任
63	贵州省 高级人民法院	（2014）黔高 民申字第 33 号	事实认定	驳回申请

4. 河北省高院

序号	法院	案号	争议焦点	判决结果
64	河北省 高级人民法院	（2016）冀民 申 3566 号	挂靠责任的承担	被挂靠方应对挂靠方在 挂靠期间拖欠的设备租 赁费承担连带清偿责任
65	河北省 高级人民法院	（2017）冀民 申 82 号	代人出具欠条责 任的承担	由在欠条上签字的相对 人承担责任
66	河北省 高级人民法院	（2014）冀民 申字第 107 号	表见代理的认定	构成表见代理
67	河北省 高级人民法院	（2013）冀民 申字第 2856 号	对租赁事实的 认定	按双方签订的租赁协议 及自认事实认定

				5. 湖南省高院
序号	法院	案号	争议焦点	判决结果
68	湖南省高级人民法院	（2018）湘民再 111 号	1. 担保处盖章与合同代扣义务冲突的情形 2. 项目部担保责任的承担	1. 合同条款中无条款明确约定项目部仅对该代扣义务承担相应的担保，申请人亦不能提供证据证明项目部仅是对上述代扣义务的担保，当认定项目部对整个合同义务承担担保责任 2. 由项目部的管理机构承担
69	湖南省高级人民法院	（2017）湘民申 4056 号	租期届满未行使解除权视为继续履行	支持此观点
70	湖南省高级人民法院	（2016）湘民申 1348 号	一审未上诉，针对另外一方当事人上诉改判的案件，能否申请再审	不符合再审的情形
71	湖南省高级人民法院	（2016）湘民申 377 号	项目部章经鉴定虚假，且相对人无其它证据支持自己的主张，不构成表见代理	支持此观点
72	湖南省高级人民法院	（2016）湘民申 624 号	项目部章经鉴定虚假，且相对人无其它证据支持自己的主张，不构成表见代理	支持此观点

续表

73	湖南省高级人民法院	（2017）湘民申 3337 号	1. 滞纳金与违约金的区别 2. 项目部公章的认定 3. 诉讼时效应以最后一批退货时间认定	1. 滞纳金是超过还款期限，向缴款人征收的一种带有惩罚性的款项，是行政征收中的用语，平等主体之间的民事纠纷应理解为违约金 2. 租赁合同中双方约定租赁物用于某工程，且相对人为此工程的中标人，能够认定双方存在租赁关系
74	湖南省高级人民法院	（2015）湘高法民再二终字第 155 号	1. 合同约定的赔偿价格高于物资价值时如何处理 2. 起诉后的租金能否继续计算 3. 通过诉讼行使合同解除权	1. 合同约定的丢失赔偿标准是双方真实的意思表示，且是在判决规定的时间内不返还租赁物的情况下才按此约定的标准，既考虑了合同的约定，也平衡了双方的利益 2. 器材归还之前或赔偿款支付之前的时间应计算为器材租赁期间，该部分租金应支付
75	湖南省高级人民法院	（2016）湘民申 946 号	代理人无授权代签担保合同是否有效	行为人没有代理权、超越代理权或者代理权终止后以被代理人名义订立合同，相对人有理由相信行为人有代理权限的，该代理行为有效
76	湖南省高级人民法院	（2017）湘民申 2952 号	1. 内部承包合同能否对抗租赁合同 2. 劳务公司能否使用特种设备	1. 内部承包合同不能对抗租赁合同 2. 劳务公司不具备建筑施工资质，不能使用特种设备

续表

77	湖南省 高级人民法院	（2017）湘民申 2979 号	项目部章有效	支持此观点
78	湖南省 高级人民法院	（2018）湘民申 1741 号	两份不同合同的认定	两份合同的履行过程中，根据该两份合同的约定，分别记账、分开结算及分开支付的，应分别按合同上的双方当事人认定法律关系并承担相应责任
79	湖南省 高级人民法院	（2018）湘民申 1442 号	1. 租赁合同实际解除的认定 2. 只有委托代理人签字的协议是否有效	1. 涉案器材的返还主体变更可以说明双方对租赁合同的内容进行了变更，双方就解除租赁合同达成了合意 2. 有效
80	湖南省 高级人民法院	（2017）湘民申 3582 号	表见代理的认定	有权利外观且相对人善意无过失即可认定为表见代理
81	湖南省 高级人民法院	（2017）湘民申 4061 号	1. 表见代理的认定 2. 印章虚假是否影响表见代理的认定	1. 租赁器材交付地点是公司施工地且用于该项目部可认定为表见代理 2. 不影响
6. 辽宁省高院				
序号	法院	案号	争议焦点	判决结果
82	辽宁省 高级人民法院	（2017）辽民申 3737 号	诉讼时效抗辩问题	一审未提诉讼时效的抗辩内容，不能再作为再审的理由
83	辽宁省 高级人民法院	（2018）辽民申 4435 号	印章真实性存疑时，表见代理的认定	公司主张印章虚假若无其他证据证实可认定为表见代理

84	辽宁省高级人民法院	（2018）辽民申1206号	当事人未在规定时间内提交书面回避申请，是否应视为没有申请	是
85	辽宁省高级人民法院	（2018）辽民申3305号	承租人未经出租人同意将租赁物出卖给第三人的买卖合同效力	买卖合同有效，第三人可依善意取得拥有租赁物所有权
86	辽宁省高级人民法院	（2017）辽民申4400号	提货人不是合同约定的指定人员时，承租方是否应付此部分物资租金	提货在先对账确认租金在后，承租人应付租金
87	辽宁省高级人民法院	（2017）辽民申2121号	能否追加租赁物实际使用人为合同当事人	不能
88	辽宁省高级人民法院	（2014）辽审一民申字1354号	事实认定	
89	辽宁省高级人民法院	（2017）陕民申2382号	事实认定	
90	辽宁省高级人民法院	（2014）辽民二终字第00244号	1. 合同的代付款人有义务支付租金 2. 承租人的法定付款义务不排除	现行法律没有规定租赁费用由租赁物的受益人支付或合同约定的义务人支付，见证方作为合同约定的负责支付租赁款项的义务人，应依约履行支租赁费用
91	辽宁省高级人民法院	（2015）辽审一民申字第416号	1. 收货人与合同不符，但结算单上有代理人签字 2. 未退物资赔偿价格的认定	1. 有效 2. 以市场调查价格承担确认

92	辽宁省 高级人民法院	（2015）辽审 三民申字第 00281 号	1. 私刻项目部印章的认定 2. 是否系实际使用人不影响合同效力	项目部民事责任由法人承担
93	辽宁省 高级人民法院	（2014）辽民二民终字第 00210 号	合同期满未续签，加收租金是否应支持	支持

7. 内蒙古自治区高院

序号	法院	案号	争议焦点	判决结果
94	内蒙古自治区 高级人民法院	（2017）内民 申 753 号		高院提审
95	内蒙古自治区 高级人民法院	（2017）内民 申 835 号	1. 表见代理的认定 2. 私刻公章刑事案件是否影响民事案件的审理	1. 个人签订租赁合同并加盖项目部章可以认定为表见代理 2. 不影响
96	内蒙古自治区 高级人民法院	（2017）内民 抗 138 号		高院提审
97	内蒙古自治区 高级人民法院	（2018）内民 申 2225 号		高院提审
98	内蒙古自治区 高级人民法院	（2018）内民 申 2361 号	租赁关系的认定	未签订书面合同时应全面客观地审核证据运用逻辑推理和日常生活经验，对证据有无证明及其大小判断
99	内蒙古自治区 高级人民法院	（2014）内民 申字第 906 号	私刻公章的认定	公章鉴定意见在原审终结后形成的不属于再审"新的证据"
100	内蒙古自治区 高级人民法院	（2015）内民 申字第 1198 号	再审审查过程中双方达成和解	撤回再审申请

101	内蒙古自治区 高级人民法院	（2014）内民 申第 787 号	再审审查过程中 双方达成和解	撤回再审申请

<table>
<tr><td colspan="5" align="center">8. 陕西省高院</td></tr>
<tr><td>序号</td><td>法院</td><td>案号</td><td>争议焦点</td><td>判决结果</td></tr>
<tr><td>102</td><td>陕西省
高级人民法院</td><td>（2018）陕民
申 627 号</td><td>在再审审查过程
中，能否以双方
达成和解为由撤
回再审申请</td><td>可以</td></tr>
<tr><td>103</td><td>陕西省
高级人民法院</td><td>（2018）陕民
申 113 号</td><td>印章真假的认定</td><td>公司法人自认可作为
依据</td></tr>
<tr><td>104</td><td>陕西省
高级人民法院</td><td>（2018）陕民
申 1596 号</td><td>在再审审查过程
中，能否以双方
达成和解为由撤
回再审申请</td><td>可以</td></tr>
<tr><td>105</td><td>陕西省
高级人民法院</td><td>（2018）陕民
申 1597 号</td><td>起诉时未生效而
是在法院审查期
间生效的法则，
能否适用</td><td>可以</td></tr>
<tr><td>106</td><td>陕西省
高级人民法院</td><td>（2018）陕民
申 312 号</td><td>出租方在起诉状
中书写的租赁期
限能否认定为自
认事实并以此期
限计算租赁费</td><td>可以</td></tr>
<tr><td>107</td><td>陕西省
高级人民法院</td><td>（2015）陕民三
申字第 01023 号</td><td>劳务分包合同有
错误，是否对租
赁合同应承担过
错责任</td><td>承担</td></tr>
<tr><td>108</td><td>陕西省
高级人民法院</td><td>（2016）陕民
终 273 号</td><td>挂靠的形式</td><td>参考违法分包查处办法</td></tr>
<tr><td>109</td><td>陕西省
高级人民法院</td><td>（2016）陕民申
2812 号</td><td>表见代理</td><td></td></tr>
</table>

110	陕西省高级人民法院	(2016) 陕民申 427 号	1. 未在工商部门登记的内设机构签订合同效力问题 2. 表见代理	公司的内设机构，对外从事民事经营活动多年虽未在工商部门登记注册，不影响其对外签订合同的效力
111	陕西省高级人民法院	(2017) 陕民申 1308 号	非合同提货人员签收，但有工地负责人签名，承租方应否承担责任	承担
112	陕西省高级人民法院	(2017) 陕民申 65 号	承租方履行通知拆除设备义务后，责任由出租方承担	
113	陕西省高级人民法院	(2016) 陕民终 248 号	判决解除合同的后果	一方诉请解除合同，另一方表示同意，双方都为履行合同作了准备，双方均不存在故意不履行合同的主观过错，故应将合同恢复至合同签订前的状态
9. 上海市高院				
序号	法院	案号	争议焦点	判决结果
114	上海市高级人民法院	(2018) 沪民申 98 号	律师费用的承担问题	胜诉一方已提交聘请律师合同及相应增值税发票，即使未提供支付凭证，败诉一方也应承担律师费
115	上海市高级人民法院	(2017) 沪民申 2379 号	内部承包合同是否影响租赁合同责任的承担	不影响

116	上海市 高级人民法院	（2017）沪民 申 624 号	租赁合同关系的 认定	租赁合同上盖有公司真 实项目专用章，可认定 存在租赁合同关系
117	上海市 高级人民法院	（2017）沪民 申 507 号	如何判别租赁合 同是否完全履行	承租方主张已完全履行 合同时，应提供证据证 明已全额付清租金和已 全部归还租赁物，否则 不予认定
118	上海市 高级人民法院	（2017）沪民 申 1979 号	诉讼时效问题	1. 短信内容仅为申请人 的银行账号无法证明其 通过短信方式向对方催 讨租赁费的事实 2. 后期对账单中只有对 方个人签名没有公司盖 章，在不能证明个人身份 且对方公司不认可时，不 予采此对账单的时效问题
119	上海市 高级人民法院	（2017）沪民 申 18 号	内部分包协议能 否影响租赁合同 的责任承担	不影响
120	上海市 高级人民法院	（2017）沪民 申 160 号	表见代理的认定	公司工程责任人签订租 赁合同且双方已实际履 行合同，构成表见代理
121	上海市 高级人民法院	（2016）沪民 申 2216 号	股东抽逃出资的 认定	当事人若能提供充分证 据对申请人质疑的款项 作出逐一说明，则不认 定为抽逃出资
122	上海市 高级人民法院	（2015）沪高 民二（商）申 字第 347 号	1. 表见代理的 认定 2. 虚假公章是 否影响租赁合同 效力	若公司曾承认过个人持 有项目部专用章也已基 于加盖此印章的租赁合 同向对方付款，应认定 为表见代理，即使该印 章系伪造，也不能否定 租赁合同的效力

续表

123	上海市 高级人民法院	（2015）沪高民二（商）申字第70号	租赁物的实际使用人不是租赁合同的一方当事人时合同责任的承担问题	由签订合同的当事人承担合同责任
124	上海市 高级人民法院	（2014）沪高民二（商）申字第259号	内部承包合同是否影响租赁合同责任的承担	不影响
125	上海市 高级人民法院	（2018）沪民申1949号	1. 前后两份合同效力问题 2. 夫妻共同债务的认定	1. 个人首先签订租赁合同并以个人名义出具还款计划，应由个人承担合同责任 2. 夫妻一方所欠债务发生在夫妻关系存续期间，视为夫妻共同债务
126	上海市 高级人民法院	（2017）沪民申1625号	项目部印章的真假认定及项目部担保的责任承担	项目部所属单位承担相应保证责任

10. 云南省高院				
序号	法院	案号	争议焦点	判决结果
127	云南省 高级人民法院	（2018）云民申113号	印章虚假的认定	仅有向公安机关申请准刻以及工商留存备的印鉴复印件不足以认定印章虚假
128	云南省 高级人民法院	（2018）云民申701号	在再审审查过程中能否以双方达成执行和解为由撤回再审	可以
129	云南省 高级人民法院	（2018）云民申612号	在再审审查过程中，能否撤回再审申请	可以

续表

130	云南省 高级人民法院	（2018）云民 申 613 号	在再审审查过程 中，能否撤回再 审申请	可以
131	云南省 高级人民法院	（2017）云民 申 699 号	项目部章的效力	有效
132	云南省 高级人民法院	（2017）云民 申 698 号	项目部章的效力	有效
133	云南省 高级人民法院	（2017）云民 申 583 号	高院主持调解， 双方达成和解	
134	云南省 高级人民法院	（2017）云民 申 78 号	1. 项目部是职 能部门还是分支 机构 2. 项目部担保 无效承担 50% 赔 偿责任 3. 合同约定滞 纳金是否有效	1. 分支机构 2. 滞纳金应解释为违 约金
135	云南省 高级人民法院	（2017）云民 申 37 号	项目部印章效力	认为构成表见代理
136	云南省 高级人民法院	（2016）云民 申 845 号	公章确定虚假不 构成表见代理	再审
137	云南省 高级人民法院	（2016）云民 申 1121 号	合同约定未结清 租金，延期租金 继续计算，应否 支持	支持
138	云南省 高级人民法院	（2016）云民 申 891 号	工程分包人以发 包人名义与租赁 站签订合同是否 构成表见代理	构成

139	云南省 高级人民法院	（2016）云民 再 35 号	1. 项目部章不 能证实真实性是 否构成表见代理 2. 合同相对方 的付款行为能否 证实合同构成表 见代理	1. 不构成 2. 不能
140	云南省 高级人民法院	（2015）云高 民三终字 第 127 号	1. 怠于行使合同 权利，要求退还 物资、支付租金， 应否承担过错 责任 2. 丢失租赁物 的赔偿责任 3. 承租方以租 赁物灭失为由拒 绝支付租金的， 应否支持	1. 承担 2. 依合同约定赔偿 3. 不予支持
141	云南省 高级人民法院	（2015）云高 民抗字第 47 号	提审	
142	云南省 高级人民法院	（2015）云高 民申字第 379 号	事实认定	
143	云南省 高级人民法院	（2015）云高 民申字第 219 号	1. 对调解书能 否申请再审 2. 承租方以印 章管理不善为由 辩解，应否承担 责任	1. 不能 2. 承担
144	云南省 高级人民法院	（2014）云高 民申字第 772 号	双方就租金和物 资赔偿款达成结 算后，诉讼时效 如何计算	达成协议，形成新的债 权债务，诉讼时效重新 起算

	11. 重庆市高院			
序号	法院	案号	争议焦点	判决结果
145	重庆市高级人民法院	（2018）渝民申2290号	表见代理的认定	伪造的公章依然能够形成表见代理
146	重庆市高级人民法院	（2017）渝民申2659号	公司工作人员出具的欠款承诺书的认定问题	应认定为是代表公司出具的承诺书
147	重庆市高级人民法院	（2018）渝民申1775号	表见代理的认定	相对人有理由相信个人有权代表公司的可认定为表见代理
148	重庆市高级人民法院	（2018）渝民申106号	再审审查期间能否撤回再审申请	可以
149	重庆市高级人民法院	（2018）渝民申797号	在承租人实际返还租赁物之前，既支付租金，又对无法返还的物资进行赔偿是否属于重复承担责任	不属于
150	重庆市高级人民法院	（2018）渝民申548号	关于合同中约定的物资租金标准是否是笔误的认定	可从日常生活经验和同类地区同一物资的市场租赁价格认定
151	重庆市高级人民法院	（2018）渝民申835号	举证责任的证明及其责任承担	谁主张谁举证并由其承担举证不能的后果
152	重庆市高级人民法院	（2018）渝民申285号	如何认定公司是租赁合同的相对方	个人签订租赁合同并盖有公司项目部章构成表见代理，应认定该公司为合同相对方

153	重庆市 高级人民法院	（2018）渝民 申 306 号	再审审查期间能 否撤回再审申请	可以
154	重庆市 高级人民法院	（2014）渝高 法民申字第 00530 号	1. 合同未加盖公 章能否当然否定 公司为合同主体 2. 违约金按租 金的 20% 计算是 否属于约定过高	1. 不能 2. 不属于
155	重庆市 高级人民法院	（2017）渝民 申 307 号	判决依据的法律 文书正在抗诉中 是否应当再审	检察院作出是否提起抗 诉的决定前，法律文书 仍是有效的
156	重庆市 高级人民法院	（2016）渝民 申 2391 号	结算后仍有部分 物资未还租赁合 同应如何继续 认定	应认定为合同已解除
157	重庆市 高级人民法院	（2017）渝民 申 1374 号	重复起诉的判定	合同独立性
158	重庆市 高级人民法院	（2016）渝民 申 1968 号	举证责任的证明 及其责任承担	谁主张谁举证并由其承 担举证不能的后果
159	重庆市 高级人民法院	（2016）渝民 申 2221 号	转租协议签订后 原租赁合同是否 继续有效	继续有效
160	重庆市 高级人民法院	（2017）渝民 申 2440 号	1. 诉讼时效的 抗辩 2. 举证责任的 证明	1. 一审未提二审提不予 支持除非新证据 2. 谁主张谁举证
161	重庆市 高级人民法院	（2016）渝民 申 275 号	项目部责任的 承担	由其所属公司承担
162	重庆市 高级人民法院	（2016）渝民 申 1425 号	项目部印章的 效力	有效

163	重庆市高级人民法院	（2017）渝民申 1588 号	租赁关系是否存在的认定	个人以公司项目部名义签订租赁合同且对方实际履行，且有理由相信个人有权代理应认定与公司直接存在租赁合同关系
164	重庆市高级人民法院	（2016）渝民申 2091 号	侵权责任主体的认定及责任承担	行为人因自己过错侵害他人权益应承担侵权责任
165	重庆市高级人民法院	（2016）渝民申 2601 号	承包人与发包人之间的内部约定是否影响租赁关系	不影响
166	重庆市高级人民法院	（2016）渝民申字 125 号	违约金计算标准的确定	当事人约定的违约金超过损失的30%时，应以实际损失为基础确定违约金标准
167	重庆市高级人民法院	（2015）渝高法民申字第01241 号	补签的租金明细表能否作为证据采信	可以
168	重庆市高级人民法院	（2015）渝高法民申字第01431 号	租赁关系是否存在的认定	协议虽为复印件，但可作为证据认定
169	重庆市高级人民法院	（2013）渝高法民申字第00589 号	合同未约定的情况下停工期间应否支付租金	应付
170	重庆市高级人民法院	（2013）渝高法民申字第00846 号	当事人签订协议后又多次确认结算表应否认定当事人签订协议时为真实意思	应认定

12. 山东省高院				
序号	法院	案号	争议焦点	判决结果
171	山东省 高级人民法院	（2018）鲁民 申 4118 号	表见代理的认定	签章人与公司之间的内部关系不影响表见代理的认定
172	山东省 高级人民法院	（2014）鲁商 终字第 351 号	违法分包承包人的行为视为构成表见代理，无论项目部章真假	承担过错责任
173	山东省 高级人民法院	（2018）鲁民 申 3581 号	承租方不认可项目章，但租赁物实际使用于工程，是否构成表见代理	构成
174	山东省 高级人民法院	（2017）鲁民 申 257 号	公司之间挂靠应否承担连带责任	承担
175	山东省 高级人民法院	（2018）鲁民 申 2582 号	事实认定	
176	山东省 高级人民法院	（2017）鲁民 申 33 号	伪造印章的效力	不能对抗善意第三人，有效
177	山东省 高级人民法院	（2018）鲁民 申 3793 号	表见代理的认定	
178	山东省 高级人民法院	（2015）鲁民 申字第 602 号	另案判决印证问题	根据合同实际履行情况认定
179	山东省 高级人民法院	（2015）鲁民 申字第 601 号	另案判决不能作为本案证据	根据合同实际履行情况认定
180	山东省 高级人民法院	（2018）鲁民 申 3638 号	合同约定出租方负责拆卸设备，承租方的义务	塔吊合同承租方仅有通知义务

181	山东省高级人民法院	（2016）鲁民申 312 号	合同履行中，双方与第三人达成的付款协议效力	有效
182	山东省高级人民法院	（2015）鲁民申字第 1710 号	租赁期限的认定	工地停工不能视为租赁合同终止
183	山东省高级人民法院	（2015）鲁民提字第 168－1 号	项目部章的举证责任	发回重审
184	山东省高级人民法院	（2016）鲁民申 972 号	无故缺席不能向上级申请再审	
185	山东省高级人民法院	（2018）鲁民申 4118 号	持委托书签订合同的效力	有效
186	山东省高级人民法院	（2018）鲁民申 3758 号	表见代理的认定	
187	山东省高级人民法院	（2016）鲁民申 79 号	1. 印章遮盖部分内容效力 2. 质监站显示的施工员签订合同的效力问题	1. 有效 2. 有效

13. 安徽省高院

序号	法院	案号	争议焦点	判决结果
188	安徽省高级人民法院	2017）皖民申 271 号	案件事实认定	
189	安徽省高级人民法院	2017）皖民辖终 12 号	上级法院对下级法院管辖的案件有审理权	
190	安徽省高级人民法院	（2017）皖民申 1114 号	表见代理	1. 工地公示牌证明承租人代理人身份 2. 案涉机械设备使用交接记录和设备检验报告表明被代理人知晓构成表见代理

191	安徽省 高级人民法院	（2017）皖民 申 155 号		提审
192	安徽省 高级人民法院	（2015）皖民 申字第 01123 号	项目部印章及项目经理的签字可以确认承租方主体	
193	安徽省 高级人民法院	（2015）皖民二 终字第 00927 号		事实不清，发回重审
194	安徽省 高级人民法院	（2015）皖民二 终字第 00143 号	劳务分包合同内部协议对外无约束力	职务行为所产生的法律后果应由建安公司承担，一审判决职务人员承担租赁费但其并未提起上诉，系对自己权利的处分
195	安徽省 高级人民法院	（2015）皖民二 终字第 00971 号	项目部印章加盖程序不影响合同效力	该合同署名承租方为公司项目部，签字人为项目部负责人，租赁物用于该公司承建的项目
196	安徽省 高级人民法院	（2015）皖民 二终字第 00435 号		事实不清，发回重审
197	安徽省 高级人民法院	（2014）皖民 二终字第 00667 号	1. 合同约定按工程进度付款的按合同约定 2. 违法分包合同无效	
198	安徽省 高级人民法院	（2017）皖民 申字第 00932 号	职务行为认定	1. 工地材料员的职务行为，没有加盖印章 2. 多次付款的行为视为追认

续表

199	安徽省 高级人民法院	（2015）皖民 申字第 00070 号	1. 辩称受胁迫出具承诺书是否有效 2. 一方出具的承诺书能否认定为形成新的债务承担合同关系	1. 应行使撤销权 2. 可以认定
200	安徽省 高级人民法院	（2013）皖民 二终字第 00497 号	1. 合同约定分期付款，承租方违约，出租方能否要求解除合同，支付全部租费 2. 付款前约定开具发票的约定是否有效 3. 非合同约定提货人员与约定人员共同提货的行为是否有效	1. 可以 2. 无效 3. 可以
201	安徽省 高级人民法院	（2014）皖民 一终字第 00122 号	管辖	合同约定由出租方所在地法院管辖，出租方所在地有管辖权
202	安徽省 高级人民法院	（2014）皖民 申字第 000720 号	案件事实认定	
203	安徽省 高级人民法院	（2014）皖民 二终字第 00461 号	项目章	在监理公司及第三方使用记录证实印章的真实性
204	安徽省 高级人民法院	（2018）皖民 终 252 号	所有权是否影响租赁费的收益权	不影响
205	安徽省 高级人民法院	（2016）皖民 终 841 号	公章虚假能否认定为表见代理	可以

14. 甘肃省高院				
序号	法院	案号	争议焦点	判决结果
206	甘肃省高级人民法院	（2016）甘民申893号		
207	甘肃省高级人民法院	（2015）甘民一终子第47号	管辖问题	约定管辖；《民诉法》第34条合同约定管辖地只要不违背地域管辖和级别管辖就有效
208	甘肃省高级人民法院	（2014）甘民申809号	待查二审判决	指令再审
209	甘肃省高级人民法院	（2013）甘民一终子第257号	管辖问题	财产租赁合同、融资租赁合同以租赁物使用地为合同履行地，但合同对履行地有约定的除外
210	甘肃省高级人民法院	（2018）甘民申131号	项目章效力；个体户的主体资格	待查中法；有字号的以字号，同时注明经营者信息
211	甘肃省高级人民法院	（2016）甘民终247号	涉案合同协议书为承包合同还是租赁合同	租赁合同
212	甘肃省高级人民法院	（2014）甘民申115号	主体适格异议；表见代理	公司成立前，以公司名义从事民事活动，公司成立后，责任主体为公司，公司对外承担责任；公章真假不影响表见代理成立

序号	法院	案号	争议焦点	判决结果
213	甘肃省 高级人民法院	（2016）甘民 申 5 号	1. 合同未约定违约金，是否应支付逾期付款的逾期利息 2. 诉讼时效抗辩 3. 结算条件具备与否的事实认定问题	发回
214	甘肃省 高级人民法院	（2015）甘民 申字第 845 号	事实认定	
215	甘肃省 高级人民法院	（2015）甘民 一终子第 125 号	1. 项目部章是否具有担保资格 2. 主合同有效，担保合同无效时，担保人与债务人对主合同债权人的经济损失承担连带赔偿责任 3. 单方流水账无效	不具有，但应承担保证无效的缔约过失责任
15. 广东省高院				
序号	法院	案号	争议焦点	判决结果
216	广东省 高级人民法院	（2017）粤民 申 9707 号		撤回申请
217	广东省 高级人民法院	（2017）粤民 申 2997 号	租赁期间起算日；合同解除权	因出租人原因未能办理营业执照，依合同约定不开始起算；承租方未违约，出租方不享有合同解除权，合同尚未失去履行基础，亦不支持解除合同

218	广东省 高级人民法院	（2016）粤民 再 436 号	材料款支付凭证 争议	根据《工程进度款支付 一览表》及银行转账记 录进行结算，应当支付
219	广东省 高级人民法院	（2017）粤民 申 3476 号		一方违约，对方当事人 应当采取适当措施，防 止损失扩大
220	广东省 高级人民法院	（2017）粤民 申 3100 号	合同相对性原理	不应该突破合同相对性
221	广东省 高级人民法院	（2017）粤民 申 370 号	合同的主体争议	
222	广东省 高级人民法院	（2016）粤民 申 6101 号	项目章效力；工 程概括结算的 认定	加盖项目部章有效，构 成合同关系
223	广东省 高级人民法院	（2014）粤民 申 1088 号	1. 公安机关立案 后侦查假章是否 影响案件审理； 2. 内部承包协 议的法律效力	1. 不影响 2. 对外无效
224	广东省 高级人民法院	（2014）粤民 申 1064 号	二次起诉未退物 资是否一事不再 审；审查一、二 审判决	不属于一事不再审
225	广东省 高级人民法院	（2014）粤民 申 778 号	承租方付款行为 能否印证合同真 实性	
226	广东省 高级人民法院	（2014）粤民 申 547 号	工地组织架构表 的效力；未加盖 公章仅有项目经 理签字的合同是 否构成表见代理	构成表见代理

227	广东省 高级人民法院	（2013）粤民 申 4109 号	工程停工后能否 继续计付租金； 停工后租赁责任 的分担比例	能继续计算；租赁责任 由法院根据实际情况 酌定
228	广东省 高级人民法院	（2016）粤民 申 2765 号	挂靠责任的承担	被挂靠单位对挂靠单位 挂靠在其下的项目施工 负有监管责任，对挂靠 项目下的债务承担补充 清偿责任
229	广东省 高级人民法院	（2015）粤民 申 923 号	脚手架起止日期 没有合同约定如 何计算；超期租 赁费如何计算	钢管租赁期限分栋起 算；依据公平原则，按 照实际超期面积计算超 期租金
230	广东省 高级人民法院	（2015）粤民 申 1353 号	外架承包合同延 期租金的计算	根据证据无法证明超期 使用了外架
231	广东省 高级人民法院	（2014）粤民 申 902 号	公司发起人责任 的承担；代付行 为能否认定承担 责任	发起人应当承担责任； 代付行为不能认定承担 责任
232	广东省 高级人民法院	（2013）粤民 申 379 号	设备未经过主管 部门签收，租金 能否起算	根据合同约定和行政规 章对于此类设备的安装 使用规定，设备不具备 交付使用的条件，亦不 符合约定用途，不起算 租金
233	广东省 高级人民法院	（2017）粤民 申 9790 号	资料章是否构成 表见代理	资料章不构成表见代理
234	广东省 高级人民法院	（2018）粤民 辖 160 号	管辖约定不明的 处理	财产租赁合同以租赁物 使用地为合同履行地
235	广东省 高级人民法院	（2017）粤民 申 10468 号		工程总包方承担义务

236	广东省 高级人民法院	（2017）粤民 申 9442 号	资料章是否构成 表见代理	资料章不构成表见代理
237	广东省 高级人民法院	（2016）粤民 申 2163 号	租赁关系的认定	
238	广东省 高级人民法院	（2015）粤高法 民二申字第 1055 号	1. 不定期租赁合同，在暂定的租赁期限内，工程停工且出租人知情，在出租人未及时取回租赁物时，以暂定租赁期限计算租金 2. 出租人不能证明租赁物的报失数额，且因为出租方原因不能及时取回租赁物时，无权要求赔偿损失	
239	广东省 高级人民法院	（2015）粤高法 民二申字 第 1198 号	证明力的大小及 后果承担	当事人应提供充分证据证明自己的主张，否则，承担举证不能的法律后果
240	广东省 高级人民法院	（2014）粤高法民 二申字第 1087 号	内部承包关系和 表见代理的认定	虽然公司与公司的代理人签订内部承包合同，但其对外代表的是公司，而个人所在项目部只是公司的内设机构，对外不具有法人资格，不能独立承担民事责任

续表

| 241 | 广东省高级人民法院 | （2016）粤民申 2765 号 | 被挂靠人责任承担 | 被挂靠单位对挂靠单位施工过程负有监管责任，应对涉案的挂靠项目的债务承担补充清偿责任 |

16. 广西壮族自治区高院

序号	法院	案号	争议焦点	判决结果
242	广西壮族自治区高级人民法院	（2016）桂民申 792 号	影响设备拆除的举证责任	谁主张谁举证，申请人提出申请人举证
243	广西壮族自治区高级人民法院	（2017）桂民申 1007 号		本院提审
244	广西壮族自治区高级人民法院	（2015）桂民申字第 1587 号	诉讼时效	诉讼时效期间从知道或者应当知道权利被侵害时起计算，延付或者拒付租金的，诉讼时效适用特别规定，为一年
245	广西壮族自治区高级人民法院	（2015）桂民申字第 301 号		提审
246	广西壮族自治区高级人民法院	（2014）桂民立终字第 5 号	管辖异议	

17. 河南省高院

序号	法院	案号	争议焦点	判决结果
247	河南省高级人民法院	（2015）豫法二民申第 01048 号	待查后续	
248	河南省高级人民法院	（2017）豫民申 1321 号	1. 实际施工人是否承担义务 2. 施工专用章的效力	实际施工人从租赁方租用设备均用于其承建的建设施工当中，《使用单》和《吊篮报停单》上加盖公司的施工专用章或项目经理的签字，其是工程的承包人，应当承担责任

249	河南省 高级人民法院	（2017）豫民 申 290 号	虚假印章的效力 （表见代理的认 定）	实际施工人以公司的名 义与租赁签订租赁合 同，双方均应按合同约 定履行各自义务，该合 同的承租方明确约定为 公司，同时加盖有公司 和项目部专用章，涉案 工程以公司名义对外施 工，实际施工人认可所 用租赁物均用于该工 程，由公司承担相应的 合同义务并无不当
250	河南省 高级人民法院	（2015）豫法民 二终字第 384 号	待查后续判决	
251	河南省 高级人民法院	（2016）豫民 再 150 号	原告应承担印章 的举证责任	
252	河南省 高级人民法院	（2016）豫民 再 360 号	技术资料专用章 担保的效力	出租方不知道项目部为 公司的职能部门出租方 无过错，认定公司承担 连带责任
253	河南省 高级人民法院	（2015）豫法二 民申第 00686 号	租赁事实的审查	
254	河南省 高级人民法院	（2016）豫民 再 1345 号	项目章的效力 （查二审判决）	公司项目部章和公司委 托代理人签字足以认定 为公司行为，责任由公 司承担
255	河南省 高级人民法院	（2017）豫民 申 3820 号	虚假印章的认定	未提供有效证据证实， 该理由不能成立

256	河南省 高级人民法院	（2017）豫民 申 84 号	原承租人退出涉案 工程后租费承担	原承租方在工程中途退场后，部分租赁物虽在工程中继续使用，但并无证据证明新使用人与原出租方达成新的租赁合同，根据合同相对性由原承租人承担相应责任符合法律规定
257	河南省 高级人民法院	（2015）豫法 民提字第 255 号	1. 超越经营范围合同效力 2. 项目章效力	一般有效，除非违反限特禁。公司员工以公司名义签订合同加盖公司合同专用章，是职务行为，由公司承担责任。
258	河南省 高级人民法院	（2017）豫民 再 228 号	出租塔吊主体问题；管理性规范能否作为认定合同无效的依据；不能返还塔吊的，能否按折旧计算	主体合格，意思便是真实，不违反法律、行政法规的强制性规定，合同有效；不能；可以按折旧程度计算
259	河南省 高级人民法院	（2017）豫民 申 159 号	第三方原因导致设备不能及时退还，租费的承担	因现场设备被封未及时退换租赁设备不影响判决结果
260	河南省 高级人民法院	（2015）豫法立 二民申字第 01240 号	职务行为的认定	公司员工以公司的名义与合同相对人签订合同的行为是代表公司的职务行为，其行为后果应由公司承担
261	河南省 高级人民法院	（2018）豫民 申 3045 号	建筑公司管理不当责任承担	应承担补充赔偿责任
262	河南省 高级人民法院	（2018）豫民 申 9074 号	结算清单	清单系伪造，发回重审

263	河南省 高级人民法院	（2018）豫民 再 1055 号	1. 合同当事人 的确定 2. 合同的成立 和生效	1. 合同上加盖有双方公司的印章，且双方各对自印章的真实性均没有异议，故合同当事人为加盖公司印章的双方公司 2. 该合同对当事人、标的物及数量都有明确约定，系双方的真实意思表示，且不违反法律的禁止性规定，故该合同依法成立并生效
264	河南省 高级人民法院	（2017）豫民 申 3635 号	共同承租人的认定	合同首部和尾部加盖有公司项目部章，但项目部章并非公司公章，来源无法查清，并且没有项目部授权人员的签字，仅凭项目部章既不能证明公司参与了磋商并表达承租的意思，也不能表明公司与租赁方形成了签订租赁合同的合意。从合同履行来看履行合同的主体也不是签订项目部章的公司，因此不是合同承租方。
265	河南省 高级人民法院	（2018）豫民 申 6126 号	主要证据结算单有错误	指令再审

续表

18. 黑龙江省高院				
序号	法院	案号	争议焦点	判决结果
266	黑龙江省高级人民法院	（2018）黑民再432号	是否存在合同关系	姓名、标的、数量三者具备即成立
267	黑龙江省高级人民法院	（2018）黑民申2250号	举证责任分配	负有举证责任的一方，承担举证不能的法律后果
268	黑龙江省高级人民法院	（2016）黑民申911号	承租方停止施工后，合同义务是否由实际使用方承担	不得突破合同相对方原则
269	黑龙江省高级人民法院	（2015）黑高立民终字第19号	管辖权约定不明的处理	由被告住所地或合同履行地法院管辖
270	黑龙江省高级人民法院	（2015）黑高民申二字第839号	承租方对项目部章不认可不构成表见代理	
271	黑龙江省高级人民法院	（2017）黑民申472号	事实认定	
272	黑龙江省高级人民法院	（2017）黑民申2907号	是否返还租赁物的举证责任在承租方	
19. 湖北省高院				
序号	法院	案号	争议焦点	判决结果
273	湖北省高级人民法院	（2014）鄂民申字第00545号	公安机关的介入能否影响民事案件的审理	承租方的员工既不是合同当事人，其在公安机关的询问笔录中也未明确反映本案的借款情况，公安介入并不影响的审理

274	湖北省 高级人民法院	（2017）鄂民申 2907 号	1. 挂靠责任承担 2. 从工程合同推断租赁合同代理人身份	
275	湖北省 高级人民法院	（2016）鄂民申 2818 号	1. 公安机关的犯罪立案能否影响民事审理 2. 表见代理的认定	1. 在合同主体已确认的情况下，非合同相对方（涉案项目的实际施工人）是否伪造公司公章不影响民事纠纷的审理 2. 建筑设备物资租赁合同为实际施工人以承租方名义与出租方签订，出租方所供租赁器材也是送到涉案工程工地使用，出租方基于上述事实，足以相信实际施工人有权代表承租方及租赁合同的合同相对人为承租方而非实际施工人
276	湖北省 高级人民法院	（2016）鄂民申 2819 号	1. 公安机关的犯罪立案能否影响民事审理 2. 表见代理的认定	1. 在合同主体已确认的情况下，非合同相对方（涉案项目的实际施工人）是否伪造公司公章不影响民事纠纷的审理 2. 建筑设备物资租赁合同为实际施工人以承租方名义与出租方签订，出租方所供租赁器材也是送到涉案工程工地使用，出租方基于上述事实，足以相信实际施工人有权代表承租方及租赁合同的合同相对人为承租方而非实际施工人

序号	法院	案号	争议焦点	判决结果
277	湖北省 高级人民法院	（2015）鄂民申字第 01756 号	1. 出库单非委托人签字，但委托人另行出具收据是否确认 2. 出库单日期填写错误的认定	1. 此做法虽然有违常理，但未有证据的情况下可以认定该收据的真实性 2. 从清单本的整体编号及时间记载来看，可以认定该份出库单所记载的时间为笔误
278	湖北省 高级人民法院	（2017）鄂民申135 号	1. 盗盖公章的认定依据 2. 劳务分包是否影响合同效力	1. 涉案工程由公司承建，租赁合同加盖有公司和租赁站双方当事人的印章，并且在合同签订后，项目部向租赁站出具了一份加盖其印章的授权委托书，指定专人接受租赁物资，公司虽然辩称合同及委托书上项目部印章系他人盗用，但并未提供证据予以证明，法院不予采信 2. 公司将承建项目对外分包，无论是劳务分包人还是实际施工人均不是租赁合同的当事人，不影响合同效力
20. 江西省高院				
序号	法院	案号	争议焦点	判决结果
279	江西省 高级人民法院	（2018）赣民再68 号	举证责任分配	承租人负有归还租赁物的举证责任

280	江西省高级人民法院	（2015）赣民提字第25号	1. 补正判决书的裁定能否影响当事人的实体权利义务 2. 担保人与被担保人同时被起诉，能否允许只对被担保人撤诉	不能；不能，需要保证担保人的追偿权
281	江西省高级人民法院	（2016）赣民申579号	当事人放弃违约金要求利息后，再主张违约金的法院不予支持	
282	江西省高级人民法院	（2016）赣民申140号	1. 公司承认合同效力，仅表示所委托的代理人不存在，能否影响合同效力 2. 未经公安机关指定，自行委托鉴定机构，鉴定意见是否有效	1. 不影响 2. 无效
283	江西省高级人民法院	（2016）赣民申541号	再审审查过程中能否以达成和解为由撤回再审申请	能
284	江西省高级人民法院	（2017）赣民申283号	1. 合同未约定的事项按照交易习惯 2. 个人签字未加盖公章的欠条，按个人欠条处理	

285	江西省 高级人民法院	（2017）赣民 申 422 号	项目部章能否作 为保证人一方并 生效	公司承认项目部章，并 且加盖公司印章，该项 目部章有效
286	江西省 高级人民法院	（2107）赣民 终 314 号	1. 格式合同的 认定 2. 事实认 定问题	

21. 宁夏回族自治区高院				
序号	法院	案号	争议焦点	判决结果
287	宁夏回族自治区 高级人民法院	（2018）宁 民申第 556 号	不是合同相对方 的项目部，负责 人是否应当承担 付款责任	应承担
288	宁夏回族自治区 高级人民法院	（2018）宁 民申 65 号	伪造的公章能否 构成表见代理	可以构成
289	宁夏回族自治区 高级人民法院	（2018）宁 民申 868 号	合同未约定租赁 物由那方负责归 还时的运输	引用行业交易习惯由承 租方负责
290	宁夏回族自治区 高级人民法院	（2018）宁 民申 517 号	新证据	指令再审
291	宁夏回族自治区 高级人民法院	（2018）宁 民申 183 号	设备调试不能正 常运行造成的损 失由谁承担	不是承租方责任的，由 出租方承担
292	宁夏回族自治区 高级人民法院	（2018）宁 民申 251 号	项目部对外行为 的责任承担	由设立项目部的单位 承担
293	宁夏回族自治区 高级人民法院	（2018）宁 民申 69 号	是否为新证据， 是否具有关联性	作为新证据的收条真实 性存疑，对该证据不予 认可，驳回申请
294	宁夏回族自治区 高级人民法院	（2018）宁 民申 171 号	多退物资的处 理；合同的终止	多退还的物资应予退 还；双方对租赁物及丢 失租赁物进行了结算， 合同即终止

	22. 山西省高院			
序号	法院	案号	争议焦点	判决结果
295	山西省高级人民法院	（2015）晋民申字第 228 号	自认假章的效力；付款能否代表承租方	虽然自认为假章，但未提供证据证明，不予采信；付款能代表承租方
296	山西省高级人民法院	（2017）晋民申 900 号		分公司转包工程无效，应对不利后果承担责任；分公司不具有法人资格，民事责任由其总公司承担；刑事责任的承担不影响对民事责任的认定。
297	山西省高级人民法院	（2014）晋民申字第 570 号	设备退场未办理手续，如何认定退场时间。	可凭第三方证据认定
298	山西省高级人民法院	（2016）晋再 2 号	合同到期后租赁物资退还责任的承担	根据合同约定，由出租方承担
299	山西省高级人民法院	（2016）晋民辖 10 号	管辖权异议	总公司受分支机构约定管辖的约束
300	山西省高级人民法院	（2014）晋民终字第 179 号	利息起算时间	根据协议和三份发票认定
	23. 福建省高院			
序号	法院	案号	争议焦点	判决结果
301	福建省高级人民法院	（2018）闽民申 2294 号		指令再审
302	福建省高级人民法院	（2018）闽民申 2901 号	部分租金已超过诉讼时效，总期租金的诉讼时效	若仍在使用租赁物，视为认可租金债务，部分租金超过诉讼时效不成立

续表

303	福建省 高级人民法院	(2016) 闽民 申 1788 号	1. 设备以承租方发出停止通知为准 2. 工地停工期间停滞费的计算 3. 不得以未付租金为由拒绝场，否则应承担违约责任	
304	福建省 高级人民法院	(2016) 闽民 再 142 号	项目章真伪未查清，发回重审	

24. 江苏省高院

序号	法院	案号	争议焦点	判决结果
305	江苏省 高级人民法院	(2017) 苏民 再 248 号	表见代理是否成立	项目部章成立表见代理
306	江苏省 高级人民法院	(2018) 苏民 再 41 号	伪造的公章能否成立表见代理	不成立
307	江苏省 高级人民法院	(2014) 苏审 二民申字 第 0589 号	1. 表见代理构成问题 2. 职务行为认定问题	1. 只有部分工程的负责人签字无公章不构成表见代理 2. 非工作人员且无授权不是职务行为
308	江苏省 高级人民法院	(2014) 苏民 辖终字第 0049 号	管辖权问题	诉讼标的超过 500 万由中级人民法院管
309	江苏省 高级人民法院	(2014) 苏审 二商申字第 00401 号	在出库单上签字是否可认定成立租赁关系	不能认定
310	江苏省 高级人民法院	(2014) 苏商 辖终字第 0112 号	管辖权问题	合同有约定依合同约定

311	江苏省 高级人民法院	（2014）苏商 终字第 0027 号	1. 诉讼时效问题 2. 抵销债务问题	1. 同一期债务分期履行 诉讼时效从最后一期届 满日计算 2. 约定抵销但都以诉讼 形式维权视为未抵销
312	江苏省 高级人民法院	（2017）苏民 申 1580 号	签字的结算单能 否作为双方变更 租赁合同原租金 条款的依据	可以
313	江苏省 高级人民法院	（2015）苏审 二民申字 第 00894 号	租赁关系成立的 认定	出租人与公司签订租赁 合同时案涉物已在公司 法定代表人实际控制之 下应认定租赁关系成立
314	江苏省 高级人民法院	（2016）苏民 申 6081 号	案件事实的认定	
315	江苏省 高级人民法院	（2016）苏民 终 1133 号	1. 公司法人收 取款项不当然代 表是涉案合同的 租金 2. 追加第 三人参加诉讼的 条件 3. 项目部 印章的责任承担	1. 不当然代表 2. 案件结果与第三人需 要有法律上的利害关系 3. 公司承担项目部的民 事责任
316	江苏省 高级人民法院	（2017）苏民 申 3258 号	再审申请人经传 票传唤无正当理 由拒不接受询问 视为撤回再审 申请	
317	江苏省 高级人民法院	（2016）苏民 申 5742 号	表见代理的认定	个人以公司项目部名义 签订租赁合同出租人在 明知个人与公司存在转 包关系且无法证明个人 有代理权时，仍签订合 同，不构成表见代理

318	江苏省 高级人民法院	（2017）苏民 终 356 号	1. 公司法人签字的结算清单能否认定为公司结欠金额 2. 股东与公司资产混同的认定及责任承担 3. 夫妻共同债务的认定	1. 能 2. 股东对公司案涉债务承担连带责任
319	江苏省 高级人民法院	（2015）苏民申 第 00062 号	1. 在总单上签名是否可以认定为签名的发货单；可以认定 2. 租赁质量问题；3. 租赁期满后承租人负有返还租赁物的义务，未归还视为对租赁物的继续使用；4. 是否对全部债权有诉权，无相关合同规定的有偿合同参照买卖合同规定；分期付款合同中，买受人未支付到期价款的金额达到全部价款的五分之一的，出卖人可以要求支付全部价款或解除合同，故而有全部诉权	谁主张，谁举证，举证不能承担不利后果

320	江苏省 高级人民法院	（2015）苏民 申第 00063 号	1. 在总单上签名是否可以认定未签名的发货单；可以认定 2. 租赁质量问题；谁主张，谁举证，举证不能承担不利后果 3. 租赁期满后承租人负有返还租赁物的义务，未归还视为对租赁物的继续使用；4. 是否对全部债权有诉权，无相关合同规定的有偿合同参照买卖合同规定；分期付款合同中，买受人未支付到期价款的金额达到全部价款的五分之一的，出卖人可以要求支付全部价款或解除合同，故而有全部诉权	
321	江苏省 高级人民法院	（2017）苏民 申第 1763 号	表见代理；租赁期间的认定	项目部章成立表见代理；根据监理日志、履行辅助人认定的日期确定
322	江苏省 高级人民法院	（2017）苏民 申第 1200 号	约定书面通知拆除起重机，更换手机号码无法通知的抗辩理由不成立	

323	江苏省 高级人民法院	（2017）苏民 申第 1149 号	表见代理，民事 案件不因刑事案 件中止审理	
324	江苏省 高级人民法院	（2017）苏民 申第 2343 号	挂靠问题，挂靠 人与被挂靠人共 同担责；分包合 同无效，但仍应 参照无效的合同 进行结算	
325	江苏省 高级人民法院	（2017）苏民 申第 3452 号	表见代理问题； 当事人明知对方 是挂靠，不构成 表见代理，因为 不成立表见代理 的主观构成要件， 善意且无过失	
326	江苏省 高级人民法院	（2016）苏民 申第 592 号	技术专用章能否 作为经济往来的 合同章，不能； 达成和解协议并 履行完毕能否申 请再审，不能	
327	江苏省 高级人民法院	（2016）苏民 申第 2625 号	项目部公章担保 效力，授权作出 的保证行为有 效；工程竣工能 否证明案涉租赁 物归还，不能	

序号	法院	案号	争议焦点	判决结果
328	江苏省高级人民法院	（2016）苏民申第 4073 号	项目部章项目部章规定的合同效力，不能证明项目部章为虚假的，即有效，构成表见代理；不是合同当事人能否作为第三人参加诉讼，不能，只能作为证人出庭	
329	江苏省高级人民法院	（2017）苏民申第 703 号	租费事实认定	
330	江苏省高级人民法院	（2016）苏民再第 372 号	公司是否应对以个人名义对外签订的合同承担责任，只有出租方尽到签订合同时的义务，并且能够证明租赁物实际用于公司工程，就应当承担责任	
331	江苏省高级人民法院	（2017）苏民申 779 号	租金结算	适用公平原则，参照评估结果认定租金以及租赁物损失
25. 青海省高院				
序号	法院	案号	争议焦点	判决结果
332	青海省高级人民法院	（2014）青民二终字第 65 号	代理权的认定	认定有代理权
333	青海省高级人民法院	（2014）青民二终字第 29 号	表见代理的认定	个人与公司的内部约定不能对抗第三人

| 334 | 青海省
高级人民法院 | （2015）青民二终
字第 26 号 | 管辖权异议 | |

<table>
<tr><td colspan="5" align="center">26. 浙江省高院</td></tr>
<tr><th>序号</th><th>法院</th><th>案号</th><th>争议焦点</th><th>判决结果</th></tr>
<tr><td>335</td><td>浙江省
高级人民法院</td><td>（2015）浙民申
字第 2235 号</td><td>从高度盖然性的
证明标准在租金
认定中的应用</td><td></td></tr>
<tr><td>336</td><td>浙江省
高级人民法院</td><td>（2015）浙民申
字第 2582 号</td><td>项目部签章及落
款是否表明对债
务承担责任，追
认的问题</td><td>不承担责任</td></tr>
<tr><td>337</td><td>浙江省
高级人民法院</td><td>（2015）浙民申
字第 1198 号</td><td>物资租赁实际使
用期间的确定</td><td>以实际使用期间为准</td></tr>
<tr><td>338</td><td>浙江省
高级人民法院</td><td>（2015）浙民申
字第 140 号</td><td>债权转让效力
认定</td><td>有效</td></tr>
<tr><td>339</td><td>浙江省
高级人民法院</td><td>（2016）浙民申
1831 号</td><td>个人委托个人和
公司追认问题
认定</td><td></td></tr>
<tr><td>340</td><td>浙江省
高级人民法院</td><td>（2016）浙民申
2178 号</td><td>对租赁事实知晓
但未提出异议视
为对其追认</td><td></td></tr>
<tr><td>341</td><td>浙江省
高级人民法院</td><td>（2016）浙民申
1139 号</td><td>承租方付款行为
能否推定租赁
事实</td><td>可以</td></tr>
<tr><td>342</td><td>浙江省
高级人民法院</td><td>（2016）浙申
2617 号</td><td>担保责任成就条
件与免责情形</td><td></td></tr>
<tr><td>343</td><td>浙江省
高级人民法院</td><td>（2015）浙民申字
第 3246 号</td><td>合同首部与尾部
盖章不符，主体
的认定</td><td>以尾部盖章为准</td></tr>
</table>

344	浙江省 高级人民法院	（2016）浙民申 1594 号	租赁事实认定	
345	浙江省 高级人民法院	（2017）浙民申 1334 号	借用资质应承担 责任	
346	浙江省 高级人民法院	（2017）浙民申 2408 号	事实认定	
347	浙江省 高级人民法院	（2017）浙民申 1984 号	违约金计算标准 及赔偿标准	
348	浙江省 高级人民法院	（2017）浙民再 304 号	技术资料专用章 的效力	有效
349	浙江省 高级人民法院	（2015）浙民申字 第 262 号	事实认定	
350	浙江省 高级人民法院	（2015）浙民申字 第 2317 号	事实认定	
351	浙江省 高级人民法院	（2013）浙商提字 第 78 号（重点）	1. 表见代理：一方合同自行填写收货人，令一份合同未填，举证责任分配，承租方应说明提货人员；2. 对提货人超过合同期限和合同数量提货的，应由承租方向提货人主张权利。	
352	浙江省 高级人民法院	（2014）浙民申字 第 224 号	在否认加盖印章的情形下，单独的付款行为不能证明即是合同的相对方	

353	浙江省 高级人民法院	（2014）浙民申字 第 50 号	合同约定提货人员对合同非约定人员提货的结算清单签字确认是否有约束力	对授权没有特别约定的，视为概括委托
354	浙江省 高级人民法院	（2014）浙民申字 第 754 号	印章注明"不得对外签订合同"那么签订合同无效	
355	浙江省 高级人民法院	（2014）浙民申字 第 924 号	涉嫌刑事犯罪驳回起诉及诈骗罪	
356	浙江省 高级人民法院	（2014）浙民申字 第 923 号	同上	
357	浙江省 高级人民法院	（2015）浙民申字 第 1187 号	租金应支付至实际退还之日止	
358	浙江省 高级人民法院	（2015）浙民申字 第 170 号	1. 向非合同代理人支付租金不被追认 2. 诉讼时效中断	
359	浙江省 高级人民法院	（2017）浙民 申 2096 号	表见代理	承包方与实际施工人的内部关系不能对外部债权产生影响，项目章均系自行使用而无对外公示制度，结合以上，认定构成表见代理
360	浙江省 高级人民法院	（2018）浙民 再 497 号	未归还租赁物的费用结算问题	

27. 吉林省高院				
序号	法院	案号	争议焦点	判决结果
361	吉林省高级人民法院	（2018）吉民申 2999 号	挂靠责任问题	无资质的个人挂靠他人从事民事活动共同承担民事责任
362	吉林省高级人民法院	（2018）吉民申 2794 号	项目部经理签订租赁合同是职务行为还是个人行为的认定	项目部经理不能证明自己是委托代理人，则属于自己是承租方，反之，公司为承租方
363	吉林省高级人民法院	（2017）吉民申 3549 号	诉讼时效过期，驳回再审申请	
364	吉林省高级人民法院	（2017）吉民申 272 号	非善意一方不构成表见代理	
365	吉林省高级人民法院	（2016）吉民申 962 号	非对外公章对外签订合同的效力	有效
366	吉林省高级人民法院	（2014）吉民申字第 107 号	内部转包协议不得对抗第三人	
367	吉林省高级人民法院	（2015）吉民申字第 76 号	出借身份证应承担相应责任	
28. 新疆维吾尔自治区高院				
序号	法院	案号	争议焦点	判决结果
368	新疆维吾尔自治区高级人民法院	（2018）新民申 941 号	举证责任	负有举证责任的一方承担举证不能的不利后果。
369	新疆维吾尔自治区高级人民法院	（2018）新民申 1690 号	再审提交新证据	指定再审
370	新疆维吾尔自治区高级人民法院	（2018）新民申 1706 号	租赁物损坏之后是否支付租赁费	租赁物因可归责于承租方的事由损坏的应当支付

371	新疆维吾尔自治区高级人民法院	（2018）新民终164号	举证责任	负有举证责任的一方承担举证不能的不利后果，发回重审
372	新疆维吾尔自治区高级人民法院	（2018）新民申862号	伪造的公章能否构成表见代理	可以构成
373	新疆维吾尔自治区高级人民法院	（2018）新民申88号	担保约定不明的处理	当事人对保证担保的范围没有约定或者约定不明确的，保证人应当对全部债务承担责任
374	新疆维吾尔自治区高级人民法院	（2018）新民申356号	转租问题	
375	新疆维吾尔自治区高级人民法院	（2018）新民申1232号	提货人是否有对账的权利；冬季停工是否法定；违约金认定	综合认定提货人有对账的权利；冬季停工不是法定的，属于约定
376	新疆维吾尔自治区高级人民法院	（2018）新民申567号	当事人提供的收条能否成为租赁公司之间的决算单；不定期租赁合同租赁期限确定及租金计算	指令再审
377	新疆维吾尔自治区高级人民法院	（2018）新民终36号	职务行为的认定；仅凭出库单及公安笔录能否认定租赁法律关系	不能认定为职务行为；不能认定租赁法律关系
378	新疆维吾尔自治区高级人民法院	（2018）新民申1331号	是否为不定期租赁；租金支付期限与租赁期限	约定不明，视为不定期租赁合同；租赁期限与租金支付期限两者系不同概念

379	新疆维吾尔自治区高级人民法院	（2018）新民申 1328 号	冬季停工是否继续计算租赁费；诚实信用原则	商业惯例北方地区冬季停工不继续计算租金，指令再审；手机短信通知报停即可
380	新疆维吾尔自治区高级人民法院	（2018）新民申 949 号	伪造的公章能否认定合同关系；内部挂靠关系是否可以对抗外部的给付责任	可以认定；不可以对抗
381	新疆维吾尔自治区高级人民法院	（2018）新民申 387 号	同一期债务分期履行	从最后一期履行期满开始起算诉讼时效；租金是合同约定的给付义务，非违约损失
382	新疆维吾尔自治区高级人民法院	（2018）新民申 1 号	诉讼时效抗辩；租金是否因出具欠条而适用普通诉讼时效	法院不宜直接引用诉讼时效
383	新疆维吾尔自治区高级人民法院	（2016）新民再 204 号	1. 冬季期间是否应扣除租费 2. 诉讼时效应从租赁物归还完毕时起算	
384	新疆维吾尔自治区高级人民法院	（2016）新民再 200 号	营业执照被吊销后签订合同如何认定实际承租人	个人明知公司营业执照已被吊销仍以公司名义签订租赁合同，应认定为个人与出租方之间存在租赁合同关系
385	新疆维吾尔自治区高级人民法院	（2013）新民一提字第 00099 号	项目部印章应承担责任	

续表

	29. 四川省高院			
序号	法院	案号	争议焦点	判决结果
386	四川省高级人民法院	（2018）川民申1093号	刑事不当然导致民事案件审理	
387	四川省高级人民法院	（2018）川民申3501号	项目负责人持有备案用的空白合同与对方签订租赁合同，该行为是否构成表见代理	构成表见代理
388	四川省高级人民法院	（2018）川民申5157号		提审
389	四川省高级人民法院	（2018）川民申3790号	设备事故责任的认定	举证证明责任的分配
390	四川省高级人民法院	（2018）川民申3363号	事实认定	
391	四川省高级人民法院	（2018）川民申3364号	事实认定	
392	四川省高级人民法院	（2018）川民申3362号	事实认定	
393	四川省高级人民法院	（2017）川民再144号	撤回	
394	四川省高级人民法院	（2018）川民申3452号	事实认定	
395	四川省高级人民法院	（2018）川民申1604号	提审	

396	四川省高级人民法院	（2018）川民申1700号	1. 诉讼时效超期，不予支持 2. 代理人的对账行为不能视为代理行为	1. 被代理人只授权代理人签订合同， 2. 代理人的对账行为并未授权
397	四川省高级人民法院	（2018）川民再1701号	私刻印章不构成表见代理，该案结合最高法案例；挂靠责任	
398	四川省高级人民法院	（2017）川民申5176号	提审	
399	四川省高级人民法院	（2018）川民申1093号	1. 私刻印章诈骗犯罪不影响案件审理 2. 承租方印章在其他案件中被认可，可作为定案依据	
400	四川省高级人民法院	（2018）川民申239号	承租方退场后未退物资由继续使用方承担合同义务	
401	四川省高级人民法院	（2018）川民申594号	《施工日记》可以印证设备使用时间	
402	四川省高级人民法院	（2017）川民申5034号		
403	四川省高级人民法院	（2017）川民申5035号		
404	四川省高级人民法院	（2017）川民申5036号		

405	四川省 高级人民法院	（2017）川民 申 5037 号		
406	四川省 高级人民法院	（2017）川民 申 5038 号	1. 分期支付租金诉讼时效从每一期计算 2. 合同到期未续签视为合同终止	
407	四川省 高级人民法院	（2017）川民 申 3681 号	被告工程负责人签订合同应认定为职务行为，公司未尽到工程监管责任的应承担连带清偿责任	
408	四川省 高级人民法院	（2017）川民 申 5022 号	挂靠人以个人名义对外签订合同，并不必然使被挂靠人承担连带责任	
409	四川省 高级人民法院	（2018）川民 申 1568 号	项目部印章具有法律效力	
410	四川省 高级人民法院	（2018）川民 申 2971 号	事实认定	
411	四川省 高级人民法院	（2016）川民申 3143 号	提审	

续表

30. 西藏自治区高院				
序号	法院	案号	争议焦点	判决结果
412	西藏自治区高级人民法院	（2014）藏法民二终字第 2 号	因不可抗力使租赁合同无法继续履行，双方可以解除合同；保险公司赔付租赁物保险款后，不能再主张使用人赔偿（损失填补规则）	

31. 天津市高院				
序号	法院	案号	争议焦点	判决结果
413	天津市高级人民法院	（2018）津民申 2700 号	出租方人员工伤事故责任应由出租方承担	
414	天津市高级人民法院	（2016）津民申 1261 号	一般保证的认定	当事人在保证合同中约定债务人不能履行债务时由保证人承担保证责任的，为一般保证
415	天津市高级人民法院	（2018）津民申 2481 号	合同相对人原则	公司作为涉案工程项目的承包方，作为租赁合同的相对人，无论其与案外人是否存在分包关系，其是否为实际施工人，均不能免除其支付租赁费的义务

32. 海南省高院				
序号	法院	案号	争议焦点	判决结果
416	海南省高级人民法院	（2016）琼民终 178 号	1. 对设备造成人身伤害事故赔偿责任如何划分 2. 对赔偿协议效力的认定	法人在协议上签字，应承担赔偿责任，赔偿标准按协议约定